ŒUVRES COMPLÈTES

DE

P. CORNEILLE

SUIVIES

DES ŒUVRES CHOISIES

DE THOMAS CORNEILLE

TOME TROISIEME

PARIS

LIBRAIRIE HACHETTE ET Cie

79, BOULEVARD SAINT-GERMAIN, 79

ŒUVRES COMPLÈTES

DE

P. CORNEILLE

Coulommiers. — Imp. P. Brodard et Gallois.

ŒUVRES COMPLÈTES

DE

P. CORNEILLE

ŒUVRES CHOISIES

DE THOMAS CORNEILLE

TOME TROISIÈME

PARIS
LIBRAIRIE HACHETTE ET Cie
79, BOULEVARD SAINT-GERMAIN, 79

1886

RODOGUNE,

PRINCESSE DES PARTHES.

TRAGÉDIE.

1644.

A MONSEIGNEUR LE PRINCE.

Monseigneur,

Rodogune se présente à Votre Altesse avec quelque sorte de confiance, et ne peut croire qu'après avoir fait sa bonne fortune vous dédaigniez de la prendre en votre protection. Elle a trop de connoissance de votre bonté pour craindre que vous veuilliez laisser votre ouvrage imparfait, et lui dénier la continuation des grâces dont vous lui avez été si prodigue. C'est à votre illustre suffrage qu'elle est obligée de tout ce qu'elle a reçu d'applaudissement; et les favorables regards dont il vous plut fortifier la foiblesse de sa naissance lui donnèrent tant d'éclat et de vigueur, qu'il sembloit que vous eussiez pris à plaisir à répandre sur elle un rayon de cette gloire qui vous environne, et à lui faire part de cette facilité de vaincre qui vous suit partout. Après cela, Monseigneur, quels hommages peut-elle rendre à Votre Altesse qui ne soient au-dessous de ce qu'elle lui doit? Si elle tâche à lui témoigner quelque reconnoissance par l'admiration de ses vertus, où trouvera-t-elle des éloges dignes de cette main qui fait trembler tous nos ennemis, et dont les coups d'essai furent signalés par la défaite des premiers capitaines de l'Europe? Votre Altesse sut vaincre avant qu'ils se pussent imaginer qu'elle sût combattre; et ce grand courage, qui n'avoit encore vu la guerre que dans les livres, effaça tout ce qu'il y avoit lu des Alexandre et des César, sitôt qu'il parut à la tête d'une armée. La générale consternation où la perte de notre grand monarque nous avoit plongés, enfloit l'orgueil de nos adversaires en un tel point qu'ils osoient se persuader que du siége de Rocroi dépendoit la prise de Paris, et l'avidité de leur ambition dévoroit déjà le cœur d'un royaume dont ils pensoient avoir surpris les frontières. Cependant les premiers miracles de votre valeur renversèrent si pleinement toutes leurs espérances, que ceux-là mêmes qui s'étoient promis tant de conquêtes sur nous virent terminer la campagne de cette même année par celles que vous fîtes sur eux. Ce fut par là, Monseigneur, que vous commençâtes ces grandes victoires que vous avez toujours si bien choisies, qu'elles ont honoré deux règnes tout à la fois, comme si c'eût été trop peu pour Votre Altesse d'étendre les bornes de l'Etat sous celui-ci, si elle n'eût en même temps effacé quelques-uns des malheurs qui s'étoient mêlés aux longues prospérités de l'autre. Thionville, Philippsbourg et Nordlingen, étoient des lieux funestes pour la France : elle n'en pouvoit entendre les noms sans gémir; elle ne pouvoit y porter sa pensée sans soupirer; et ces mêmes lieux, dont le souvenir lui arrachoit des soupirs et des gémissemens, sont devenus les éclatantes marques de sa nouvelle félicité, les dignes occasions de ses feux de joie, et les glorieux sujets des actions de grâces qu'elle a rendues au ciel pour les triomphes que votre courage invincible en a obtenus. Dispensez-moi, Monseigneur, de vous parler de Dunkerque : j'épuise toutes les forces de mon imagination, et je ne conçois rien qui réponde à la dignité de ce grand ouvrage, qui nous vient d'assurer l'Océan par la prise de cette fameuse retraite de corsaires. Tous nos havres en étoient comme assiégés ; il n'en pouvoit échapper un vaisseau qu'à la merci de leurs brigandages ; et nous en avons vu souvent des pillés à la vue des mêmes ports dont ils venoient de faire voile : et maintenant, par la conquête d'une seule ville, je vois, d'un côté, nos mers libres, nos côtes affranchies, notre commerce rétabli, la racine de nos maux publics coupée ; d'autre côté, la Flandre ouverte, l'embouchure de ses rivières captive, la porte de son secours fermée, la source de son abondance en notre pouvoir ; et ce que je vois n'est rien encore au prix de ce que je prévois sitôt que Votre Altesse y reportera la terreur de ses armes. Dispensez-moi donc, Monseigneur, de profaner des effets si merveilleux et des attentes si hautes par la bassesse de mes idées et par l'impuissance de mes expressions ; et trouvez bon que, demeurant dans un respectueux silence, je n'ajoute rien ici qu'une protestation très-inviolable d'être toute ma vie,

MONSEIGNEUR,

DE VOTRE ALTESSE,

Le très-humble, très-obéissant et très-passionné serviteur,

CORNEILLE.

APPIAN ALEXANDRIN,

Au livre *des Guerres de Syrie*, sur la fin.

« Démétrius, surnommé Nicanor, roi de Syrie, entreprit la guerre contre les Parthes, et, étant devenu leur prisonnier, vécut dans la cour de leur roi Phraates, dont il épousa la sœur, nommée Rodogune. Cependant Diodotus, domestique des rois précédens, s'empara du trône de Syrie, et y fit asseoir un Alexandre encore enfant, fils d'Alexandre le Bâtard et d'une fille de Ptolémée. Ayant gouverné quelque temps comme son tuteur, il se défit de ce malheureux pupille, et eut l'insolence de prendre lui-même la couronne sous un nouveau nom de Tryphon qu'il se donna. Mais Antiochus, frère du roi prisonnier, ayant appris à Rhodes sa captivité, et les troubles qui l'avoient suivie, revint dans le pays, où, ayant défait Tryphon avec beaucoup de peine, il le fit mourir : de là il porta ses armes contre Phraates, lui redemandant son frère ; et, vaincu dans une bataille, il se tua lui-même. Démétrius, retourné en son royaume, fut tué par sa femme Cléopâtre, qui lui dressa des embûches en haine de cette seconde femme Rodogune qu'il avoit épousée, dont elle avoit conçu une telle indignation, que, pour s'en venger, elle avoit épousé ce même Antiochus, frère de son mari,

Elle avoit eu deux fils de Démétrius, l'un nommé Séleucus, et l'autre Antiochus, dont elle tua le premier d'un coup de flèche, sitôt qu'il eut pris le diadème après la mort de son père, soit qu'elle craignît qu'il ne la voulût venger, soit que l'impétuosité de la même fureur la portât à ce nouveau parricide. Antiochus lui succéda, qui contraignit cette mauvaise mère de boire le poison qu'elle lui avoit préparé. C'est ainsi qu'elle fut enfin punie. »

Voilà ce que m'a prêté l'histoire, où j'ai changé les circonstances de quelques incidens, pour leur donner plus de bienséance. Je me suis servi du nom de Nicanor plutôt que de celui de Démétrius, à cause que le vers souffroit plus aisément l'un que l'autre. J'ai supposé qu'il n'avoit pas encore épousé Rodogune, afin que ses deux fils pussent avoir de l'amour pour elle sans choquer les spectateurs, qui eussent trouvé étrange cette passion pour la veuve de leur père, si j'eusse suivi l'histoire L'ordre de leur naissance incertain, Rodogune prisonnière, quoiqu'elle ne vînt jamais en Syrie; la haine de Cléopatre pour elle, la proposition sanglante qu'elle fait à ses fils, celle que cette princesse est obligée de leur faire pour se garantir, l'inclination qu'elle a pour Antiochus, et la jalouse fureur de cette mère qui se résout plutôt à perdre ses fils qu'à se voir sujette de sa rivale, ne sont que des embellissemens de l'invention, et des acheminemens vraisemblables à l'effet dénaturé que me présentoit l'histoire, et que les lois du poëme ne me permettoient pas de changer. Je l'ai même adouci tant que j'ai pu en Antiochus, que j'avois fait trop honnête homme dans le reste de l'ouvrage, pour forcer à la fin sa mère à s'empoisonner elle-même.

On s'étonnera peut-être de ce que j'ai donné à cette tragédie le nom de *Rodogune* plutôt que celui de *Cléopatre*, sur qui tombe toute l'action tragique, et même on pourra douter si la liberté de la poésie peut s'étendre jusqu'à feindre un sujet entier sous des noms véritables, comme j'ai fait ici, où depuis la narration du premier acte, qui sert de fondement au reste, jusques aux effets qui paroissent dans le cinquième, il n'y a rien que l'histoire avoue.

Pour le premier, je confesse ingénument que ce poëme devoit plutôt porter le nom de *Cléopatre* que de *Rodogune;* mais ce qui m'a fait en user ainsi a été la peur que j'ai eue qu'à ce nom le peuple ne se laissât préoccuper des idées de cette fameuse et dernière reine d'Égypte, et ne confondît cette reine de Syrie avec elle, s'il l'entendoit prononcer. C'est pour cette même raison que j'ai évité de le mêler dans mes vers, n'ayant jamais fait parler de cette seconde Médée que sous celui de la reine; et je me suis enhardi à cette licence d'autant plus librement, que j'ai remarqué parmi nos anciens maîtres qu'ils se sont fort peu mis en peine de donner à leurs poëmes le nom des héros qu'ils y faisoient paroître, et leur ont souvent fait porter celui des chœurs, qui ont encore bien moins de part dans l'action que les personnages épisodiques, comme Rodogune : témoin *les Trachiniennes* de Sophocle, que nous n'aurions jamais voulu nommer autrement que *la Mort d'Hercule.*

Pour le second point, je le tiens un peu plus difficile à résoudre, et n'en voudrois pas donner mon opinion pour bonne : j'ai cru que, pourvu que nous conservassions les effets de l'histoire, toutes les circonstances, ou, comme je viens de les nommer, les acheminemens, étoient en notre pouvoir : au moins je ne pense point avoir vu de règle qui restreigne cette liberté que j'ai prise. Je m'en suis assez bien trouvé en cette tragédie; mais comme je l'ai poussée encore plus loin dans *Héraclius*, que je viens de mettre sur le théâtre, ce sera en le donnant au public que je tâcherai de la justifier, si je vois que les savans s'en offensent, ou que le peuple en murmure. Cependant ceux qui en auront quelque scrupule m'obligeront de considérer les deux *Electre* de Sophocle et d'Euripide, qui, conservant le même effet, y parviennent par des voies si différentes, qu'il faut nécessairement conclure que l'une des deux est tout à fait de l'invention de son auteur. Ils pourront encore jeter l'œil sur l'*Iphigénie in Tauris*[1], que notre Aristote nous donne pour exemple d'une parfaite tragédie, et qui a bien la mine d'être toute de même nature, vu qu'elle n'est fondée que sur cette feinte que Diane enleva Iphigénie du sacrifice dans une nuée, et supposa une biche en sa place. Enfin, ils pourront prendre garde à l'*Hélène* d'Euripide, où la principale action et les épisodes, le nœud et le dénoûment, sont entièrement inventés sous des noms véritables.

Au reste, si quelqu'un a la curiosité de voir cette histoire plus au long, qu'il prenne la peine de lire Justin, qui la commence au trente-sixième livre, et, l'ayant quittée, la reprend sur la fin du trente et huitième, et l'achève au trente-neuvième. Il la rapporte un peu autrement; et ne dit pas que Cléopatre tua son mari, mais qu'elle l'abandonna, et qu'il fut tué par le commandement d'un des capitaines d'un Alexandre qu'il lui oppose. Il varie aussi beaucoup sur ce qui regarde Tryphon et son pupille, qu'il nomme Antiochus, et ne s'accorde avec Appian que sur ce qui se passa entre la mère et les deux fils.

Le premier livre des *Machabées*, aux chapitres XI, XIII, XIV et XV, parle de ces guerres de Tryphon et de la prison de Démétrius chez les Parthes; mais il nomme ce pupille Antiochus, ainsi que Justin, et attribue la défaite de Tryphon à Antiochus, fils de Démétrius, et non pas à son frère, comme fait Appian, que j'ai suivi, et ne dit rien du reste.

Josèphe, au treizième livre des *Antiquités judaïques*, nomme encore ce pupille de Tryphon Antiochus, fait marier Cléopatre à Antiochus, frère de Démétrius, durant la captivité de ce premier mari chez les Parthes, lui attribue la défaite et la mort de Tryphon, s'accorde avec Justin touchant la mort de Démétrius, abandonné et non pas tué par sa femme, et ne parle point de ce qu'Appian et lui rapportent d'elle et de ses deux fils, dont j'ai fait cette tragédie.

1. L'*Iphigénie en Tauride*.

PERSONNAGES.

CLÉOPATRE, reine de Syrie, veuve de Démétrius Nicanor.
SÉLEUCUS, } fils de Démétrius et de Cléopatre.
ANTIOCHUS,
RODOGUNE, sœur de Phraates, roi des Parthes.
TIMAGÈNE, gouverneur des deux princes.
ORONTE, ambassadeur de Phraates.
LAONICE, sœur de Timagène, confidente de Cléopatre.

La scène est à Séleucie, dans le palais royal.

ACTE PREMIER.

SCÈNE I. — LAONICE, TIMAGÈNE.

LAONICE.
Enfin ce jour pompeux, cet heureux jour nous luit,
Qui d'un trouble si long doit dissiper la nuit,
Ce grand jour où l'hymen, étouffant la vengeance,
Entre le Parthe et nous remet l'intelligence,
Affranchit sa princesse, et nous fait pour jamais
Du motif de la guerre un lien de la paix ;
Ce grand jour est venu, mon frère, où notre reine,
Cessant de plus tenir la couronne incertaine,
Doit rompre aux yeux de tous son silence obstiné,
De deux princes gémeaux[1] nous déclarer l'aîné :
Et l'avantage seul d'un moment de naissance,
Dont elle a jusqu'ici caché la connoissance,
Mettant au plus heureux le sceptre dans la main,
Va faire l'un sujet, et l'autre souverain.
Mais n'admirez-vous point que cette même reine
Le donne pour époux à l'objet de sa haine,
Et n'en doit faire un roi qu'afin de couronner
Celle que dans les fers elle aimoit à gêner ?
Rodogune, par elle en esclave traitée,
Par elle se va voir sur le trône montée,
Puisque celui des deux qu'elle nommera roi
Lui doit donner la main et recevoir sa foi.

TIMAGÈNE.
Pour le mieux admirer trouvez bon, je vous prie,
Que j'apprenne de vous les troubles de Syrie.
J'en ai vu les premiers, et me souviens encor

---

1. « Jumeaux. »

Des malheureux succès du grand roi Nicanor,
Quand, des Parthes vaincus pressant l'adroite fuite,
Il tomba dans leurs fers au bout de sa poursuite.
Je n'ai pas oublié que cet événement
Du perfide Tryphon fit le soulèvement.
Voyant le roi captif, la reine désolée,
Il crut pouvoir saisir la couronne ébranlée,
Et le sort, favorable à son lâche attentat,
Mit d'abord sous ses lois la moitié de l'État.
La reine, craignant tout de ces nouveaux orages,
En sut mettre à l'abri ses plus précieux gages;
Et, pour n'exposer pas l'enfance de ses fils,
Me les fit chez son frère enlever à Memphis[1].
Là, nous n'avons rien su que de la renommée,
Qui, par un bruit confus diversement semée,
N'a porté jusqu'à nous ces grands renversemens
Que sous l'obscurité de cent déguisemens.

LAONICE.

Sachez donc que Tryphon, après quatre batailles,
Ayant su nous réduire à ces seules murailles,
En forma tôt le siége, et, pour comble d'effroi,
Un faux bruit s'y coula touchant la mort du roi.
Le peuple épouvanté, qui déjà dans son âme
Ne suivoit qu'à regret les ordres d'une femme,
Voulut forcer la reine à choisir un époux.
Que pouvoit-elle faire et seule et contre tous?
Croyant son mari mort, elle épousa son frère[2].
L'effet montra soudain ce conseil salutaire.
Le prince Antiochus, devenu nouveau roi,
Sembla de tous côtés traîner l'heur avec soi :
La victoire attachée au progrès de ses armes
Sur nos fiers ennemis rejeta nos alarmes;
Et la mort de Tryphon dans un dernier combat,
Changeant tout notre sort, lui rendit tout l'État.
Quelque promesse alors qu'il eût faite à la mère
De remettre ses fils au trône de leur père[3],
Il témoigna si peu de la vouloir tenir,
Qu'elle n'osa jamais les faire revenir.
Ayant régné sept ans, son ardeur militaire
Ralluma cette guerre où succomba son frère[4] :
Il attaqua le Parthe; et se crut assez fort

1. Elle les transporta chez son frère à Memphis.
2. Le frère de son mari.
3. Cette veuve de Nicanor était Cléopatre, mère des deux princes, et le roi Antiochus avait promis de rendre la couronne aux enfants du premier lit.
4. Où son frère Nicanor avait succombé.

Pour en venger sur lui la prison et la mort.
Jusque dans ses États il lui porta la guerre;
Il s'y fit partout craindre à l'égal du tonnerre;
Il lui donna bataille, où mille beaux exploits....
Je vous achèverai le reste une autre fois,
Un des princes survient.

(*Elle se veut retirer.*)

SCÈNE II. — ANTIOCHUS, TIMAGÈNE, LAONICE.

ANTIOCHUS.

Demeurez, Laonice;
Vous pouvez, comme lui, me rendre un bon office.
Dans l'état où je suis, triste et plein de souci,
Si j'espère beaucoup, je crains beaucoup aussi.
Un seul mot aujourd'hui, maître de ma fortune,
M'ôte ou donne à jamais le sceptre et Rodogune,
Et de tous les mortels ce secret révélé
Me rend le plus content ou le plus désolé.
Je vois dans le hasard tous les biens que j'espère,
Et ne puis être heureux sans le malheur d'un frère,
Mais d'un frère si cher, qu'une sainte amitié
Fait sur moi de ses maux rejaillir la moitié.
Donc pour moins hasarder j'aime mieux moins prétendre;
Et, pour rompre le coup que mon cœur n'ose attendre,
Lui cédant de deux biens le plus brillant aux yeux,
M'assurer de celui qui m'est plus précieux :
Heureux si, sans attendre un fâcheux droit d'aînesse,
Pour un trône incertain j'en obtiens la princesse,
Et puis par ce partage épargner les soupirs
Qui naîtroient de ma peine ou de ses déplaisirs!
Va le voir de ma part, Timagène, et lui dire
Que pour cette beauté je lui cède l'empire;
Mais porte-lui si haut la douceur de régner,
Qu'à cet éclat du trône il se laisse gagner;
Qu'il s'en laisse éblouir jusqu'à ne pas connoître
A quel prix je consens de l'accepter pour maître.

(*Timagène s'en va, et le prince continue à parler à Laonice.*)

Et vous, en ma faveur voyez ce cher objet,
Et tâchez d'abaisser ses yeux sur un sujet
Qui peut-être aujourd'hui porteroit la couronne,
S'il n'attachoit les siens à sa seule personne,
Et ne la préféroit à cet illustre rang
Pour qui les plus grands cœurs prodiguent tout leur sang

(*Timagène rentre sur le théâtre.*)

TIMAGÈNE.

Seigneur, le prince vient; et votre amour lui-même

Lui peut sans interprète offrir le diadème.
ANTIOCHUS.
Ah ! je tremble ; et la peur d'un trop juste refus
Rend ma langue muette et mon esprit confus.

SCÈNE III. — SÉLEUCUS, ANTIOCHUS, TIMAGÈNE, LAONICE.

SÉLEUCUS.
Vous puis-je en confiance expliquer ma pensée ?
ANTIOCHUS.
Parlez ; notre amitié par ce doute est blessée.
SÉLEUCUS.
Hélas ! c'est le malheur que je crains aujourd'hui.
L'égalité, mon frère, en est le ferme appui ;
C'en est le fondement, la liaison, le gage,
Et, voyant d'un côté tomber tout l'avantage,
Avec juste raison je crains qu'entre nous deux
L'égalité rompue en rompe les doux nœuds,
Et que ce jour, fatal à l'heur de notre vie,
Jette sur l'un de nous trop de honte ou d'envie.
ANTIOCHUS.
Comme nous n'avons eu jamais qu'un sentiment,
Cette peur me touchoit, mon frère, également ;
Mais, si vous le voulez, j'en sais bien le remède.
SÉLEUCUS.
Si je le veux ! bien plus, je l'apporte, et vous cède
Tout ce que la couronne a de charmant en soi.
Oui, seigneur, car je parle à présent à mon roi,
Pour le trône cédé, cédez-moi Rodogune,
Et je n'envierai point votre haute fortune.
Ainsi notre destin n'aura rien de honteux,
Ainsi notre bonheur n'aura rien de douteux ;
Et nous mépriserons ce foible droit d'aînesse,
Vous, satisfait du trône, et moi, de la princesse.
ANTIOCHUS.
Hélas!
SÉLEUCUS.
Recevez-vous l'offre avec déplaisir ?
ANTIOCHUS.
Pouvez-vous nommer offre une ardeur de choisir,
Qui, de la même main qui me cède un empire,
M'arrache un bien plus grand, et le seul où j'aspire ?
SÉLEUCUS.
Rodogune ?
ANTIOCHUS.
Elle-même ; ils en sont les témoins.

SÉLEUCUS.
Quoi! l'estimez-vous tant?
ANTIOCHUS.
Quoi! l'estimez-vous moins?
SÉLEUCUS.
Elle vaut bien un trône, il faut que je le die.
ANTIOCHUS.
Elle vaut à mes yeux tout ce qu'en a l'Asie.
SÉLEUCUS.
Vous l'aimez donc, mon frère?
ANTIOCHUS.
Et vous l'aimez aussi;
C'est là tout mon malheur, c'est là tout mon souci.
J'espérois que l'éclat dont le trône se pare
Toucheroit vos désirs plus qu'un objet si rare;
Mais aussi bien qu'à moi son prix vous est connu,
Et dans ce juste choix vous m'avez prévenu.
Ah! déplorable prince!
SÉLEUCUS.
Ah! destin trop contraire!
ANTIOCHUS.
Que ne ferois-je point contre un autre qu'un frère!
SÉLEUCUS.
O mon cher frère! ô nom pour un rival trop doux!
Que ne ferois-je point contre un autre que vous!
ANTIOCHUS.
Où nous vas-tu réduire, amitié fraternelle?
SÉLEUCUS.
Amour, qui doit ici vaincre de vous ou d'elle?
ANTIOCHUS.
L'amour, l'amour doit vaincre, et la triste amitié
Ne doit être à tous deux qu'un objet de pitié.
Un grand cœur cède un trône, et le cède avec gloire:
Cet effort de vertu couronne sa mémoire;
Mais lorsqu'un digne objet a pu nous enflammer,
Qui le cède est un lâche, et ne sait pas aimer.
De tous deux Rodogune a charmé le courage;
Cessons par trop d'amour de lui faire un outrage:
Elle doit épouser, non pas vous, non pas moi,
Mais de moi, mais de vous, quiconque sera roi.
La couronne entre nous flotte encore incertaine;
Mais sans incertitude elle doit être reine.
Cependant, aveuglés dans notre vain projet,
Nous la faisons tous deux la femme d'un sujet!
Régnons; l'ambition ne peut être que belle,
Et pour elle quittée, et reprise pour elle;
Et ce trône, où tous deux nous osions renoncer,

Souhaitons-le tous deux, afin de l'y placer :
C'est dans notre destin le seul conseil à prendre ;
Nous pouvons nous en plaindre, et nous devons l'attendre.

SÉLEUCUS.

Il faut encor plus faire, il faut qu'en ce grand jour
Notre amitié triomphe aussi bien que l'amour.
Ces deux siéges fameux de Thèbes et de Troie,
Qui mirent l'une en sang, l'autre aux flammes en proie,
N'eurent pour fondemens à leurs maux infinis
Que ceux que contre nous le sort a réunis.
Il sème entre nous deux toute la jalousie
Qui dépeupla la Grèce et saccagea l'Asie ;
Un même espoir du sceptre est permis à tous deux :
Pour la même beauté nous faisons mêmes vœux.
Thèbes périt pour l'un, Troie a brûlé pour l'autre.
Tout va choir en ma main ou tomber en la vôtre.
En vain votre amitié tâchoit à partager ;
Et, si j'ose tout dire, un titre assez léger,
Un droit d'aînesse obscur, sur la foi d'une mère,
Va combler l'un de gloire, et l'autre de misère.
Que de sujets de plainte en ce double intérêt
Aura le malheureux contre un si foible arrêt !
Que de sources de haine ! Hélas ! jugez le reste,
Craignez-en avec moi l'événement funeste,
Ou plutôt avec moi faites un digne effort
Pour armer votre cœur contre un si triste sort.
Malgré l'éclat du trône et l'amour d'une femme,
Faisons si bien régner l'amitié sur notre âme,
Qu'étouffant dans leur perte un regret suborneur,
Dans le bonheur d'un frère on trouve son bonheur.
Ainsi ce qui jadis perdit Thèbes et Troie
Dans nos cœurs mieux unis ne versera que joie :
Ainsi notre amitié, triomphante à son tour,
Vaincra la jalousie en cédant à l'amour ;
Et, de notre destin bravant l'ordre barbare,
Trouvera des douceurs aux maux qu'il nous prépare.

ANTIOCHUS.

Le pourrez-vous, mon frère ?

SÉLEUCUS.

Ah ! que vous me pressez !
Je le voudrai du moins, mon frère, et c'est assez ;
Et ma raison sur moi gardera tant d'empire,
Que je désavouerai mon cœur s'il en soupire.

ANTIOCHUS.

J'embrasse comme vous ces nobles sentimens.
Mais allons leur donner le secours des sermens,
Afin qu'étant témoins de l'amitié jurée

ACTE I, SCÈNE III.

Les dieux contre un tel coup assurent sa durée.
SÉLEUCUS.
Allons, allons l'étreindre au pied de leurs autels
Par des liens sacrés et des nœuds immortels.

SCÈNE IV. — LAONICE, TIMAGÈNE.

LAONICE.
Peut-on plus dignement mériter la couronne ?
TIMAGÈNE.
Je ne suis point surpris de ce qui vous étonne ;
Confident de tous deux, prévoyant leur douleur,
J'ai prévu leur constance, et j'ai plaint leur malheur.
Mais, de grâce, achevez l'histoire commencée.
LAONICE.
Pour la reprendre donc où nous l'avons laissée ;
Les Parthes, au combat par les nôtres forcés,
Tantôt presque vainqueurs, tantôt presque enfoncés,
Sur l'une et l'autre armée également heureuse,
Virent longtemps voler la victoire douteuse ;
Mais la fortune enfin se tourna contre nous,
Si bien qu'Antiochus, percé de mille coups,
Près de tomber aux mains d'une troupe ennemie,
Lui voulut dérober les restes de sa vie,
Et, préférant aux fers la gloire de périr,
Lui-même par sa main acheva de mourir.
La reine, ayant appris cette triste nouvelle,
En reçut tôt après une autre plus cruelle :
Que Nicanor vivoit ; que, sur un faux rapport,
De ce premier époux elle avoit cru la mort ;
Que, piqué jusqu'au vif contre son hyménée,
Son âme à l'imiter s'étoit déterminée,
Et que, pour s'affranchir des fers de son vainqueur,
Il alloit épouser la princesse sa sœur.
C'est cette Rodogune, où l'un et l'autre frère
Trouve encor les appas qu'avoit trouvés leur père.
  La reine envoie en vain pour se justifier ;
On a beau la défendre, on a beau le prier,
On ne rencontre en lui qu'un juge inexorable ;
Et son amour nouveau la veut croire coupable :
Son erreur est un crime, et, pour l'en punir mieux,
Il veut même épouser Rodogune à ses yeux,
Arracher de son front le sacré diadème
Pour ceindre une autre tête en sa présence même ;
Soit qu'ainsi sa vengeance eût plus d'indignité,
Soit qu'ainsi cet hymen eût plus d'autorité ;
Et qu'il assurât mieux par cette barbarie

Aux enfans qui naîtroient le trône de Syrie.
  Mais tandis qu'animé de colère et d'amour
Il vient déshériter ses fils par son retour,
Et qu'un gros escadron de Parthes pleins de joie
Conduit ces deux amans, et court comme à la proie
La reine, au désespoir de n'en rien obtenir,
Se résout de se perdre ou de le prévenir.
Elle oublie un mari qui veut cesser de l'être,
Qui ne veut plus la voir qu'en implacable maître;
Et, changeant à regret son amour en horreur,
Elle abandonne tout à sa juste fureur.
Elle-même leur dresse une embûche au passage,
Se mêle dans les coups, porte partout sa rage,
En pousse jusqu'au bout les furieux effets.
Que vous dirai-je enfin? les Parthes sont défaits;
Le roi meurt, et, dit-on, par la main de la reine;
Rodogune captive est livrée à sa haine.
Tous les maux qu'un esclave endure dans les fers,
Alors sans moi, mon frère, elle les eût soufferts.
La reine, à la gêner prenant mille délices,
Ne commettoit qu'à moi l'ordre de ses supplices;
Mais, quoi que m'ordonnât cette âme toute en feu,
Je promettois beaucoup, et j'exécutois peu.
Le Parthe cependant en jure la vengeance;
Sur nous à main armée il fond en diligence,
Nous surprend, nous assiége, et fait un tel effort,
Que, la ville aux abois, on lui parle d'accord.
Il veut fermer l'oreille, enflé de l'avantage;
Mais voyant parmi nous Rodogune en otage,
Enfin il craint pour elle et nous daigne écouter;
Et c'est ce qu'aujourd'hui l'on doit exécuter.
  La reine de l'Égypte a rappelé nos princes
Pour remettre à l'aîné son trône et ses provinces.
Rodogune a paru, sortant de sa prison,
Comme un soleil levant dessus notre horizon.
Le Parthe a décampé, pressé par d'autres guerres
Contre l'Arménien qui ravage ses terres;
D'un ennemi cruel il s'est fait notre appui;
La paix finit la haine, et pour comble aujourd'hui,
Dois-je dire de bonne ou mauvaise fortune?
Nos deux princes tous deux adorent Rodogune.

TIMAGÈNE.
Sitôt qu'ils ont paru tous deux en cette cour,
Ils ont vu Rodogune, et j'ai vu leur amour;
Mais comme étant rivaux nous les trouvons à plaindre,
Connoissant leur vertu, je n'en vois rien à craindre.
Pour vous qui gouvernez cet objet de leurs vœux....

ACTE I, SCÈNE IV.

LAONICE.
Je n'ai point encor vu qu'elle aime aucun des deux.
TIMAGÈNE.
Vous me trouvez mal propre à cette confidence,
Et peut-être à dessein je la vois qui s'avance.
Adieu : je dois au rang qu'elle est prête à tenir
Du moins la liberté de vous entretenir.

SCÈNE V. — RODOGUNE, LAONICE.

RODOGUNE.
Je ne sais quel malheur aujourd'hui me menace,
Et coule dans ma joie une secrète glace :
Je tremble, Laonice, et te voulois parler,
Ou pour chasser ma crainte ou pour m'en consoler.
LAONICE.
Quoi! madame, en ce jour pour vous si plein de gloire?
RODOGUNE.
Ce jour m'en promet tant que j'ai peine à tout croire.
La fortune me traite avec trop de respect;
Et le trône et l'hymen, tout me devient suspect.
L'hymen semble à mes yeux cacher quelque supplice,
Le trône sous mes pas creuser un précipice;
Je vois de nouveaux fers après les miens brisés,
Et je prends tous ces biens pour des maux déguisés :
En un mot, je crains tout de l'esprit de la reine.
LAONICE.
La paix qu'elle a jurée en a calmé la haine.
RODOGUNE.
La haine entre les grands se calme rarement;
La paix souvent n'y sert que d'un amusement;
Et, dans l'État où j'entre, à te parler sans feinte,
Elle a lieu de me craindre, et je crains cette crainte.
Non qu'enfin je ne donne au bien des deux États
Ce que j'ai dû de haine à de tels attentats :
J'oublie et pleinement toute mon aventure;
Mais une grande offense est de cette nature,
Que toujours son auteur impute à l'offensé
Un vif ressentiment dont il le croit blessé;
Et, quoiqu'en apparence on les réconcilie,
Il le craint, il le hait, et jamais ne s'y fie;
Et, toujours alarmé de cette illusion,
Sitôt qu'il peut le perdre, il prend l'occasion.
Telle est pour moi la reine.
LAONICE.
Ah! madame, je jure
Que par ce faux soupçon vous lui faites injure.

Vous devez oublier un désespoir jaloux
Où força son courage un infidèle époux.
Si, teinte de son sang et toute furieuse,
Elle vous traita lors en rivale odieuse,
L'impétuosité d'un premier mouvement
Engageoit sa vengeance à ce dur traitement;
Il falloit un prétexte à vaincre sa colère,
Il y falloit du temps, et, pour ne rien vous taire,
Quand je me dispensois à lui mal obéir,
Quand en votre faveur je semblois la trahir,
Peut-être qu'en son cœur plus douce et repentie
Elle en dissimuloit la meilleure partie;
Que, se voyant tromper, elle fermoit les yeux,
Et qu'un peu de pitié la satisfaisoit mieux.
A présent que l'amour succède à la colère,
Elle ne vous voit plus qu'avec des yeux de mère;
Et si de cet amour je la voyois sortir,
Je jure de nouveau de vous en avertir :
Vous savez comme quoi je vous suis toute acquise.
Le roi souffriroit-il d'ailleurs quelque surprise?

RODOGUNE.

Qui que ce soit des deux qu'on couronne aujourd'hui,
Elle sera sa mère, et pourra tout sur lui.

LAONICE.

Qui que ce soit des deux, je sais qu'il vous adore :
Connoissant leur amour, pouvez-vous craindre encore?

RODOGUNE.

Oui, je crains leur hymen, et d'être à l'un des deux.

LAONICE.

Quoi! sont-ils des sujets indignes de vos feux?

RODOGUNE.

Comme ils ont même sang avec pareil mérite,
Un avantage égal pour eux me sollicite;
Mais il est malaisé, dans cette égalité,
Qu'un esprit combattu ne penche d'un côté.
Il est des nœuds secrets, il est des sympathies,
Dont par le doux rapport les âmes assorties
S'attachent l'une à l'autre, et se laissent piquer
Par ces je ne sais quoi qu'on ne peut expliquer.
C'est par là que l'un d'eux obtient la préférence;
Je crois voir l'autre encore avec indifférence;
Mais cette indifférence est une aversion
Lorsque je la compare avec ma passion.
Étrange effet d'amour! incroyable chimère!
Je voudrois être à lui si je n'aimois son frère;
Et le plus grand des maux toutefois que je crains,
C'est que mon triste sort me livre entre ses mains.

LAONICE.
Ne pourrai-je servir une si belle flamme?
RODOGUNE.
Ne crois pas en tirer le secret de mon âme.
Quelque époux que le ciel veuille me destiner,
C'est à lui pleinement que je veux me donner.
De celui que je crains si je suis le partage,
Je saurai l'accepter avec même visage;
L'hymen me le rendra précieux à son tour,
Et le devoir fera ce qu'auroit fait l'amour,
Sans crainte qu'on reproche à mon humeur forcée
Qu'un autre qu'un mari règne sur ma pensée.
LAONICE.
Vous craignez que ma foi vous l'ose reprocher?
RODOGUNE.
Que ne puis-je à moi-même aussi bien le cacher!
LAONICE.
Quoi que vous me cachiez, aisément je devine;
Et, pour vous dire enfin ce que je m'imagine,
Le prince....
RODOGUNE.
Garde-toi de nommer mon vainqueur :
Ma rougeur trahiroit les secrets de mon cœur,
Et je te voudrois mal de cette violence
Que ta dextérité feroit à mon silence;
Même, de peur qu'un mot par hasard échappé
Te fasse voir ce cœur et quels traits l'ont frappé,
Je romps un entretien dont la suite me blesse.
Adieu : mais souviens-toi que c'est sur ta promesse
Que mon esprit reprend quelque tranquillité.
LAONICE.
Madame, assurez-vous sur ma fidélité.

ACTE SECOND.

SCÈNE I. — CLÉOPATRE.

Sermens fallacieux, salutaire contrainte,
Que m'imposa la force et qu'accepta ma crainte,
Heureux déguisemens d'un immortel courroux,
Vains fantômes d'État, évanouissez-vous!
Si d'un péril pressant la terreur vous fit naître,
Avec ce péril même il vous faut disparoître,
Semblables à ces vœux dans l'orage formés,
Qu'efface un prompt oubli quand les flots sont calmés

Et vous, qu'avec tant d'art cette feinte a voilée,
Recours des impuissans, haine dissimulée,
Digne vertu des rois, noble secret de cour,
Éclatez, il est temps, et voici notre jour.
Montrons-nous toutes deux, non plus comme sujettes,
Mais telle que je suis, et telle que vous êtes.
Le Parthe est éloigné, nous pouvons tout oser :
Nous n'avons rien à craindre et rien à déguiser;
Je hais, je règne encor. Laissons d'illustres marques
En quittant, s'il le faut, ce haut rang des monarques :
Faisons-en avec gloire un départ éclatant,
Et rendons-le funeste à celle qui l'attend.
C'est encor, c'est encor cette même ennemie
Qui cherchoit ses honneurs dedans mon infamie,
Dont la haine à son tour croit me faire la loi,
Et régner par mon ordre et sur vous et sur moi.
Tu m'estimes bien lâche, imprudente rivale,
Si tu crois que mon cœur jusque-là se ravale,
Qu'il souffre qu'un hymen qu'on t'a promis en vain
Te mette ta vengeance et mon sceptre à la main.
Vois jusqu'où m'emporta l'amour du diadème.
Vois quel sang il me coûte, et tremble pour toi-même :
Tremble, te dis-je; et songe, en dépit du traité,
Que, pour t'en faire un don, je l'ai trop acheté.

SCÈNE II. — CLÉOPATRE, LAONICE.

CLÉOPATRE.

Laonice, vois-tu que le peuple s'apprête
Au pompeux appareil de cette grande fête?

LAONICE.

La joie en est publique, et les princes tous deux
Des Syriens ravis emportent tous les vœux;
L'un et l'autre fait voir un mérite si rare,
Que le souhait confus entre les deux s'égare;
Et ce qu'en quelques-uns on voit d'attachement
N'est qu'un foible ascendant d'un premier mouvement.
Ils penchent d'un côté, prêts à tomber de l'autre :
Leur choix pour s'affermir attend encor le vôtre;
Et de celui qu'ils font ils sont si peu jaloux,
Que votre secret su les réunira tous.

CLÉOPATRE.

Sais-tu que mon secret n'est pas ce que l'on pense?

LAONICE.

J'attends avec eux tous celui de leur naissance.

CLÉOPATRE.

Pour un esprit de cour, et nourri chez les grands,

ACTE II, SCÈNE II.

Tes yeux dans leurs secrets sont bien peu pénétrans.
Apprends, ma confidente, apprends à me connoître.
Si je cache en quel rang le ciel les a fait naître[1],
Vois, vois que, tant que l'ordre en demeure douteux
Aucun des deux ne règne, et je règne pour eux :
Quoique ce soit un bien que l'un et l'autre attende,
De crainte de le perdre aucun ne le demande;
Cependant je possède, et leur droit incertain
Me laisse avec leur sort leur sceptre dans la main :
Voilà mon grand secret. Sais-tu par quel mystère
Je les laissois tous deux en dépôt chez mon frère?

LAONICE.

J'ai cru qu'Antiochus les tenoit éloignés
Pour jouir des États qu'il avoit regagnés.

CLÉOPATRE.

Il occupoit leur trône, et craignoit leur présence,
Et cette juste crainte assuroit ma puissance.
Mes ordres en étoient de point en point suivis.
Quand je le menaçois du retour de mes fils :
Voyant ce foudre prêt à suivre ma colère,
Quoi qu'il me plût oser, il n'osoit me déplaire;
Et, content malgré lui du vain titre de roi,
S'il régnoit au lieu d'eux, ce n'étoit que sous moi.
Je te dirai bien plus. Sans violence aucune
J'aurois vu Nicanor épouser Rodogune,
Si, content de lui plaire et de me dédaigner,
Il eût vécu chez elle en me laissant régner.
Son retour me fâchoit plus que son hyménée,
Et j'aurois pu l'aimer s'il ne l'eût couronnée.
Tu vis comme il y fit des efforts superflus :
Je fis beaucoup alors, et ferois encore plus
S'il étoit quelque voie, infâme ou légitime,
Que m'enseignât la gloire, ou que m'ouvrît le crime,
Qui me pût conserver un bien que j'ai chéri
Jusqu'à verser pour lui tout le sang d'un mari.
Dans l'état pitoyable où m'en réduit la suite,
Délices de mon cœur, il faut que je te quitte;
On m'y force, il le faut : mais on verra quel fruit
En recevra bientôt celle qui m'y réduit.
L'amour que j'ai pour toi tourne en haine pour elle :
Autant que l'un fut grand, l'autre sera cruelle;
Et, puisqu'en te perdant j'ai sur qui m'en venger,
Ma perte est supportable, et mon mal est léger.

LAONICE.

Quoi! vous parlez encor de vengeance et de haine

---

1. « Je cache qui des deux a le droit d'aînesse ».

CORNEILLE III

Pour celle dont vous-même allez faire une reine.

CLÉOPATRE.

Quoi! je ferois un roi pour être son époux,
Et m'exposer aux traits de son juste courroux!
N'apprendras-tu jamais, âme basse et grossière,
A voir par d'autres yeux que les yeux du vulgaire?
Toi qui connois ce peuple, et sais qu'aux champs de Mars
Lâchement d'une femme il suit les étendards;
Que, sans Antiochus, Tryphon m'eût dépouillée;
Que sous lui son ardeur fut soudain réveillée;
Ne saurois-tu juger que, si je nomme un roi,
C'est pour le commander, et combattre pour moi?
J'en ai le choix en main avec le droit d'aînesse,
Et puisqu'il en faut faire une aide à ma foiblesse,
Que la guerre sans lui ne peut se rallumer,
J'userai bien du droit que j'ai de le nommer.
On ne montera point au rang dont je dévale,
Qu'en épousant ma haine au lieu de ma rivale :
Ce n'est qu'en me vengeant qu'on me le peut ravir,
Et je ferai régner qui me voudra servir.

LAONICE.

Je vous connoissois mal.

CLÉOPATRE.

Connois-moi tout entière.
Quand je mis Rodogune en tes mains prisonnière,
Ce ne fut ni pitié, ni respect de son rang,
Qui m'arrêta le bras, et conserva son sang.
La mort d'Antiochus me laissoit sans armée,
Et d'une troupe en hâte à me suivre animée,
Beaucoup dans ma vengeance ayant fini leurs jours
M'exposoient à son frère, et foible et sans secours.
Je me voyois perdue à moins d'un tel otage :
Il vint, et sa fureur craignit pour ce cher gage;
Il m'imposa des lois, exigea des sermens,
Et moi, j'accordai tout pour obtenir du temps.
Le temps est un trésor plus grand qu'on ne peut croire :
J'en obtins, et je crus obtenir la victoire.
J'ai pu reprendre haleine, et sous de faux apprêts....
Mais voici mes deux fils que j'ai mandés exprès.
Écoute, et tu verras quel est cet hyménée
Où se doit terminer cette illustre journée.

SCÈNE III. — CLÉOPATRE, ANTIOCHUS, SÉLEUCUS
LAONICE.

CLÉOPATRE.

Mes enfans, prenez place Enfin voici le jour
Si doux à mes souhaits, si cher à mon amour.

Où je puis voir briller sur une de vos têtes
Ce que j'ai conservé parmi tant de tempêtes,
Et vous remettre un bien, après tant de malheurs,
Qui m'a coûté pour vous tant de soins et de pleurs.
Il peut vous souvenir quelles furent mes larmes
Quand Tryphon me donna de si rudes alarmes,
Que, pour ne vous pas voir exposés à ses coups,
Il fallut me résoudre à me priver de vous.
Quelles peines depuis, grands dieux! n'ai-je souffertes.
Chaque jour redoubla mes douleurs et mes pertes,
Je vis votre royaume entre ces murs réduit;
Je crus mort votre père; et sur un si faux bruit
Le peuple mutiné voulut avoir un maître.
J'eus beau le nommer lâche, ingrat, parjure, traître,
Il fallut satisfaire à son brutal désir,
Et, de peur qu'il n'en prît, il m'en fallut choisir.
Pour vous sauver l'État que n'eussé-je pu faire?
Je choisis un époux avec des yeux de mère,
Votre oncle Antiochus, et j'espérai qu'en lui
Votre trône tombant trouveroit un appui;
Mais à peine son bras en relève la chute,
Que par lui de nouveau le sort me persécute :
Maître de votre État par sa valeur sauvé,
Il s'obstine à remplir ce trône relevé :
Qui lui parle de vous attire sa menace.
Il n'a défait Tryphon que pour prendre sa place;
Et, de dépositaire et de libérateur,
Il s'érige en tyran et lâche usurpateur.
Sa main l'en a puni : pardonnons à son ombre;
Aussi bien en un seul voici des maux sans nombre.
  Nicanor votre père, et mon premier époux....
Mais pourquoi lui donner encor des noms si doux,
Puisque, l'ayant cru mort, il sembla ne revivre
Que pour s'en dépouiller afin de nous poursuivre?
Passons; je ne me puis souvenir sans trembler
Du coup dont j'empêchai qu'il nous pût accabler :
Je ne sais s'il est digne ou d'honneur ou d'estime,
S'il plut aux dieux ou non, s'il fut justice ou crime;
Mais, soit crime ou justice, il est certain, mes fils,
Que mon amour pour vous fit tout ce que je fis :
Ni celui des grandeurs, ni celui de la vie
Ne jeta dans mon cœur cette aveugle furie.
J'étois lasse d'un trône où d'éternels malheurs
Me combloient chaque jour de nouvelles douleurs.
Ma vie est presque usée, et ce reste inutile
Chez mon frère avec vous trouvoit un sûr asile :
Mais voir, après douze ans et de soins et de maux,

Un père vous ôter le fruit de mes travaux!
Mais voir votre couronne après lui destinée
Aux enfans qui naîtroient d'un second hyménée!
A cette indignité je ne connus plus rien;
Je me crus tout permis pour garder votre bien.
Recevez donc, mes fils, de la main d'une mère,
Un trône racheté par le malheur d'un père.
Je crus qu'il fit lui-même un crime en vous l'ôtant,
Et si j'en ai fait un en vous le rachetant,
Daigne du juste ciel la bonté souveraine,
Vous en laissant le fruit, m'en réserver la peine,
Ne lancer que sur moi les foudres mérités,
Et n'épandre sur vous que des prospérités!

ANTIOCHUS.

Jusques ici, madame, aucun ne met en doute
Les longs et grands travaux que notre amour vous coûte;
Et nous croyons tenir des soins de cet amour
Ce doux espoir du trône aussi bien que le jour;
Le récit nous en charme, et nous fait mieux comprendre
Quelles grâces tous deux nous vous en devons rendre:
Mais afin qu'à jamais nous les puissions bénir,
Épargnez le dernier à notre souvenir;
Ce sont fatalités dont l'âme embarrassée
A plus qu'elle ne veut se voit souvent forcée.
Sur les noires couleurs d'un si triste tableau
Il faut passer l'éponge, ou tirer le rideau:
Un fils est criminel quand il les examine;
Et quelque suite enfin que le ciel y destine,
J'en rejette l'idée, et crois qu'en ces malheurs
Le silence ou l'oubli nous sied mieux que les pleurs.
Nous attendons le sceptre avec même espérance;
Mais si nous l'attendons, c'est sans impatience:
Nous pouvons sans régner vivre tous deux contens;
C'est le fruit de vos soins, jouissez-en longtemps:
Il tombera sur nous quand vous en serez lasse;
Nous le recevrons lors de bien meilleure grâce;
Et l'accepter sitôt semble nous reprocher
De n'être revenus que pour vous l'arracher

SÉLEUCUS.

J'ajouterai, madame, à ce qu'a dit mon frère,
Que, bien qu'avec plaisir et l'un et l'autre espère
L'ambition n'est pas notre plus grand désir.
Régnez, nous le verrons tous deux avec plaisir;
Et c'est bien la raison que pour tant de puissance
Nous vous rendions du moins un peu d'obéissance,
Et que celui de nous dont le ciel a fait choix
Sous votre illustre exemple apprenne l'art des rois.

ACTE II, SCÈNE III. 21

CLÉOPATRE.

Dites tout, mes enfans : vous fuyez la couronne,
Non que son trop d'éclat ou son poids vous étonne;
L'unique fondement de cette aversion,
C'est la honte attachée à sa possession.
Elle passe à vos yeux pour la même infamie,
S'il faut la partager avec notre ennemie,
Et qu'un indigne hymen la fasse retomber
Sur celle qui venoit pour vous la dérober.
 O nobles sentimens d'une âme généreuse!
O fils vraiment mes fils! ô mère trop heureuse!
Le sort de votre père enfin est éclairci :
Il étoit innocent, et je puis l'être aussi;
Il vous aima toujours et ne fut mauvais père
Que charmé par la sœur, ou forcé par le frère;
Et dans cette embuscade où son effort fut vain,
Rodogune, mes fils, le tua par ma main.
Ainsi de cet amour la fatale puissance
Vous coûte votre père, à moi, mon innocence;
Et si ma main pour vous n'avoit tout attenté,
L'effet de cet amour vous auroit tout coûté.
Ainsi vous me rendrez l'innocence et l'estime,
Lorsque vous punirez la cause de mon crime.
De cette même main qui vous a tout sauvé,
Dans son sang odieux je l'aurois bien lavé;
Mais comme vous aviez votre part aux offenses,
Je vous ai réservé votre part aux vengeances;
Et, pour ne tenir plus en suspens vos esprits,
Si vous voulez régner, le trône est à ce prix.
Entre deux fils que j'aime avec même tendresse,
Embrasser ma querelle est le seul droit d'aînesse :
La mort de Rodogune en nommera l'aîné.
 Quoi! vous montrez tous deux un visage étonné!
Redoutez-vous son frère? après la paix infâme
Que même en la jurant je détestois dans l'âme,
J'ai fait lever des gens par des ordres secrets,
Qu'à vous suivre en tous lieux vous trouverez tout prêts;
Et tandis qu'il fait tête aux princes d'Arménie,
Nous pouvons sans péril briser sa tyrannie.
Qui vous fait donc pâlir à cette juste loi?
Est-ce pitié pour elle? est-ce haine pour moi?
Voulez-vous l'épouser afin qu'elle me brave,
Et mettre mon destin aux mains de mon esclave?
Vous ne répondez point! Allez, enfans ingrats,
Pour qui je crus en vain conserver ces États :
J'ai fait votre oncle roi, j'en ferai bien un autre;
Et mon nom peut encore ici plus que le vôtre.

SÉLEUCUS.
Mais, madame, voyez que pour premier exploit....
CLÉOPATRE.
Mais que chacun de vous pense à ce qu'il me doit.
Je sais bien que le sang qu'à vos mains je demande
N'est pas le digne essai d'une valeur bien grande ;
Mais si vous me devez et le sceptre et le jour,
Ce doit être envers moi le sceau de votre amour :
Sans ce gage ma haine à jamais s'en défie ;
Ce n'est qu'en m'imitant que l'on me justifie.
Rien ne vous sert ici de faire les surpris :
Je vous le dis encor, le trône est à ce prix ;
Je puis en disposer comme de ma conquête ;
Point d'aîné, point de roi, qu'en m'apportant sa tête ;
Et puisque mon seul choix vous y peut élever,
Pour jouir de mon crime il le faut achever.

SCÈNE IV. — SÉLEUCUS, ANTIOCHUS.

SÉLEUCUS.
Est-il une constance à l'épreuve du foudre
Dont ce cruel arrêt met notre espoir en poudre ?
ANTIOCHUS.
Est-il un coup de foudre à comparer aux coups
Que ce cruel arrêt vient de lancer sur nous ?
SÉLEUCUS.
O haines, ô fureurs dignes d'une Mégère !
O femme, que je n'ose appeler encor mère !
Après que tes forfaits ont régné pleinement,
Ne saurois-tu souffrir qu'on règne innocemment ?
Quels attraits penses-tu qu'ait pour nous la couronne,
S'il faut qu'un crime égal par ta main nous la donne ?
Et de quelles horreurs nous doit-elle combler,
Si pour monter au trône il faut te ressembler ?
ANTIOCHUS.
Gardons plus de respect aux droits de la nature,
Et n'imputons qu'au sort notre triste aventure :
Nous le nommions cruel, mais il nous étoit doux
Quand il ne nous donnoit à combattre que nous.
Confidens tout ensemble et rivaux l'un de l'autre,
Nous ne concevions point de mal pareil au nôtre ;
Cependant, à nous voir l'un de l'autre rivaux,
Nous ne concevions pas la moitié de nos maux.
SÉLEUCUS.
Une douleur si sage et si respectueuse,
Ou n'est guère sensible, ou guère impétueuse.
Et c'est en de tels maux avoir l'esprit bien fort

ACTE II, SCÈNE IV.   23

D'en connoître la cause, et l'imputer au sort.
Pour moi, je sens les miens avec plus de foiblesse;
Plus leur cause m'est chère, et plus l'effet m'en blesse :
Non que pour m'en venger j'ose entreprendre rien;
Je donnerois encor tout mon sang pour le sien :
Je sais ce que je dois; mais dans cette contrainte,
Si je retiens mon bras, je laisse aller ma plainte;
Et j'estime qu'au point qu'elle nous a blessés,
Qui ne fait que s'en plaindre a du respect assez.
Voyez-vous bien quel est le ministère infâme
Qu'ose exiger de nous la haine d'une femme?
Voyez-vous qu'aspirant à des crimes nouveaux,
De deux princes ses fils elle fait ses bourreaux?
Si vous pouvez le voir, pouvez-vous vous en taire?

ANTIOCHUS.

Je vois bien plus encor, je vois qu'elle est ma mère;
Et plus je vois son crime indigne de ce rang,
Plus je lui vois souiller la source de mon sang.
J'en sens de ma douleur croître la violence;
Mais ma confusion m'impose le silence,
Lorsque dans ses forfaits sur nos fronts imprimés
Je vois les traits honteux dont nous sommes formés.
Je tâche à cet objet d'être aveugle ou stupide;
J'ose me déguiser jusqu'à son parricide;
Je me cache à moi-même un excès de malheur
Où notre ignominie égale ma douleur;
Et, détournant les yeux d'une mère cruelle,
J'impute tout au sort qui m'a fait naître d'elle.
  Je conserve pourtant encore un peu d'espoir :
Elle est mère, et le sang a beaucoup de pouvoir;
Et le sort l'eût-il faite encor plus inhumaine,
Une larme d'un fils peut amollir sa haine.

SÉLEUCUS.

Ah! mon frère, l'amour n'est guère véhément
Pour des fils élevés dans un bannissement,
Et qu'ayant fait nourrir presque dans l'esclavage
Elle n'a rappelés que pour servir sa rage.
De ses pleurs tant vantés je découvre le fard;
Nous avons en son cœur vous et moi peu de part :
Elle fait bien sonner ce grand amour de mère;
Mais elle seule enfin s'aime et se considère;
Et, quoi que nous étale un langage si doux,
Elle a tout fait pour elle, et n'a rien fait pour nous.
Ce n'est qu'un faux amour que la haine domine;
Nous ayant embrassés, elle nous assassine,
En veut au cher objet dont nous sommes épris,
Nous demande son sang, met le trône à ce prix.

Ce n'est plus de sa main qu'il nous le faut attendre;
Il est, il est à nous, si nous osons le prendre.
Notre révolte ici n'a rien que d'innocent;
Il est à l'un de nous; si l'autre le consent :
Régnons, et son courroux ne sera que foiblesse;
C'est l'unique moyen de sauver la princesse.
Allons la voir, mon frère, et demeurons unis,
C'est l'unique moyen de voir nos maux finis.
Je forme un beau dessein que son amour m'inspire;
Mais il faut qu'avec lui notre union conspire
Notre amour, aujourd'hui si digne de pitié,
Ne sauroit triompher que par notre amitié.

ANTIOCHUS.
Cet avertissement marque une défiance
Que la mienne pour vous souffre avec patience.
Allons, et soyez sûr que même le trépas
Ne peut rompre des nœuds que l'amour ne rompt pas.

ACTE TROISIÈME.

SCÈNE I. — RODOGUNE, ORONTE, LAONICE.

RODOGUNE.
Voilà comme l'amour succède à la colère,
Comme elle ne me voit qu'avec des yeux de mère,
Comme elle aime la paix, comme elle fait un roi,
Et comme elle use enfin de ses fils et de moi.
Et tantôt mes soupçons lui faisoient une offense?
Elle n'avoit rien fait qu'en sa juste défense?
Lorsque tu la trompois elle fermoit les yeux?
Ah! que ma défiance en jugeoit beaucoup mieux!
Tu le vois, Laonice.

LAONICE.
            Et vous voyez, madame,
Quelle fidélité vous conserve mon âme,
Et qu'ayant reconnu sa haine et mon erreur,
Le cœur gros de soupirs, et frémissant d'horreur,
Je romps une foi due aux secrets de ma reine,
Et vous viens découvrir mon erreur et sa haine.

RODOGUNE.
Cet avis salutaire est l'unique secours
A qui je crois devoir le reste de mes jours.
Mais ce n'est pas assez de m'avoir avertie;
Il faut de ces périls m'aplanir la sortie;
Il faut que tes conseils m'aident à repousser....

ACTE III, SCÈNE I.

LAONICE.

Madame, au nom des dieux, veuillez m'en dispenser;
C'est assez que pour vous je lui sois infidèle,
Sans m'engager encore à des conseils contre elle.
Oronte est avec vous, qui, comme ambassadeur,
Devoit de cet hymen honorer la splendeur;
Comme c'est en ses mains que le roi votre frère
A déposé le soin d'une tête si chère,
Je vous laisse avec lui pour en délibérer.
Quoi que vous résolviez, laissez-moi l'ignorer.
Au reste, assurez-vous de l'amour des deux princes;
Plutôt que de vous perdre ils perdront leurs provinces:
Mais je ne réponds pas que ce cœur inhumain
Ne veuille à leur refus s'armer d'une autre main.
Je vous parle en tremblant; si j'étois ici vue,
Votre péril croîtroit, et je serois perdue.
Fuyez, grande princesse, et souffrez cet adieu.

RODOGUNE.

Va, je reconnoîtrai ce service en son lieu.

SCÈNE II. — RODOGUNE, ORONTE.

RODOGUNE.

Que ferons-nous, Oronte, en ce péril extrême,
Où l'on fait de mon sang le prix d'un diadème?
Fuirons-nous chez mon frère? attendrons-nous la mort,
Ou ferons-nous contre elle un généreux effort?

ORONTE.

Notre fuite, madame, est assez difficile;
J'ai vu des gens de guerre épandus par la ville.
Si l'on veut votre perte, on vous fait observer;
Ou, s'il vous est permis encor de vous sauver,
L'avis de Laonice est sans doute une adresse :
Feignant de vous servir elle sert sa maîtresse.
La reine, qui surtout craint de vous voir régner,
Vous donne ces terreurs pour vous faire éloigner;
Et, pour rompre un hymen qu'avec peine elle endure,
Elle en veut à vous-même imputer la rupture.
Elle obtiendra par vous le but de ses souhaits,
Et vous accusera de violer la paix;
Et le roi, plus piqué contre vous que contre elle,
Vous voyant lui porter une guerre nouvelle,
Blâmera vos frayeurs et nos légèretés,
D'avoir osé douter de la foi des traités;
Et peut-être, pressé des guerres d'Arménie,
Vous laissera moquée, et la reine impunie.
  A ces honteux moyens gardez de recourir.

C'est ici qu'il vous faut ou régner ou périr.
Le ciel pour vous ailleurs n'a point fait de couronne;
Et l'on s'en rend indigne alors qu'on l'abandonne.
     RODOGUNE.
Ah! que de vos conseils j'aimerois la vigueur,
Si nous avions la force égale à ce grand cœur!
Mais pourrons-nous braver une reine en colère
Avec ce peu de gens que m'a laissés mon frère?
     ORONTE.
J'aurois perdu l'esprit si j'osois me vanter
Qu'avec ce peu de gens nous pussions résister.
Nous mourrons à vos pieds, c'est toute l'assistance
Que vous peut en ces lieux offrir notre impuissance :
Mais pouvez-vous trembler quand dans ces mêmes lieux
Vous portez le grand maître et des rois et des dieux?
L'amour fera lui seul tout ce qu'il vous faut faire.
Faites-vous un rempart des fils contre la mère:
Ménagez bien leur flamme, ils voudront tout pour vous;
Et ces astres naissans sont adorés de tous.
Quoi que puisse en ces lieux une reine cruelle,
Pouvant tout sur ses fils, vous y pouvez plus qu'elle.
Cependant trouvez bon qu'en ces extrémités
Je tâche à rassembler nos Parthes écartés;
Ils sont peu, mais vaillans, et peuvent de sa rage
Empêcher la surprise et le premier outrage.
Craignez moins, et surtout, madame, en ce grand jour,
Si vous voulez régner, faites régner l'amour.

  SCÈNE III. — RODOGUNE.

Quoi! je pourrois descendre à ce lâche artifice
D'aller de mes amans mendier le service,
Et sous l'indigne appât d'un coup d'œil affété,
J'irois jusqu'en leur cœur chercher ma sûreté!
Celles de ma naissance ont horreur des bassesses;
Leur sang tout généreux hait ces molles adresses.
Quel que soit le secours qu'ils me puissent offrir,
Je croirai faire assez de le daigner souffrir :
Je verrai leur amour, j'éprouverai sa force,
Sans flatter leurs désirs, sans leur jeter d'amorce;
Et, s'il est assez fort pour me servir d'appui,
Je le ferai régner, mais en régnant sur lui.
  Sentimens étouffés de colère et de haine,
Rallumez vos flambeaux à celles de la reine,
Et d'un oubli contraint rompez la dure loi,
Pour rendre enfin justice aux mânes d'un grand roi;
Rapportez à mes yeux son image sanglante,

D'amour et de fureur encore étincelante,
Telle que je le vis, quand tout percé de coups
Il me cria : « Vengeance ! Adieu ; je meurs pour vous ! »
Chère ombre, hélas ! bien loin de l'avoir poursuivie,
J'allois baiser la main qui t'arracha la vie,
Rendre un respect de fille à qui versa ton sang ;
Mais pardonne au devoir que m'impose mon rang :
Plus la haute naissance approche des couronnes,
Plus cette grandeur même asservit nos personnes ;
Nous n'avons point de cœur pour aimer ni haïr ;
Toutes nos passions ne savent qu'obéir.
Après avoir armé pour venger cet outrage,
D'une paix mal conçue on m'a faite le gage ;
Et moi, fermant les yeux sur ce noir attentat,
Je suivois mon destin en victime d'État.
Mais aujourd'hui qu'on voit cette main parricide,
Des restes de ta vie insolemment avide,
Vouloir encor percer ce sein infortuné,
Pour y chercher le cœur que tu m'avois donné,
De la paix qu'elle rompt je ne suis plus le gage ;
Je brise avec honneur mon illustre esclavage ;
J'ose reprendre un cœur pour aimer et haïr,
Et ce n'est plus qu'à toi que je veux obéir.
  Le consentiras-tu, cet effort sur ma flamme,
Toi, son vivant portrait, que j'adore dans l'âme,
Cher prince, dont je n'ose en mes plus doux souhaits
Fier encor le nom aux murs de ce palais ?
Je sais quelles seront tes douleurs et tes craintes ;
Je vois déjà tes maux, j'entends déjà tes plaintes :
Mais pardonne aux devoirs qu'exige enfin un roi
A qui tu dois le jour qu'il a perdu pour moi.
J'aurai mêmes douleurs, j'aurai mêmes alarmes ;
S'il t'en coûte un soupir, j'en verserai des larmes.
  Mais, dieux ! que je me trouble en les voyant tous deux !
Amour, qui me confonds, cache du moins tes feux ;
Et content de mon cœur dont je te fais le maître,
Dans mes regards surpris garde-toi de paroître.

SCÈNE IV. — ANTIOCHUS, SÉLEUCUS, RODOGUNE.

ANTIOCHUS.
Ne vous offensez pas, princesse, de nous voir
De vos yeux à vous-même expliquer le pouvoir.
Ce n'est pas d'aujourd'hui que nos cœurs en soupirent ;
A vos premiers regards tous deux ils se rendirent ;
Mais un profond respect nous fit taire et brûler,
Et ce même respect nous force de parler.

L'heureux moment approche où votre destinée
Semble être aucunement à la nôtre enchaînée,
Puisque d'un droit d'aînesse incertain parmi nous
La nôtre attend un sceptre, et la vôtre un époux.
C'est trop d'indignité que notre souveraine
De l'un de ses captifs tienne le nom de reine;
Notre amour s'en offense, et, changeant cette loi,
Remet à notre reine à nous choisir un roi.
Ne vous abaissez plus à suivre la couronne;
Donnez-la, sans souffrir qu'avec elle on vous donne;
Réglez notre destin qu'ont mal réglé les dieux;
Notre seul droit d'aînesse est de plaire à vos yeux :
L'ardeur qu'allume en nous une flamme si pure
Préfère votre choix au choix de la nature,
Et vient sacrifier à votre élection
Toute notre espérance et notre ambition.
Prononcez donc, madame, et faites un monarque
Nous céderons sans honte à cette illustre marque;
Et celui qui perdra votre divin objet
Demeurera du moins votre premier sujet;
Son amour immortel saura toujours lui dire
Que ce rang près de vous vaut ailleurs un empire;
Il y mettra sa gloire, et, dans un tel malheur,
L'heur de vous obéir flattera sa douleur.

RODOGUNE.

Prince, je dois beaucoup à cette déférence
De votre ambition et de votre espérance;
Et j'en recevrois l'offre avec quelque plaisir,
Si celles de mon rang avoient droit de choisir.
Comme sans leur avis les rois disposent d'elles
Pour affermir leur trône ou finir leurs querelles,
Le destin des États est arbitre du leur,
Et l'ordre des traités règle tout dans leur cœur.
C'est lui que suit le mien, et non pas la couronne :
J'aimerai l'un de vous, parce qu'il me l'ordonne;
Du secret révélé j'en prendrai le pouvoir,
Et mon amour pour naître attendra mon devoir.
N'attendez rien de plus, ou votre attente est vaine.
Le choix que vous m'offrez appartient à la reine;
J'entreprendrois sur elle à l'accepter de vous.
Peut-être on vous a tu jusqu'où va son courroux;
Mais je dois par épreuve assez bien le connoître
Pour fuir l'occasion de le faire renaître.
Que n'en ai-je souffert, et que n'a-t-elle osé ?
Je veux croire avec vous que tout est apaisé;
Mais craignez avec moi que ce choix ne ranime
Cette haine mourante à quelque nouveau crime :

Pardonnez-moi ce mot qui viole un oubli
Que la paix entre nous doit avoir établi.
Le feu qui semble éteint souvent dort sous la cendre;
Qui l'ose réveiller peut s'en laisser surprendre;
Et je mériterois qu'il me pût consumer,
Si je lui fournissois de quoi se rallumer.

SÉLEUCUS.

Pouvez-vous redouter sa haine renaissante,
S'il est en votre main de la rendre impuissante?
Faites un roi, madame, et régnez avec lui;
Son courroux désarmé demeure sans appui,
Et toutes ses fureurs sans effet rallumées
Ne pousseront en l'air que de vaines fumées.
Mais a-t-elle intérêt au choix que vous ferez,
Pour en craindre les maux que vous vous figurez?
La couronne est à nous; et, sans lui faire injure,
Sans manquer de respect aux droits de la nature,
Chacun de nous à l'autre en peut céder sa part,
Et rendre à votre choix ce qu'il doit au hasard.
Qu'un si foible scrupule en notre faveur cesse:
Votre inclination vaut bien un droit d'aînesse,
Dont vous seriez traitée avec trop de rigueur,
S'il se trouvoit contraire aux vœux de votre cœur.
On vous applaudiroit quand vous seriez à plaindre;
Pour vous faire régner ce seroit vous contraindre,
Vous donner la couronne en vous tyrannisant,
Et verser du poison sur ce noble présent.
Au nom de ce beau feu qui tous deux nous consume,
Princesse, à notre espoir ôtez cette amertume;
Et permettez que l'heur qui suivra votre époux
Se puisse redoubler à le tenir de vous.

RODOGUNE.

Ce beau feu vous aveugle autant comme il vous brûle;
Et, tâchant d'avancer, son effort vous recule.
Vous croyez que ce choix que l'un et l'autre attend
Pourra faire un heureux sans faire un mécontent;
Et moi, quelque vertu que votre cœur prépare,
Je crains d'en faire deux si le mien se déclare:
Non que de l'un et l'autre il dédaigne les vœux;
Je tiendrois à bonheur d'être à l'un de vous deux;
Mais souffrez que je suive enfin ce qu'on m'ordonne:
Je me mettrai trop haut s'il faut que je me donne;
Quoique aisément je cède aux ordres de mon roi,
Il n'est pas bien aisé de m'obtenir de moi.
Savez-vous quels devoirs, quels travaux, quels services,
Voudront de mon orgueil exiger les caprices?
Par quels degrés de gloire on me peut mériter?

En quels affreux périls il faudra vous jeter ?
Ce cœur vous est acquis après le diadème,
Princes; mais gardez-vous de le rendre à lui-même.
Vous y renoncerez peut-être pour jamais,
Quand je vous aurai dit à quel prix je le mets.

SÉLEUCUS.

Quels seront les devoirs, quels travaux, quels services
Dont nous ne vous fassions d'amoureux sacrifices?
Et quels affreux périls pourrons-nous redouter,
Si c'est par ces degrés qu'on peut vous mériter?

ANTIOCHUS.

Princesse, ouvrez ce cœur, et jugez mieux du nôtre;
Jugez mieux du beau feu qui brûle l'un et l'autre,
Et dites hautement à quel prix votre choix
Veut faire l'un de nous le plus heureux des rois.

RODOGUNE.

Prince, le voulez-vous ?

ANTIOCHUS.

C'est notre unique envie.

RODOGUNE.

Je verrai cette ardeur d'un repentir suivie.

SÉLEUCUS.

Avant ce repentir tous deux nous périrons.

RODOGUNE.

Enfin vous le voulez?

SÉLEUCUS.

Nous vous en conjurons.

RODOGUNE.

Eh bien donc! il est temps de me faire connoître.
J'obéis à mon roi, puisqu'un de vous doit l'être;
Mais quand j'aurai parlé, si vous vous en plaignez,
J'atteste tous les dieux que vous m'y contraignez,
Et que c'est malgré moi qu'à moi-même rendue
J'écoute une chaleur qui m'étoit défendue;
Qu'un devoir rappelé me rend un souvenir
Que la foi des traités ne doit plus retenir.

Tremblez, princes, tremblez au nom de votre père
Il est mort, et pour moi, par les mains d'une mère.
Je l'avois oublié, sujette à d'autres lois;
Mais libre, je lui rends enfin ce que je dois.
C'est à vous de choisir mon amour ou ma haine.
J'aime les fils du roi, je hais ceux de la reine :
Réglez-vous là-dessus; et, sans plus me presser,
Voyez auquel des deux vous voulez renoncer.
Il faut prendre parti, mon choix suivra le vôtre :
Je respecte autant l'un que je déteste l'autre.
Mais ce que j'aime en vous du sang de ce grand roi,

S'il n'est digne de lui, n'est pas digne de moi.
Ce sang que vous portez, ce trône qu'il vous laisse,
Valent bien que pour lui votre cœur s'intéresse.
Votre gloire le veut, l'amour vous le prescrit.
Qui peut contre elle et lui soulever votre esprit[1]?
Si vous leur préférez une mère cruelle,
Soyez cruels, ingrats, parricides comme elle :
Vous devez la punir, si vous la condamnez;
Vous devez l'imiter, si vous la soutenez.
Quoi! cette ardeur s'éteint! l'un et l'autre soupire!
J'avois su le prévoir, j'avois su le prédire....

ANTIOCHUS.

Princesse....

RODOGUNE.

Il n'est plus temps, le mot en est lâché.
Quand j'ai voulu me taire, en vain je l'ai tâché.
Appelez ce devoir haine, rigueur, colère;
Pour gagner Rodogune il faut venger un père;
Je me donne à ce prix : osez me mériter;
Et voyez qui de vous daignera m'accepter.
Adieu, princes.

SCÈNE V. — ANTIOCHUS, SÉLEUCUS.

ANTIOCHUS.

Hélas! c'est donc ainsi qu'on traite
Les plus profonds respects d'une amour si parfaite!

SÉLEUCUS.

Elle nous fuit, mon frère, après cette rigueur.

ANTIOCHUS.

Elle fuit, mais en Parthe, en nous perçant le cœur.

SÉLEUCUS.

Que le ciel est injuste! Une âme si cruelle
Méritoit notre mère, et devoit naître d'elle.

ANTIOCHUS.

Plaignons-nous sans blasphème.

SÉLEUCUS.

Ah! que vous me gênez
Par cette retenue où vous vous obstinez!
Faut-il encor régner? faut-il l'aimer encore?

ANTIOCHUS.

Il faut plus de respect pour celle qu'on adore.

SÉLEUCUS.

C'est ou d'elle ou du trône être ardemment épris,
Que vouloir ou l'aimer ou régner à ce prix.

---

1. Le sens est louche : *contre elle* signifie *contre votre gloire* ; et *lui* signifie *votre amour* ; c'est là le sens, mais il faut le chercher. (*Voltaire.*)

ANTIOCHUS.
C'est et d'elle et de lui tenir bien peu de compte,
Que faire une révolte et si pleine et si prompte.
SÉLEUCUS.
Lorsque l'obéissance a tant d'impiété,
La révolte devient une nécessité.
ANTIOCHUS.
La révolte, mon frère, est bien précipitée,
Quand la loi qu'elle rompt peut être rétractée;
Et c'est à nos désirs trop de témérité
De vouloir de tels biens avec facilité :
Le ciel par les travaux veut qu'on monte à la gloire;
Pour gagner un triomphe il faut une victoire.
Mais que je tâche en vain de flatter nos tourmens!
Nos malheurs sont plus forts que ces déguisemens.
Leur excès à mes yeux paroît un noir abîme
Où la haine s'apprête à couronner le crime,
Où la gloire est sans nom, la vertu sans honneur,
Où sans un parricide il n'est point de bonheur;
Et, voyant de ces maux l'épouvantable image,
Je me sens affoiblir quand je vous encourage;
Je frémis, je chancelle; et mon cœur abattu
Suit tantôt sa douleur, et tantôt sa vertu.
Mon frère, pardonnez à des discours sans suite,
Qui font trop voir le trouble où mon âme est réduite.
SÉLEUCUS.
J'en ferois comme vous, si mon esprit troublé
Ne secouoit le joug dont il est accablé.
Dans mon ambition, dans l'ardeur de ma flamme,
Je vois ce qu'est un trône, et ce qu'est une femme;
Et, jugeant par leur prix de leur possession,
J'éteins enfin ma flamme et mon ambition,
Et je vous céderois l'un et l'autre avec joie,
Si, dans la liberté que le ciel me renvoie,
La crainte de vous faire un funeste présent
Ne me jetoit dans l'âme un remords trop cuisant.
Dérobons-nous, mon frère, à ces âmes cruelles,
Et laissons-les sans nous achever leurs querelles.
ANTIOCHUS.
Comme j'aime beaucoup, j'espère encore un peu.
L'espoir ne peut s'éteindre où brûle tant de feu;
Et son reste confus me rend quelques lumières
Pour juger mieux que vous de ces âmes si fières.
Croyez-moi, l'une et l'autre a redouté nos pleurs :
Leur fuite à nos soupirs a dérobé leurs cœurs;
Et si tantôt leur haine eût attendu nos larmes
Leur haine à nos douleurs auroit rendu les armes.

SÉLEUCUS.

Pleurez donc à leurs yeux, gémissez, soupirez,
Et je craindrai pour vous ce que vous espérez.
Quoi qu'en votre faveur vos pleurs obtiennent d'elles,
Il vous faudra parer leurs haines mutuelles;
Sauver l'une de l'autre; et peut-être leurs coups,
Vous trouvant au milieu, ne perceront que vous :
C'est ce qu'il faut pleurer. Ni maîtresse ni mère
N'ont plus de choix ici ni de lois à nous faire[1];
Quoi que leur rage exige ou de vous ou de moi,
Rodogune est à vous, puisque je vous fais roi.
Épargnez vos soupirs près de l'une et de l'autre.
J'ai trouvé mon bonheur, saisissez-vous du vôtre :
Je n'en suis point jaloux; et ma triste amitié
Ne le verra jamais que d'un œil de pitié.

SCÈNE VI. — ANTIOCHUS

Que je serois heureux si je n'aimois un frère!
Lorsqu'il ne veut pas voir le mal qu'il se veut faire,
Mon amitié s'oppose à son aveuglement :
Elle agira pour vous, mon frère, également,
Et n'abusera point de cette violence
Que l'indignation fait à votre espérance.
La pesanteur du coup souvent nous étourdit :
On le croit repoussé quand il s'approfondit;
Et, quoi qu'un juste orgueil sur l'heure persuade,
Qui ne sent point son mal est d'autant plus malade;
Ces ombres de santé cachent mille poisons,
Et la mort suit de près ces fausses guérisons.
Daignent les justes dieux rendre vain ce présage!
Cependant allons voir si nous vaincrons l'orage,
Et si, contre l'effort d'un si puissant courroux,
La nature et l'amour voudront parler pour nous.

ACTE QUATRIÈME.

SCÈNE I. — ANTIOCHUS, RODOGUNE.

RODOGUNE.

Prince, qu'ai-je entendu? parce que je soupire,
Vous présumez que j'aime, et vous m'osez le dire!

---

1. « Ni Cléopâtre ni Rodogune n'ont plus désormais à choisir entre nous. »

Est-ce un frère, est-ce vous dont la témérité
S'imagine....

ANTIOCHUS.

Apaisez ce courage irrité,
Princesse; aucun de nous ne seroit téméraire
Jusqu'à s'imaginer qu'il eût l'heur de vous plaire :
Je vois votre mérite et le peu que je vaux,
Et ce rival si cher connoît mieux ses défauts.
Mais si tantôt ce cœur parloit par votre bouche,
Il veut que nous croyions qu'un peu d'amour le touche,
Et qu'il daigne écouter quelques-uns de nos vœux,
Puisqu'il tient à bonheur d'être à l'un de nous deux.
Si c'est présomption de croire ce miracle,
C'est une impiété de douter de l'oracle,
Et mériter les maux où vous nous condamnez,
Qu'éteindre un bel espoir que vous nous ordonnez.
Princesse, au nom des dieux, au nom de cette flamme....

RODOGUNE.

Un mot ne fait pas voir jusques au fond d'une âme;
Et votre espoir trop prompt prend trop de vanité
Des termes obligeans de ma civilité.
Je l'ai dit, il est vrai; mais, quoi qu'il en puisse être,
Méritez cet amour que vous voulez connoître.
Lorsque j'ai soupiré, ce n'étoit pas pour vous;
J'ai donné ces soupirs aux mânes d'un époux;
Et ce sont les effets du souvenir fidèle
Que sa mort à toute heure en mon âme rappelle.
Princes, soyez ses fils, et prenez son parti.

ANTIOCHUS.

Recevez donc son cœur en nous deux réparti;
Ce cœur qu'un saint amour rangea sous votre empire,
Ce cœur, pour qui le vôtre à tous momens soupire,
Ce cœur, en vous aimant indignement percé,
Reprend pour vous aimer le sang qu'il a versé;
Il le reprend en nous, il revit, il vous aime,
Et montre, en vous aimant, qu'il est encor le même.
Ah! princesse, en l'état où le sort nous a mis,
Pouvons-nous mieux montrer que nous sommes ses fils?

RODOGUNE.

Si c'est son cœur en vous qui revit et qui m'aime,
Faites ce qu'il feroit s'il vivoit en lui-même;
A ce cœur qu'il vous laisse osez prêter un bras :
Pouvez-vous le porter et ne l'écouter pas?
S'il vous explique mal ce qu'il en doit attendre,
Il emprunte ma voix pour se mieux faire entendre.
Une seconde fois il vous le dit par moi :
Prince, il faut le venger.

ANTIOCHUS.
J'accepte cette loi.
Nommez les assassins, et j'y cours.
RODOGUNE.
Quel mystère
Vous fait, en l'acceptant, méconnoître une mère?
ANTIOCHUS.
Ah! si vous ne voulez voir finir nos destins,
Nommez d'autres vengeurs ou d'autres assassins.
RODOGUNE.
Ah! je vois trop régner son parti dans votre âme;
Prince, vous le prenez.
ANTIOCHUS.
Oui, je le prends, madame;
Et j'apporte à vos pieds le plus pur de son sang,
Que la nature enferme en ce malheureux flanc.
Satisfaites vous-même à cette voix secrète
Dont la vôtre envers nous daigne être l'interprète:
Exécutez son ordre; et hâtez-vous sur moi
De punir une reine et de venger un roi;
Mais quitte par ma mort d'un devoir si sévère,
Écoutez-en un autre en faveur de mon frère.
De deux princes unis à soupirer pour vous
Prenez l'un pour victime, et l'autre pour époux;
Punissez un des fils des crimes de la mère,
Mais payez l'autre aussi des services du père;
Et laissez un exemple à la postérité
Et de rigueur entière, et d'entière équité.
Quoi! n'écouterez-vous ni l'amour ni la haine?
Ne pourrai-je obtenir ni salaire ni peine?
Ce cœur qui vous adore, et que vous dédaignez....
RODOGUNE.
Hélas, prince!
ANTIOCHUS.
Est-ce encor le roi que vous plaignez?
Ce soupir ne va-t-il que vers l'ombre d'un père?
RODOGUNE.
Allez, ou pour le moins rappelez votre frère:
Le combat pour mon âme étoit moins dangereux
Lorsque je vous avois à combattre tous deux:
Vous êtes plus fort seul que vous n'étiez ensemble;
Je vous bravois tantôt, et maintenant je tremble.
J'aime; n'abusez pas, prince, de mon secret:
Au milieu de ma haine il m'échappe à regret;
Mais enfin il m'échappe, et cette retenue
Ne peut plus soutenir l'effort de votre vue.
Oui, j'aime un de vous deux malgré ce grand courroux,

Et ce dernier soupir dit assez que c'est vous.
   Un rigoureux devoir à cet amour s'oppose :
Ne m'en accusez point, vous en êtes la cause;
Vous l'avez fait renaître en me pressant d'un choix
Qui rompt de vos traités les favorables lois.
D'un père mort pour moi voyez le sort étrange :
Si vous me laissez libre, il faut que je le venge;
Et mes feux dans mon âme ont beau s'en mutiner,
Ce n'est qu'à ce prix seul que je puis me donner :
Mais ce n'est pas de vous qu'il faut que je l'attende;
Votre refus est juste autant que ma demande.
A force de respect votre amour s'est trahi.
Je voudrois vous haïr s'il m'avoit obéi;
Et je n'estime pas l'honneur d'une vengeance
Jusqu'à vouloir d'un crime être la récompense.
Rentrons donc sous les lois que m'impose la paix,
Puisque m'en affranchir c'est vous perdre à jamais.
Prince, en votre faveur je ne puis davantage :
L'orgueil de ma naissance enfle encor mon courage,
Et, quelque grand pouvoir que l'amour ait sur moi,
Je n'oublierai jamais que je me dois un roi.
Oui, malgré mon amour, j'attendrai d'une mère
Que le trône me donne ou vous ou votre frère.
Attendant son secret vous aurez mes désirs,
Et, s'il le fait régner, vous aurez mes soupirs :
C'est tout ce qu'à mes feux ma gloire peut permettre,
Et tout ce qu'à vos feux les miens osent promettre.
                    ANTIOCHUS.
Que voudrois-je de plus? son bonheur est le mien;
Rendez heureux ce frère, et je ne perdrai rien.
L'amitié le consent, et l'amour l'appréhende.
Je bénirai le ciel d'une perte si grande;
Et, quittant les douceurs de cet espoir flottant,
Je mourrai de douleur, mais je mourrai content.
                    RODOGUNE.
Et moi, si mon destin entre ses mains me livre,
Pour un autre que vous s'il m'ordonne de vivre,
Mon amour.... Mais adieu; mon esprit se confond.
Prince, si votre flamme à la mienne répond,
Si vous n'êtes ingrat à ce cœur qui vous aime,
Ne me revoyez point qu'avec le diadème.

SCÈNE II. — ANTIOCHUS.

Les plus doux de mes vœux enfin sont exaucés.
Tu viens de vaincre, amour; mais ce n'est pas assez :
Si tu veux triompher en cette conjoncture,

Après avoir vaincu, fais vaincre la nature ;
Et prête-lui pour nous ces tendres sentimens
Que ton ardeur inspire aux cœurs des vrais amans,
Cette pitié qui force, et ces dignes foiblesses
Dont la vigueur détruit les fureurs vengeresses.
Voici la reine. Amour, nature, justes dieux,
Faites-la-moi fléchir ou mourir à ses yeux.

SCÈNE III. — CLÉOPATRE, ANTIOCHUS, LAONICE

CLÉOPATRE.
Eh bien ! Antiochus, vous dois-je la couronne[1] ?
ANTIOCHUS.
Madame, vous savez si le ciel me la donne.
CLÉOPATRE.
Vous savez mieux que moi si vous la méritez.
ANTIOCHUS.
Je sais que je péris si vous ne m'écoutez.
CLÉOPATRE.
Un peu trop lent peut-être à servir ma colère,
Vous vous êtes laissé prévenir par un frère :
Il a su me venger quand vous délibériez,
Et je dois à son bras ce que vous espériez.
Je vous en plains, mon fils, ce malheur est extrême ;
C'est périr en effet que perdre un diadème.
Je n'y sais qu'un remède, encore est-il fâcheux,
Étonnant, incertain, et triste pour tous deux ;
Je périrai moi-même avant que de le dire :
Mais enfin on perd tout quand on perd un empire.
ANTIOCHUS.
Le remède à nos maux est tout en votre main,
Et n'a rien de fâcheux, d'étonnant, d'incertain ;
Votre seule colère a fait notre infortune.
Nous perdons tout, madame, en perdant Rodogune :
Nous l'adorons tous deux ; jugez en quels tourmens
Nous jette la rigueur de vos commandemens.
  L'aveu de cet amour sans doute vous offense ;
Mais enfin nos malheurs croissent par le silence,
Et votre cœur, qu'aveugle un peu d'inimitié,
S'il ignore nos maux, n'en peut prendre pitié.
Au point où je les vois, c'en est le seul remède.
CLÉOPATRE.
Quelle aveugle fureur vous-même vous possède ?

---

1. C'est-à-dire, voulez-vous tuer Rodogune? cela ne peut s'entendre autrement ; cela même signifie : avez-vous tué Rodogune? car elle n'a promis la couronne qu'à l'assassin. (*Voltaire*.)

Avez-vous oublié que vous parlez à moi?
Ou si vous présumez être déjà mon roi?
ANTIOCHUS.
Je tâche avec respect à vous faire connoître
Les forces d'un amour que vous avez fait naître.
CLÉOPATRE.
Moi, j'aurois allumé cet insolent amour?
ANTIOCHUS.
Et quel autre prétexte a fait notre retour?
Nous avez-vous mandés qu'àfin qu'un droit d'aînesse
Donnât à l'un de nous le trône et la princesse?
Vous avez bien fait plus, vous nous l'avez fait voir;
Et c'étoit par vos mains nous mettre en son pouvoir.
Qui de nous deux, madame, eût osé s'en défendre,
Quand vous nous ordonniez à tous deux d'y prétendre?
Si sa beauté dès lors n'eût allumé nos feux,
Le devoir auprès d'elle eût attaché nos vœux;
Le désir de régner eût fait la même chose;
Et dans l'ordre des lois que la paix nous impose,
Nous devions aspirer à sa possession
Par amour, par devoir, ou par ambition.
Nous avons donc aimé, nous avons cru vous plaire;
Chacun de nous n'a craint que le bonheur d'un frère;
Et cette crainte enfin cédant à l'amitié,
J'implore pour tous deux un moment de pitié.
Avons-nous dû prévoir cette haine cachée,
Que la foi des traités n'avoit point arrachée?
CLÉOPATRE.
Non, mais vous avez dû garder le souvenir
Des hontes que pour vous j'avois su prévenir,
Et de l'indigne état où votre Rodogune,
Sans moi, sans mon courage, eût mis votre fortune.
Je croyois que vos cœurs, sensibles à ces coups,
En sauroient conserver un généreux courroux;
Et je le retenois avec ma douceur feinte,
Afin que, grossissant sous un peu de contrainte,
Ce torrent de colère et de ressentiment
Fût plus impétueux en son débordement.
Je fais plus maintenant : je presse, sollicite,
Je commande, menace, et rien ne vous irrite.
Le sceptre, dont ma main vous doit récompenser,
N'a point de quoi vous faire un moment balancer;
Vous ne considérez ni lui ni mon injure;
L'amour étouffe en vous la voix de la nature :
Et je pourrois aimer des fils dénaturés!
ANTIOCHUS.
La nature et l'amour ont leurs droits séparés;

ACTE IV, SCÈNE III.

L'un n'ôte point à l'autre une âme qu'il possède

CLÉOPATRE.

Non, non; où l'amour règne il faut que l'autre cède.

ANTIOCHUS.

Leurs charmes à nos cœurs sont également doux.
Nous périrons tous deux s'il faut périr pour vous;
Mais aussi....

CLÉOPATRE.

Poursuivez, fils ingrat et rebelle.

ANTIOCHUS.

Nous périrons tous deux s'il faut périr pour elle.

CLÉOPATRE.

Périssez, périssez; votre rébellion
Mérite plus d'horreur que de compassion.
Mes yeux sauront le voir sans verser une larme,
Sans regarder en vous que l'objet qui vous charme;
Et je triompherai, voyant périr mes fils,
De ses adorateurs et de mes ennemis.

ANTIOCHUS.

Eh bien! triomphez-en, que rien ne vous retienne :
Votre main tremble-t-elle? y voulez-vous la mienne?
Madame, commandez, je suis prêt d'obéir;
Je percerai ce cœur qui vous ose trahir :
Heureux si par ma mort je puis vous satisfaire,
Et noyer dans mon sang toute votre colère.
Mais si la dureté de votre aversion
Nomme encor notre amour une rébellion,
Du moins souvenez-vous qu'elle n'a pris pour armes
Que de foibles soupirs et d'impuissantes larmes.

CLÉOPATRE.

Ah! que n'a-t-elle pris et la flamme et le fer!
Que bien plus aisément j'en saurois triompher!
Vos larmes dans mon cœur ont trop d'intelligence;
Elles ont presque éteint cette ardeur de vengeance!
Je ne puis refuser des soupirs à vos pleurs;
Je sens que je suis mère auprès de vos douleurs.
C'en est fait, je me rends, et ma colère expire.
Rodogune est à vous aussi bien que l'empire;
Rendez grâces aux dieux qui vous ont fait l'aîné :
Possédez-la, régnez.

ANTIOCHUS.

O moment fortuné!
O trop heureuse fin de l'excès de ma peine!
Je rends grâces aux dieux qui calment votre haine :
Madame, est-il possible?

CLÉOPATRE.

En vain j'ai résisté,

La nature est trop forte, et mon cœur s'est dompté.
Je ne vous dis plus rien, vous aimez votre mère,
Et votre amour pour moi taira ce qu'il faut taire.
            ANTIOCHUS.
Quoi! je triomphe donc sur le point de périr?
La main qui me blessoit a daigné me guérir!
            CLÉOPATRE.
Oui, je veux couronner une flamme si belle.
Allez à la princesse en porter la nouvelle;
Son cœur, comme le vôtre, en deviendra charmé :
Vous n'aimeriez pas tant si vous n'étiez aimé.
            ANTIOCHUS.
Heureux Antiochus! heureuse Rodogune!
Oui, madame, entre nous la joie en est commune.
            CLÉOPATRE.
Allez donc; ce qu'ici vous perdez de momens
Sont autant de larcins à vos contentemens;
Et ce soir, destiné pour la cérémonie,
Fera voir pleinement si ma haine est finie.
            ANTIOCHUS.
Et nous vous ferons voir tous nos désirs bornés
A vous donner en nous des sujets couronnés.

SCÈNE IV. — CLÉOPATRE, LAONICE.

            LAONICE.
Enfin ce grand courage a vaincu sa colère.
            CLÉOPATRE.
Que ne peut point un fils sur le cœur d'une mère!
            LAONICE.
Vos pleurs coulent encore, et ce cœur adouci....
            CLÉOPATRE.
Envoyez-moi son frère, et nous laissez ici.
Sa douleur sera grande, à ce que je présume;
Mais j'en saurai sur l'heure adoucir l'amertume.
Ne lui témoignez rien : il lui sera plus doux
D'apprendre tout de moi, qu'il ne seroit de vous.

SCÈNE V. — CLÉOPATRE.

Que tu pénètres mal le fond de mon courage!
Si je verse des pleurs, ce sont des pleurs de rage;
Et ma haine, qu'en vain tu crois s'évanouir,
Ne les a fait couler qu'afin de t'éblouir.
Je ne veux plus que moi dedans ma confidence.
Et toi, crédule amant, que charme l'apparence,
Et dont l'esprit léger s'attache avidement
Aux attraits captieux de mon déguisement,

Va, triomphe en idée avec ta Rodogune,
Au sort des immortels préfère ta fortune,
Tandis que mieux instruite en l'art de me venger,
En de nouveaux malheurs je saurai te plonger.
Ce n'est pas tout d'un coup que tant d'orgueil trébuche ;
De qui se rend trop tôt on doit craindre une embûche ;
Et c'est mal démêler le cœur d'avec le front,
Que prendre pour sincère un changement si prompt
L'effet te fera voir comme je suis changée.

SCÈNE VI. — CLÉOPATRE, SÉLEUCUS.

CLÉOPATRE.

Savez-vous, Séleucus, que je me suis vengée ?

SÉLEUCUS.

Pauvre princesse, hélas !

CLÉOPATRE.

Vous déplorez son sort !
Quoi ! l'aimiez-vous ?

SÉLEUCUS.

Assez pour regretter sa mort.

CLÉOPATRE.

Vous lui pouvez servir encor d'amant fidèle ;
Si j'ai su me venger, ce n'a pas été d'elle.

SÉLEUCUS.

O ciel ! et de qui donc, madame ?

CLÉOPATRE.

C'est de vous,
Ingrat, qui n'aspirez qu'à vous voir son époux ;
De vous, qui l'adorez en dépit d'une mère ;
De vous, qui dédaignez de servir ma colère ;
De vous, de qui l'amour, rebelle à mes désirs,
S'oppose à ma vengeance, et détruit mes plaisirs.

SÉLEUCUS.

De moi ?

CLÉOPATRE.

De toi, perfide ! Ignore, dissimule
Le mal que tu dois craindre et le feu qui te brûle,
Et, si pour l'ignorer tu crois t'en garantir,
Du moins en l'apprenant commence à le sentir.
Le trône étoit à toi par le droit de naissance ;
Rodogune avec lui tomboit en ta puissance ;
Tu devois l'épouser, tu devois être roi !
Mais comme ce secret n'est connu que de moi,
Je puis, comme je veux, tourner le droit d'aînesse,
Et donne à ton rival ton sceptre et ta maîtresse.

SÉLEUCUS.

A mon frère ?

CLÉOPATRE.
C'est lui que j'ai nommé l'aîné.
SÉLEUCUS.
Vous ne m'affligez point de l'avoir couronné :
Et, par une raison qui vous est inconnue,
Mes propres sentimens vous avoient prévenue :
Les biens que vous m'ôtez n'ont point d'attraits si doux
Que mon cœur n'ait donnés à ce frère avant vous ;
Et si vous bornez là toute votre vengeance,
Vos désirs et les miens seront d'intelligence.
CLÉOPATRE.
C'est ainsi qu'on déguise un violent dépit ;
C'est ainsi qu'une feinte au dehors l'assoupit,
Et qu'on croit amuser de fausses patiences
Ceux dont en l'âme on craint les justes défiances.
SÉLEUCUS.
Quoi ! je conserverois quelque courroux secret !
CLÉOPATRE.
Quoi ! lâche, tu pourrois la perdre sans regret,
Elle, de qui les dieux te donnoient l'hyménée,
Elle, dont tu plaignois la perte imaginée ?
SÉLEUCUS.
Considérer sa perte avec compassion,
Ce n'est pas aspirer à sa possession.
CLÉOPATRE.
Que la mort la ravisse, ou qu'un rival l'emporte,
La douleur d'un amant est également forte ;
Et tel qui se console après l'instant fatal,
Ne sauroit voir son bien aux mains de son rival :
Piqué jusques au vif, il tâche à le reprendre ;
Il fait de l'insensible, afin de mieux surprendre ;
D'autant plus animé, que ce qu'il a perdu
Par rang ou par mérite à sa flamme étoit dû.
SÉLEUCUS.
Peut-être ; mais enfin par quel amour de mère
Pressez-vous tellement ma douleur contre un frère ?
Prenez-vous intérêt à la faire éclater ?
CLÉOPATRE.
J'en prends à la connoître, et la faire avorter ;
J'en prends à conserver malgré toi mon ouvrage
Des jaloux attentats de ta secrète rage.
SÉLEUCUS.
Je le veux croire ainsi ; mais quel autre intérêt
Nous fait tous deux aînés quand et comme il vous plaît ?
Qui des deux vous doit croire, et par quelle justice
Faut-il que sur moi seul tombe tout le supplice,
Et que du même amour dont nous sommes blessés

ACTE IV, SCÈNE VI.   43

Il soit récompensé, quand vous m'en punissez ?
CLÉOPATRE.
Comme reine, à mon choix je fais justice ou grâce,
Et je m'étonne fort d'où vous vient cette audace,
D'où vient qu'un fils, vers moi noirci de trahison,
Ose de mes faveurs me demander raison.
SÉLEUCUS.
Vous pardonnerez donc ces chaleurs indiscrètes :
Je ne suis point jaloux du bien que vous lui faites ;
Et je vois quel amour vous avez pour tous deux,
Plus que vous ne pensez, et plus que je ne veux :
Le respect me défend d'en dire davantage.
    Je n'ai ni faute d'yeux, ni faute de courage,
Madame ; mais enfin n'espérez voir en moi
Qu'amitié pour mon frère, et zèle pour mon roi.
Adieu.

SCÈNE VII. — CLÉOPATRE.

    De quel malheur suis-je encore capable !
Leur amour m'offensoit, leur amitié m'accable ;
Et contre mes fureurs je trouve en mes deux fils
Deux enfans révoltés et deux rivaux unis.
Quoi ! sans émotion perdre trône et maîtresse !
Quel est ici ton charme, odieuse princesse ?
Et par quel privilége, allumant de tels feux,
Peux-tu n'en prendre qu'un et m'ôter tous les deux ?
N'espère pas pourtant triompher de ma haine :
Pour régner sur deux cœurs, tu n'es pas encor reine.
Je sais bien qu'en l'état où tous deux je les voi ;
Il me les faut percer pour aller jusqu'à toi ;
Mais n'importe : mes mains sur le père enhardies
Pour un bras refusé sauront prendre deux vies ;
Leurs jours également sont pour moi dangereux :
J'ai commencé par lui, j'achèverai par eux.
    Sors de mon cœur, nature, ou fais qu'ils m'obéissent :
Fais-les servir ma haine, ou consens qu'ils périssent.
Mais déjà l'un a vu que je les veux punir.
Souvent qui tarde trop se laisse prévenir.
Allons chercher le temps d'immoler nos victimes,
Et de me rendre heureuse à force de grands crimes.

ACTE CINQUIÈME.

SCÈNE I. — CLÉOPATRE.

Enfin, grâces aux dieux, j'ai moins d'un ennemi.
La mort de Séleucus m'a vengée à demi;
Son ombre, en attendant Rodogune et son frère,
Peut déjà de ma part les promettre à son père :
Ils le suivront de près, et j'ai tout préparé
Pour réunir bientôt ce que j'ai séparé.
 O toi, qui n'attends plus que la cérémonie
Pour jeter à mes pieds ma rivale punie,
Et par qui deux amans vont d'un seul coup du sort
Recevoir l'hyménée, et le trône, et la mort;
Poison, me sauras-tu rendre mon diadème?
Le fer m'a bien servie, en feras-tu de même?
Me seras-tu fidèle? Et toi, que me veux-tu,
Ridicule retour d'une sotte vertu,
Tendresse dangereuse autant comme importune?
Je ne veux point pour fils l'époux de Rodogune,
Et ne vois plus en lui les restes de mon sang,
S'il m'arrache du trône et la met en mon rang.
 Reste du sang ingrat d'un époux infidèle,
Héritier d'une flamme envers moi criminelle,
Aime mon ennemie, et péris comme lui.
Pour la faire tomber j'abattrai son appui :
Aussi bien sous mes pas c'est creuser un abîme,
Que retenir ma main sur la moitié du crime;
Et, te faisant mon roi, c'est trop me négliger,
Que te laisser sur moi père et frère à venger.
Qui se venge à demi court lui-même à sa peine :
Il faut ou condamner ou couronner sa haine.
Dût le peuple en fureur pour ses maîtres nouveaux
De mon sang odieux arroser leurs tombeaux,
Dût le Parthe vengeur me trouver sans défense,
Dût le ciel égaler le supplice à l'offense,
Trône, à t'abandonner je ne puis consentir;
Par un coup de tonnerre il vaut mieux en sortir;
Il vaut mieux mériter le sort le plus étrange.
Tombe sur moi le ciel, pourvu que je me venge!
J'en recevrai le coup d'un visage remis :
Il est doux de périr après ses ennemis;
Et, de quelque rigueur que le destin me traite,
Je perds moins à mourir qu'à vivre leur sujette.

Mais voici Laonice; il faut dissimuler
Ce que le seul effet doit bientôt révéler.

SCÈNE II. — CLÉOPATRE, LAONICE.
CLÉOPATRE.
Viennent-ils, nos amans?
LAONICE.
Ils approchent, madame :
On lit dessus leur front l'allégresse de l'âme ;
L'amour s'y fait paroître avec la majesté ;
Et, suivant le vieil ordre en Syrie usité,
D'une grâce en tous deux tout auguste et royale,
Ils viennent prendre ici la coupe nuptiale,
Pour s'en aller au temple, au sortir du palais,
Par les mains du grand prêtre être unis à jamais :
C'est là qu'il les attend pour bénir l'alliance.
Le peuple tout ravi par ses vœux les devance,
Et pour eux à grands cris demande aux immortels
Tout ce qu'on leur souhaite au pied de leurs autels,
Impatient pour eux que la cérémonie
Ne commence bientôt, ne soit bientôt finie.
Les Parthes à la foule aux Syriens mêlés,
Tous nos vieux différends de leur âme exilés,
Font leur suite assez grosse, et d'une voix commune
Bénissent à l'envi le prince et Rodogune.
Mais je les vois déjà : madame, c'est à vous
A commencer ici des spectacles si doux.

SCÈNE III. — CLÉOPATRE, ANTIOCHUS, RODOGUNE, ORONTE, LAONICE, TROUPE DE PARTHES ET DE SYRIENS.
CLÉOPATRE.
Approchez, mes enfans ; car l'amour maternelle,
Madame, dans mon cœur, vous tient déjà pour telle ;
Et je crois que ce nom ne vous déplaira pas.
RODOGUNE.
Je le chérirai même au delà du trépas.
Il m'est trop doux, madame ; et tout l'heur que j'espère,
C'est de vous obéir et respecter en mère.
CLÉOPATRE.
Aimez-moi seulement ; vous allez être rois,
Et s'il faut du respect, c'est moi qui vous le dois.
ANTIOCHUS.
Ah ! si nous recevons la suprême puissance,
Ce n'est pas pour sortir de votre obéissance :
Vous régnerez ici quand nous y régnerons,
Et ce seront vos lois que nous y donnerons.

CLÉOPATRE.

J'ose le croire ainsi; mais prenez votre place :
Il est temps d'avancer ce qu'il faut que je fasse.

(*Ici Antiochus s'assied dans un fauteuil, Rodogune à sa gau
che, en même rang, et Cléopatre à sa droite, mais en rang
inférieur, et qui marque quelque inégalité. Oronte s'assied
aussi à la gauche de Rodogune, avec la même différence
et Cléopatre, cependant qu'ils prennent leurs places, parle
à l'oreille de Laonice, qui s'en va quérir une coupe pleine
de vin empoisonné. Après qu'elle est partie, Cléopatre
continue :*)

Peuple qui m'écoutez, Parthes et Syriens,
Sujets du roi son frère, ou qui fûtes les miens,
Voici de mes deux fils celui qu'un droit d'aînesse
Élève dans le trône, et donne à la princesse.
Je lui rends cet État que j'ai sauvé pour lui;
Je cesse de régner, il commence aujourd'hui.
Qu'on ne me traite plus ici de souveraine :
Voici votre roi, peuple, et voilà votre reine.
Vivez pour les servir, respectez-les tous deux,
Aimez-les, et mourez, s'il est besoin, pour eux.
    Oronte, vous voyez avec quelle franchise
Je leur rends ce pouvoir dont je me suis démise :
Prêtez les yeux au reste, et voyez les effets
Suivre de point en point les traités de la paix.

(*Laonice revient avec une coupe à la main.*)

ORONTE.

Votre sincérité s'y fait assez paroître,
Madame, et j'en ferai récit au roi mon maître.

CLÉOPATRE.

L'hymen est maintenant notre plus cher souci.
L'usage veut, mon fils, qu'on le commence ici :
Recevez de ma main la coupe nuptiale,
Pour être après unis sous la foi conjugale;
Puisse-t-elle être un gage, envers votre moitié,
De votre amour ensemble et de mon amitié!

ANTIOCHUS, *prenant la coupe.*

Ciel! que ne dois-je point aux bontés d'une mère!

CLÉOPATRE.

Le temps presse, et votre heur d'autant plus se diffère.

ANTIOCHUS, *à Rodogune.*

Madame, hâtons donc ces glorieux momens :
Voici l'heureux essai de nos contentemens.
Mais si mon frère étoit le témoin de ma joie....

CLÉOPATRE.

C'est être trop cruel de vouloir qu'il la voie :
Ce sont des déplaisirs qu'il fait bien d'épargner;

ACTE V, SCÈNE III. 47

Et sa douleur secrète a droit de l'éloigner.
ANTIOCHUS.
Il m'avoit assuré qu'il la verroit sans peine.
Mais n'importe, achevons.

SCÈNE IV. — CLÉOPATRE, ANTIOCHUS, RODOGUNE, ORONTE, TIMAGÈNE, LAONICE, TROUPE.

TIMAGÈNE.
Ah ! seigneur !
CLÉOPATRE.
Timagène,
Quelle est votre insolence ?
TIMAGÈNE.
Ah ! madame !
ANTIOCHUS, *rendant la coupe à Laonice.*
Parlez.
TIMAGÈNE.
Souffrez pour un moment que mes sens rappelés....
ANTIOCHUS.
Qu'est-il donc arrivé ?
TIMAGÈNE.
Le prince votre frère....
ANTIOCHUS.
Quoi ! se voudroit-il rendre à mon bonheur contraire ?
TIMAGÈNE.
L'ayant cherché longtemps afin de divertir
L'ennui que de sa perte il pouvoit ressentir,
Je l'ai trouvé, seigneur, au bout de cette allée,
Où la clarté du ciel semble toujours voilée.
Sur un lit de gazon, de foiblesse étendu,
Il sembloit déplorer ce qu'il avoit perdu ;
Son âme à ce penser paroissoit attachée ;
Sa tête sur un bras languissamment penchée,
Immobile et rêveur, en malheureux amant....
ANTIOCHUS.
Enfin, que faisoit-il ? achevez promptement.
TIMAGÈNE.
D'une profonde plaie en l'estomac ouverte,
Son sang à gros bouillons sur cette couche verte....
CLÉOPATRE.
Il est mort ?
TIMAGÈNE.
Oui, madame.
CLÉOPATRE.
Ah ! destins ennemis,
Qui m'enviez le bien que je m'étois promis,
Voilà le coup fatal que je craignois dans l'âme,

Voilà le désespoir où l'a réduit sa flamme.
Pour vivre en vous perdant il avoit trop d'amour,
Madame, et de sa main il s'est privé du jour.
TIMAGÈNE, à *Cléopatre*.
Madame, il a parlé; sa main est innocente.
CLÉOPATRE, à *Timagène*.
La tienne est donc coupable, et ta rage insolente,
Par une lâcheté qu'on ne peut égaler,
L'ayant assassiné, le fait encor parler!
ANTIOCHUS.
Timagène, souffrez la douleur d'une mère,
Et les premiers soupçons d'une aveugle colère.
Comme ce coup fatal n'a point d'autres témoins,
J'en ferois autant qu'elle, à vous connoître moins.
Mais que vous a-t-il dit? achevez, je vous prie.
TIMAGÈNE.
Surpris d'un tel spectacle, à l'instant je m'écrie;
Et soudain à mes cris, ce prince, en soupirant,
Avec assez de peine entr'ouvre un œil mourant;
Et ce reste égaré de lumière incertaine
Lui peignant son cher frère au lieu de Timagène,
Rempli de votre idée, il m'adresse pour vous
Ces mots où l'amitié règne sur le courroux :
« Une main qui nous fut bien chère
Venge ainsi le refus d'un coup trop inhumain.
Régnez; et surtout, mon cher frère,
Gardez-vous de la même main.
« C'est.... » La Parque à ce mot lui coupe la parole;
Sa lumière s'éteint, et son âme s'envole;
Et moi, tout effrayé d'un si tragique sort,
J'accours pour vous en faire un funeste rapport.
ANTIOCHUS.
Rapport vraiment funeste, et sort vraiment tragique,
Qui va changer en pleurs l'allégresse publique.
O frère, plus aimé que la clarté du jour!
O rival, aussi cher que m'étoit mon amour!
Je te perds, et je trouve en ma douleur extrême
Un malheur dans ta mort plus grand que ta mort même.
O de ses derniers mots fatale obscurité!
En quel gouffre d'horreur m'as-tu précipité?
Quand j'y pense chercher la main qui l'assassine,
Je m'impute à forfait tout ce que j'imagine;
Mais aux marques enfin que tu m'en viens donner,
Fatale obscurité! qui dois-je en soupçonner?
« Une main qui nous fut bien chère! »
Madame, est-ce la vôtre, ou celle de ma mère?
Vous vouliez toutes deux un coup trop inhumain;

ACTE V, SCÈNE IV.

Nous vous avons tous deux refusé notre main :
Qui de vous s'est vengée? est-ce l'une, est-ce l'autre,
Qui fait agir la sienne au refus de la nôtre?
Est-ce vous qu'en coupable il me faut regarder?
Est-ce vous désormais dont je me dois garder?

CLÉOPATRE.

Quoi! vous me soupçonnez?

RODOGUNE.

Quoi! je vous suis suspecte?

ANTIOCHUS.

Je suis amant et fils, je vous aime et respecte;
Mais quoi que sur mon cœur puissent des noms si doux,
A ces marques enfin je ne connois que vous.
As-tu bien entendu? dis-tu vrai, Timagène?

TIMAGÈNE.

Avant qu'en soupçonner la princesse ou la reine,
Je mourrois mille fois; mais enfin mon récit
Contient, sans rien de plus, ce que le prince a dit.

ANTIOCHUS.

D'un et d'autre côté l'action est si noire,
Que, n'en pouvant douter, je n'ose encor la croire.
O quiconque des deux avez versé son sang,
Ne vous préparez plus à me percer le flanc.
Nous avons mal servi vos haines mutuelles,
Aux jours l'une de l'autre également cruelles;
Mais si j'ai refusé ce détestable emploi,
Je veux bien vous servir toutes deux contre moi :
Qui que vous soyez donc, recevez une vie
Que déjà vos fureurs m'ont à demi ravie.

RODOGUNE.

Ah! seigneur, arrêtez.

TIMAGÈNE.

Seigneur, que faites-vous?

ANTIOCHUS.

Je sers ou l'une ou l'autre, et je préviens ses coups.

CLÉOPATRE.

Vivez, régnez heureux.

ANTIOCHUS.

Otez-moi donc de doute,
Et montrez-moi la main qu'il faut que je redoute,
Qui pour m'assassiner ose me secourir,
Et me sauve de moi pour me faire périr.
Puis-je vivre et traîner cette gêne éternelle,
Confondre l'innocente avec la criminelle,
Vivre, et ne pouvoir plus vous voir sans m'alarmer?
Vous craindre toutes deux, toutes deux vous aimer?
Vivre avec ce tourment, c'est mourir à toute heure.

Tirez-moi de ce trouble, ou souffrez que je meure,
Et que mon déplaisir, par un coup généreux,
Épargne un parricide à l'une de vous deux.
CLÉOPATRE.
Puisque le même jour que ma main vous couronne
Je perds un de mes fils, et l'autre me soupçonne;
Qu'au milieu de mes pleurs, qu'il devroit essuyer,
Son peu d'amour me force à me justifier;
Si vous n'en pouvez mieux consoler une mère
Qu'en la traitant d'égal avec une étrangère,
Je vous dirai, seigneur (car ce n'est plus à moi
A nommer autrement et mon juge et mon roi),
Que vous voyez l'effet de cette vieille haine
Qu'en dépit de la paix me garde l'inhumaine;
Qu'en son cœur du passé soutient le souvenir,
Et que j'avois raison de vouloir prévenir.
Elle a soif de mon sang, elle a voulu l'épandre:
J'ai prévu d'assez loin ce que j'en viens d'apprendre;
Mais je vous ai laissé désarmer mon courroux.
(A Rodogune.)
Sur la foi de ses pleurs je n'ai rien craint de vous,
Madame; mais ô dieux! quelle rage est la vôtre!
Quand je vous donne un fils, vous assassinez l'autre,
Et m'enviez soudain l'unique et foible appui
Qu'une mère opprimée eût pu trouver en lui!
Quand vous m'accablerez, où sera mon refuge?
Si je m'en plains au roi, vous possédez mon juge;
Et s'il m'ose écouter, peut-être, hélas! en vain
Il voudra se garder de cette même main.
Enfin, je suis leur mère, et vous leur ennemie;
J'ai recherché leur gloire, et vous leur infamie;
Et si je n'eusse aimé ces fils que vous m'ôtez,
Votre abord en ces lieux les eût déshérités.
C'est à lui maintenant, en cette concurrence,
A régler ses soupçons sur cette différence,
A voir de qui des deux il doit se défier,
Si vous n'avez un charme à vous justifier.
RODOGUNE, à *Cléopatre*.
Je me défendrai mal : l'innocence étonnée
Ne peut s'imaginer qu'elle soit soupçonnée;
Et n'ayant rien prévu d'un attentat si grand,
Qui l'en veut accuser sans peine la surprend.
Je ne m'étonne point de voir que votre haine
Pour me faire coupable a quitté Timagène.
Au moindre jour ouvert de tout jeter sur moi,
Son récit s'est trouvé digne de votre foi.
Vous l'accusiez pourtant, quand votre âme alarmée

ACTE V, SCÈNE IV.

Craignoit qu'en expirant ce fils vous eût nommée :
Mais de ses derniers mots voyant le sens douteux,
Vous avez pris soudain le crime entre nous deux.
Certes, si vous voulez passer pour véritable
Que l'une de nous deux de sa mort soit coupable,
Je veux bien par respect ne vous imputer rien ;
Mais votre bras au crime est plus fait que le mien
Et qui sur un époux fit son apprentissage
A bien pu sur un fils achever son ouvrage.
Je ne dénierai point, puisque vous les savez,
De justes sentimens dans mon âme élevés :
Vous demandiez mon sang ; j'ai demandé le vôtre :
Le roi sait quels motifs ont poussé l'une et l'autre ;
Comme par sa prudence il a tout adouci,
Il vous connoît peut-être, et me connoît aussi.

(*A Antiochus.*)

Seigneur, c'est un moyen de vous être bien chère
Que pour don nuptial vous immoler un frère :
On fait plus ; on m'impute un coup si plein d'horreur,
Pour me faire un passage à vous percer le cœur.

(*A Cléopatre.*)

Où fuirois-je de vous après tant de furie,
Madame ? et que feroit toute votre Syrie,
Où seule, et sans appui contre mes attentats,
Je verrois...? Mais, seigneur, vous ne m'écoutez pas.

ANTIOCHUS.

Non, je n'écoute rien ; et dans la mort d'un frère
Je ne veux point juger entre vous et ma mère :
Assassinez un fils, massacrez un époux,
Je ne veux me garder ni d'elle ni de vous.
Suivons aveuglément ma triste destinée ;
Pour m'exposer à tout achevons l'hyménée.
Cher frère, c'est pour moi le chemin du trépas ;
La main qui t'a percé ne m'épargnera pas ;
Je cherche à te rejoindre, et non à m'en défendre,
Et lui veux bien donner tout lieu de me surprendre :
Heureux si sa fureur, qui me prive de toi,
Se fait bientôt connoître en achevant sur moi,
Et si du ciel, trop lent à la réduire en poudre,
Son crime redoublé peut arracher la foudre !
Donnez-moi....

RODOGUNE, *l'empêchant de prendre la coupe.*
Quoi ! seigneur !
ANTIOCHUS.
Vous m'arrêtez en vain :
Donnez.

RODOGUNE.
Ah! gardez-vous de l'une et l'autre main !
Cette coupe est suspecte, elle vient de la reine;
Craignez de toutes deux quelque secrète haine.
CLÉOPATRE.
Qui m'épargnoit tantôt ose enfin m'accuser !
RODOGUNE.
De toutes deux, madame, il doit tout refuser.
Je n'accuse personne, et vous tiens innocente ;
Mais il en faut sur l'heure une preuve évidente :
Je veux bien à mon tour subir les mêmes lois.
On ne peut craindre trop pour le salut des rois.
Donnez donc cette preuve; et, pour toute réplique,
Faites faire un essai par quelque domestique.
CLÉOPATRE, *prenant la coupe*,
Je le ferai moi-même. Eh bien ! redoutez-vous
Quelque sinistre effet encor de mon courroux?
J'ai souffert cet outrage avecque patience.
ANTIOCHUS, *prenant la coupe des mains de Cléopatre,
après qu'elle a bu.*
Pardonnez-lui, madame, un peu de défiance :
Comme vous l'accusez, elle fait son effort
A rejeter sur vous l'horreur de cette mort;
Et soit amour pour moi, soit adresse pour elle,
Ce soin la fait paroître un peu moins criminelle.
Pour moi, qui ne vois rien, dans le trouble où je suis,
Qu'un gouffre de malheurs, qu'un abîme d'ennuis,
Attendant qu'en plein jour ces vérités paroissent,
J'en laisse la vengeance aux dieux qui les connoissent,
Et vais sans plus tarder....
RODOGUNE.
Seigneur, voyez ses yeux
Déjà tout égarés, troubles et furieux,
Cette affreuse sueur qui court sur son visage,
Cette gorge qui s'enfle. Ah! bons dieux ! quelle rage!
Pour vous perdre après elle, elle a voulu périr.
ANTIOCHUS, *rendant la coupe à Laonice ou à quelque autre*
N'importe, elle est ma mère, il faut la secourir.
CLÉOPATRE.
Va, tu me veux en vain rappeler à la vie;
Ma haine est trop fidèle, et m'a trop bien servie:
Elle a paru trop tôt pour te perdre avec moi;
C'est le seul déplaisir qu'en mourant je reçoi;
Mais j'ai cette douceur dedans cette disgrâce
De ne voir point régner ma rivale en ma place.
Règne; de crime en crime enfin te voilà roi.
Je t'ai défait d'un père, et d'un frère, et de moi:

ACTE V, SCÈNE IV.   53

Puisse le ciel tous deux vous prendre pour victimes,
Et laisser choir sur vous les peines de mes crimes!
Puissiez-vous ne trouver dedans votre union
Qu'horreur, que jalousie, et que confusion!
Et, pour vous souhaiter tous les malheurs ensemble,
Puisse naître de vous un fils qui me ressemble!

ANTIOCHUS.

Ah! vivez pour changer cette haine en amour.

CLÉOPATRE.

Je maudirois les dieux s'ils me rendoient le jour.
Qu'on m'emporte d'ici : je me meurs, Laonice.
Si tu veux m'obliger par un dernier service,
Après les vains efforts de mes inimitiés,
Sauve-moi de l'affront de tomber à leurs pieds.

(Elle s'en va, et Laonice lui aide à marcher.)

ORONTE.

Dans les justes rigueurs d'un sort si déplorable,
Seigneur, le juste ciel vous est bien favorable;
Il vous a préservé, sur le point de périr,
Du danger le plus grand que vous puissiez courir;
Et, par un digne effet de ses faveurs puissantes,
La coupable est punie et vos mains innocentes.

ANTIOCHUS.

Oronte, je ne sais, dans son funeste sort,
Qui m'afflige le plus, ou sa vie, ou sa mort;
L'une et l'autre a pour moi des malheurs sans exemple :
Plaignez mon infortune. Et vous, allez au temple
Y changer l'allégresse en un deuil sans pareil,
La pompe nuptiale en funèbre appareil;
Et nous verrons après, par d'autres sacrifices,
Si les dieux voudront être à nos vœux plus propices.

EXAMEN DE RODOGUNE.

Le sujet de cette tragédie est tiré d'Appian Alexandrin, dont voici les paroles, sur la fin du livre qu'il a fait *des Guerres de Syrie* : « Démétrius, surnommé Nicanor, entreprit la guerre contre les Parthes, et vécut quelque temps prisonnier dans la cour de leur roi Phraates, dont il épousa la sœur, nommée Rodogune. Cependant Diodotus, domestique des rois précédens, s'empara du trône de Syrie, et y fit asseoir un Alexandre, encore enfant, fils d'Alexandre le Bâtard et d'une fille de Ptoloméee Ayant gouverné quelque temps comme tuteur sous le nom de ce pupille, il s'en défit, et prit lui-même la couronne sous un nouveau nom de Tryphon qu'il se donna. Antiochus, frère du roi prisonnier, ayant appris sa captivité à Rhodes, et les troubles qui l'avoient suivie, revint dans la Syrie, où, ayant défait Tryphon, il le fit mourir. De là, il porta ses armes contre Phraates, et, vaincu dans une bataille, il se tua lui-même. Démétrius, retournant en son royaume, fut tué par sa femme Cléopatre, qui lui dressa des embûches sur le chemin, en haine de cette Rodogune qu'il avoit épousée, dont elle avoit conçu une telle indignation, qu'elle avoit épousé ce même Antiochus, frère de son mari. Elle avoit deux fils de Démétrius, dont elle tua Séleucus, l'aîné, d'un coup de flèche, sitôt qu'il eut pris le diadème après la mort de son père, soit qu'elle craignît qu'il ne la voulût venger sur elle, soit que la même fureur l'emportât à ce nouveau parricide. Antiochus son frère lui succéda, et contraignit cette mère dénaturée de prendre le poison qu'elle lui avoit préparé. »

Justin, en son trente-sixième, trente-huitième et trente-neuvième livre, raconte cette histoire plus au long, avec quelques autres circonstances. Le premier des *Machabées*, et Josèphe, au treizième des *Antiquités judaïques*, en disent aussi quelque chose qui ne s'accorde pas tout à fait avec Appian. C'est à lui que je me suis attaché pour la narration que j'ai mise au premier acte, et pour l'effet du cinquième que j'ai adouci du côté d'Antiochus. J'en ai dit la raison ailleurs. Le reste sont des épisodes d'invention, qui ne sont pas incompatibles avec l'histoire, puisqu'elle ne dit point ce que devint Rodogune après la mort de Démétrius, qui vraisemblablement l'amenoit en Syrie prendre possession de sa couronne. J'ai fait porter à la pièce le nom de cette princesse plutôt que celui de Cléopatre, que je n'ai même osé nommer dans mes vers, de peur qu'on ne confondît cette reine de Syrie avec cette fameuse princesse d'Égypte qui portoit même nom, et que l'idée de celle-ci, beaucoup plus connue que l'autre, ne semât une dangereuse préoccupation parmi les auditeurs.

On m'a souvent fait une question à la cour : quel étoit celui de mes poëmes que j'estimois le plus ; et j'ai trouvé tous ceux qui me l'ont faite si prévenus en faveur de *Cinna* ou du *Cid*, que je n'ai jamais osé déclarer toute la tendresse que j'ai toujours eue pour celui-ci, à qui j'aurois volontiers donné mon suffrage, si je n'avois craint de manquer, en quelque sorte, au respect que je devois à ceux que je voyois pencher d'un autre côté. Cette préférence est peut-être en moi un effet de ces inclinations aveugles qu'ont beaucoup de pères pour quelques-uns de leurs enfans plus que pour les autres ; peut-être y entre-t-il un peu d'amour-propre, en ce que cette tragédie me semble être un peu plus à moi que celles qui l'ont précédée, à cause des incidens surprenans qui sont purement de mon invention, et n'avoient jamais été vus au théâtre ; et peut-être enfin y a-t-il un peu de vrai mérite qui fait que cette inclination n'est pas tout à fait injuste. Je veux bien laisser chacun en liberté de ses sentimens, mais certainement on peut dire que mes autres pièces ont peu d'avantages qui ne se rencontrent en celle-ci : elle a tout ensemble la beauté du sujet, la nouveauté des fictions, la force des vers, la facilité de l'expression, la solidité du raisonnement, la chaleur des passions, les tendresses de l'amour et de l'amitié ; et cet heureux assemblage est ménagé de sorte qu'elle s'élève d'acte en acte. Le second passe le premier, le troisième est au-dessus du second, et le dernier l'emporte sur tous les autres. L'action y est une, grande, complète; sa durée ne va point, ou fort peu, au delà de celle de la représentation. Le jour en est le plus illustre qu'on puisse imaginer, et l'unité de lieu s'y rencontre en la manière que je l'explique dans le troisième de mes discours, et avec l'indulgence que j'ai demandée pour le théâtre.

Ce n'est pas que je me flatte assez pour présumer qu'elle soit sans taches. On a fait tant d'objections contre la narration de Laonice au premier acte, qu'il est malaisé de ne donner pas les mains à quelques-unes. Je ne la tiens pas toutefois si inutile qu'on l'a dit. Il est hors de doute que Cléopatre, dans le second, feroit connoître beaucoup de choses par sa confidence avec cette Laonice, et par le récit qu'elle en a fait à ses deux fils, pour leur remettre devant les yeux combien ils lui ont d'obligation; mais ces deux scènes demeureroient assez obscures, si cette narration ne les avoit précédées, et du moins les justes défiances de Rodogune à la fin du premier acte, et la peinture que Cléopatre fait d'elle-même dans son monologue qui ouvre le second, n'auroient pu se faire entendre sans ce secours.

J'avoue qu'elle est sans artifice, et qu'on la fait de sang-froid à un personnage protatique, qui se pourroit toutefois justifier par les deux exemples de Térence que j'ai cités sur ce sujet au premier discours. Timagène, qui l'écoute, n'est introduit que pour l'écouter, bien que je l'emploie au cinquième à faire celle de la mort de Séleucus, qui se pouvoit faire par un autre. Il l'écoute sans y avoir aucun intérêt notable, et par simple curiosité d'apprendre ce qu'il pouvoit avoir su déjà en la cour d'Égypte, où il étoit en assez bonne posture, étant gouverneur des neveux du roi, pour entendre des nouvelles assurées de tout ce qui se passoit dans la Syrie, qui en est voisine. D'ailleurs; ce qui ne peut recevoir d'excuse, c'est que, comme il y avoit déjà quelque temps qu'il étoit de retour avec les princes, il n'y a pas d'apparence qu'il ait attendu ce grand jour de cérémonie pour s'informer de sa sœur comment se sont passés tous ces troubles qu'il dit ne savoir que confusément. Pollux, dans *Médée*, n'est qu'un personnage protatique qui écoute sans intérêt comme lui; mais sa surprise de voir Jason à Corinthe, où il vient d'arriver, et son séjour en Asie, que la mer en sépare, lui donnent juste sujet d'ignorer ce qu'il en apprend. La narration ne laisse pas de demeurer froide comme celle-ci, parce qu'il ne s'est encore rien passé dans la pièce qui excite la curiosité de l'auditeur, ni qui lui puisse donner quelque émotion en l'écoutant: mais si vous voulez réfléchir sur celle de Curiace dans l'*Horace*, vous trouverez qu'elle fait tout un autre effet. Camille, qui l'écoute, a intérêt, comme lui, à savoir comment s'est faite une paix dont dépend leur mariage; et l'auditeur, que Sabine et elle n'ont entretenu que de leurs malheurs et des appréhensions d'une bataille qui se va donner entre deux partis, où elles voient leurs frères dans l'un et leur amour dans l'autre, n'a pas moins d'avidité qu'elle d'apprendre comment une paix si surprenante s'est pu conclure.

Ces défauts dans cette narration confirment ce que j'ai dit ailleurs, que, lorsque la tragédie a son fondement sur des guerres entre deux États, ou sur d'autres affaires publiques, il est trèsmalaisé d'introduire un acteur qui les ignore, et qui puisse recevoir le récit qui en doit instruire les spectateurs en parlant à lui.

J'ai déguisé quelque chose de la vérité historique en celui-ci : Cléopatre n'épousa Antiochus qu'en haine de ce que son mari avoit épousé Rodogune chez les Parthes, et je fais qu'elle ne l'épouse que par la nécessité de ses affaires, sur un faux bruit de la mort de Démétrius, tant pour ne la faire pas méchante sans nécessité, comme Ménélas dans *l'Oreste* d'Euripide, que pour avoir lieu de feindre que Démétrius n'avoit pas encore épousé Rodogune, et venoit l'épouser dans son royaume pour la mieux établir en la place de l'autre, par le consentement de ses peuples, et assurer la couronne aux enfans qui naîtroient de ce mariage. Cette fiction m'étoit absolument nécessaire, afin qu'il fût tué avant que de l'avoir épousée, et que l'amour que ses deux fils ont pour elle ne fît point d'horreur aux spectateurs, qui n'auroient pas manqué d'en prendre une assez forte, s'ils les eussent vus amoureux de la veuve de leur père : tant cette affection incestueuse répugne à nos mœurs !

Cléopatre a lieu d'attendre ce jour-là à faire confidence à Laonice de ses desseins et des véritables raisons de tout ce qu'elle a fait. Elle eût pu trahir son secret aux princes ou à Rodogune, si elle l'eût su plus tôt ; et cette ambitieuse mère ne lui en fait part qu'au moment qu'elle veut bien qu'il éclate, par la cruelle proposition qu'elle va faire à ses fils. On a trouvé celle que Rodogune leur fait à son tour indigne d'une personne vertueuse, comme je la peins ; mais on n'a pas considéré qu'elle ne la fait pas, comme Cléopatre, avec espoir de la voir exécuter par les princes, mais seulement pour s'exempter d'en choisir aucun, et les attacher tous deux à sa protection par une espérance égale. Elle étoit avertie par Laonice de celle que la reine leur avoit faite, et devoit prévoir que, si elle se fût déclarée pour Antiochus qu'elle aimoit, son ennemie, qui avoit seule le secret de leur naissance, n'eût pas manqué de nommer Séleucus pour aîné afin de les commettre l'un contre l'autre, et d'exciter une guerre civile qui eût pu causer sa perte. Ainsi elle devoit s'exempter de choisir, pour les contenir tous deux dans l'égalité de prétention, et elle n'en avoit point de meilleur moyen que de rappeler le souvenir de ce qu'elle devoit à la mémoire de leur père, qui avoit perdu la vie pour elle, et leur faire cette proposition qu'elle savoit bien qu'ils n'accepteroient pas. Si le traité de paix l'avoit forcée à se départir de ce juste sentiment de reconnoissance, la liberté qu'ils lui rendoient la rejetoit dans cette obligation. Il étoit de son devoir de venger cette mort ; mais il étoit de celui des princes de ne se pas charger de cette vengeance. Elle avoue elle-même à Antiochus qu'elle les haïroit, s'ils lui avoient obéi ; que, comme elle a fait ce qu'elle a dû par cette demande, ils font ce qu'ils doivent par leur refus ; qu'elle aime trop la vertu pour vouloir être le prix d'un crime, et que la justice qu'elle demande de la mort de leur père seroit un parricide, si elle la recevoit de leurs mains.

Je dirai plus : quand cette proposition seroit tout à fait condamnable en sa bouche, elle mériteroit quelque grâce et pour l'éclat que la nouveauté de l'invention a fait au théâtre, et pour l'embarras surprenant où elle jette les princes, et pour l'effet qu'elle produit dans le reste de la pièce qu'elle conduit à l'action historique. Elle est cause que Séleucus, par dépit, renonce au trône et à la possession de cette princesse; que la reine, le voulant animer contre son frère, n'en peut rien obtenir, et qu'enfin elle se résout par désespoir de les perdre tous deux, plutôt que de se voir sujette de son ennemie.

Elle commence par Séleucus, tant pour suivre l'ordre de l'histoire, que parce que, s'il fût demeuré en vie après Antiochus et Rodogune, qu'elle vouloit empoisonner publiquement, il les auroit pu venger. Elle ne craint pas la même chose d'Antiochus pour son frère, d'autant qu'elle espère que le poison violent qu'elle lui a préparé fera un effet assez prompt pour le faire mourir avant qu'il ait pu rien savoir de cette autre mort, ou du moins avant qu'il l'en puisse convaincre, puisqu'elle a si bien pris son temps pour l'assassiner, que ce parricide n'a point eu de témoins. J'ai parlé ailleurs de l'adoucissement que j'ai apporté pour empêcher qu'Antiochus n'en commît un en la forçant de prendre le poison qu'elle lui présente, et du peu d'apparence qu'il y avoit qu'un moment après qu'elle a expiré presque à sa vue, il parlât d'amour et de mariage à Rodogune. Dans l'état où ils rentrent derrière le théâtre, ils peuvent le résoudre quand ils le jugeront à propos. L'action est complète, puisqu'ils sont hors de péril; et la mort de Séleucus m'a exempté de développer le secret du droit d'aînesse entre les deux frères, qui d'ailleurs n'eût jamais été croyable, ne pouvant être éclairci que par une bouche en qui l'on n'a pas vu assez de sincérité pour prendre aucune assurance sur son témoignage.

FIN DE RODOGUNE.

HÉRACLIUS.

TRAGÉDIE.

1647.

A MONSEIGNEUR SÉGUIER, CHANCELIER DE FRANCE.

Monseigneur,

Je sais que cette tragédie n'est pas d'un genre assez relevé pour espérer légitimement que vous y daigniez jeter les yeux, et que, pour offrir quelque chose à Votre Grandeur qui n'en fût pas entièrement indigne, j'aurois eu besoin d'une parfaite peinture de toute la vertu d'un Caton ou d'un Sénèque ; mais comme je tâchois d'amasser des forces pour ce grand dessein, les nouvelles faveurs que j'ai reçues de vous m'ont donné une juste impatience de les publier ; et les applaudissemens qui ont suivi les représentations de ce poëme m'ont fait présumer que sa bonne fortune pourroit suppléer à son peu de mérite. La curiosité que son récit a laissée dans les esprits pour sa lecture m'a flatté aisément, jusques à me persuader que je pouvois prendre une plus heureuse occasion de leur faire savoir combien je vous suis redevable ; et j'ai précipité ma reconnoissance, quand j'ai considéré qu'autant que je la différerois pour m'en acquitter plus dignement, autant je demeurerois dans les apparences d'une ingratitude inexcusable envers vous. Mais quand même les dernières obligations que je vous ai ne m'auroient pas fait cette glorieuse violence, il faut que je vous avoue ingénument que les intérêts de ma propre réputation m'en imposoient une très-pressante nécessité. Le bonheur de mes ouvrages ne la porte en aucun lieu où elle ne demeure fort douteuse, et où l'on ne se défie, avec raison, de ce qu'en dit la voix publique, parce qu'aucun d'eux n'y fait connoître l'honneur que j'ai d'être connu de vous. Cependant on sait par toute l'Europe l'accueil favorable que Votre Grandeur fait aux gens de lettres ; que l'accès auprès de vous est ouvert et libre à tous ceux que les sciences ou les talens de l'esprit élèvent au-dessus du commun ; que les caresses dont vous les honorez sont les marques les plus indubitables et les plus solides de ce qu'ils valent ; et qu'enfin nos plus belles muses, que feu Mgr le cardinal de Richelieu avoit choisies de sa main pour en composer un corps tout d'esprit, seroient encore inconsolables de sa perte, si elles n'avoient trouvé chez Votre Grandeur la même protection qu'elles rencontroient chez Son Éminence. Quelle apparence donc qu'en quelque climat où notre langue puisse avoir entrée, on puisse croire qu'un homme mérite quelque véritable estime, si ses travaux n'y portent les assurances de l'état que vous en faites dans les hommages qu'il vous en doit ? Trouvez bon, Monseigneur, que celui-ci, plus heureux que le reste des miens, affranchisse mon nom de la honte de ne vous en avoir point encore rendu, et que, pour affermir ce peu de réputation qu'ils m'ont acquis, il tire mes lecteurs d'un doute si légitime, en leur apprenant non-seulement que je ne vous suis pas tout à fait inconnu, mais aussi même que votre bonté ne dédaigne pas de répandre sur moi votre bienveillance et vos grâces : de sorte que, quand votre vertu ne me donneroit pas toutes les passions imaginables pour votre service, je serois le plus ingrat de tous les hommes, si je n'étois toute ma vie très-véritablement,

Monseigneur,

Votre très-humble, très-obéissant et très-obligé serviteur,
CORNEILLE.

AU LECTEUR.

Voici une hardie entreprise sur l'histoire, dont vous ne reconnoîtrez aucune chose dans cette tragédie, que l'ordre de la succession des empereurs Tibère, Maurice, Phocas et Héraclius. J'ai falsifié la naissance de ce dernier ; mais ce n'a été qu'en sa faveur, et pour lui en donner une plus illustre, le faisant fils de l'empereur Maurice, bien qu'il ne le fût que d'un préteur d'Afrique de même nom que lui. J'ai prolongé la durée de l'empire de son prédécesseur de douze années, et lui ai donné un fils, quoique l'histoire n'en parle point, mais seulement d'une fille nommée Domitia, qu'il maria à un Priscus ou Crispus. J'ai prolongé de même la vie de l'impératrice Constantine, et comme j'ai fait régner ce tyran vingt ans au lieu de huit, je n'ai fait mourir cette princesse que dans la quinzième année de sa tyrannie, quoiqu'il l'eût sacrifiée à sa sûreté avec ses filles dès la cinquième. Je ne me mettrai pas en peine de justifier cette licence que j'ai prise ; l'événement l'a assez justifiée, et les exemples des anciens que j'ai rapportés sur *Rodogune* semblent l'autoriser suffisamment : mais, à parler sans fard, je ne voudrois pas conseiller à personne de la tirer en exemple. C'est beaucoup hasarder, et l'on n'est pas toujours heureux ; et, dans un dessein de cette nature, ce qu'un bon succès fait passer pour une ingénieuse hardiesse, un mauvais le fait prendre pour une témérité ridicule.

Baronius, parlant de la mort de l'empereur Maurice, et de celle de ses fils, que Phocas faisoit immoler à sa vue, rapporte une circonstance très-rare, dont j'ai pris l'occasion de former le nœud de cette tragédie, à qui elle sert de fondement. Cette nourrice eut tant de zèle pour ce malheureux prince, qu'elle exposa son propre fils au supplice, au lieu d'un des siens qu'on lui avoit donné à nourrir. Maurice reconnut l'échange, et l'empêcha par une considération pieuse que cette extermination de toute sa famille étoit un juste jugement de Dieu, auquel il n'eût pas cru satisfaire, s'il eût souffert que le sang d'un autre eût payé pour celui d'un de ses fils. Mais quant à ce qui étoit de la mère, elle avoit surmonté l'affection maternelle en faveur de son prince, et l'on peut dire que son enfant étoit mort pour son regard. Comme j'ai cru que cette action étoit assez généreuse pour mériter une personne plus illustre à la produire, j'ai fait de cette nourrice une gouvernante. J'ai supposé que l'échange avoit eu son effet; et de cet enfant sauvé par la supposition d'un autre, j'en ai fait Héraclius, le successeur de Phocas. Bien plus, j'ai feint que cette Léontine, ne croyant pas pouvoir cacher longtemps cet enfant que Maurice avoit commis à sa fidélité, vu la recherche exacte que Phocas en faisoit faire, et se voyant même déjà soupçonnée et prête à être découverte, se voulut mettre dans les bonnes grâces de ce tyran, en lui allant offrir ce petit prince dont il étoit en peine, au lieu duquel elle lui livra son propre fils Léonce. J'ai ajouté que par cette action Phocas fut tellement gagné, qu'il crut ne pouvoir remettre son fils Martian aux mains d'une personne qui lui fût plus acquise, d'autant que ce qu'elle venoit de faire l'avoit jetée, à ce qu'il croyoit, dans une haine irréconciliable avec les amis de Maurice, qu'il avoit seuls à craindre. Cette faveur où je la mets auprès de lui donne lieu à un second échange d'Héraclius, qu'elle nourrissoit comme son fils sous le nom de Léonce, avec Martian, que Phocas lui avoit confié. Je lui fais prendre l'occasion de l'éloignement de ce tyran, que j'arrête trois ans, sans revenir, à la guerre contre les Perses; et à son retour, je fais qu'elle lui donne Héraclius pour fils, qui est dorénavant élevé auprès de lui sous le nom de Martian, cependant qu'elle retient le vrai Martian auprès d'elle, et le nourrit sous le nom de son Léonce, qu'elle avoit exposé pour l'autre. Comme ces deux princes sont grands, et que Phocas, abusé par ce dernier échange, presse Héraclius d'épouser Pulchérie, fille de Maurice, qu'il avoit réservée exprès seule de toute sa famille, afin qu'elle portât par ce mariage le droit et les titres de l'empire dans sa maison, Léontine, pour empêcher cette alliance incestueuse du frère et de la sœur, avertit Héraclius de sa naissance. Je serois trop long si je voulois ici toucher le reste des incidens d'un poëme si embarrassé, et me contenterai de vous avoir donné ces lumières, afin que vous en puissiez commencer la lecture avec moins d'obscurité. Vous vous souviendrez seulement qu'Héraclius passe pour Martian, fils de Phocas, et Martian pour Léonce, fils de Léontine, et qu'Héraclius sait qui il est, et qui est ce faux Léonce; mais que le vrai Martian, Phocas, ni Pulchérie, n'en savent rien, non plus que le reste des acteurs, hormis Léontine et sa fille Eudoxe.

On m'a fait quelque scrupule de ce qu'il n'est pas vraisemblable qu'une mère expose son fils à la mort pour en préserver un autre; à quoi j'ai deux réponses à faire : la première, que notre unique docteur Aristote nous permet de mettre quelquefois des choses qui même soient contre la raison et l'apparence, pourvu que ce soit hors de l'action, ou, pour me servir des termes latins de ses interprètes, *extra fabulam*, comme est ici cette supposition d'enfant, et nous donne pour exemple Œdipe, qui, ayant tué un roi de Thèbes, l'ignore encore vingt ans après : l'autre, que l'action étant vraie du côté de la mère, comme j'ai remarqué tantôt, il ne faut plus s'informer si elle est vraisemblable, étant certain que toutes les vérités sont recevables dans la poésie, quoiqu'elle ne soit pas obligée à les suivre. La liberté qu'elle a de s'en écarter n'est pas une nécessité, et la vraisemblance n'est qu'une condition nécessaire à la disposition, et non pas au choix du sujet, ni des incidens qui sont appuyés de l'histoire. Tout ce qui entre dans le poëme doit être croyable ; et il l'est, selon Aristote, par l'un de ces trois moyens, la vérité, la vraisemblance, ou l'opinion commune. J'irai plus outre ; et, quoique peut-être on voudra prendre cette proposition pour un paradoxe, je ne craindrai point d'avancer que le sujet d'une belle tragédie doit n'être pas vraisemblable. La preuve en est aisée par le même Aristote, qui ne veut pas qu'on en compose une d'un ennemi qui tue son ennemi, parce que, bien que cela soit fort vraisemblable, il n'excite dans l'âme des spectateurs ni pitié ni crainte, qui sont les deux passions de la tragédie ; mais il nous renvoie la choisir dans les événemens extraordinaires qui se passent entre personnes proches, comme d'un père qui tue son fils, une femme son mari, un frère sa sœur : ce qui, n'étant jamais vraisemblable, doit avoir l'autorité de l'histoire ou de l'opinion commune pour être cru : si bien qu'il n'est pas permis d'inventer un sujet de cette nature. C'est la raison qu'il donne de ce que les anciens traitoient presque les mêmes sujets, d'autant qu'ils rencontroient peu de familles où fussent arrivés de pareils désordres, qui font les belles et puissantes oppositions du devoir et de la passion.

Ce n'est pas ici le lieu de m'étendre plus au long sur cette matière : j'en ai dit ces deux mots en passant, par une nécessité de me défendre d'une objection qui détruiroit tout mon ouvrage, puisqu'elle va à en saper le fondement, et non par ambition d'étaler mes maximes, qui peut-être ne sont pas généralement avouées des savans. Aussi ne donné-je ici mes opinions qu'à la mode de M. de Montaigne, non pour bonnes, mais pour miennes. Je m'en suis bien trouvé jusqu'à présent ; mais je ne tiens pas impossible qu'on réussisse mieux en suivant les contraires.

PERSONNAGES.

PHOCAS, empereur d'Orient.
HÉRACLIUS, fils de l'empereur Maurice, cru Martian, fils de Phocas, amant d'Eudoxe.
MARTIAN, fils de Phocas, cru Léonce, fils de Léontine, amant de Pulchérie.
PULCHÉRIE, fille de l'empereur Maurice, maîtresse de Martian.
LÉONTINE, dame de Constantinople, autrefois gouvernante d'Héraclius et de Martian.
EUDOXE, fille de Léontine, et maîtresse d'Héraclius.
CRISPE, gendre de Phocas.
EXUPÈRE, patricien de Constantinople.
AMINTAS, ami d'Exupère.
Un page de Léontine.

La scène est à Constantinople.

ACTE PREMIER.

SCÈNE I. — PHOCAS, CRISPE.

PHOCAS.
Crispe, il n'est que trop vrai, la plus belle couronne
N'a que de faux brillans dont l'éclat l'environne;
Et celui dont le ciel pour un sceptre fait choix,
Jusqu'à ce qu'il le porte, en ignore le poids.
Mille et mille douceurs y semblent attachées,
Qui ne sont qu'un amas d'amertumes cachées :
Qui croit les posséder les sent s'évanouir;
Et la peur de les perdre empêche d'en jouir :
Surtout qui, comme moi, d'une obscure naissance
Monte par la révolte à la toute-puissance,
Qui de simple soldat à l'empire élevé
Ne l'a que par le crime acquis et conservé;
Autant que sa fureur s'est immolé de têtes,
Autant dessus la sienne il croit voir de tempêtes;
Et comme il n'a semé qu'épouvante et qu'horreur,
Il n'en recueille enfin que trouble et que terreur.
J'en ai semé beaucoup; et depuis quatre lustres
Mon trône n'est fondé que sur des morts illustres;
Et j'ai mis au tombeau, pour régner sans effroi,
Tout ce que j'en ai vu de plus digne que moi.
Mais le sang répandu de l'empereur Maurice,
Ses cinq fils à ses yeux envoyés au supplice,
En vain en ont été les premiers fondemens,
Si pour m'ôter ce trône ils servent d'instrumens
On en fait revivre un au bout de vingt années :
Byzance ouvre, dis-tu, l'oreille à ces menées;
Et le peuple, amoureux de tout ce qui me nuit,
D'une croyance avide embrasse ce faux bruit,
Impatient déjà de se laisser séduire
Au premier imposteur armé pour me détruire,
Qui, s'osant revêtir de ce fantôme aimé,
Voudra servir d'idole à son zèle charmé.
Mais sais-tu sous quel nom ce fâcheux bruit s'excite?

CRISPE.
Il nomme Héraclius celui qu'il ressuscite.

PHOCAS.
Quiconque en est l'auteur devoit mieux l'inventer.
Le nom d'Héraclius doit peu m'épouvanter,
Sa mort est trop certaine, et fut trop remarquable
Pour craindre un grand effet d'une si vaine fable.

Il n'avoit que six mois ; et, lui perçant le flanc,
On en fit dégoutter plus de lait que de sang ;
Et ce prodige affreux, dont je tremblai dans l'âme,
Fut aussitôt suivi de la mort de ma femme.
Il me souvient encor qu'il fut deux jours caché,
Et que sans Léontine on l'eût longtemps cherché :
Il fut livré par elle, à qui, pour récompense,
Je donnai de mon fils à gouverner l'enfance,
Du jeune Martian, qui, d'âge presque égal,
Étoit resté sans mère à ce moment fatal.
Juge par là combien ce conte est ridicule.

CRISPE.

Tout ridicule, il plaît, et le peuple est crédule ;
Mais avant qu'à ce conte il se laisse emporter,
Il vous est trop aisé de le faire avorter.
Quand vous fîtes périr Maurice et sa famille,
Il vous en plut, seigneur, réserver une fille,
Et résoudre dès lors qu'elle auroit pour époux
Ce prince destiné pour régner après vous.
Le peuple en sa personne aime encore et révère
Et son père Maurice et son aïeul Tibère,
Et vous verra sans trouble en occuper le rang,
S'il voit tomber leur sceptre au reste de leur sang.
Non, il ne courra plus après l'ombre du frère,
S'il voit monter la sœur dans le trône du père.
Mais pressez cet hymen : le prince aux champs de Mars,
Chaque jour, chaque instant, s'offre à mille hasards ;
Et n'eût été Léonce, en la dernière guerre,
Ce dessein avec lui seroit tombé par terre,
Puisque, sans la valeur de ce jeune guerrier,
Martian demeuroit ou mort ou prisonnier.
Avant que d'y périr, s'il faut qu'il y périsse,
Qu'il vous laisse un neveu qui le soit de Maurice,
Et qui, réunissant l'une et l'autre maison,
Tire chez vous l'amour qu'on garde pour son nom.

PHOCAS.

Hélas ! de quoi me sert ce dessein solitaire,
Si pour en voir l'effet tout me devient contraire ?
Pulchérie et mon fils ne se montrent d'accord
Qu'à fuir cet hyménée à l'égal de la mort ;
Et les aversions entre eux deux mutuelles
Les font d'intelligence à se montrer rebelles.
La princesse surtout frémit à mon aspect ;
Et, quoiqu'elle étudie un peu de faux respect,
Le souvenir des siens, l'orgueil de sa naissance,
L'emporte à tous momens à braver ma puissance.
Sa mère, que longtemps je voulus épargner,

Et qu'en vain par douceur j'espérai de gagner,
L'a de la sorte instruite; et ce que je vois suivre
Me punit bien du trop que je la laissai vivre.
CRISPE.
Il faut agir de force avec de tels esprits,
Seigneur; et qui les flatte endurcit leurs mépris :
La violence est juste où la douceur est vaine.
PHOCAS.
C'est par là qu'aujourd'hui je veux dompter sa haine.
Je l'ai mandée exprès, non plus pour la flatter,
Mais pour prendre mon ordre et pour l'exécuter.
CRISPE.
Elle entre.

SCÈNE II. — PHOCAS, PULCHÉRIE, CRISPE.

PHOCAS.
Enfin, madame, il est temps de vous rendre.
Le besoin de l'État défend de plus attendre;
Il lui faut des Césars, et je me suis promis
D'en voir naître bientôt de vous et de mon fils.
Ce n'est pas exiger grande reconnoissance
Des soins que mes bontés ont pris de votre enfance,
De vouloir qu'aujourd'hui, pour prix de mes bienfaits,
Vous daigniez accepter les dons que je vous fais.
Ils ne font point de honte au rang le plus sublime;
Ma couronne et mon fils valent bien quelque estime :
Je vous les offre encore après tant de refus;
Mais apprenez aussi que je n'en souffre plus;
Que de force ou de gré je me veux satisfaire;
Qu'il me faut craindre en maître, ou me chérir en père,
Et que, si votre orgueil s'obstine à me haïr,
Qui ne peut être aimé se peut faire obéir.
PULCHÉRIE.
J'ai rendu jusqu'ici cette reconnoissance
A ces soins tant vantés d'élever mon enfance,
Que, tant qu'on m'a laissée en quelque liberté,
J'ai voulu me défendre avec civilité;
Mais, puisqu'on use enfin d'un pouvoir tyrannique,
Je vois bien qu'à mon tour il faut que je m'explique,
Que je me montre entière à l'injuste fureur,
Et parle à mon tyran en fille d'empereur.
Il falloit me cacher avec quelque artifice
Que j'étois Pulchérie et fille de Maurice,
Si tu faisois dessein de m'éblouir les yeux
Jusqu'à prendre tes dons pour des dons précieux.
Vois quels sont ces présens, dont le refus t'étonne :
Tu me donnes, dis-tu, ton fils et ta couronne;

Mais que me donnes-tu, puisque l'une est à moi,
Et l'autre en est indigne, étant sorti de toi?
　Ta libéralité me fait peine à comprendre :
Tu parles de donner, quand tu ne fais que rendre ;
Et puisque avecque moi tu veux le couronner,
Tu ne me rends mon bien que pour te le donner.
Tu veux que cet hymen que tu m'oses prescrire
Porte dans ta maison les titres de l'empire,
Et de cruel tyran, d'infâme ravisseur,
Te fasse vrai monarque, et juste possesseur.
Ne reproche donc plus à mon âme indignée
Qu'en perdant tous les miens tu m'as seule épargnée :
Cette feinte douceur, cette ombre d'amitié,
Vint de ta politique, et non de ta pitié.
Ton intérêt dès lors fit seul cette réserve :
Tu m'as laissé la vie, afin qu'elle te serve ;
Et, mal sûr dans un trône où tu crains l'avenir,
Tu ne m'y veux placer que pour t'y maintenir ;
Tu ne m'y fais monter que de peur d'en descendre :
Mais connois Pulchérie, et cesse de prétendre.
　Je sais qu'il m'appartient, ce trône où tu te sieds,
Que c'est à moi d'y voir tout le monde à mes pieds ;
Mais comme il est encor teint du sang de mon père,
S'il n'est lavé du tien, il ne sauroit me plaire ;
Et ta mort, que mes vœux s'efforcent de hâter,
Est l'unique degré par où j'y veux monter :
Voilà quelle je suis, et quelle je veux être.
Qu'un autre t'aime en père, ou te redoute en maître,
Le cœur de Pulchérie est trop haut et trop franc
Pour craindre ou pour flatter le bourreau de son sang.

PHOCAS.

J'ai forcé ma colère à te prêter silence,
Pour voir à quel excès iroit ton insolence :
J'ai vu ce qui t'abuse et me fait mépriser,
Et t'aime encore assez pour te désabuser.
　N'estime plus mon sceptre usurpé sur ton père,
Ni que pour l'appuyer ta main soit nécessaire.
Depuis vingt ans je règne, et je règne sans toi ;
Et j'en eus tout le droit du choix qu'on fit de moi.
Le trône où je me sieds n'est pas un bien de race :
L'armée a ses raisons pour remplir cette place ;
Son choix en est le titre ; et tel est notre sort
Qu'une autre élection nous condamne à la mort.
Celle qu'on fit de moi fut l'arrêt de Maurice ;
J'en vis avec regret le triste sacrifice :
Au repos de l'État il fallut l'accorder ;
Mon cœur, qui résistoit, fut contraint de céder ;

Mais pour remettre un jour l'empire en sa famille
Je fis ce que je pus, je conservai sa fille,
Et, sans avoir besoin de titres ni d'appui,
Je te fais part d'un bien qui n'étoit plus à lui.
PULCHÉRIE.
Un chétif centenier des troupes de Mysie,
Qu'un gros de mutinés élut par fantaisie,
Oser arrogamment se vanter à mes yeux
D'être juste seigneur du bien de mes aïeux!
Lui qui n'a pour l'empire autre droit que ses crimes,
Lui qui de tous les miens fit autant de victimes,
Croire s'être lavé d'un si noir attentat
En imputant leur perte au repos de l'État!
Il fait plus, il me croit digne de cette excuse!
Souffre, souffre à ton tour que je te désabuse :
Apprends que si jadis quelques séditions
Usurpèrent le droit de ces élections,
L'empire étoit chez nous un bien héréditaire;
Maurice ne l'obtint qu'en gendre de Tibère;
Et l'on voit depuis lui remonter mon destin
Jusqu'au grand Théodose, et jusqu'à Constantin;
Et je pourrois avoir l'âme assez abattue....
PHOCAS.
Eh bien! si tu le veux, je te le restitue,
Cet empire, et consens encor que ta fierté
Impute à mes remords l'effet de ma bonté;
Dis que je te le rends et te fais des caresses,
Pour apaiser des tiens les ombres vengeresses,
Et tout ce qui pourra sous quelque autre couleur
Autoriser ta haine et flatter ta douleur;
Par un dernier effort je veux souffrir la rage
Qu'allume dans ton cœur cette sanglante image.
Mais que t'a fait mon fils? étoit-il, au berceau,
Des tiens que je perdis le juge ou le bourreau?
Tant de vertus qu'en lui le monde entier admire
Ne l'ont-elles pas fait trop digne de l'empire?
En ai-je eu quelque espoir qu'il n'ait assez rempli?
Et voit-on sous le ciel prince plus accompli?
Un cœur comme le tien, si grand, si magnanime....
PULCHÉRIE.
Va, je ne confonds point ses vertus et ton crime;
Comme ma haine est juste, et ne m'aveugle pas,
J'en vois assez en lui pour les plus grands États;
J'admire chaque jour les preuves qu'il en donne;
J'honore sa valeur, j'estime sa personne,
Et penche d'autant plus à lui vouloir du bien
Que s'en voyant indigne il ne demande rien,

Que ses longues froideurs témoignent qu'il s'irrite
De ce qu'on veut de moi par delà son mérite,
Et que de tes projets son cœur triste et confus
Pour m'en faire justice approuve mes refus.
Ce fils si vertueux d'un père si coupable,
S'il ne devoit régner, me pourroit être aimable;
Et cette grandeur même où tu veux le porter
Est l'unique motif qui m'y fait résister.
Après l'assassinat de ma famille entière,
Quand tu ne m'as laissé, père, mère, ni frère,
Que j'en fasse ton fils légitime héritier !
Que j'assure par là leur trône au meurtrier !
Non, non ; si tu me crois le cœur si magnanime
Qu'il ose séparer ses vertus de ton crime,
Sépare tes présens, et ne m'offre aujourd'hui
Que ton fils sans le sceptre, ou le sceptre sans lui.
Avise ; et si tu crains qu'il te fût trop infâme
De remettre l'empire en la main d'une femme,
Tu peux dès aujourd'hui le voir mieux occupé.
Le ciel me rend un frère à ta rage échappé ;
On dit qu'Héraclius est tout prêt de paroître :
Tyran, descends du trône, et fais place à ton maître.

PHOCAS.
A ce compte, arrogante, un fantôme nouveau,
Qu'un murmure confus fait sortir du tombeau,
Te donne cette audace et cette confiance !
Ce bruit s'est fait déjà digne de ta croyance.
Mais....

PULCHÉRIE.
      Je sais qu'il est faux ; pour t'assurer ce rang
Ta rage eut trop de soin de verser tout mon sang ;
Mais la soif de ta perte en cette conjoncture
Me fait aimer l'auteur d'une belle imposture.
Au seul nom de Maurice il te fera trembler :
Puisqu'il se dit son fils, il veut lui ressembler ;
Et cette ressemblance où son courage aspire
Mérite mieux que toi de gouverner l'empire.
J'irai par mon suffrage affermir cette erreur,
L'avouer pour mon frère et pour mon empereur,
Et dedans son parti jeter tout l'avantage
Du peuple convaincu par mon premier hommage.
Toi, si quelque remords te donne un juste effroi,
Sors du trône, et te laisse abuser comme moi ;
Prends cette occasion de te faire justice.

PHOCAS.
Oui, je me la ferai bientôt par ton supplice :
Ma bonté ne peut plus arrêter mon devoir ;

Ma patience a fait par delà son pouvoir.
Qui se laisse outrager mérite qu'on l'outrage;
Et l'audace impunie enfle trop un courage.
Tonne, menace, brave, espère en de faux bruits,
Fortifie, affermis ceux qu'ils auront séduits.
Dans ton âme à ton gré change ma destinée;
Mais choisis pour demain la mort ou l'hyménée.

PULCHÉRIE.

Il n'est pas pour ce choix besoin d'un grand effort
A qui hait l'hyménée, et ne craint point la mort.

(*En ces deux scènes, Héraclius passe pour Martian, et Martian pour Léonce. Héraclius se connoît, mais Martian ne se connoît pas.*)

SCÈNE III. — PHOCAS, PULCHÉRIE, HÉRACLIUS, CRISPE.

PHOCAS, *à Pulchérie.*

Dis, si tu veux encor, que ton cœur la souhaite.
(*A Héraclius.*)
Approche, Martian, que je te le répète :
Cette ingrate furie, après tant de mépris,
Conspire encor la perte et du père et du fils :
Elle-même a semé cette erreur populaire
D'un faux Héraclius qu'elle accepte pour frère;
Mais quoi qu'à ces mutins elle puisse imposer,
Demain ils la verront mourir, ou t'épouser.

HÉRACLIUS.

Seigneur....

PHOCAS.

Garde sur toi d'attirer ma colère.

HÉRACLIUS.

Dussé-je mal user de cet amour de père,
Étant ce que je suis, je me dois quelque effort
Pour vous dire, seigneur [1], que c'est vous faire tort,
Et que c'est trop montrer d'injuste défiance
De ne pouvoir régner que par son alliance :
Sans prendre un nouveau droit du nom de son époux,
Ma naissance suffit pour régner après vous.
J'ai du cœur, et tiendrois l'empire même infâme,
S'il falloit le tenir de la main d'une femme.

PHOCAS.

Eh bien! elle mourra, tu n'en as pas besoin.

HÉRACLIUS.

De vous-même, seigneur, daignez mieux prendre soin.
Le peuple aime Maurice; en perdre ce qui reste

---

1. Le sens de la phrase est : *Je dois vous dire, quoi qu'il m'en coûte*

Nous rendroit ce tumulte au dernier point funeste.
Au nom d'Héraclius à demi soulevé,
Vous verriez par sa mort le désordre achevé.
Il vaut mieux la priver du rang qu'elle rejette,
Faire régner une autre, et la laisser sujette;
Et d'un parti plus bas punissant son orgueil....
     PHOCAS.
Quand Maurice peut tout du creux de son cercueil,
A ce fils supposé, dont il me faut défendre,
Tu parles d'ajouter un véritable gendre!
     HÉRACLIUS.
Seigneur, j'ai des amis chez qui cette moitié....
     PHOCAS.
A l'épreuve d'un sceptre il n'est point d'amitié,
Point qui ne s'éblouisse à l'éclat de sa pompe,
Point qu'après son hymen sa haine ne corrompe.
Elle mourra, te dis-je.
     PULCHÉRIE, *à Héraclius.*
       Ah! ne m'empêchez pas
De rejoindre les miens par un heureux trépas.
La vapeur de mon sang ira grossir la foudre
Que Dieu tient déjà prête à le réduire en poudre;
Et ma mort, en servant de comble à tant d'horreurs....
     PHOCAS.
Par ses remercîmens juge de ses fureurs.
J'ai prononcé l'arrêt, il faut que l'effet suive.
Résous-la de t'aimer, si tu veux qu'elle vive;
Sinon, j'en jure encore, et ne t'écoute plus :
Son trépas dès demain punira ses refus.

SCÈNE IV. — PULCHÉRIE, HÉRACLIUS, MARTIAN.

     HÉRACLIUS.
En vain il se promet que, sous cette menace,
J'espère en votre cœur surprendre quelque place :
Votre refus est juste, et j'en sais les raisons.
Ce n'est pas à nous deux d'unir les deux maisons;
D'autres destins, madame, attendent l'un et l'autre :
Ma foi m'engage ailleurs aussi bien que la vôtre.
Vous aurez en Léonce un digne possesseur[1];
Je serai trop heureux d'en posséder la sœur.
Ce guerrier vous adore, et vous l'aimez de même;
Je suis aimé d'Eudoxe autant comme je l'aime[1].
Léontine leur mère est propice à nos vœux;

1. Le lecteur doit savoir que Léonce, dont on n'a point encore parlé, passe pour le fils de Léontine, ancienne gouvernante du prince Héraclius, fils de Maurice, et du prince Martian, fils de Phocas. (*Volt.*)

Et, quelque effort qu'on fasse à rompre ces beaux nœuds,
D'un amour si parfait les chaînes sont si belles,
Que nos captivités doivent être éternelles.

PULCHÉRIE.

Seigneur, vous connoissez ce cœur infortuné :
Léonce y peut beaucoup ; vous me l'avez donné,
Et votre main illustre augmente le mérite
Des vertus dont l'éclat pour lui me sollicite ;
Mais à d'autres pensers il me faut recourir :
Il n'est plus temps d'aimer alors qu'il faut mourir ;
Et quand à ce départ une âme se prépare....

HÉRACLIUS.

Redoutez un peu moins les rigueurs d'un barbare :
Pardonnez-moi ce mot ; pour vous servir d'appui
J'ai peine à reconnoître encore un père en lui[2].
Résolu de périr pour vous sauver la vie,
Je sens tous mes respects céder à cette envie ;
Je ne suis plus son fils, s'il en veut à vos jours,
Et mon cœur tout entier vole à votre secours.

PULCHÉRIE.

C'est donc avec raison que je commence à craindre,
Non la mort, non l'hymen où l'on me veut contraindre,
Mais ce péril extrême où pour me secourir
Je vois votre grand cœur aveuglément courir.

MARTIAN.

Ah ! mon prince ! ah ! madame ! il vaut mieux vous résoudre,
Par un heureux hymen, à dissiper ce foudre.
Au nom de votre amour et de votre amitié,
Prenez de votre sort tous deux quelque pitié.
Que la vertu du fils, si pleine et si sincère,
Vainque la juste horreur que vous avez du père,
Et, pour mon intérêt, n'exposez pas tous deux....

HÉRACLIUS.

Que me dis-tu, Léonce ? et qu'est-ce que tu veux ?
Tu m'as sauvé la vie ; et, pour reconnoissance,
Je voudrois à tes feux ôter leur récompense ;
Et, ministre insolent d'un prince furieux,
Couvrir de cette honte un nom si glorieux ;
Ingrat à mon ami, perfide à ce que j'aime,

1. Cette Eudoxe est une fille de Léontine, que par conséquent Martian croit sa sœur. On n'a point encore parlé d'elle, et le véritable Héraclius, cru Martian, s'occupe ici de l'arrangement d'un double mariage. (*Voltaire.*)

2. Le lecteur doit ici se souvenir qu'Héraclius sait bien que Phocas n'est point son père, mais qu'il n'a point dit son secret à Pulchérie. (*Id.*)

ACTE I, SCÈNE IV.

Cruel à la princesse, odieux à moi-même !
  Je te connois, Léonce, et mieux que tu ne crois;
Je sais ce que tu vaux, et ce que je te dois.
Son bonheur est le mien, madame; et je vous donne
Léonce et Martian en la même personne;
C'est Martian en lui que vous favorisez.
Opposons la constance aux périls opposés.
Je vais près de Phocas essayer la prière;
Et, si je n'en obtiens la grâce toute entière,
Malgré le nom de père, et le titre de fils,
Je deviens le plus grand de tous ses ennemis.
Oui, si sa cruauté s'obstine à votre perte,
J'irai pour l'empêcher jusqu'à la force ouverte;
Et puisse, si le ciel m'y voit rien épargner,
Un faux Héraclius en ma place régner !
Adieu, madame.

PULCHÉRIE.
  Adieu, prince trop magnanime,
(*Héraclius s'en va, et Pulchérie continue.*)
Prince digne en effet d'un trône acquis sans crime,
Digne d'un autre père. Ah ! Phocas ! ah ! tyran !
Se peut-il que ton sang ait formé Martian ?
  Mais allons, cher Léonce, admirant son courage,
Tâcher de notre part à repousser l'orage.
Tu t'es fait des amis, je sais des mécontens;
Le peuple est ébranlé, ne perdons point de temps
L'honneur te le commande, et l'amour t'y convie.

MARTIAN.
Pour otage en ses mains ce tigre a votre vie;
Et je n'oserai rien qu'avec un juste effroi
Qu'il ne venge sur vous ce qu'il craindra de moi

PULCHÉRIE.
N'importe; à tout oser le péril doit contraindre.
Il ne faut craindre rien quand on a tout à craindre.
Allons examiner pour ce coup généreux
Les moyens les plus prompts et les moins dangereux.

ACTE SECOND.

SCÈNE I. — LÉONTINE, EUDOXE.

LÉONTINE.
Voilà ce que j'ai craint de son âme enflammée.

EUDOXE.
S'il m'eût caché son sort, il m'auroit mal aimée.

LÉONTINE.

Avec trop d'imprudence il vous l'a révélé.
Vous êtes fille, Eudoxe, et vous avez parlé :
Vous n'avez pu savoir cette grande nouvelle
Sans la dire à l'oreille à quelque âme infidèle,
A quelque esprit léger, ou de votre heur jaloux,
A qui ce grand secret a pesé comme à vous.
C'est par là qu'il est su, c'est par là qu'on publie
Ce prodige étonnant d'Héraclius en vie;
C'est par là qu'un tyran, plus instruit que troublé
De l'ennemi secret qui l'auroit accablé,
Ajoutera bientôt sa mort à tant de crimes[1],
Et se sacrifiera pour nouvelles victimes
Ce prince dans son sein pour son fils élevé,
Vous qu'adore son âme, et moi qui l'ai sauvé.
Voyez combien de maux pour n'avoir su vous taire!

EUDOXE.

Madame, mon respect souffre tout d'une mère,
Qui, pour peu qu'elle veuille écouter la raison,
Ne m'accusera plus de cette trahison;
Car c'en est une enfin bien digne de supplice
Qu'avoir d'un tel secret donné le moindre indice.

LÉONTINE.

Et qui donc aujourd'hui le fait connoître à tous?
Est-ce le prince, ou moi?

EUDOXE.

Ni le prince, ni vous.
De grâce, examinez ce bruit qui vous alarme.
On dit qu'il est en vie, et son nom seul les charme :
On ne dit point comment vous trompâtes Phocas,
Livrant un de vos fils pour ce prince au trépas,
Ni comme après, du sien étant la gouvernante,
Par une tromperie encor plus importante,
Vous en fîtes l'échange, et, prenant Martian,
Vous laissâtes pour fils ce prince à son tyran :
En sorte que le sien passe ici pour mon frère,
Cependant que de l'autre il croit être le père,
Et voit en Martian Léonce qui n'est plus,
Tandis que sous ce nom il aime Héraclius.
On diroit tout cela si, par quelque imprudence,
Il m'étoit échappé d'en faire confidence;
Mais pour toute nouvelle on dit qu'il est vivant;
Aucun n'ose pousser l'histoire plus avant.
Comme ce sont pour tous des routes inconnues,

---

1. Par la construction, c'est la mort de Phocas; par le sens : c'est celle de Maurice. (*Voltaire.*)

Il semble à quelques-uns qu'il doit tomber des nues;
Et j'en sais tel qui croit, dans sa simplicité,
Que pour punir Phocas Dieu l'a ressuscité.
Mais le voici.

SCÈNE II. — HÉRACLIUS, LÉONTINE, EUDOXE.

HÉRACLIUS.
　　　　　Madame, il n'est plus temps de taire
D'un si profond secret le dangereux mystère :
Le tyran, alarmé du bruit qui le surprend,
Rend ma crainte trop juste, et le péril trop grand.
Non que de ma naissance il fasse conjecture;
Au contraire, il prend tout pour grossière imposture,
Et me connoît si peu, que, pour la renverser,
A l'hymen qu'il souhaite il prétend me forcer.
Il m'oppose à mon nom qui le vient de surprendre :
Je suis fils de Maurice; il m'en veut faire gendre,
Et s'acquérir les droits d'un prince si chéri
En me donnant moi-même à ma sœur pour mari.
En vain nous résistons à son impatience,
Elle par haine aveugle, et moi par connoissance :
Lui, qui ne conçoit rien de l'obstacle éternel
Qu'oppose la nature à ce nœud criminel,
Menace Pulchérie, au refus obstinée,
Lui propose à demain la mort ou l'hyménée.
J'ai fait pour le fléchir un inutile effort;
Pour éviter l'inceste, elle n'a que la mort.
Jugez s'il n'est pas temps de montrer qui nous sommes,
De cesser d'être fils du plus méchant des hommes,
D'immoler mon tyran aux périls de ma sœur,
Et de rendre à mon père un juste successeur.

LÉONTINE.
Puisque vous ne craignez que sa mort, ou l'inceste,
Je rends grâce, seigneur, à la bonté céleste
De ce qu'en ce grand bruit le sort nous est si doux
Que nous n'avons encor rien à craindre pour vous.
Votre courage seul nous donne lieu de craindre :
Modérez-en l'ardeur, daignez vous y contraindre;
Et, puisqu'aucun soupçon ne dit rien à Phocas,
Soyez encor son fils, et ne vous montrez pas.
De quoi que ce tyran menace Pulchérie,
J'aurai trop de moyens d'arrêter sa furie,
De rompre cet hymen, ou de le retarder,
Pourvu que vous veuillez ne vous point hasarder.
Répondez-moi de vous, et je vous réponds d'elle.

HÉRACLIUS.
Jamais l'occasion ne s'offrira si belle

Vous voyez un grand peuple à demi révolté,
Sans qu'on sache l'auteur de cette nouveauté.
Il semble que de Dieu la main appesantie,
Se faisant du tyran l'effroyable partie,
Veuille avancer par là son juste châtiment;
Que, par un si grand bruit semé confusément,
Il dispose les cœurs à prendre un nouveau maître,
Et presse Héraclius de se faire connoître.
C'est à nous de répondre à ce qu'il en prétend :
Montrons Héraclius au peuple qui l'attend;
Évitons le hasard qu'un imposteur l'abuse,
Et qu'après s'être armé d'un nom que je refuse,
De mon trône, à Phocas sous ce titre arraché,
Il puisse me punir de m'être trop caché.
Il ne sera pas temps, madame, de lui dire
Qu'il me rende mon nom, ma naissance et l'empire,
Quand il se prévaudra de ce nom déjà pris
Pour me joindre au tyran dont je passe pour fils.

LÉONTINE.

Sans vous donner pour chef à cette populace,
Je romprai bien encor ce coup, s'il vous menace;
Mais gardons jusqu'au bout ce secret important;
Fiez-vous plus à moi qu'à ce peuple inconstant.
Ce que j'ai fait pour vous depuis votre naissance,
Semble digne, seigneur, de cette confiance :
Je ne laisserai point mon ouvrage imparfait,
Et bientôt mes desseins auront leur plein effet.
Je punirai Phocas, je vengerai Maurice;
Mais aucun n'aura part à ce grand sacrifice :
J'en veux toute la gloire, et vous me la devez.
Vous régnerez par moi, si par moi vous vivez.
Laissez entre mes mains mûrir vos destinées,
Et ne hasardez point le fruit de vingt années.

EUDOXE.

Seigneur, si votre amour peut écouter mes pleurs
Ne vous exposez point au dernier des malheurs.
La mort de ce tyran, quoique trop légitime,
Aura dedans vos mains l'image d'un grand crime
Le peuple pour miracle osera maintenir
Que le ciel par son fils l'aura voulu punir;
Et sa haine obstinée après cette chimère
Vous croira parricide en vengeant votre père;
La vérité n'aura ni le nom ni l'effet
Que d'un adroit mensonge à couvrir ce forfait;
Et d'une telle erreur l'ombre sera trop noire
Pour ne pas obscurcir l'éclat de votre gloire.
Je sais bien que l'ardeur de venger vos parens...

ACTE II, SCÈNE II.

HÉRACLIUS.
Vous en êtes aussi, madame, et je me rends;
Je n'examine rien, et n'ai pas la puissance
De combattre l'amour et la reconnoissance;
Le secret est à vous, et je serois ingrat
Si sans votre congé j'osois en faire éclat,
Puisque, sans votre aveu, toute mon aventure
Passeroit pour un songe ou pour une imposture.
Je dirai plus : l'empire est plus à vous qu'à moi,
Puisqu'à Léonce mort tout entier je le doi;
C'est le prix de son sang, c'est pour y satisfaire
Que je rends à la sœur ce que je tiens du frère.
Non que pour m'acquitter par cette élection
Mon devoir ait forcé mon inclination;
Il présenta mon cœur aux yeux qui le charmèrent;
Il prépara mon âme aux feux qu'ils allumèrent;
Et ces yeux tout divins, par un soudain pouvoir,
Achevèrent sur moi l'effet de ce devoir.
Oui, mon cœur, chère Eudoxe, à ce trône n'aspire
Que pour vous voir bientôt maîtresse de l'empire.
Je ne me suis voulu jeter dans le hasard
Que par la seule soif de vous en faire part;
C'étoit là tout mon but. Pour éviter l'inceste,
Je n'ai qu'à m'éloigner de ce climat funeste;
Mais si je me dérobe au rang qui vous est dû,
Ce sera par moi seul que vous l'aurez perdu;
Seul je vous ôterai ce que je vous dois rendre.
Disposez des moyens et du temps de le prendre.
Quand vous voudrez régner, faites-m'en possesseur:
Mais, comme enfin j'ai lieu de craindre pour ma sœur,
Tirez-la dans ce jour de ce péril extrême,
Ou demain je ne prends conseil que de moi-même.

LÉONTINE.
Reposez-vous sur moi, seigneur, de tout son sort,
Et n'en appréhendez ni l'hymen ni la mort.

SCÈNE III. — LÉONTINE, EUDOXE.

LÉONTINE.
Ce n'est plus avec vous qu'il faut que je déguise;
A ne vous rien cacher son amour m'autorise :
Vous saurez les desseins de tout ce que j'ai fait,
Et pourrez me servir à presser leur effet.
Notre vrai Martian adore la princesse :
Animons toutes deux l'amant pour la maîtresse;
Faisons que son amour nous venge de Phocas,
Et de son propre fils arme pour nous le bras.

Si j'ai pris soin de lui, si je l'ai laissé vivre,
Si je perdis Léonce, et ne le fis pas suivre,
Ce fut sur l'espoir seul qu'un jour, pour s'agrandir,
A ma pleine vengeance il pourroit s'enhardir.
Je ne l'ai conservé que pour ce parricide.

EUDOXE.

Ah! madame!

LÉONTINE.

Ce mot déjà vous intimide!
C'est à de telles mains qu'il nous faut recourir;
C'est par là qu'un tyran est digne de périr;
Et le courroux du ciel, pour en purger la terre,
Nous doit un parricide au refus du tonnerre.
C'est à nous qu'il remet de l'y précipiter :
Phocas le commettra s'il le peut éviter;
Et nous immolerons au sang de votre frère
Le père par le fils, ou le fils par le père.
L'ordre est digne de nous; le crime est digne d'eux :
Sauvons Héraclius au péril de tous deux.

EUDOXE.

Je sais qu'un parricide est digne d'un tel père;
Mais faut-il qu'un tel fils soit en péril d'en faire?
Et sachant sa vertu, pouvez-vous justement
Abuser jusque-là de son aveuglement?

LÉONTINE.

Dans le fils d'un tyran l'odieuse naissance
Mérite que l'erreur arrache l'innocence,
Et que, de quelque éclat qu'il se soit revêtu,
Un crime qu'il ignore en souille la vertu.

SCÈNE IV. — LÉONTINE, EUDOXE, UN PAGE.

LE PAGE.

Exupère, madame, est là qui vous demande.

LÉONTINE.

Exupère! à ce nom que ma surprise est grande!
Qu'il entre. A quel dessein vient-il parler à moi,
Lui que je ne vois point, qu'à peine je connoi?
Dans l'âme il hait Phocas, qui s'immola son père;
Et sa venue ici cache quelque mystère.
Je vous l'ai déjà dit, votre langue nous perd.

SCÈNE V. — EXUPÈRE, LÉONTINE, EUDOXE.

EXUPÈRE.

Madame, Héraclius vient d'être découvert.

LÉONTINE, *à Eudoxe.*

Eh bien?

ACTE II, SCÈNE V.

EUDOXE.

Si....

LÉONTINE.

(*A Eudoxe.*) (*A Exupère.*)
Taisez-vous. Depuis quand?

EXUPÈRE.

Tout à l'heure.

LÉONTINE.

Et déjà l'empereur a commandé qu'il meure?

EXUPÈRE.

Le tyran est bien loin de s'en voir éclairci.

LÉONTINE.

Comment?

EXUPÈRE.

Ne craignez rien, madame, le voici.

LÉONTINE.

Je ne vois que Léonce.

EXUPÈRE.

Ah! quittez l'artifice.

SCÈNE VI. — MARTIAN, LÉONTINE, EXUPÈRE, EUDOXE.

MARTIAN.

Madame, dois-je croire un billet de Maurice?
Voyez si c'est sa main, ou s'il est contrefait;
Dites s'il me détrompe, ou m'abuse en effet,
Si je suis votre fils, ou s'il étoit mon père :
Vous en devez connoître encor le caractère.

LÉONTINE *lit le billet.*

Léontine a trompé Phocas,
Et, livrant pour mon fils un des siens au trépas,
Dérobe à sa fureur l'héritier de l'empire.
O vous qui me restez de fidèles sujets,
Honorez son grand zèle, appuyez ses projets!
Sous le nom de Léonce Héraclius respire.

MAURICE.

(*Elle rend le billet à Exupère, qui le lui a donné, et continue.*)
Seigneur, il vous dit vrai : vous étiez en mes mains
Quand on ouvrit Byzance au pire des humains.
Maurice m'honora de cette confiance;
Mon zèle y répondit par delà sa croyance.
Le voyant prisonnier et ses quatre autres fils,
Je cachai quelques jours ce qu'il m'avoit commis;
Mais enfin, toute prête à me voir découverte,
Ce zèle sur mon sang détourna votre perte.
J'allai pour vous sauver vous offrir à Phocas;
Mais j'offris votre nom, et ne vous donnai pas.
La généreuse ardeur de sujette fidèle

Me rendit pour mon prince à moi-même cruelle :
Mon fils fut, pour mourir, le fils de l'empereur.
J'éblouis le tyran, je trompai sa fureur :
Léonce, au lieu de vous, lui servit de victime.
	(*Elle fait un soupir.*)
Ah! pardonnez, de grâce; il m'échappe sans crime.
J'ai pris pour vous sa vie, et lui rends un soupir;
Ce n'est pas trop, seigneur, pour un tel souvenir :
A cet illustre effort par mon pouvoir réduite,
J'ai dompté la nature, et ne l'ai pas détruite.
Phocas, ravi de joie à cette illusion,
Me combla de faveurs avec profusion,
Et nous fit de sa main cette haute fortune
Dont il n'est pas besoin que je vous importune.
Voilà ce que mes soins vous laissoient ignorer;
Et j'attendois, seigneur, à vous le déclarer,
Que, par vos grands exploits, votre rare vaillance
Pût faire à l'univers croire votre naissance,
Et qu'une occasion pareille à ce grand bruit
Nous pût de son aveu promettre quelque fruit;
Car, comme j'ignorois que votre grand monarque
En eût pu rien savoir, ou laisser quelque marque,
Je doutois qu'un secret, n'étant su que de moi,
Sous un tyran si craint pût trouver quelque foi.
		EXUPÈRE.
Comme sa cruauté, pour mieux gêner Maurice,
Le forçoit de ses fils à voir le sacrifice,
Ce prince vit l'échange, et l'alloit empêcher;
Mais l'acier des bourreaux fut plus prompt à trancher :
La mort de votre fils arrêta cette envie,
Et prévint d'un moment le refus de sa vie.
Maurice, à quelque espoir se laissant lors flatter,
S'en ouvrit à Félix qui vint le visiter,
Et trouva les moyens de lui donner ce gage
Qui vous en pût un jour rendre un plein témoignage.
Félix est mort, madame; et naguère en mourant
Il remit ce dépôt à son plus cher parent;
Et m'ayant tout conté : « Tiens, dit-il, Exupère,
	Sers ton prince, et venge ton père. »
Armé d'un tel secret, seigneur, j'ai voulu voir
Combien parmi le peuple il auroit de pouvoir.
J'ai fait semer ce bruit sans vous faire connoître;
Et, voyant tous les cœurs vous souhaiter pour maître,
J'ai ligué du tyran les secrets ennemis,
Mais sans leur découvrir plus qu'il ne m'est permis.
Ils aiment votre nom, sans savoir davantage;
Et cette seule joie anime leur courage;

Sans qu'autres que les deux qui vous parloient là-bas
De tout ce qu'elle a fait sachent plus que Phocas.
Vous venez de savoir ce que vous vouliez d'elle;
C'est à vous de répondre à son généreux zèle.
Le peuple est mutiné, nos amis assemblés,
Le tyran effrayé, ses confidens troublés.
Donnez l'aveu du prince à sa mort qu'on apprête,
Et ne dédaignez pas d'ordonner de sa tête.

MARTIAN.

Surpris des nouveautés d'un tel événement,
Je demeure à vos yeux muet d'étonnement.
 Je sais ce que je dois, madame, au grand service
Dont vous avez sauvé l'héritier de Maurice.
Je croyois, comme fils, devoir tout à vos soins,
Et je vous dois bien plus lorsque je vous suis moins;
Mais, pour vous expliquer toute ma gratitude,
Mon âme a trop de trouble et trop d'inquiétude.
J'aimois, vous le savez, et mon cœur enflammé
Trouve enfin une sœur dedans l'objet aimé.
Je perds une maîtresse en gagnant un empire :
Mon amour en murmure, et mon cœur en soupire;
Et de mille pensers mon esprit agité
Paroît enseveli dans la stupidité.
Il est temps d'en sortir, l'honneur nous le commande.
Il faut donner un chef à votre illustre bande :
Allez, brave Exupère, allez, je vous rejoins;
Souffrez que je lui parle un moment sans témoins.
Disposez cependant vos amis à bien faire;
Surtout sauvons le fils en immolant le père :
Il n'eut rien du tyran qu'un peu de mauvais sang,
Dont la dernière guerre a trop purgé son flanc.

EXUPÈRE.

Nous vous rendrons, seigneur, entière obéissance,
Et vous allons attendre avec impatience.

SCÈNE VII. — MARTIAN, LÉONTINE, EUDOXE.

MARTIAN.

Madame, pour laisser toute sa dignité
A ce dernier effort de générosité,
Je crois que les raisons que vous m'avez données
M'en ont seules caché le secret tant d'années.
D'autres soupçonneroient qu'un peu d'ambition,
Du prince Martian voyant la passion,
Pour lui voir sur le trône élever votre fille,
Auroit voulu laisser l'empire en sa famille,
Et me faire trouver un tel destin bien doux

Dans l'éternelle erreur d'être sorti de vous :
Mais je tiendrois à crime une telle pensée.
Je me plains seulement d'une ardeur insensée,
D'un détestable amour que pour ma propre sœur
Vous-même vous avez allumé dans mon cœur.
Quel dessein faisiez-vous sur cet aveugle inceste?

LÉONTINE.

Je vous aurois tout dit avant ce nœud funeste;
Et je le craignois peu, trop sûre que Phocas,
Ayant d'autres desseins, ne le souffriroit pas.
Je voulois donc, seigneur, qu'une flamme si belle
Portât votre courage aux vertus dignes d'elle,
Et que votre valeur l'ayant su mériter,
Le refus du tyran vous pût mieux irriter.
Vous n'avez pas rendu mon espérance vaine :
J'ai vu dans votre amour une source de haine;
Et j'ose dire encor qu'un bras si renommé
Peut-être auroit moins fait si le cœur n'eût aimé.
Achevez donc, seigneur; et puisque Pulchérie
Doit craindre l'attentat d'une aveugle furie....

MARTIAN.

Peut-être il vaudroit mieux moi-même la porter
A ce que le tyran témoigne en souhaiter :
Son amour, qui pour moi résiste à sa colère,
N'y résistera plus quand je serai son frère.
Pourrois-je lui trouver un plus illustré époux?

LÉONTINE.

Seigneur, qu'allez-vous faire? et que me dites-vous?

MARTIAN.

Que peut-être, pour rompre un si digne hyménée,
J'expose à tort sa tête avec ma destinée,
Et fais d'Héraclius un chef de conjurés
Dont je vois les complots encor mal assurés.
Aucun d'eux du tyran n'approche la personne;
Et quand même l'issue en pourroit être bonne,
Peut-être il m'est honteux de reprendre l'État
Par l'infâme succès d'un lâche assassinat;
Peut-être il vaudroit mieux en tête d'une armée
Faire parler pour moi toute ma renommée,
Et trouver à l'empire un chemin glorieux
Pour venger mes parens d'un bras victorieux[1].
C'est dont je vais résoudre avec cette princesse,
Pour qui non plus l'amour, mais le sang m'intéresse.

1. Il semble, par la phrase, que c'est d'un bras ennemi victorieux du bras de Phocas qu'il vengera ses parents; et l'auteur entend que le bras victorieux de Martian, cru Héraclius, les vengera. (*Voltaire.*)

ACTE II, SCÈNE VII.

Vous, avec votre Eudoxe....
LÉONTINE.
Ah! seigneur, écoutez.
MARTIAN.
J'ai besoin de conseils dans ces difficultés;
Mais, à parler sans fard, pour écouter les vôtres,
Outre mes intérêts, vous en avez trop d'autres.
Je ne soupçonne point vos vœux ni votre foi;
Mais je ne veux d'avis que d'un cœur tout à moi.
Adieu.

SCÈNE VIII. — LÉONTINE, EUDOXE.

LÉONTINE.
Tout me confond, tout me devient contraire.
Je ne fais rien du tout, quand je pense tout faire;
Et lorsque le hasard me flatte avec excès,
Tout mon dessein avorte au milieu du succès :
Il semble qu'un démon funeste à sa conduite
Des beaux commencemens empoisonne la suite.
Ce billet, dont je vois Martian abusé,
Fait plus en ma faveur que je n'aurois osé :
Il arme puissamment le fils contre le père;
Mais, comme il a levé le bras en qui j'espère,
Sur le point de frapper, je vois avec regret
Que la nature y forme un obstacle secret.
La vérité le trompe, et ne peut le séduire;
Il sauve en reculant ce qu'il croit mieux détruire;
Il doute, et, du côté que je le vois pencher,
Il va presser l'inceste au lieu de l'empêcher.
EUDOXE.
Madame, pour le moins vous avez connoissance
De l'auteur de ce bruit, et de mon innocence;
Mais je m'étonne fort de voir à l'abandon
Du prince Héraclius les droits avec le nom.
Ce billet, confirmé par votre témoignage,
Pour monter dans le trône est un grand avantage.
Si Martian le peut sous ce titre occuper,
Pensez-vous qu'il se laisse aisément détromper,
Et qu'au premier moment qu'il vous verra dédire
Aux mains de son vrai maître il remette l'empire?
LÉONTINE.
Vous êtes curieuse, et voulez trop savoir.
N'ai-je pas déjà dit que j'y saurai pourvoir?
Tâchons, sans plus tarder, à revoir Exupère,
Pour prendre en ce désordre un conseil salutaire.

ACTE TROISIÈME.

SCÈNE I. — MARTIAN, PULCHÉRIE.

MARTIAN.

Je veux bien l'avouer, madame, car mon cœur
A de la peine encore à vous nommer ma sœur,
Quand, malgré ma fortune à vos pieds abaissée,
J'osai jusques à vous élever ma pensée,
Plus plein d'étonnement que de timidité,
J'interrogeois ce cœur sur sa témérité ;
Et dans ses mouvemens, pour secrète réponse,
Je sentois quelque chose au-dessus de Léonce,
Dont, malgré ma raison, l'impérieux effort
Emportoit mes désirs au delà de mon sort.

PULCHÉRIE.

Moi-même assez souvent j'ai senti dans mon âme
Ma naissance en secret me reprocher ma flamme.
Mais quoi! l'impératrice, à qui je dois le jour,
Avoit innocemment fait naître cet amour :
J'approchois de quinze ans, alors qu'empoisonnée
Pour avoir contredit mon indigne hyménée,
Elle mêla ces mots à ses derniers soupirs :
« Le tyran veut surprendre ou forcer vos désirs,
Ma fille, et sa fureur à son fils vous destine ;
Mais prenez un époux des mains de Léontine :
Elle garde un trésor qui vous sera bien cher. »
Cet ordre en sa faveur me sut si bien toucher,
Qu'au lieu de la haïr d'avoir livré mon frère,
J'en tins le bruit pour faux, elle me devint chère ;
Et, confondant ces mots de trésor et d'époux,
Je crus les bien entendre, expliquant tout de vous.
 J'opposois de la sorte à ma fière naissance
Les favorables lois de mon obéissance ;
Et je m'imputois même à trop de vanité
De trouver entre nous quelque inégalité
La race de Léonce étant patricienne,
L'éclat de vos vertus l'égaloit à la mienne ;
Et je me laissois dire en mes douces erreurs :
« C'est de pareils héros qu'on fait les empereurs ;
Tu peux bien sans rougir aimer un grand courage
A qui le monde entier peut rendre un juste hommage. »
J'écoutois sans dédain ce qui m'autorisoit :
L'amour pensoit le dire, et le sang le disoit ;
Et de ma passion la flatteuse imposture

ACTE III, SCÈNE I.

S'emparoit dans mon cœur des droits de la nature.
MARTIAN.
Ah! ma sœur! puisque enfin mon destin éclairci
Veut que je m'accoutume à vous nommer ainsi,
Qu'aisément l'amitié jusqu'à l'amour nous mène!
C'est un penchant si doux qu'on y tombe sans peine;
Mais quand il faut changer l'amour en amitié,
Que l'âme qui s'y force est digne de pitié!
Et qu'on doit plaindre un cœur qui, n'osant s'en défendre,
Se laisse déchirer avant que de se rendre!
Ainsi donc la nature à l'espoir le plus doux
Fait succéder l'horreur, et l'horreur d'être à vous!
Ce que je suis m'arrache à ce que j'aimois d'être!
Ah! s'il m'étoit permis de ne me pas connoître,
Qu'un si charmant abus seroit à préférer
A l'âpre vérité qui vient de m'éclairer!
PULCHÉRIE.
J'eus pour vous trop d'amour pour ignorer ses forces.
Je sais quelle amertume aigrit de tels divorces;
Et la haine à mon gré les fait plus doucement
Que quand il faut aimer, mais aimer autrement.
J'ai senti comme vous une douleur bien vive
En brisant les beaux fers qui me tenoient captive;
Mais j'en condamnerois le plus doux souvenir
S'il avoit à mon cœur coûté plus d'un soupir.
Ce grand coup m'a surprise, et ne m'a point troublée;
Mon âme l'a reçu sans en être accablée;
Et comme tous mes feux n'avoient rien que de saint,
L'honneur les alluma, le devoir les éteint.
Je ne vois plus d'amant où je rencontre un frère;
L'un ne peut me toucher, ni l'autre me déplaire;
Et je tiendrai toujours mon bonheur infini,
Si les miens sont vengés, et le tyran puni.
Vous, que va sur le trône élever la naissance,
Régnez sur votre cœur avant que sur Byzance;
Et, domptant comme moi ce dangereux mutin,
Commencez à répondre a ce noble destin.
MARTIAN.
Ah! vous fûtes toujours l'illustre Pulchérie,
En fille d'empereur dès le berceau nourrie;
Et ce grand nom sans peine a pu vous enseigner
Comment dessus vous-même il vous falloit régner;
Mais pour moi, qui, caché sous une autre aventure,
D'une âme plus commune ai pris quelque teinture,
Il n'est pas merveilleux si ce que je me crus
Mêle un peu de Léonce au cœur d'Héraclius.
A mes confus regrets soyez donc moins sévère :

C'est Léonce qui parle, et non pas votre frère;
Mais si l'un parle mal, l'autre va bien agir,
Et l'un ni l'autre enfin ne vous fera rougir.
Je vais des conjurés embrasser l'entreprise,
Puisqu'une âme si haute à frapper m'autorise,
Et tient que, pour répandre un si coupable sang,
L'assassinat est noble et digne de mon rang.
Pourrai-je cependant vous faire une prière?
PULCHÉRIE.
Prenez sur Pulchérie une puissance entière.
MARTIAN.
Puisqu'un amant si cher ne peut plus être à vous,
Ni vous, mettre l'empire en la main d'un époux,
Épousez Martian comme un autre moi-même;
Ne pouvant être à moi, soyez à ce que j'aime.
PULCHÉRIE.
Ne pouvant être à vous, je pourrois justement
Vouloir n'être à personne, et fuir tout autre amant;
Mais on pourroit nommer cette fermeté d'âme
On reste mal éteint d'incestueuse flamme.
Afin donc qu'à ce choix j'ose tout accorder,
Soyez mon empereur pour me le commander.
Martian vaut beaucoup, sa personne m'est chère;
Mais purgez sa vertu des crimes de son père,
Et donnez à mes feux pour légitime objet
Dans le fils du tyran votre premier sujet.
MARTIAN.
Vous le voyez, j'y cours; mais enfin, s'il arrive
Que l'issue en devienne ou funeste ou tardive,
Votre perte est jurée; et d'ailleurs nos amis
Au tyran immolé voudront joindre ce fils.
Sauvez d'un tel péril et sa vie et la vôtre;
Par cet heureux hymen conservez l'un et l'autre;
Garantissez ma sœur des fureurs de Phocas,
Et mon ami de suivre un tel père au trépas.
Faites qu'en ce grand jour la troupe d'Exupère
Dans un sang odieux respecte mon beau-frère;
Et donnez au tyran, qui n'en pourra jouir,
Quelques momens de joie afin de l'éblouir.
PULCHÉRIE.
Mais durant ces momens, unie à sa famille,
Il deviendra mon père, et je serai sa fille;
Je lui devrai respect, amour, fidélité;
Ma haine n'aura plus d'impétuosité;
Et tous mes vœux pour vous seront mols et timides
Quand mes vœux contre lui seront des parricides.
Outre que le succès est encore à douter,

Que l'on peut vous trahir, qu'il peut vous résister,
Si vous y succombez, pourrai-je me dédire
D'avoir porté chez lui les titres de l'empire ?
Ah ! combien ces momens de quoi vous me flattez
Alors pour mon supplice auroient d'éternités !
Votre haine voit peu l'erreur de sa tendresse ;
Comme elle vient de naître, elle n'est que foiblesse :
La mienne a plus de force, et les yeux mieux ouverts ;
Et, se dût avec moi perdre tout l'univers,
Jamais un seul moment, quoi que l'on puisse faire,
Le tyran n'aura droit de me traiter de père.
Je ne refuse au fils ni mon cœur ni ma foi :
Vous l'aimez, je l'estime, il est digne de moi :
Tout son crime est un père à qui le sang l'attache ;
Quand il n'en aura plus, il n'aura plus de tache ;
Et cette mort, propice à former ces beaux nœuds,
Purifiant l'objet, justifiera mes feux.
   Allez donc préparer cette heureuse journée,
Et du sang du tyran signez cet hyménée.
Mais quel mauvais démon devers nous le conduit ?

MARTIAN.

Je suis trahi, madame ; Exupère le suit.

SCÈNE II. — PHOCAS, EXUPÈRE, AMINTAS, MARTIAN,
PULCHÉRIE, CRISPE.

PHOCAS.

Quel est votre entretien avec cette princesse ?
Des noces que je veux ?

MARTIAN.

C'est de quoi je la presse.

PHOCAS.

Et vous l'avez gagnée en faveur de mon fils ?

MARTIAN.

Il sera son époux, elle me l'a promis.

PHOCAS.

C'est beaucoup obtenu d'une âme si rebelle.
Mais quand ?

MARTIAN.

C'est un secret que je n'ai pas su d'elle.

PHOCAS.

Vous pouvez m'en dire un dont je suis plus jaloux.
On dit qu'Héraclius est fort connu de vous :
Si vous aimez mon fils, faites-le-moi connoître.

MARTIAN.

Vous le connoissez trop, puisque je vois ce traître.

EXUPÈRE.
Je sers mon empereur, et je sais mon devoir
MARTIAN.
Chacun te l'avouera; tu le fais assez voir.
PHOCAS.
De grâce, éclaircissez ce que je vous propose.
Ce billet à demi m'en dit bien quelque chose;
Mais, Léonce, c'est peu si vous ne l'achevez.
MARTIAN.
Nommez-moi par mon nom, puisque vous le savez;
Dites Héraclius; il n'est plus de Léonce,
Et j'entends mon arrêt sans qu'on me le prononce.
PHOCAS.
Tu peux bien t'y résoudre, après ton vain effort
Pour m'arracher le sceptre et conspirer ma mort.
MARTIAN.
J'ai fait ce que j'ai dû. Vivre sous ta puissance,
C'eût été démentir mon nom et ma naissance,
Et ne point écouter le sang de mes parens,
Qui ne crie en mon cœur que la mort des tyrans.
Quiconque pour l'empire eut la gloire de naître
Renonce à cet honneur s'il peut souffrir un maître :
Hors le trône ou la mort, il doit tout dédaigner;
C'est un lâche, s'il n'ose ou se perdre ou régner.
  J'attends donc mon arrêt sans qu'on me le prononce,
Héraclius mourra comme a vécu Léonce,
Bon sujet, meilleur prince : et ma vie et ma mort
Rempliront dignement et l'un et l'autre sort.
La mort n'a rien d'affreux pour une âme bien née :
A mes côtés pour toi je l'ai cent fois traînée;
Et mon dernier exploit contre tes ennemis
Put d'arrêter son bras qui tomboit sur ton fils.
PHOCAS.
Tu prends pour me toucher un mauvais artifice :
Héraclius n'eut point de part à ce service;
J'en ai payé Léonce, à qui seul étoit dû
L'inestimable honneur de me l'avoir rendu.
Mais, sous des noms divers à soi-même contraire,
Qui conserva le fils attente sur le père;
Et se désavouant d'un aveugle secours,
Si tôt qu'il se connoît il en veut à mes jours.
Je te devois sa vie, et je me dois justice.
Léonce est effacé par le fils de Maurice
Contre un tel attentat rien n'est à balancer,
Et je saurai punir comme récompenser.
MARTIAN.
Je sais trop qu'un tyran est sans reconnoissance,

Pour en avoir conçu la honteuse espérance;
Et suis trop au-dessus de cette indignité,
Pour te vouloir piquer de générosité.
Que ferois-tu pour moi de me laisser la vie,
Si pour moi sans le trône elle n'est qu'infamie?
Héraclius vivroit pour te faire la cour!
Rends-lui, rends-lui son sceptre, ou prive-le du jour.
Pour ton propre intérêt sois juge incorruptible:
Ta vie avec la sienne est trop incompatible;
Un si grand ennemi ne peut être gagné,
Et je te punirois de m'avoir épargné.
Si de ton fils sauvé j'ai rappelé l'image,
J'ai voulu de Léonce étaler le courage,
Afin qu'en le voyant tu ne doutasses plus
Jusques où doit aller celui d'Héraclius.
Je me tiens plus heureux de périr en monarque,
Que de vivre en éclat sans en porter la marque;
Et puisque, pour jouir d'un si glorieux sort,
Je n'ai que ce moment qu'on destine à ma mort,
Je la rendrai si belle et si digne d'envie,
Que ce moment vaudra la plus illustre vie.
M'y faisant donc conduire, assure ton pouvoir,
Et délivre mes yeux de l'horreur de te voir.

PHOCAS.

Nous verrons la vertu de cette âme hautaine.
Faites-le retirer en la chambre prochaine,
Crispe; et qu'on me l'y garde, attendant que mon choix
Pour punir son forfait vous donne d'autres lois.

MARTIAN, à *Pulchérie*.

Adieu, madame, adieu, je n'ai pu davantage.
Ma mort vous va laisser encor dans l'esclavage:
Le ciel par d'autres mains vous en daigne affranchir!

SCÈNE III. — PHOCAS, PULCHÉRIE, EXUPÈRE, AMINTAS

PHOCAS.

Et toi, n'espère pas désormais me fléchir.
Je tiens Héraclius, et n'ai plus rien à craindre,
Plus lieu de te flatter, plus lieu de me contraindre.
Ce frère et ton espoir vont entrer au cercueil,
Et j'abattrai d'un coup sa tête et ton orgueil.
Mais ne te contrains point dans ces rudes alarmes;
Laisse aller tes soupirs, laisse couler tes larmes.

PULCHÉRIE.

Moi, pleurer! moi, gémir, tyran! J'aurois pleuré
Si quelques lâchetés l'avoient déshonoré,
S'il n'eût pas emporté sa gloire toute entière.

S'il m'avoit fait rougir par la moindre prière,
Si quelque infâme espoir qu'on lui dût pardonner
Eût mérité la mort que tu lui vas donner.
Sa vertu jusqu'au bout ne s'est point démentie.
Il n'a point pris le ciel ni le sort à partie,
Point querellé le bras qui fait ces lâches coups,
Point daigné contre lui perdre un juste courroux.
Sans te nommer ingrat, sans trop le nommer traître,
De tous deux, de soi-même il s'est montré le maître;
Et dans cette surprise il a bien su courir
A la nécessité qu'il voyoit de mourir.
Je goûtois cette joie en un sort si contraire.
Je l'aimai comme amant, je l'aime comme frère;
Et dans ce grand revers je l'ai vu hautement
Digne d'être mon frère, et d'être mon amant.

PHOCAS.

Explique, explique mieux le fond de ta pensée;
Et, sans plus te parer d'une vertu forcée,
Pour apaiser le père, offre le cœur au fils,
Et tâche à racheter ce cher frère à ce prix.

PULCHÉRIE.

Crois-tu que sur la foi de tes fausses promesses
Mon âme ose descendre à de telles bassesses?
Prends mon sang pour le sien; mais, s'il y faut mon cœur,
Périsse Héraclius avec sa triste sœur!

PHOCAS.

Eh bien! il va périr; ta haine en est complice.

PULCHÉRIE.

Et je verrai du ciel bientôt choir ton supplice.
Dieu, pour le réserver à ses puissantes mains,
Fait avorter exprès tous les moyens humains;
Il veut frapper le coup sans notre ministère.
Si l'on t'a bien donné Léonce pour mon frère,
Les quatre autres peut-être, à tes yeux abusés,
Ont été comme lui des Césars supposés.
L'État, qui dans leur mort voyoit trop sa ruine,
Avoit des généreux autres que Léontine;
Ils trompoient d'un barbare aisément la fureur,
Qui n'avoit jamais vu la cour ni l'empereur.
Crains, tyran, crains encor tous les quatre peut-être:
L'un après l'autre enfin se vont faire paroître;
Et, malgré tous tes soins, malgré tout ton effort,
Tu ne les connoîtras qu'en recevant la mort.
Moi-même, à leur défaut, je serai la conquête
De quiconque à mes pieds apportera ta tête;
L'esclave le plus vil qu'on puisse imaginer
Sera digne de moi, s'il peut t'assassiner.

Va perdre Héraclius, et quitte là pensée
Que je me pare ici d'une vertu forcée;
Et, sans m'importuner de répondre à tes vœux,
Si tu prétends régner, défais-toi de tous deux.

SCÈNE IV. — PHOCAS, EXUPÈRE, AMINTAS.

PHOCAS.

J'écoute avec plaisir ces menaces frivoles;
Je ris d'un désespoir qui n'a que des paroles;
Et, de quelque façon qu'elle m'ose outrager,
Le sang d'Héraclius m'en doit assez venger.
Vous donc, mes vrais amis, qui me tirez de peine;
Vous, dont je vois l'amour quand je craignois la haine;
Vous, qui m'avez livré mon secret ennemi,
Ne soyez point vers moi fidèles à demi :
Résolvez avec moi des moyens de sa perte :
La ferons-nous secrète, ou bien à force ouverte?
Prendrons-nous le plus sûr, ou le plus glorieux?

EXUPÈRE.

Seigneur, n'en doutez point, le plus sûr vaut le mieux :
Mais le plus sûr pour vous est que sa mort éclate,
De peur qu'en l'ignorant le peuple ne se flatte,
N'attende encor ce prince, et n'ait quelque raison
De courir en aveugle à qui prendra son nom.

PHOCAS.

Donc, pour ôter tout doute à cette populace,
Nous enverrons sa tête au milieu de la place.

EXUPÈRE.

Mais si vous la coupez dedans votre palais,
Ces obstinés mutins ne le croiront jamais;
Et, sans que pas un d'eux à son erreur renonce,
Ils diront qu'on impute un faux nom à Léonce,
Qu'on en fait un fantôme afin de les tromper,
Prêts à suivre toujours qui voudra l'usurper.

PHOCAS.

Lors nous leur ferons voir ce billet de Maurice.

EXUPÈRE.

Ils le tiendront pour faux, et pour un artifice :
Seigneur, après vingt ans vous espérez en vain
Que ce peuple ait des yeux pour connoître sa main.
Si vous voulez calmer toute cette tempête,
Il faut en pleine place abattre cette tête,
Et qu'il die, en mourant, à ce peuple confus :
« Peuple, n'en doute point, je suis Héraclius. »

PHOCAS.

Il le faut, je l'avoue; et déjà je destine

A ce même échafaud l'infâme Léontine.
Mais si ces insolens l'arrachent de nos mains?

EXUPÈRE.
Qui l'osera, seigneur?

PHOCAS.
Ce peuple que je crains.

EXUPÈRE.
Ah! souvenez-vous mieux des désordres qu'enfante
Dans un peuple sans chef la première épouvante.
Le seul bruit de ce prince au palais arrêté
Dispersera soudain chacun de son côté;
Les plus audacieux craindront votre justice,
Et le reste en tremblant ira voir son supplice.
Mais ne leur donnez pas, tardant trop à punir,
Le temps de se remettre et de se réunir :
Envoyez des soldats à chaque coin des rues;
Saisissez l'Hippodrome avec ses avenues;
Dans tous les lieux publics rendez-vous le plus fort.
Pour nous, qu'un tel indice intéresse à sa mort,
De peur que d'autres mains ne se laissent séduire,
Jusques à l'échafaud laissez-nous le conduire.
Nous aurons trop d'amis pour en venir à bout;
J'en réponds sur ma tête, et j'aurai l'œil à tout.

PHOCAS.
C'en est trop, Exupère : allez, je m'abandonne
Aux fidèles conseils que votre ardeur me donne.
C'est l'unique moyen de dompter nos mutins,
Et d'éteindre à jamais ces troubles intestins.
Je vais, sans différer, pour cette grande affaire
Donner à tous mes chefs un ordre nécessaire.
Vous, pour répondre aux soins que vous m'avez promis,
Allez de votre part assembler vos amis,
Et croyez qu'après moi, jusqu'à ce que j'expire,
Ils seront, eux et vous, les maîtres de l'empire.

SCÈNE V. — EXUPÈRE, AMINTAS.

EXUPÈRE.
Nous sommes en faveur, ami, tout est à nous :
L'heur de notre destin va faire des jaloux.

AMINTAS.
Quelque allégresse ici que vous fassiez paroître,
Trouvez-vous doux les noms de perfide et de traître?

EXUPÈRE.
Je sais qu'aux généreux ils doivent faire horreur;
Ils m'ont frappé l'oreille, ils m'ont blessé le cœur :
Mais bientôt, par l'effet que nous devons attendre,

Nous serons en état de ne les plus entendre.
Allons; pour un moment qu'il faut les endurer,
Ne fuyons pas les biens qu'ils nous font espérer.

ACTE QUATRIÈME.

SCÈNE I. — HÉRACLIUS, EUDOXE.

HÉRACLIUS.
Vous avez grand sujet d'appréhender pour elle :
Phocas au dernier point la tiendra criminelle;
Et je le connois mal, ou, s'il la peut trouver,
Il n'est moyen humain qui puisse la sauver.
Je vous plains, chère Eudoxe, et non pas votre mère :
Elle a bien mérité ce qu'à fait Exupère;
Il trahit justement qui vouloit me trahir.
EUDOXE.
Vous croyez qu'à ce point elle ait pu vous haïr,
Vous, pour qui son amour a forcé la nature?
HÉRACLIUS.
Comment voulez-vous donc nommer son imposture?
M'empêcher d'entreprendre, et, par un faux rapport
Confondre en Martian et mon nom et mon sort;
Abuser d'un billet que le hasard lui donne;
Attacher de sa main mes droits à sa personne,
Et le mettre en état, dessous sa bonne foi,
De régner en ma place, ou de périr pour moi :
Madame, est-ce en effet me rendre un grand service?
EUDOXE.
Eût-elle démenti ce billet de Maurice?
Et l'eût-elle pu faire, à moins que révéler
Ce que surtout alors il lui falloit celer?
Quand Martian par là n'eût pas connu son père,
C'étoit vous hasarder sur la foi d'Exupère :
Elle en doutoit, seigneur; et, par l'événement,
Vous voyez que son zèle en doutoit justement.
Sûre en soi des moyens de vous rendre l'empire,
Qu'à vous-même jamais elle n'a voulu dire,
Elle a sur Martian tourné le coup fatal
De l'épreuve d'un cœur qu'elle connoissoit mal.
Seigneur, où seriez-vous sans ce nouveau service?
HÉRACLIUS.
Qu'importe qui des deux on destine au supplice?
Qu'importe, Martian, vu ce que je te doi,
Qui trahisse mon sort, d'Exupère ou de moi?

Si l'on ne me découvre, il faut que je m'expose ;
Et l'un et l'autre enfin ne sont que même chose,
Sinon qu'étant trahi je mourrois malheureux,
Et que, m'offrant pour toi, je mourrai généreux.

EUDOXE.

Quoi ! pour désabuser une aveugle furie,
Rompre votre destin, et donner votre vie !

HÉRACLIUS.

Vous êtes plus aveugle encore en votre amour.
Périra-t-il pour moi quand je lui dois le jour ?
Et, lorsque sous mon nom il se livre à sa perte,
Tiendrai-je sous le sien ma fortune couverte ?
S'il s'agissoit ici de le faire empereur,
Je pourrois lui laisser mon nom et son erreur ;
Mais conniver en lâche à ce nom qu'on me vole,
Quand son père à mes yeux au lieu de moi l'immole !
Souffrir qu'il se trahisse aux rigueurs de mon sort !
Vivre par son supplice, et régner par sa mort !

EUDOXE.

Ah ! ce n'est pas, seigneur, ce que je vous demande ;
De cette lâcheté l'infamie est trop grande.
Montrez-vous pour sauver ce héros du trépas ;
Mais montrez-vous en maître, et ne vous perdez pas.
Rallumez cette ardeur où s'opposoit ma mère,
Garantissez le fils par la perte du père ;
Et, prenant à l'empire un chemin éclatant,
Montrez Héraclius au peuple qui l'attend.

HÉRACLIUS.

Il n'est plus temps, madame ; un autre a pris ma place.
Sa prison a rendu le peuple tout de glace :
Déjà préoccupé d'un autre Héraclius,
Dans l'effroi qui le trouble il ne me croira plus ;
Et, ne me regardant que comme un fils perfide,
Il aura de l'horreur de suivre un parricide.
Mais quand même il voudroit seconder mes desseins,
Le tyran tient déjà Martian en ses mains.
S'il voit qu'en sa faveur je marche à force ouverte,
Piqué de ma révolte, il hâtera sa perte,
Et croira qu'en m'ôtant l'espoir de le sauver
Il m'ôtera l'ardeur qui me fait soulever.
N'en parlons plus ; en vain votre amour me retarde,
Le sort d'Héraclius tout entier me regarde.
Soit qu'il faille régner, soit qu'il faille périr,
Au tombeau comme au trône on me verra courir.
Mais voici le tyran, et son traître Exupère.

ACTE IV, SCÈNE II.

SCÈNE II. — PHOCAS, HÉRACLIUS, EXUPÈRE, EUDOXE,
TROUPE DE GARDES.

PHOCAS, *montrant Eudoxe à ses gardes.*
Qu'on la tienne en lieu sûr en attendant sa mère.
HÉRACLIUS.
A-t-elle quelque part...?
PHOCAS.
Nous verrons à loisir :
Il est bon cependant de la faire saisir.
EUDOXE, *s'en allant.*
Seigneur, ne croyez rien de ce qu'il vous va dire.
PHOCAS, *à Eudoxe.*
Je croirai ce qu'il faut pour le bien de l'empire.
(*A Héraclius.*)
Ses pleurs pour ce coupable imploroient ta pitié?
HÉRACLIUS.
Seigneur....
PHOCAS.
Je sais pour lui quelle est ton amitié;
Mais je veux que toi-même, ayant bien vu son crime,
Tiennes ton zèle injuste, et sa mort légitime.
(*Aux gardes.*)
Qu'on le fasse venir. Pour en tirer l'aveu
Il ne sera besoin ni du fer ni du feu.
Loin de s'en repentir, l'orgueilleux en fait gloire.
Mais que me diras-tu qu'il ne me faut pas croire?
Eudoxe m'en conjure, et l'avis me surprend.
Aurois-tu découvert quelque crime plus grand?
HÉRACLIUS.
Oui, sa mère a plus fait contre votre service
Que ne sait Exupère, et que n'a vu Maurice.
PHOCAS.
La perfide! Ce jour lui sera le dernier.
Parle.
HÉRACLIUS.
J'achèverai devant le prisonnier.
Trouvez bon qu'un secret d'une telle importance,
Puisque vous le mandez, s'explique en sa présence.
PHOCAS.
Le voici. Mais surtout ne me dis rien pour lui.

SCÈNE III. — PHOCAS, HÉRACLIUS, MARTIAN, EXUPÈRE,
TROUPE DE GARDES.

HÉRACLIUS.
Je sais qu'en ma prière il auroit peu d'appui;
Et loin de me donner une inutile peine,

Tout ce que je demande à votre juste haine,
C'est que de tels forfaits ne soient pas impunis;
Perdez Héraclius, et sauvez votre fils :
Voilà tout mon souhait et toute ma prière.
M'en refuserez-vous?

PHOCAS.

Tu l'obtiendras entière :
Ton salut en effet est douteux sans sa mort.

MARTIAN.

Ah! prince! j'y courois sans me plaindre du sort;
Son indigne rigueur n'est pas ce qui me touche :
Mais en ouïr l'arrêt sortir de votre bouche!
Je vous ai mal connu jusques à mon trépas.

HÉRACLIUS.

Et même en ce moment tu ne me connois pas.
Écoute, père aveugle, et toi, prince crédule,
Ce que l'honneur défend que plus je dissimule.
Phocas, connois ton sang, et tes vrais ennemis :
Je suis Héraclius, et Léonce est ton fils.

MARTIAN.

Seigneur, que dites-vous?

HÉRACLIUS.

Que je ne puis plus taire
Que deux fois Léontine osa tromper ton père;
Et, semant de nos noms un insensible abus,
Fit un faux Martian du jeune Héraclius.

PHOCAS.

Maurice te dément, lâche! tu n'as qu'à lire :
« Sous le nom de Léonce Héraclius respire. »
Tu fais après cela des contes superflus

HÉRACLIUS

Si ce billet fut vrai, seigneur, il ne l'est plus :
J'étois Léonce alors, et j'ai cessé de l'être
Quand Maurice immolé n'en a pu rien connoître.
S'il laissa par écrit ce qu'il avoit pu voir,
Ce qui suivit sa mort fut hors de son pouvoir.
Vous portâtes soudain la guerre dans la Perse,
Où vous eûtes trois ans la fortune diverse;
Cependant Léontine, étant dans le château
Reine de nos destins et de notre berceau,
Pour me rendre le rang qu'occupoit votre race,
Prit Martian pour elle, et me mit en sa place.
Ce zèle en ma faveur lui succéda si bien,
Que vous-même au retour vous n'en connûtes rien;
Et ces informes traits qu'à six mois a l'enfance,
Ayant mis entre nous fort peu de différence,
Le foible souvenir en trois ans s'en perdit :

ACTE IV, SCÈNE III. 95

Vous prîtes aisément ce qu'elle vous rendit.
Nous vécûmes tous deux sous le nom l'un de l'autre :
Il passa pour son fils, je passai pour le vôtre ;
Et je ne jugeois pas ce chemin criminel
Pour remonter sans meurtre au trône paternel.
Mais voyant cette erreur fatale à cette vie
Sans qui déjà la mienne auroit été ravie,
Je me croirois, seigneur, coupable infiniment
Si je souffrois encore un tel aveuglement.
Je viens reprendre un nom qui seul a fait son crime.
Conservez votre haine, et changez de victime.
Je ne demande rien que ce qui m'est promis :
Perdez Héraclius, et sauvez votre fils.
                    MARTIAN.
Admire de quel fils le ciel t'a fait le père,
Admire quel effort sa vertu vient de faire,
Tyran ; et ne prends pas pour une vérité
Ce qu'invente pour moi sa générosité.
            (A Héraclius.)
C'est trop, prince, c'est trop pour ce petit service
Dont honora mon bras ma fortune propice :
Je vous sauvai la vie, et ne la perdis pas ;
Et pour moi vous cherchez un assuré trépas !
Ah ! si vous m'en devez quelque reconnoissance,
Prince, ne m'ôtez pas l'honneur de ma naissance :
Avoir tant de pitié d'un sort si glorieux,
De crainte d'être ingrat, c'est m'être injurieux.
                    PHOCAS.
En quel trouble me jette une telle dispute !
A quels nouveaux malheurs m'expose-t-elle en butte !
Lequel croire, Exupère, et lequel démentir ?
Tombé-je dans l'erreur, ou si j'en vais sortir ?
Si ce billet est vrai, le reste est vraisemblable.
                    EXUPÈRE.
Mais qui sait si ce reste est faux ou véritable ?
                    PHOCAS.
Léontine deux fois a pu tromper Phocas.
                    EXUPÈRE.
Elle a pu les changer, et ne les changer pas,
Et plus que vous, seigneur, dedans l'inquiétude,
Je ne vois que du trouble et de l'incertitude.
                    HÉRACLIUS.
Ce n'est pas d'aujourd'hui que je sais qui je suis :
Vous voyez quels effets en ont été produits.
Depuis plus de quatre ans vous voyez quelle adresse
J'apporte à rejeter l'hymen de la princesse,
Où sans doute aisément mon cœur eût consenti,

Si Léontine alors ne m'en eût averti.
MARTIAN.
Léontine ?
HÉRACLIUS.
Elle-même.
MARTIAN.
Ah ! ciel ! quelle est sa ruse !
Martian aime Eudoxe, et sa mère l'abuse.
Par l'horreur d'un hymen qu'il croit incestueux,
De ce prince à sa fille elle assure les vœux ;
Et son ambition, adroite à le séduire,
Le plonge en une erreur dont elle attend l'empire.
Ce n'est que d'aujourd'hui que je sais qui je suis ;
Mais de mon ignorance elle espéroit ces fruits,
Et me tiendroit encor la vérité cachée,
Si tantôt ce billet ne l'en eût arrachée.
PHOCAS.
La méchante l'abuse aussi bien que Phocas.
EXUPÈRE.
Elle a pu l'abuser, et ne l'abuser pas.
PHOCAS.
Tu vois comme la fille a part au stratagème
EXUPÈRE.
Et que la mère a pu l'abuser elle-même.
PHOCAS.
Que de pensers divers ! que de soucis flottans !
EXUPÈRE.
Je vous en tirerai, seigneur, dans peu de temps.
PHOCAS.
Dis-moi, tout est-il prêt pour ce juste supplice ?
EXUPÈRE.
Oui, si nous connoissons le vrai fils de Maurice.
HÉRACLIUS.
Pouvez-vous en douter après ce que j'ai dit ?
MARTIAN.
Donnez-vous à l'erreur encor quelque crédit ?
HÉRACLIUS, *à Martian.*
Ami, rends-moi mon nom : la faveur n'est pas grande.
Ce n'est que pour mourir que je te le demande.
Reprends ce triste jour que tu m'as racheté,
Ou rends-moi cet honneur que tu m'as presque ôté.
MARTIAN.
Pourquoi, de mon tyran volontaire victime,
Précipiter vos jours pour me noircir d'un crime ?
Prince, qui que je sois, j'ai conspiré sa mort,
Et nos noms au dessein donnent un divers sort :
Dedans Héraclius il a gloire solide,

Et dedans Martian il devient parricide.
Puisqu'il faut que je meure illustre, ou criminel,
Couvert ou de louange, ou d'opprobre éternel,
Ne souillez point ma mort, et ne veuillez pas faire
Du vengeur de l'empire un assassin d'un père.
HÉRACLIUS.
Mon nom seul est coupable, et, sans plus disputer,
Pour te faire innocent tu n'as qu'à le quitter;
Il conspira lui seul, tu n'en es point complice.
Ce n'est qu'Héraclius qu'on envoie au supplice :
Sois son fils, tu vivras.
MARTIAN.
Si je l'avois été,
Seigneur, ce traître en vain m'auroit sollicité;
Et, lorsque contre vous il m'a fait entreprendre,
La nature en secret auroit su m'en défendre.
HÉRACLIUS.
Apprends donc qu'en secret mon cœur t'a prévenu.
J'ai voulu conspirer, mais on m'a retenu;
Et dedans mon péril Léontine timide....
MARTIAN.
N'a pu voir Martian commettre un parricide.
HÉRACLIUS.
Toi, que de Pulchérie elle a fait amoureux,
Juge sous les deux noms ton dessein et tes feux
Elle a rendu pour toi l'un et l'autre funeste,
Martian parricide, Héraclius inceste,
Et n'eût pas eu pour moi d'horreur d'un grand forfait,
Puisque dans ta personne elle en pressoit l'effet.
Mais elle m'empêchoit de hasarder ma tête,
Espérant par ton bras me livrer ma conquête.
Ce favorable aveu dont elle t'a séduit
T'exposoit aux périls pour m'en donner le fruit;
Et c'étoit ton succès qu'attendoit sa prudence,
Pour découvrir au peuple ou cacher ma naissance.
PHOCAS.
Hélas! je ne puis voir qui des deux est mon fils;
Et je vois que tous deux ils sont mes ennemis.
En ce piteux état quel conseil dois-je suivre?
J'ai craint un ennemi, mon bonheur me le livre;
Je sais que de mes mains il ne se peut sauver,
Je sais que je le vois, et ne puis le trouver.
La nature tremblante, incertaine, étonnée,
D'un nuage confus couvre sa destinée :
L'assassin sous cette ombre échappe à ma rigueur,
Et, présent à mes yeux, il se cache en mon cœur.
Martian ! A ce nom aucun ne veut répondre.

Et l'amour paternel ne sert qu'à me confondre.
Trop d'un Héraclius en mes mains est remis;
Je tiens mon ennemi, mais je n'ai plus de fils.
Que veux-tu donc, nature, et que prétends-tu faire?
Si je n'ai plus de fils, puis-je encore être père?
De quoi parle à mon cœur ton murmure imparfait?
Ne me dis rien du tout, ou parle tout à fait [1].
Qui que ce soit des deux que mon sang ait fait naître,
Ou laisse-moi le perdre, ou fais-le-moi connoître.
  O toi, qui que tu sois, enfant dénaturé,
Et trop digne du sort que tu t'es procuré,
Mon trône est-il pour toi plus honteux qu'un supplice?
O malheureux Phocas! ô trop heureux Maurice!
Tu recouvres deux fils pour mourir après toi,
Et je n'en puis trouver pour régner après moi!
Qu'aux honneurs de ta mort je dois porter envie,
Puisque mon propre fils les préfère à sa vie!

SCÈNE IV. — PHOCAS, HÉRACLIUS, MARTIAN, CRISPE, EXUPÈRE, LÉONTINE.

CRISPE, *à Phocas.*
Seigneur, ma diligence enfin a réussi:
J'ai trouvé Léontine, et je l'amène ici.
          PHOCAS, *à Léontine.*
Approche, malheureuse.
          HÉRACLIUS, *à Léontine.*
                    Avouez tout, madame.
J'ai tout dit.
          LÉONTINE, *à Héraclius.*
  Quoi, seigneur?
          PHOCAS.
                    Tu l'ignores, infâme!
Qui des deux est mon fils?
          LÉONTINE.
              Qui vous en fait douter?
          HÉRACLIUS, *à Léontine.*
Le nom d'Héraclius que son fils veut porter:
Il en croit ce billet et votre témoignage;
Mais ne le laissez pas dans l'erreur davantage.
          PHOCAS.
N'attends pas les tourmens, ne me déguise rien.

---

1. Ces deux beaux vers de cette admirable tirade ont été imités par Pascal, et c'est la meilleure de ses pensées. Cela fait bien voir que le génie de Corneille, malgré ses négligences fréquentes, a tout créé en France. Avant lui, presque personne ne pensait avec force et ne s'exprimait avec noblesse. (*Voltaire.*)

ACTE IV, SCÈNE IV.

M'as-tu livré ton fils? as tu changé le mien?
LÉONTINE.
Je t'ai livré mon fils; et j'en aime la gloire.
Si je parle du reste, oseras-tu m'en croire?
Et qui t'assurera que pour Héraclius,
Moi qui t'ai tant trompé, je ne te trompe plus?
PHOCAS.
N'importe, fais-nous voir quelle haute prudence
En des temps si divers leur en fait confidence,
A l'un depuis quatre ans, à l'autre d'aujourd'hui.
LÉONTINE.
Le secret n'en est su ni de lui, ni de lui;
Tu n'en sauras non plus les véritables causes:
Devine, si tu peux, et choisis, si tu l'oses.
 L'un des deux est ton fils, l'autre est ton empereur.
Tremble dans ton amour, tremble dans ta fureur.
Je te veux toujours voir, quoi que ta rage fasse,
Craindre ton ennemi dedans ta propre race,
Toujours aimer ton fils dedans ton ennemi,
Sans être ni tyran, ni père qu'à demi.
Tandis qu'autour des deux tu perdras ton étude,
Mon âme jouira de ton inquiétude;
Je rirai de ta peine; ou, si tu m'en punis,
Tu perdras avec moi le secret de ton fils.
PHOCAS.
Et si je les punis tous deux sans les connoître,
L'un comme Héraclius, l'autre pour vouloir l'être?
LÉONTINE.
Je m'en consolerai quand je verrai Phocas
Croire affermir son sceptre en se coupant le bras,
Et de la même main son ordre tyrannique
Venger Héraclius dessus son fils unique.
PHOCAS.
Quelle reconnoissance, ingrate! tu me rends
Des bienfaits répandus sur toi, sur tes parens,
De t'avoir confié ce fils que tu me caches,
D'avoir mis en tes mains ce cœur que tu m'arraches,
D'avoir mis à tes pieds ma cour qui t'adoroit!
Rends-moi mon fils, ingrate.
LÉONTINE.
      Il m'en désavoueroit;
Et ce fils, quel qu'il soit, que tu ne peux connoître,
A le cœur assez bon pour ne vouloir pas l'être.
Admire sa vertu qui trouble ton repos.
C'est du fils d'un tyran que j'ai fait ce héros;
Tant ce qu'il a reçu d'heureuse nourriture
Dompte ce mauvais sang qu'il eut de la nature!

C'est assez dignement répondre à tes bienfaits
Que d'avoir dégagé ton fils de tes forfaits.
Séduit par ton exemple et par sa complaisance,
Il t'auroit ressemblé, s'il eût su sa naissance :
Il seroit lâche, impie, inhumain comme toi!
Et tu me dois ainsi plus que je ne te doi.
EXUPÈRE.
L'impudence et l'orgueil suivent les impostures.
Ne vous exposez plus à ce torrent d'injures,
Qui, ne faisant qu'aigrir votre ressentiment,
Vous donne peu de jour pour ce discernement.
Laissez-la-moi, seigneur, quelques momens en garde.
Puisque j'ai commencé, le reste me regarde :
Malgré l'obscurité de son illusion,
J'espère démêler cette confusion.
Vous savez à quel point l'affaire m'intéresse.
PHOCAS.
Achève, si tu peux, par force ou par adresse,
Exupère; et sois sûr que je te devrai tout,
Si l'ardeur de ton zèle en peut venir à bout.
Je saurai cependant prendre à part l'un et l'autre;
Et peut-être qu'enfin nous trouverons le nôtre.
Agis de ton côté; je la laisse avec toi :
Gêne, flatte, surprends. Vous autres, suivez-moi.

SCÈNE V. — EXUPÈRE, LÉONTINE.

EXUPÈRE.
On ne peut nous entendre. Il est juste, madame,
Que je vous offre enfin jusqu'au fond de mon âme;
C'est passer trop longtemps pour traître auprès de vous.
Vous haïssez Phocas; nous le haïssons tous....
LÉONTINE.
Oui, c'est bien lui montrer ta haine et ta colère,
Que lui vendre ton prince et le sang de ton père.
EXUPÈRE.
L'apparence vous trompe, et je suis en effet....
LÉONTINE.
L'homme le plus méchant que la nature ait fait.
EXUPÈRE.
Ce qui passe à vos yeux pour une perfidie....
LÉONTINE.
Cache une intention fort noble, et fort hardie!
EXUPÈRE.
Pouvez-vous en juger, puisque vous l'ignorez?
Considérez l'état de tous nos conjurés.
Il n'est aucun de nous à qui sa violence

N'ait donné trop de lieu d'une juste vengeance :
Et, nous en croyant tous dans notre âme indignés,
Le tyran du palais nous a tous éloignés.
Il y falloit rentrer par quelque grand service.
    LÉONTINE.
Et tu crois m'éblouir avec cet artifice?
    EXUPÈRE.
Madame, apprenez tout. Je n'ai rien hasardé.
Vous savez de quel nombre il est toujours gardé;
Pouvions-nous le surprendre, ou forcer les cohortes
Qui de jour et de nuit tiennent toutes ses portes?
Pouvions-nous mieux sans bruit nous approcher de lui?
Vous voyez la posture où j'y suis aujourd'hui :
Il me parle, il m'écoute, il me croit; et lui-même
Se livre entre mes mains, aide à mon stratagème.
C'est par mes seuls conseils qu'il veut publiquement
Du prince Héraclius faire le châtiment;
Que sa milice, éparse à chaque coin des rues,
A laissé du palais les portes presque nues :
Je puis en un moment m'y rendre le plus fort;
Mes amis sont tout prêts : c'en est fait, il est mort;
Et j'userai si bien de l'accès qu'il me donne,
Qu'aux pieds d'Héraclius je mettrai sa couronne.
Mais après mes desseins pleinement découverts,
De grâce, faites-moi connoître qui je sers;
Et ne le cachez plus à ce cœur qui n'aspire
Qu'à le rendre aujourd'hui maître de tout l'empire.
    LÉONTINE.
Esprit lâche et grossier, quelle brutalité
Te fait juger en moi tant de crédulité?
Va, d'un piége si lourd l'appât est inutile,
Traître, et si tu n'as point de ruse plus subtile....
    EXUPÈRE.
Je vous dis vrai, madame, et vous dirai de plus....
    LÉONTINE.
Ne me fais point ici de contes superflus :
L'effet à tes discours ôte toute croyance.
    EXUPÈRE.
Eh bien! demeurez donc dans votre défiance.
Je ne demande plus, et ne vous dis plus rien;
Gardez votre secret, je garderai le mien.
Puisque je passe encor pour homme à vous séduire,
Venez dans la prison où je vais vous conduire :
Si vous ne me croyez, craignez ce que je puis.
Avant la fin du jour vous saurez qui je suis.

ACTE CINQUIÈME.

SCÈNE I. — HÉRACLIUS.

Quelle confusion étrange
De deux princes fait un mélange
Qui met en discord deux amis !
Un père ne sait où se prendre ;
Et plus tous deux s'osent défendre
Du titre infâme de son fils,
Plus eux-mêmes cessent d'entendre
Les secrets qu'on leur a commis.

Léontine avec tant de ruse
Ou me favorise ou m'abuse,
Qu'elle brouille tout notre sort :
Ce que j'en eus de connoissance
Brave une orgueilleuse puissance
Qui n'en croit pas mon vain effort ;
Et je doute de ma naissance
Quand on me refuse la mort.

Ce fier tyran qui me caresse
Montre pour moi tant de tendresse
Que mon cœur s'en laisse alarmer :
Lorsqu'il me prie et me conjure,
Son amitié paroît si pure,
Que je ne saurois présumer
Si c'est par instinct de nature,
Ou par coutume de m'aimer.

Dans cette croyance incertaine,
J'ai pour lui des transports de haine
Que je ne conserve pas bien :
Cette grâce qu'il veut me faire
Étonne et trouble ma colère ;
Et je n'ose résoudre rien,
Quand je trouve un amour de père
En celui qui m'ôta le mien.

Retiens, grande ombre de Maurice,
Mon âme au bord du précipice
Que cette obscurité lui fait,
Et m'aide à faire mieux connoître
Qu'en ton fils Dieu n'a pas fait naître
Un prince à ce point imparfait,

ACTE V, SCÈNE I.

Ou que je méritois de l'être,
Si je ne le suis en effet.

Soutiens ma haine qui chancelle,
Et, redoublant pour ta querelle
Cette noble ardeur de mourir,
Fais voir.... Mais il m'exauce; on vient me secourir.

SCÈNE II. — HÉRACLIUS, PULCHÉRIE.

HÉRACLIUS.
O ciel! quel bon démon devers moi vous envoie,
Madame?
PULCHÉRIE.
Le tyran, qui veut que je vous voie,
Et met tout en usage afin de s'éclaircir.
HÉRACLIUS.
Par vous-même en ce trouble il pense réussir!
PULCHÉRIE.
Il le pense, seigneur, et ce brutal espère
Mieux qu'il ne trouve un fils que je découvre un frère :
Comme si j'étois fille à ne lui rien celer
De tout ce que le sang pourroit me révéler!
HÉRACLIUS.
Puisse-t-il par un trait de lumière fidèle
Vous le mieux révéler qu'il ne me le révèle!
Aidez-moi cependant, madame, à repousser
Les indignes frayeurs dont je me sens presser....
PULCHÉRIE.
Ah! prince, il ne faut point d'assurance plus claire;
Si vous craignez la mort, vous n'êtes point mon frère :
Ces indignes frayeurs vous ont trop découvert.
HÉRACLIUS.
Moi la craindre, madame! Ah! je m'y suis offert.
Qu'il me traite en tyran, qu'il m'envoie au supplice,
Je suis Héraclius, je suis fils de Maurice;
Sous ces noms précieux je cours m'ensevelir,
Et m'étonne si peu que je l'en fais pâlir.
Mais il me traite en père, il me flatte, il m'embrasse:
Je n'en puis arracher une seule menace :
J'ai beau faire et beau dire afin de l'irriter,
Il m'écoute si peu qu'il me force à douter.
Malgré moi comme fils toujours il me regarde;
Au lieu d'être en prison, je n'ai pas même un garde.
Je ne sais qui je suis, et crains de le savoir;
Je veux ce que je dois, et cherche mon devoir :
Je crains de le haïr, si j'en tiens la naissance;
Je le plains de m'aimer, si je m'en dois vengeance:

Et mon cœur, indigné d'une telle amitié,
En frémit de colère, et tremble de pitié.
De tous ses mouvemens mon esprit se défie.
Il condamne aussitôt tout ce qu'il justifie.
La colère, l'amour, la haine et le respect,
Ne me présentent rien qui ne me soit suspect.
Je crains tout, je fuis tout; et, dans cette aventure,
Des deux côtés en vain j'écoute la nature.
Secourez donc un frère en ces perplexités.

PULCHÉRIE.

Ah! vous ne l'êtes point, puisque vous en doutez.
Celui qui, comme vous, prétend à cette gloire,
D'un courage plus ferme en croit ce qu'il doit croire.
Comme vous on le flatte, il y sait résister;
Rien ne le touche assez pour le faire douter;
Et le sang, par un double et secret artifice,
Parle en vous pour Phocas, comme en lui pour Maurice.

HÉRACLIUS.

A ces marques en lui connoissez Martian;
Il a le cœur plus dur étant fils d'un tyran.
La générosité suit la belle naissance:
La pitié l'accompagne et la reconnoissance.
Dans cette grandeur d'âme un vrai prince affermi
Est sensible aux malheurs même d'un ennemi;
La haine qu'il lui doit ne sauroit le défendre,
Quand il s'en voit aimé, de s'en laisser surprendre,
Et trouve assez souvent son devoir arrêté
Par l'effort naturel de sa propre bonté.
Cette digne vertu de l'âme la mieux née,
Madame, ne doit pas souiller ma destinée.
Je doute; et si ce doute a quelque crime en soi,
C'est assez m'en punir que douter comme moi;
Et mon cœur, qui sans cesse en sa faveur se flatte,
Cherche qui le soutienne, et non pas qui l'abatte;
Il demande secours pour mes sens étonnés,
Et non le coup mortel dont vous m'assassinez.

PULCHÉRIE.

L'œil le mieux éclairé sur de telles matières
Peut prendre de faux jours pour de vives lumières;
Et comme notre sexe ose assez promptement
Suivre l'impression d'un premier mouvement,
Peut-être qu'en faveur de ma première idée
Ma haine pour Phocas m'a trop persuadée.
Son amour est pour vous un poison dangereux;
Et quoique la pitié montre un cœur généreux,
Celle qu'on a pour lui de ce rang dégénère.
Vous le devez haïr, et, fût-il votre père,

Si ce titre est douteux, son crime ne l'est pas.
Qu'il vous offre sa grâce, ou vous livre au trépas,
Il n'est pas moins tyran quand il vous favorise,
Puisque c'est ce cœur même alors qu'il tyrannise,
Et que votre devoir, par là mieux combattu,
Prince, met en péril jusqu'à votre vertu.
Doutez, mais haïssez; et, quoi qu'il exécute,
Je douterai d'un nom qu'un autre vous dispute :
En douter lorsqu'en moi vous cherchez quelque appui,
Si c'est trop peu pour vous, c'est assez contre lui.
L'un de vous est mon frère, et l'autre y peut prétendre.
Entre tant de vertus mon choix se peut méprendre;
Mais je ne puis faillir, dans votre sort douteux,
A chérir l'un et l'autre, et vous plaindre tous deux.
J'espère encor pourtant; on murmure, on menace;
Un tumulte, dit-on, s'élève dans la place;
Exupère est allé fondre sur ces mutins;
Et peut-être de là dépendent nos destins.
Mais Phocas entre.

SCÈNE III. — PHOCAS, HÉRACLIUS, MARTIAN, PULCHÉRIE, GARDES.

PHOCAS.
Eh bien ! se rendra-t-il, madame?
PULCHÉRIE.
Quelque effort que je fasse à lire dans son âme,
Je n'en vois que l'effet que je m'étois promis :
Je trouve trop d'un frère, et vous trop peu d'un fils.
PHOCAS.
Ainsi le ciel vous veut enrichir de ma perte.
PULCHÉRIE.
Il tient en ma faveur leur naissance couverte :
Ce frère qu'il me rend seroit déjà perdu
Si dedans votre sang il ne l'eût confondu.
PHOCAS, *à Pulchérie.*
Cette confusion peut perdre l'un et l'autre.
En faveur de mon sang je ferai grâce au vôtre :
Mais je veux le connoître, et ce n'est qu'à ce prix
Qu'en lui donnant la vie il me rendra mon fils.
(*A Héraclius.*)
Pour la dernière fois, ingrat, je t'en conjure;
Car enfin c'est vers toi que penche la nature;
Et je n'ai point pour lui ces doux empressemens
Qui d'un cœur paternel font les vrais mouvemens.
Ce cœur s'attache à toi par d'invincibles charmes.
En crois-tu mes soupirs? en croiras-tu mes larmes?

Songe avec quel amour mes soins t'ont élevé,
Avec quelle valeur son bras t'a conservé;
Tu nous dois à tous deux.
HÉRACLIUS.
Et pour reconnoissance
Je vous rends votre fils, je lui rends sa naissance.
PHOCAS.
Tu me l'ôtes, cruel, et le laisses mourir.
HÉRACLIUS.
Je meurs pour vous le rendre, et pour le secourir.
PHOCAS.
C'est me l'ôter assez que ne vouloir plus l'être.
HÉRACLIUS.
C'est vous le rendre assez que le faire connoître.
PHOCAS.
C'est me l'ôter assez que me le supposer.
HÉRACLIUS.
C'est vous le rendre assez que vous désabuser.
PHOCAS.
Laisse-moi mon erreur, puisqu'elle m'est si chère.
Je t'adopte pour fils, accepte-moi pour père :
Fais vivre Héraclius sous l'un ou l'autre sort;
Pour moi, pour toi, pour lui, fais-toi ce peu d'effort.
HÉRACLIUS.
Ah! c'en est trop enfin, et ma gloire blessée
Dépouille un vieux respect où je l'avois forcée.
De quelle ignominie osez-vous me flatter?
Toutes les fois, tyran, qu'on se laisse adopter,
On veut une maison illustre autant qu'amie,
On cherche de la gloire, et non de l'infamie;
Et ce seroit un monstre horrible à vos États
Que le fils de Maurice adopté par Phocas.
PHOCAS.
Va, cesse d'espérer la mort que tu mérites :
Ce n'est que contre lui, lâche, que tu m'irrites.
Tu te veux rendre en vain indigne de ce rang :
Je m'en prends à la cause, et j'épargne mon sang.
Puisque ton amitié de ma foi se défie
Jusqu'à prendre son nom pour lui sauver la vie,
Soldats, sans plus tarder, qu'on l'immole à ses yeux;
Et sois après sa mort mon fils, si tu le veux.
HÉRACLIUS.
Perfides, arrêtez!
MARTIAN.
Ah! que voulez-vous faire,
Prince?
HÉRACLIUS.
Sauvez le fils de la fureur du père.

ACTE V, SCÈNE III.

MARTIAN.
Conservez-lui ce fils qu'il ne cherche qu'en vous;
Ne troublez point un sort qui lui semble si doux.
C'est avec assez d'heur qu'Héraclius expire,
Puisque c'est en vos mains que tombe son empire.
Le ciel daigne bénir votre sceptre et vos jours !

PHOCAS.
C'est trop perdre de temps à souffrir ces discours.
Dépêche, Octavian.

HÉRACLIUS.
   N'attente rien, barbare !
Je suis....

PHOCAS.
  Avoue enfin.

HÉRACLIUS.
    Je tremble, je m'égare,
Et mon cœur....

PHOCAS, *à Héraclius.*
  Tu pourras à loisir y penser.
(*A Octavian.*)
Frappe.

HÉRACLIUS.
  Arrête; je suis.... Puis-je le prononcer?

PHOCAS.
Achève, ou....

HÉRACLIUS.
    Je suis donc, s'il faut que je le die,
Ce qu'il faut que je sois pour lui sauver la vie.
Oui, je lui dois assez, seigneur, quoi qu'il en soit,
Pour vous payer pour lui de l'amour qu'il vous doit;
Et je vous le promets entier, ferme, sincère,
Et tel qu'Héraclius l'auroit pour son vrai père.
J'accepte en sa faveur ses parens pour les miens;
Mais sachez que vos jours me répondront des siens :
Vous me serez garant des hasards de la guerre,
Des ennemis secrets, de l'éclat du tonnerre;
Et, de quelque façon que le courroux des cieux
Me prive d'un ami qui m'est si précieux,
Je vengerai sur vous, et fussiez-vous mon père,
Ce qu'aura fait sur lui leur injuste colère.

PHOCAS.
Ne crains rien : de tous deux je ferai mon appui;
L'amour qu'il a pour toi m'assure trop de lui :
Mon cœur pâme de joie, et mon âme n'aspire
Qu'à vous associer l'un et l'autre à l'empire.
J'ai retrouvé mon fils : mais sois-le tout à fait,
Et donne-m'en pour marque un véritable effet;
Ne laisse plus de place à la supercherie :

Pour achever ma joie, épouse Pulchérie.
HÉRACLIUS.
Seigneur, elle est ma sœur.
PHOCAS.
Tu n'es donc point mon fils
Puisque si lâchement déjà tu t'en dédis?
PULCHÉRIE.
Qui te donne, tyran, une attente si vaine?
Quoi! son consentement étoufferoit ma haine!
Pour l'avoir étonné tu m'aurois fait changer!
J'aurois pour cette honte un cœur assez léger!
Je pourrois épouser ou ton fils, ou mon frère!

SCÈNE IV. — PHOCAS, HÉRACLIUS, PULCHÉRIE, MARTIAN, CRISPE, GARDES.

CRISPE.
Seigneur, vous devez tout au grand cœur d'Exupère;
Il est l'unique auteur de nos meilleurs destins;
Lui seul et ses amis ont dompté vos mutins;
Il a fait prisonniers leurs chefs qu'il vous amène.
PHOCAS.
Dis-lui qu'il me les garde en la salle prochaine;
Je vais de leurs complots m'éclaircir avec eux.
(*Crispe s'en va, et Phocas parle à Héraclius.*)
Toi, cependant, ingrat, sois mon fils, si tu veux.
En l'état où je suis, je n'ai plus lieu de feindre.
Les mutins sont domptés, et je cesse de craindre.
(*A Pulchérie.*)
Je vous laisse tous trois. Use bien du moment
Que je prends pour en faire un juste châtiment;
Et, si tu n'aimes mieux que l'un et l'autre meure,
Trouve, ou choisis mon fils, et l'épouse sur l'heure;
Autrement, si leur sort demeure encor douteux,
Je jure à mon retour qu'ils périront tous deux.
Je ne veux point d'un fils dont l'implacable haine
Prend ce nom pour affront, et mon amour pour gêne.
Toi....
PULCHÉRIE.
Ne menace point; je suis prête à mourir.
PHOCAS.
A mourir! jusque-là je pourrois te chérir!
N'espère pas de moi cette faveur suprême;
Et pense....
PULCHÉRIE.
A quoi, tyran?
PHOCAS.
A m'épouser moi-même,

Au milieu de leur sang à tes pieds répandu.
PULCHÉRIE.
Quel supplice!
PHOCAS.
Il est grand pour toi; mais il t'est dû.
Tes mépris de la mort bravoient trop ma colère.
Il est en toi de perdre ou de sauver ton frère;
Et du moins, quelque erreur qui puisse me troubler,
J'ai trouvé les moyens de te faire trembler.

SCÈNE V. — HÉRACLIUS, MARTIAN, PULCHÉRIE.

PULCHÉRIE.
Le lâche, il vous flattoit lorsqu'il trembloit dans l'âme.
Mais tel est d'un tyran le naturel infâme :
Sa douceur n'a jamais qu'un mouvement contraint;
S'il ne craint, il opprime; et s'il n'opprime, il craint.
L'une et l'autre fortune en montre la foiblesse;
L'une n'est qu'insolence, et l'autre que bassesse.
A peine est-il sorti de ses lâches terreurs
Qu'il a trouvé pour moi le comble des horreurs.
Mes frères, puisque enfin vous voulez tous deux l'être,
Si vous m'aimez en sœur, faites-le-moi paroître.
HÉRACLIUS.
Que pouvons-nous tous deux, lorsqu'on tranche nos jours?
PULCHÉRIE.
Un généreux conseil est un puissant secours.
MARTIAN.
Il n'est point de conseil qui vous soit salutaire,
Que d'épouser le fils pour éviter le père :
L'horreur d'un mal plus grand vous y doit disposer.
PULCHÉRIE.
Qui me le montrera, si je veux l'épouser?
Et, dans cet hyménée à ma gloire funeste,
Qui me garantira des périls de l'inceste?
MARTIAN.
Je le vois trop à craindre et pour vous et pour nous;
Mais, madame, on peut prendre un vain titre d'époux,
Abuser du tyran la rage forcenée
Et vivre en frère et sœur sous un feint hyménée.
PULCHÉRIE.
Feindre, et nous abaisser à cette lâcheté!
HÉRACLIUS.
Pour tromper un tyran, c'est générosité,
Et c'est mettre, en faveur d'un frère qu'il vous donne,
Deux ennemis secrets auprès de sa personne,
Qui, dans leur juste haine animés et constans,

Sur l'ennemi commun sauront prendre leur temps,
Et terminer bientôt la feinte avec sa vie.
PULCHÉRIE.
Pour conserver vos jours et fuir mon infamie,
Feignons, vous le voulez, et j'y résiste en vain.
Sus donc, qui de vous deux me prêtera la main?
Qui veut feindre avec moi? qui sera mon complice?
HÉRACLIUS.
Vous, prince, à qui le ciel inspire l'artifice.
MARTIAN.
Vous, que veut le tyran pour fils obstinément.
HÉRACLIUS.
Vous, qui depuis quatre ans la servez en amant.
MARTIAN.
Vous saurez mieux que moi surprendre sa tendresse.
HÉRACLIUS.
Vous saurez mieux que moi la traiter de maîtresse
MARTIAN
Vous aviez commencé tantôt d'y consentir
PULCHÉRIE.
Ah! princes, votre cœur ne peut se démentir,
Et vous l'avez tous deux trop grand, trop magnanime,
Pour souffrir sans horreur l'ombre même d'un crime.
Je vous connoissois trop pour juger autrement
Et de votre conseil, et de l'événement;
Et je n'y déférois que pour vous voir dédire.
Toute fourbe est honteuse aux cœurs nés pour l'empire;
Princes, attendons tout, sans consentir à rien.
HÉRACLIUS.
Admirez cependant quel malheur est le mien :
L'obscure vérité que de mon sang je signe,
Du grand nom qui me perd ne me peut rendre digne;
On n'en croit pas ma mort; et je perds mon trépas,
Puisque mourant pour lui je ne le sauve pas.
MARTIAN.
Voyez d'autre côté quelle est ma destinée,
Madame : dans le cours d'une seule journée,
Je suis Héraclius, Léonce et Martian;
Je sors d'un empereur, d'un tribun, d'un tyran.
De tous trois ce désordre en un jour me fait naître,
Pour me faire mourir enfin sans me connoître.
PULCHÉRIE.
Cédez, cédez tous deux aux rigueurs de mon sort :
Il a fait contre vous un violent effort.
Votre malheur est grand; mais, quoi qu'il en succède,
La mort qu'on me refuse en sera le remède;
Et moi.... Mais que nous veut ce perfide?

SCÈNE VI. — HÉRACLIUS, PULCHÉRIE, MARTIAN, AMINTAS.

AMINTAS.
Mon bras
Vient de laver ce nom dans le sang de Phocas.
HÉRACLIUS.
Que nous dis-tu?
AMINTAS.
Qu'à tort vous nous prenez pour traîtres;
Qu'il n'est plus de tyran; que vous êtes les maîtres.
HÉRACLIUS.
De quoi?
AMINTAS.
De tout l'empire.
MARTIAN.
Et par toi?
AMINTAS.
Non, seigneur;
Un autre en a la gloire, et j'ai part à l'honneur.
HÉRACLIUS.
Et quelle heureuse main finit notre misère?
AMINTAS.
Princes, l'auriez-vous cru? c'est la main d'Exupère.
MARTIAN.
Lui, qui me trahissoit?
AMINTAS.
C'est de quoi s'étonner :
Il ne vous trahissoit que pour vous couronner.
HÉRACLIUS.
N'a-t-il pas des mutins dissipé la furie?
AMINTAS.
Son ordre excitoit seul cette mutinerie.
MARTIAN.
Il en a pris les chefs, toutefois?
AMINTAS.
Admirez
Que ces prisonniers même avec lui conjurés
Sous cette illusion couroient à leur vengeance :
Tous contre ce barbare étant d'intelligence,
Suivis d'un gros d'amis nous passons librement
Au travers du palais à son appartement.
La garde y restoit foible, et sans aucun ombrage;
Crispe même à Phocas porte notre message :
Il vient; à ses genoux on met les prisonniers,
Qui tirent pour signal leurs poignards les premiers
Le reste, impatient dans sa noble colère,
Enferme la victime; et soudain Exupère :
« Qu'on arrête, dit-il; le premier coup m'est dû

C'est lui qui me rendra l'honneur presque perdu. »
Il frappe, et le tyran tombe aussitôt sans vie,
Tant de nos mains la sienne est promptement suivie.
Il s'élève un grand bruit, et mille cris confus
Ne laissent discerner que *Vive Héraclius!*
Nous saisissons la porte, et les gardes se rendent
Mêmes cris aussitôt de tous côtés s'entendent;
Et de tant de soldats qui lui servoient d'appui,
Phocas, après sa mort, n'en a pas un pour lui.

PULCHÉRIE.
Quel chemin Exupère a pris pour sa ruine!

AMINTAS.
Le voici qui s'avance avecque Léontine.

SCÈNE VII. — HÉRACLIUS, MARTIAN, LÉONTINE,
PULCHÉRIE, EUDOXE, EXUPÈRE, AMINTAS, TROUPE.

HÉRACLIUS, *à Léontine.*
Est-il donc vrai, madame? et changeons-nous de sort?
Amintas nous fait-il un fidèle rapport?

LÉONTINE.
Seigneur, un tel succès à peine est concevable;
Et d'un si grand dessein la conduite admirable...

HÉRACLIUS, *à Exupère.*
Perfide généreux, hâte-toi d'embrasser
Deux princes impuissans à te récompenser.

EXUPÈRE, *à Héraclius.*
Seigneur, il me faut grâce ou de l'un ou de l'autre :
J'ai répandu son sang, si j'ai vengé le vôtre.

MARTIAN.
Qui que ce soit des deux, il doit se consoler
De la mort d'un tyran qui vouloit l'immoler :
Je ne sais quoi pourtant dans mon cœur en murmure.

HÉRACLIUS.
Peut-être en vous par là s'explique la nature :
Mais, prince, votre sort n'en sera pas moins doux;
Si l'empire est à moi, Pulchérie est à vous.
Puisque le père est mort, le fils est digne d'elle.
(*A Léontine.*)
Terminez donc, madame, enfin notre querelle.

LÉONTINE.
Mon témoignage seul peut-il en décider?

MARTIAN.
Quelle autre sûreté pourrions-nous demander?

LÉONTINE.
Je vous puis être encor suspecte d'artifice.
Non, ne m'en croyez pas; croyez l'impératrice.

ACTE V, SCÈNE VII.

(A Pulchérie, lui donnant un billet.)
Vous connoissez sa main, madame; et c'est à vous
Que je remets le sort d'un frère et d'un époux.
Voyez ce qu'en mourant me laissa votre mère.
PULCHÉRIE.
J'en baise en soupirant le sacré caractère.
LÉONTINE.
Apprenez d'elle enfin quel sang vous a produits,
Princes.
HÉRACLIUS, *à Eudoxe.*
Qui que je sois, c'est à vous que je suis.
PULCHÉRIE *lit le billet de Constantine.*
Parmi tant de malheurs mon bonheur est étrange :
Après avoir donné son fils au lieu du mien,
Léontine à mes yeux, par un second échange,
Donne encore à Phocas mon fils au lieu du sien.
Vous qui pourrez douter d'un si rare service,
Sachez qu'elle a deux fois trompé notre tyran :
Celui qu'on croit Léonce est le vrai Martian,
Et le faux Martian est vrai fils de Maurice.
CONSTANTINE.
PULCHÉRIE, *à Héraclius.*
Ah! vous êtes mon frère!
HÉRACLIUS, *à Pulchérie.*
Et c'est heureusement
Que le trouble éclairci vous rend à votre amant.
LÉONTINE, *à Héraclius.*
Vous en saviez assez pour éviter l'inceste,
Et non pas pour vous rendre un tel secret funeste.
(A Martian.)
Mais pardonnez, seigneur, à mon zèle parfait
Ce que j'ai voulu faire, et ce qu'un autre a fait.
MARTIAN.
Je ne m'oppose point à la commune joie;
Mais souffrez des soupirs que la nature envoie.
Quoique jamais Phocas n'ait mérité d'amour,
Un fils ne peut moins rendre à qui l'a mis au jour :
Ce n'est pas tout d'un coup qu'à ce titre on renonce.
HÉRACLIUS.
Donc, pour mieux l'oublier, soyez encor Léonce;
Sous ce nom glorieux aimez ses ennemis,
Et meure du tyran jusqu'au nom de son fils!
(A Eudoxe.)
Vous, madame, acceptez et ma main et l'empire
En échange d'un cœur pour qui le mien soupire.
EUDOXE, *à Héraclius.*
Seigneur, vous agissez en prince généreux.

HÉRACLIUS, *à Exupère et Amintas.*
Et vous dont la vertu me rend ce trouble heureux,
Attendant les effets de ma reconnoissance,
Reconnoissons, amis, la céleste puissance ;
Allons lui rendre hommage, et, d'un esprit content,
ontrer Héraclius au peuple qui l'attend.

EXAMEN D'HÉRACLIUS.

Cette tragédie a encore plus d'effort d'invention que celle de *Rodogune*, et je puis dire que c'est un heureux original dont il s'est fait beaucoup de belles copies sitôt qu'il a paru. Sa conduite diffère de celle-là, en ce que les narrations qui lui donnent jour sont pratiquées par occasion en divers lieux avec adresse, et toujours dites et écoutées avec intérêt, sans qu'il y en ait pas une de sang-froid, comme celle de Laonice. Elles sont éparses ici dans tout le poëme, et ne font connoître à la fois que ce qu'il est besoin qu'on sache pour l'intelligence de la scène qui suit. Ainsi, dès la première, Phocas, alarmé du bruit qui court qu'Héraclius est vivant, récite les particularités de sa mort pour montrer la fausseté de ce bruit ; et Crispe, son gendre, en lui proposant un remède aux troubles qu'il appréhende, fait connoître comme, en perdant toute la famille de Maurice, il a réservé Pulchérie pour la faire épouser à son fils Martian, et le pousse d'autant plus à presser ce mariage, que ce prince court chaque jour de grands périls à la guerre, et que sans Léonce il fût demeuré au dernier combat. C'est par là qu'il instruit les auditeurs de l'obligation qu'a le vrai Héraclius, qui passe pour Martian, au vrai Martian, qui passe pour Léonce ; et cela sert de fondement à l'offre volontaire qu'il fait de sa vie au quatrième acte, pour le sauver du péril où l'expose cette erreur des noms. Sur cette proposition, Phocas, se plaignant de l'aversion que les deux parties témoignent à ce mariage, impute celle de Pulchérie à l'instruction qu'elle a reçue de sa mère, et apprend ainsi aux spectateurs, comme en passant, qu'il l'a laissée trop vivre après la mort de l'empereur Maurice, son mari. Il falloit tout cela pour faire entendre la scène qui suit entre Pulchérie et lui ; mais je n'ai pu avoir assez d'adresse pour faire entendre les équivoques ingénieux dont est rempli tout ce que dit Héraclius à la fin de ce premier acte ; et on ne les peut comprendre que par une réflexion après que la pièce est finie, et qu'il est entièrement reconnu, ou dans une seconde représentation.

Surtout, la manière dont Eudoxe fait connoître, au second acte, le double échange que sa mère a fait des deux princes, est une des choses les plus spirituelles qui soient sorties de ma plume. Léontine l'accuse d'avoir révélé le secret d'Héraclius et d'être cause du bruit qui court, qui le met en péril de sa vie ; pour s'en justifier, elle explique tout ce qu'elle en sait, et conclut que, puisqu'on n'en publie pas tant, il faut que ce bruit ait pour auteur quelqu'un qui n'en sache pas tant qu'elle. Il est vrai que cette narration est si courte, qu'elle laisseroit beaucoup d'obscurité si Héraclius ne l'expliquoit plus au long, au quatrième acte, quand il est besoin que cette vérité fasse son plein effet; mais elle n'en pouvoit pas dire davantage à une personne qui savoit cette histoire mieux qu'elle, et ce peu qu'elle en dit suffit à jeter une lumière imparfaite de ces échanges, qu'il n'est pas besoin alors d'éclaircir plus entièrement.

L'artifice de la dernière scène de ce quatrième acte passe encore celui-ci : Exupère y fait connoître tout son dessein à Léontine, mais d'une façon qui n'empêche point cette femme avisée de le soupçonner de fourberie, et de n'avoir d'autre dessein que de tirer d'elle le secret d'Héraclius pour le perdre. L'auditeur lui-même en demeure dans la défiance, et ne sait qu'en juger; mais après que la conspiration a eu son effet par la mort de Phocas, cette confidence anticipée exempte Exupère de se purger de tous les justes soupçons qu'on avoit eus de lui, et délivre l'auditeur d'un récit qui lui auroit été fort ennuyeux après le dénoûment de la pièce, où toute la patience que peut avoir sa curiosité se borne à savoir qui est le vrai Héraclius des deux qui prétendent l'être.

Le stratagème d'Exupère, avec toute son industrie, a quelque chose un peu délicat, et d'une nature à ne se faire qu'au théâtre, où l'auteur est maître des événemens qu'il tient dans sa main, et non pas dans la vie civile, où les hommes en disposent selon leurs intérêts et leur pouvoir. Quand il découvre Héraclius à Phocas, et le fait arrêter prisonnier, son intention est fort bonne, et lui réussit; mais il n'y avoit que moi qui lui pût répondre du succès. Il acquiert la confiance du tyran par là, et se fait remettre entre les mains la garde d'Héraclius et sa conduite au supplice : mais le contraire pouvoit arriver; et Phocas, au lieu de déférer à ses avis qui le résolvent à faire couper la tête à ce prince en place publique, pouvoit s'en défaire sur l'heure, et se défier de lui et de ses amis comme de gens qu'il avoit offensés, et dont il ne devoit jamais espérer un zèle bien sincère à le servir. La mutinerie qu'il excite, dont il lui amène les chefs comme prisonniers pour le poignarder, est imaginée avec justesse; mais jusque-là toute sa conduite est de ces choses qu'il faut souffrir au théâtre, parce qu'elles ont un éclat dont la surprise éblouit, et qu'il ne feroit pas bon tirer en exemple pour conduire une action véritable sur leur plan.

Je ne sais si on voudra me pardonner d'avoir fait une pièce d'invention sous des noms véritables; mais je ne crois pas qu'Aristote le défende, et j'en trouve assez d'exemples chez les anciens. Les deux *Électres* de Sophocle et d'Euripide aboutissent à la même action par des moyens si divers, qu'il faut de nécessité que l'une des deux soit entièrement inventée : l'*Iphigénie in Tauris* a la mine d'être de même nature; et l'*Hélène*, où Euripide suppose qu'elle n'a jamais été à Troie, et que Pâris n'y a enlevé qu'un fantôme qui lui ressembloit, ne peut avoir aucune action épisodique ni principale qui ne parte de la seule imagination de son auteur.

Je n'ai conservé ici, pour toute vérité historique, que l'ordre de la succession des empereurs Tibère, Maurice, Phocas et Héraclius; j'ai falsifié la naissance de ce dernier pour lui en donner une plus illustre, en le faisant fils de Maurice, bien qu'il ne le fût que d'un préteur d'Afrique qui portoit même nom que lui.

J'ai prolongé de douze ans la durée de l'empire de Phocas, et lui ai donné Martian pour fils, quoique l'histoire ne parle que d'une fille nommée Domitia, qu'il maria à Crispe, dont je fais un de mes personnages. Ce fils et Héraclius, qui sont confondus l'un avec l'autre par les échanges de Léontine, n'auroient pas été en état d'agir, si je ne l'eusse fait régner que les huit ans qu'il régna, puisque, pour faire ces échanges, il falloit qu'ils fussent tous deux au berceau quand il commença de régner. C'est par cette même raison que j'ai prolongé la vie de l'impératrice Constantine, que je n'ai fait mourir qu'en la quinzième année de sa tyrannie, bien qu'il l'eût immolée à sa sûreté dès la cinquième; et je l'ai fait, afin qu'elle pût avoir une fille capable de recevoir ses instructions en mourant, et d'un âge proportionné à celui du prince qu'on lui vouloit faire épouser.

La supposition que fait Léontine d'un de ses fils pour mourir au lieu d'Héraclius n'est point vraisemblable, mais elle est historique, et n'a point besoin de vraisemblance, puisqu'elle a l'appui de la vérité qui la rend croyable, quelque répugnance qu'y veuillent apporter les difficiles. Baronius attribue cette action à une nourrice; et je l'ai trouvée assez généreuse pour la faire produire à une personne plus illustre, et qui soutient mieux la dignité du théâtre. L'empereur Maurice reconnut cette supposition, et l'empêcha d'avoir son effet, pour ne s'opposer pas au juste jugement de Dieu, qui vouloit exterminer toute sa famille; mais, quant à ce qui est de la mère, elle avoit surmonté l'affection maternelle en faveur de son prince; et comme on pouvoit dire que son fils étoit mort pour son regard, je me suis cru assez autorisé par ce qu'elle avoit voulu faire à rendre cet échange effectif, et à le faire servir de fondement aux nouveautés surprenantes de ce sujet.

Il lui faut la même indulgence pour l'unité de lieu qu'à *Rodogune*. La plupart des poëmes qui suivent en ont besoin, et je me dispenserai de le répéter en les examinant. L'unité de jour n'a rien de violenté, et l'action se pourroit passer en cinq ou six heures; mais le poëme est si embarrassé qu'il demande une merveilleuse attention. J'ai vu de fort bons esprits, et des personnes des plus qualifiées de la cour, se plaindre de ce que sa représentation fatiguoit autant l'esprit qu'une étude sérieuse. Elle n'a pas laissé de plaire; mais je crois qu'il l'a fallu voir plus d'une fois pour en remporter une entière intelligence.

FIN D'HÉRACLIUS

ANDROMÈDE.

TRAGÉDIE.

1650.

A M. M. M. M.

Madame,

C'est vous rendre un hommage bien secret que de vous le rendre ainsi, et je m'assure que vous aurez de la peine vous-même à reconnoître que c'est à vous à qui je dédie cet ouvrage. Ces quatre lettres hiéroglyphiques vous embarrasseront aussi bien que les autres, et vous ne vous apercevrez jamais qu'elles parlent de vous, jusqu'à ce que je vous les explique; alors vous m'avouérez sans doute que je suis fort exact à ma parole, et fort ponctuel à l'exécution de vos commandemens. Vous l'avez voulu, et j'obéis; je vous l'ai promis, et je m'acquitte. C'est peut-être vous en dire trop pour un homme qui se veut cacher quelque temps à vous-même : et pour peu que vous fassiez de réflexions sur mes dernières visites, vous devinerez à demi c'est à vous que ce compliment s'adresse. N'achevez pas, je vous prie, et laissez-moi la joie de vous surprendre par la confidence que je vous en dois. Je vous en conjure par tout le mérite de mon obéissance, et ne vous dis point en quoi les belles qualités d'Andromède approchent de vos perfections, ni quel rapport ses aventures ont avec les vôtres; ce seroit vous faire un miroir où vous vous verriez trop aisément, et vous ne pourriez plus rien ignorer de ce que j'ai à vous dire. Préparez-vous seulement à la recevoir, non pas tant comme un des plus beaux spectacles que la France ait vus, que comme une marque respectueuse de l'attachement inviolable à votre service, dont fait vœu,

Madame,

Votre très-humble, très-obéissant et très-obligé serviteur,

Corneille.

ARGUMENT

TIRÉ DU QUATRIÈME ET CINQUIÈME LIVRE DES MÉTAMORPHOSES D'OVIDE.

« Cassiope, femme de Céphée, roi d'Éthiopie, fut si vaine de sa beauté, qu'elle osa la préférer à celle des Néréides, dont ces nymphes irritées firent sortir de la mer un monstre, qui fit de si étranges ravages sur les terres de l'obéissance du roi son mari, que les forces humaines ne pouvant donner aucun remède à des misères si grandes, on recourut à l'oracle de Jupiter Ammon. La réponse qu'en reçurent ces malheureux princes fut un commandement d'exposer à ce monstre Andromède, leur fille unique, pour en être dévorée. Il fallut exécuter ce triste arrêt; et cette illustre victime fut attachée à un rocher, où elle n'attendoit que la mort, lorsque Persée, fils de Jupiter et de Danaé, passant par hasard, jeta les yeux sur elle : il revenoit de la conquête glorieuse de la tête de Méduse, qu'il portoit sur son bouclier, et voloit au milieu de l'air au moyen des ailes qu'il avoit attachées aux deux pieds, de la façon qu'on nous peint Mercure. Ce fut d'elle-même qu'il apprit la cause de sa disgrâce ; et l'amour que ses premiers regards lui donnèrent lui fit en même temps former le dessein de combattre ce monstre, pour conserver des jours qui lui étoient devenus si précieux.

« Avant que d'entrer au combat, il eut loisir de tirer parole de ses parens que les fruits en seroient pour lui, et reçut les effets de cette promesse sitôt qu'il eut tué le monstre.

« Le roi et la reine donnèrent avec grande joie leur fille à son libérateur ; mais la magnificence des noces fut troublée par la violence que voulut faire Phinée, frère du roi, et oncle de la princesse, à qui elle avoit été promise avant son malheur. Il se jeta dans le palais royal avec une troupe de gens armés ; et Persée s'en défendit quelque temps sans autre secours que celui de sa valeur et de quelques amis généreux : mais, se voyant près de succomber sous le nombre, il se servit enfin de cette tête de Méduse, qu'il tira de dessous son bouclier ; et l'exposant aux yeux de Phinée et des assassins qui le suivoient, cette fatale vue les convertit en autant de statues de pierre, qui servirent d'ornement au même palais qu'ils vouloient teindre du sang de ce héros. »

Voilà comme Ovide raconte cette fable, où j'ai changé beaucoup de choses, tant par la liberté de l'art que par la nécessité des ordres du théâtre, et pour lui donner plus d'agrément.

En premier lieu, j'ai cru plus à propos de faire Cassiope vaine de la beauté de sa fille que de la sienne propre, d'autant qu'il est fort extraordinaire qu'une femme dont la fille est en âge d'être mariée ait encore d'assez beaux restes pour s'en vanter si hautement ; et qu'il n'est pas vraisemblable que cet orgueil de Cassiope pour elle-même eût attendu si tard à éclater, vu que c'est dans la jeunesse que la beauté étant plus parfaite et le jugement moins formé, donnent plus de lieu à des vanités de cette nature, et non pas alors que cette même beauté commence d'être sur le retour, et que l'âge a mûri l'esprit de la personne qui s'en seroit enorgueillie en un autre temps.

Ensuite, j'ai supposé que l'oracle d'Ammon n'avoit pas condamné précisément Andromède à être dévorée par le monstre, mais qu'il avoit ordonné seulement qu'on lui exposât tous les mois une fille, qu'on tirât au sort pour voir celle qui lui devoit être livrée, et que, cet ordre ayant déjà été exécuté cinq fois, on étoit au jour qu'il le falloit suivre pour la sixième.

J'ai introduit Persée comme un chevalier errant qui s'est arrêté depuis un mois dans la cour de Céphée, et non pas comme se rencontrant par hasard dans le temps qu'Andromède est attachée au rocher. Je lui ai donné de l'amour pour elle, qu'il n'ose découvrir, parce qu'il la voit promise à Phinée, mais qu'il nourrit toutefois d'un peu d'espoir, parce qu'il voit son mariage différé jusqu'à la fin des malheurs publics. Je l'ai fait plus généreux qu'il n'est dans Ovide, où il n'entreprend la délivrance de cette princesse qu'après que ses parens l'ont assurée qu'elle l'épouseroit aussitôt qu'il l'auroit délivrée. J'ai changé aussi la qualité de Phinée, que j'ai fait seulement neveu du roi, dont Ovide le nomme frère; le mariage de deux cousins me semblant plus supportable, dans nos façons de vivre, que celui de l'oncle et de la nièce, qui eût pu sembler un peu plus étrange à mes auditeurs.

Les peintres, qui cherchent à faire paroître leur art dans les nudités, ne manquent jamais à nous représenter Andromède nue au pied du rocher où elle est attachée, quoique Ovide n'en parle point. Ils me pardonneront si je ne les ai pas suivis en cette invention, comme j'ai fait en celle du cheval Pégase, sur lequel ils montent Persée pour combattre le monstre, quoique Ovide ne lui donne que des ailes aux talons. Ce changement donne lieu à une machine toute extraordinaire et merveilleuse, et empêche que Persée ne soit pris pour Mercure; outre qu'ils ne le mettent pas en cet équipage sans fondement, vu que le même Ovide raconte que sitôt que Persée eut coupé la monstrueuse tête de Méduse, Pégase tout ailé sortit de cette Gorgone, et que Persée s'en put saisir dès lors pour faire ses courses par le milieu de l'air.

Nos globes célestes, où l'on marque pour constellations Céphée, Cassiope, Persée et Andromède, m'ont donné jour à les faire enlever tous quatre au ciel sur la fin de la pièce, pour y faire la noce de ces amans, comme si la terre n'en étoit pas digne.

Au reste, comme Ovide ne nomme point la ville où il fait arriver cette aventure, je ne me suis non plus enhardi à la nommer: il dit pour toute chose que Céphée régnoit en Éthiopie, sans désigner sous quel climat. La topographie moderne de ces contrées-là n'est pas fort connue, et celle du temps de Céphée encore moins: je me contenterai donc de vous dire qu'il falloit que Céphée régnât en quelque pays maritime, que sa ville capitale fût sur le bord de la mer, et que ses peuples fussent blancs, quoique Éthiopiens. Ce n'est pas que les Maures les plus noirs n'aient leurs beautés à leur mode; mais il n'est pas vraisemblable que Persée, qui étoit Grec, et né dans Argos, fût devenu amoureux d'Andromède, si elle eût été de leur teint. J'ai pour moi le consentement de tous les peintres, et surtout l'autorité du grand Héliodore, qui ne fonde la blancheur de sa divine Chariclée que sur un tableau d'Andromède. Ma scène sera donc, s'il vous plaît, dans la ville capitale de Céphée, proche de la mer, et pour le nom, vous le lui donnerez tel qu'il vous plaira.

Vous trouverez cet ordre gardé dans les changemens de théâtre, que chaque acte, aussi bien que le prologue, a sa décoration particulière, et du moins une machine volante, avec un concert de musique, que je n'ai employé qu'à satisfaire les oreilles des spectateurs, tandis que leurs yeux sont arrêtés à voir descendre ou remonter une machine, où s'attachent à quelque chose qui leur empêche de prêter attention à ce que pourroient dire les acteurs, comme fait le combat de Persée contre le monstre: mais je me suis bien gardé de faire rien chanter qui fût nécessaire à l'intelligence de la pièce, parce que communément les paroles qui se chantent étant mal entendues des auditeurs, pour la confusion qu'y apporte la diversité des voix qui les prononcent ensemble, elles auroient fait une grande obscurité dans le corps de l'ouvrage, si elles avoient eu à instruire l'auditeur de quelque chose d'important. Il n'en va pas de même des machines, qui ne sont pas, dans cette tragédie, comme les agrémens détachés; elles en font le nœud et le dénoûment, et y sont si nécessaires, que vous n'en sauriez retrancher aucune que vous ne fassiez tomber tout l'édifice. J'ai été assez heureux à les inventer et à leur donner place dans la tissure de ce poëme; mais aussi faut-il que j'avoue que le sieur Torrelli s'est surmonté lui-même à en exécuter les dessins, et qu'il a eu des inventions admirables pour les faire agir à propos; de sorte que s'il m'est dû quelque gloire pour avoir introduit cette Vénus dans le premier acte, qui fait le nœud de cette tragédie par l'oracle ingénieux qu'elle prononce, il lui en est dû bien davantage pour l'avoir fait venir de si loin, et descendre au milieu de l'air dans cette magnifique étoile, avec tant d'art et de pompe qu'elle remplit tout le monde d'étonnement et d'admiration. Il en faut dire autant des autres que j'ai introduites, et dont il a inventé l'exécution, qui en a rendu le spectacle si merveilleux qu'il sera malaisé d'en faire un plus beau de cette nature. Pour moi, je confesse ingénument que, quelque effort d'imagination que j'aie fait depuis, je n'ai pu découvrir encore un sujet capable de tant d'ornemens extérieurs, et où les machines pussent être distribuées avec tant de justesse; je n'en désespère pas toutefois, et peut-être que le temps en fera éclater quelqu'un assez brillant et assez heureux pour me faire dédire de ce que j'avance. En attendant, recevez celui-ci comme le plus achevé qui ait encore paru sur nos théâtres; et souffrez que la beauté de la représentation supplée au manque des beaux vers, que vous n'y trouverez pas en si grande quantité que dans *Cinna* ou dans *Rodogune*, parce que mon principal but ici a été de satisfaire la vue par l'éclat et la diversité du spectacle, et non pas de toucher l'esprit par la force du raisonnement, ou le cœur par la délicatesse des passions. Ce n'est pas que j'en aie fui ou négligé aucunes occasions; mais il s'en est rencontré si peu, que j'aime mieux avouer que cette pièce n'est que pour les yeux.

PERSONNAGES.

DIEUX DANS LES MACHINES.

JUPITER.
JUNON.
NEPTUNE.
MERCURE.
LE SOLEIL.
VÉNUS.
MELPOMÈNE.
ÉOLE.
CYMODOCE, }
ÉPHYRE,   } Néréides.
CYDIPPE, }
HUIT VENTS.

HOMMES.

CÉPHÉE, roi d'Éthiopie, père d'Andromède.
CASSIOPE, reine d'Éthiopie.

PERSONNAGES.

ANDROMÈDE, fille de Céphée et de Cassiope.
PHINÉE, prince d'Éthiopie.
PERSÉE, fils de Jupiter et de Danaé.
TIMANTE, capitaine des gardes du roi.
AMMON, ami de Phinée.
AGLANTE, }
CÉPHALIE, } Nymphes d'Andromède.
LIRIOPE, }
UN PAGE DE PHINÉE.
CHOEUR DE PEUPLE.
SUITE DU ROI.

La scène est en Éthiopie, dans la ville capitale du royaume de Céphée, proche de la mer.

PROLOGUE.

L'ouverture du théâtre présente de front aux yeux des spectateurs une vaste montagne, dont les sommets inégaux, s'élevant les uns sur les autres, portent le faîte jusque dans les nues. Le pied de cette montagne est percé à jour par une grotte profonde qui laisse voir la mer en éloignement. Les deux côtés du théâtre sont occupés par une forêt d'arbres touffus et entrelacés les uns dans les autres. Sur un des sommets de la montagne paroît Melpomène, la muse de la tragédie; et, à l'opposite dans le ciel, on voit le Soleil s'avancer dans un char tout lumineux, tiré par les quatre chevaux qu'Ovide lui donne

LE SOLEIL, MELPOMÈNE.

MELPOMÈNE.
Arrête un peu ta course impétueuse;
Mon théâtre, Soleil, mérite bien tes yeux;
Tu n'en vis jamais en ces lieux
La pompe plus majestueuse :
J'ai réuni, pour la faire admirer,
Tout ce qu'ont de plus beau la France et l'Italie;
De tous leurs arts mes sœurs l'ont embellie :
Prête-moi tes rayons pour la mieux éclairer.
Daigne à tant de beautés, par ta propre lumière,
Donner un parfait agrément,
Et rends cette merveille entière
En lui servant toi-même d'ornement.

LE SOLEIL.
Charmante muse de la scène,
Chère et divine Melpomène,
Tu sais de mon destin l'inviolable loi;
Je donne l'âme à toutes choses,
Je fais agir toutes les causes;

Mais quand je puis le plus, je suis le moins à moi ;
  Par une puissance plus forte
  Le char que je conduis m'emporte :
Chaque jour sans repos doit et naître et mourir.
  J'en suis esclave alors que j'y préside ;
Et ce frein que je tiens aux chevaux que je guide
Ne règle que leur route, et les laisse courir.

MELPOMÈNE.

La naissance d'Hercule et le festin d'Atrée
  T'ont fait rompre ces lois ;
Et tu peux faire encor ce qu'on t'a vu deux fois
  Faire en même contrée.
Je dis plus ; tu le dois en faveur du spectacle
Qu'au monarque des lis je prépare aujourd'hui ;
  Le ciel n'a fait que miracles en lui ;
  Lui voudrois-tu refuser un miracle ?

LE SOLEIL.

Non, mais je le réserve à ces bienheureux jours
  Qu'ennoblira sa première victoire ;
  Alors j'arrêterai mon cours
Pour être plus longtemps le témoin de sa gloire.
Prends cependant le soin de le bien divertir,
Pour lui faire avec joie attendre les années
Qui feront éclater les belles destinées
Des peuples que son bras lui doit assujettir.
Calliope ta sœur, déjà d'un œil avide
Cherche dans l'avenir les faits de ce grand roi,
Dont les hautes vertus lui donneront emploi
Pour plus d'une *Iliade* et plus d'une *Énéide*.

MELPOMÈNE.

Que je porte d'envie à cette illustre sœur,
  Quoique j'aie à craindre pour elle
Que sous ce grand fardeau sa force ne chancelle !
Mais, quel qu'en soit enfin le mérite et l'honneur,
  J'aurai du moins cet avantage
Que déjà je le vois, que déjà je lui plais,
Et que de ses vertus, et que de ses hauts faits
Déjà dans ses pareils je lui trace une image.
Je lui montre Pompée, Alexandre, César,
Mais comme des héros attachés à son char ;
Et tout ce haut éclat où je les fais paroître
Lui peint plus qu'ils n'étoient, et moins qu'il ne doit être.

LE SOLEIL.

Il en effacera les plus glorieux noms
Dès qu'il pourra lui-même animer son armée ;
Et tout ce que d'eux tous a dit la renommée

Te fera voir en lui le plus grand des Bourbons.
Son père et son aïeul tout rayonnans de gloire,
Ces grands rois qu'en tous lieux a suivis la Victoire,
Lui voyant emporter sur eux le premier rang,
En deviendroient jaloux s'il n'étoit pas leur sang.
Mais vole dans mon char, muse; je veux t'apprendre
Tout l'avenir d'un roi qui t'est si précieux.

MELPOMÈNE.

Je sais déjà ce qu'on doit en attendre,
Et je lis chaque jour son destin dans les cieux.

LE SOLEIL.

Viens donc, viens avec moi faire le tour du monde;
　　Qu'unissant ensemble nos voix,
Nous fassions résonner sur la terre et sur l'onde
Qu'il est et le plus jeune et le plus grand des rois.

MELPOMÈNE.

Soleil, j'y vole; attends-moi donc, de grâce.

LE SOLEIL.

　　Viens, je t'attends, et te fais place.

MELPOMÈNE *vole dans le char du Soleil, et, y ayant pris place auprès de lui, ils unissent leurs voix, et chantent cet air à la louange du roi. Le dernier vers de chaque couplet est répété par le chœur de la musique.*

　　Cieux, écoutez; écoutez, mers profondes;
　　　　Et vous, antres et bois,
　　Affreux déserts, rochers battus des ondes,
Redites après nous d'une commune voix :
Louis est le plus jeune et le plus grand des rois.

　　La majesté qui déjà l'environne
　　　　Charme tous ses François;
　　Il est lui seul digne de sa couronne;
Et, quand même le ciel l'auroit mise à leur choix,
Il seroit le plus jeune et le plus grand des rois.

　　C'est à vos soins, reine, qu'on doit la gloire
　　　　De tant de grands exploits;
　　Ils sont partout suivis de la victoire;
Et l'ordre merveilleux dont vous donnez ses lois
Le rend et le plus jeune et le plus grand des rois.

LE SOLEIL.

　　Voilà ce que je dis sans cesse
　　　　Dans tout mon large tour.
　　Mais c'est trop retarder le jour;
　　Allons, muse, l'heure me presse.

Et ma rapidité
Doit regagner le temps que sur cette province
Pour contempler ce prince
Je me suis arrêté.

(Le Soleil part avec rapidité, et enlève Melpomène avec lui dans son char, pour aller publier ensemble la même chose au reste de l'univers.)

ACTE PREMIER.

Cette grande masse de montagnes et ces rochers élevés les uns sur les autres qui la composoient, ayant disparu en un moment par un merveilleux artifice, laissent voir en leur place la ville capitale du royaume de Céphée, ou plutôt la place publique de cette ville. Les deux côtés et le fond du théâtre sont des palais magnifiques, tous différens de structure, mais qui gardent admirablement l'égalité et les justesses de la perspective. Après que les yeux ont eu le loisir de se satisfaire à considérer leur beauté, la reine Cassiope paroît comme passant par cette place pour aller au temple : elle est conduite par Persée, encore inconnu, mais qui passe pour un cavalier de grand mérite qu'elle entretient des malheurs publics, attendant que le roi la rejoigne pour aller à ce temple de compagnie.

SCÈNE I. — CASSIOPE, PERSÉE, SUITE DE LA REINE.

CASSIOPE.
Généreux inconnu qui chez tous les monarques
Portez de vos vertus les éclatantes marques,
Et dont l'aspect suffit à convaincre nos yeux
Que vous sortez du sang ou des rois ou des dieux,
Puisque vous avez vu le sujet de ce crime
Que chaque mois expie une telle victime,
Cependant qu'en ce lieu nous attendrons le roi,
Soyez-y juste juge entre les dieux et moi.
Jugez de mon forfait, jugez de leur colère;
Jugez s'ils ont eu droit d'en punir une mère,
S'ils ont dû faire agir leur haine au même instant.

PERSÉE.
J'en ai déjà jugé, reine, en vous imitant;
Et si de vos malheurs la cause ne procède
Que d'avoir fait justice aux beautés d'Andromède,
Si c'est là ce forfait digne d'un tel courroux,
Je veux être à jamais coupable comme vous.
Mais comme un bruit confus m'apprend ce mal extrême,
Ne le puis-je, madame, apprendre de vous-même,
Pour mieux renouveler ce crime glorieux
Où soudain la raison est complice des yeux?

ACTE I, SCÈNE I.

CASSIOPE.

Écoutez : la douleur se soulage à se plaindre ;
Et quelques maux qu'on souffre ou que l'on aye à craindre,
Ce qu'un cœur généreux en montre de pitié
Semble en notre faveur en prendre la moitié.
  Ce fut ce même jour qui conclut l'hyménée
De ma chère Andromède avec l'heureux Phinée :
Nos peuples, tout ravis de ces illustres nœuds,
Sur les bords de la mer dressèrent force jeux ;
Elle en donnoit les prix. Dispensez ma tristesse
De vous dépeindre ici la publique allégresse ;
On décrit mal la joie au milieu des malheurs,
Et sa plus douce idée est un sujet de pleurs.
O jour, que ta mémoire encore m'est cruelle !
Andromède jamais ne me parut si belle ;
Et voyant ses regards s'épandre sur les eaux
Pour jouir et juger d'un combat de vaisseaux :
« Telle, dis-je, Vénus sortit du sein de l'onde,
Et promit à ses yeux la conquête du monde,
Quand elle eut consulté sur leur éclat nouveau
Les miroirs vagabonds de son flottant berceau. »
A ce fameux spectacle on vit les Néréides
Lever leurs moites fronts de leurs palais liquides,
Et pour nouvelle pompe à ces nobles ébats
A l'envi de la terre étaler leurs appas.
Elles virent ma fille ; et leurs regards à peine
Rencontrèrent les siens sur cette humide plaine,
Que par des traits plus forts se sentant effacer,
Éblouis et confus je les vis s'abaisser,
Examiner les leurs, et sur tous leurs visages
En chercher d'assez vifs pour braver nos rivages.
Je les vis se choisir jusqu'à cinq et six fois,
Et rougir aussitôt nous comparant leur choix ;
Et cette vanité qu'en toutes les familles
On voit si naturelle aux mères pour leurs filles,
Leur cria par ma bouche : « En est-il parmi vous,
O nymphes ! qui ne cède à des attraits si doux ?
Et pourrez-vous nier, vous autres immortelles,
Qu'entre nous la nature en forme de plus belles ? »
Je m'emportois sans doute, et c'en étoit trop dit :
Je les vis s'en cacher de honte et de dépit ;
J'en vis dedans leurs yeux les vives étincelles :
L'onde qui les reçut s'en irrita pour elles ;
J'en vis enfler la vague, et la mer en courroux
Rouler à gros bouillons ses flots jusques à nous.
  C'eût été peu des flots ; la soudaine tempête,
Qui trouble notre joie et dissipe la fête,

Enfante en moins d'une heure et pousse sur nos bords
Un monstre contre nous armé de mille morts.
Nous fuyons, mais en vain; il suit, il brise, il tue;
Chaque victime est morte aussitôt qu'abattue.
Nous ne voyons qu'horreur, que sang de toutes parts,
Son haleine est poison, et poison ses regards :
Il ravage, il désole et nos champs et nos villes,
Et contre sa fureur il n'est aucuns asiles.
 Après beaucoup d'efforts et de vœux superflus,
Ayant souffert beaucoup, et craignant encor plus,
Nous courons à l'oracle en de telles alarmes;
Et voici ce qu'Ammon répondit à nos larmes :
« Pour apaiser Neptune, exposez tous les mois
Au monstre qui le venge une fille à son choix,
Jusqu'à ce que le calme à l'orage succède;
  Le sort vous montrera
  Celle qu'il agréera :
Différez cependant les noces d'Andromède. »
Comme dans un grand mal un moindre semble doux,
Nous prenons pour faveur ce reste de courroux.
Le monstre disparu nous rend un peu de joie :
On ne le voit qu'aux jours qu'on lui livre sa proie
Mais ce remède enfin n'est qu'un amusement :
Si l'on souffre un peu moins, on craint également;
Et toutes nous tremblons devant une infortune
Qui toutes nous menace avant qu'en frapper une.
La peur s'en renouvelle au bout de chaque mois;
J'en ai cru de frayeur déjà mourir cinq fois.
Déjà nous avons vu cinq beautés dévorées,
Mais des beautés, hélas! dignes d'être adorées,
Et de qui tous les traits, pleins d'un céleste feu,
Ne cédoient qu'à ma fille, et lui cédoient bien peu;
Comme si, choisissant de plus belle en plus belle,
Le sort par ces degrés tâchoit d'approcher d'elle,
Et que, pour élever ses traits jusques à nous,
Il essayât sa force, et mesurât ses coups.
 Rien n'a pu jusqu'ici toucher ce dieu barbare;
Et le sixième choix aujourd'hui se prépare :
On le va faire au temple; et je sens malgré moi
Des mouvemens secrets redoubler mon effroi.
Je fis hier à Vénus offrir un sacrifice,
Qui jamais à mes vœux ne parut si propice;
Et toutefois mon cœur à force de trembler
Semble prévoir le coup qui le doit accabler.
 Vous donc, qui connoissez et mon crime et sa peine,
Dites-moi s'il a pu mériter tant de haine,
Et si le ciel devoit tant de sévérité

ACTE I, SCÈNE I.

Aux premiers mouvemens d'un peu de vanité.
PERSÉE.
Oui, madame, il est juste; et j'avouerai moi-même
Qu'en le blâmant tantôt j'ai commis un blasphème.
Mais vous ne voyez pas, dans votre aveuglement,
Quel grand crime il punit d'un si grand châtiment.
   Les nymphes de la mer ne lui sont pas si chères
Qu'il veuille s'abaisser à suivre leurs colères;
Et quand votre mépris en fit comparaison,
Il voyoit mieux que vous que vous aviez raison.
Il venge, et c'est de là que votre mal procède,
L'injustice rendue aux beautés d'Andromède.
Sous les lois d'un mortel votre choix l'asservit!
Cette injure est sensible aux dieux qu'elle ravit,
Aux dieux qu'elle captive; et ces rivaux célestes
S'opposent à des nœuds à sa gloire funestes
En sauvent les appas qui les ont éblouis,
Punissent vos sujets qui s'en sont réjouis.
Jupiter, résolu de l'ôter à Phinée,
Exprès par son oracle en défend l'hyménée.
A sa flamme peut-être il veut la réserver;
Ou, s'il peut se résoudre enfin à s'en priver,
A quelqu'un de ses fils sans doute il la destine;
Et voilà de vos maux la secrète origine.
Faites cesser l'offense, et le même moment
Fera cesser ici son juste châtiment.
CASSIOPE.
Vous montrez pour ma fille une trop haute estime,
Quand pour la mieux flatter vous me faites un crime,
Dont la civilité me force de juger
Que vous ne m'accusez qu'afin de m'obliger.
Si quelquefois les dieux pour des beautés mortelles
Quittent de leur séjour les clartés éternelles,
Ces mêmes dieux aussi, de leur grandeur jaloux,
Ne font pas chaque jour ce miracle pour nous:
Et, quand pour l'espérer je serois assez folle,
Le roi, dont tout dépend, est homme de parole;
Il a promis sa fille, et verra tout périr
Avant qu'à se dédire il veuille recourir.
Il tient cette alliance et glorieuse et chère:
Phinée est de son sang, il est fils de son frère.
PERSÉE.
Reine, le sang des dieux vaut bien celui des rois.
Mais nous en parlerons encor quelque autre fois.
Voici le roi qui vient.

SCÈNE II. — CÉPHÉE, CASSIOPE, PHINÉE, PERSÉE,
SUITE DU ROI ET DE LA REINE.

CÉPHÉE.

N'en parlons plus, Phinée,
Et laissons d'Andromède aller la destinée.
Votre amour fait pour elle un inutile effort;
Je la dois comme une autre au triste choix du sort.
Elle est cause du mal, puisqu'elle l'est du crime :
Peut-être qu'il la veut pour dernière victime,
Et que nos châtimens deviendroient éternels,
S'ils ne pouvoient tomber sur les vrais criminels.

PHINÉE.

Est-ce un crime en ces lieux, seigneur, que d'être belle?

CÉPHÉE.

Elle a rendu par là sa mère criminelle.

PHINÉE.

C'est donc un crime ici que d'avoir de bons yeux
Qui sachent bien juger d'un tel présent des cieux!

CÉPHÉE.

Qui veut en bien juger n'a point le privilége
D'aller jusqu'au blasphème et jusqu'au sacrilége.

CASSIOPE.

Ce blasphème, seigneur, de quoi vous m'accusez....

CÉPHÉE.

Madame, après les maux que vous avez causés,
C'est à vous à pleurer, et non à vous défendre.
Voyez, voyez quel sang vous avez fait répandre;
Et ne laissez paroître en cette occasion
Que larmes, que soupirs, et que confusion.
    (*A Phinée.*)
Je vous le dis encore, elle la crut trop belle;
Et peut-être le sort l'en veut punir en elle :
Dérober Andromède à cette élection,
C'est dérober sa mère à sa punition.

PHINÉE.

Déjà cinq fois, seigneur, à ce choix exposée,
Vous voyez que cinq fois le sort l'a refusée.

CÉPHÉE.

Si le courroux du ciel n'en veut point à ses jours
Ce qu'il a fait cinq fois il le fera toujours.

PHINÉE.

Le tenter si souvent, c'est lasser sa clémence.
Il pourra vous punir de trop de confiance;
Vouloir toujours faveur, c'est trop lui demander,
Et c'est un crime enfin que de tant hasarder.
Mais quoi! n'est-il, seigneur, ni bonté paternelle,

Ni tendresse du sang qui vous parle pour elle?
CÉPHÉE.
Ah! ne m'arrachez point mon sentiment secret.
Phinée, il est tout vrai, je l'expose à regret.
J'aime que votre amour en sa faveur me presse;
La nature en mon cœur avec lui s'intéresse;
Mais elle ne sauroit mettre d'accord en moi
Les tendresses d'un père et les devoirs d'un roi;
Et par une justice à moi-même sévère,
Je vous refuse en roi ce que je veux en père.
PHINÉE.
Quelle est cette justice, et quelles sont ces lois
Dont l'aveugle rigueur s'étend jusques aux rois?
CÉPHÉE.
Celles que font les dieux, qui, tout rois que nous sommes,
Punissent nos forfaits ainsi que ceux des hommes,
Et qui ne nous font part de leur sacré pouvoir
Que pour le mesurer aux règles du devoir.
Que diroient mes sujets si je me faisois grâce,
Et si, durant qu'au monstre on expose leur race,
Ils voyoient, par un droit tyrannique et honteux,
Le crime en ma maison, et la peine sur eux?
PHINÉE.
Heureux sont les sujets, heureuses les provinces
Dont le sang peut payer pour celui de leurs princes!
CÉPHÉE.
Mais heureux est le prince, heureux sont ses projets,
Quand il se fait justice ainsi qu'à ses sujets!
Notre oracle, après tout, n'excepte point ma fille,
Ses termes généraux comprennent ma famille;
Et ne confondre pas ce qu'il a confondu,
C'est se mettre au-dessus du dieu qui l'a rendu.
PERSÉE.
Seigneur, s'il m'est permis d'entendre votre oracle,
Je crois qu'à sa prière il donne peu d'obstacle;
Il parle d'Andromède, il la nomme, il suffit,
Arrêtez-vous pour elle à ce qu'il vous en dit;
La séparer longtemps d'un amant si fidèle,
C'est tout le châtiment qu'il semble vouloir d'elle.
Différez son hymen sans l'exposer au choix.
Le ciel assez souvent, doux aux crimes des rois,
Quand il leur a montré quelque légère haine,
Répand sur leurs sujets le reste de leur peine.
CÉPHÉE.
Vous prenez mal l'oracle; et pour l'expliquer mieux,
Sachez.... Mais quel éclat vient de frapper mes yeux?
D'où partent ces longs traits de nouvelles lumières?

(*Le ciel s'ouvre durant cette contestation du roi avec Phinée, et fait voir dans un profond éloignement l'étoile de Vénus qui sert de machine pour apporter cette déesse jusqu'au milieu du théâtre. Elle s'avance lentement sans que l'œil puisse découvrir à quoi elle est suspendue; et cependant le peuple a loisir de lui adresser ses vœux par cet hymne que chantent les musiciens.*)

PERSÉE.

Du ciel qui vient d'ouvrir ses luisantes barrières,
D'où quelque déité vient, ce semble, ici-bas
Terminer elle-même entre vous ces débats.

CASSIOPE.

Ah! je la reconnois, la déesse d'Éryce;
C'est elle, c'est Vénus, à mes vœux si propice :
Je vois dans ses regards mon bonheur renaissant.
Peuple, faites des vœux, tandis qu'elle descend.

SCÈNE III. — VÉNUS, CÉPHÉE, CASSIOPE, PERSÉE, PHINÉE, CHŒUR DE MUSIQUE, SUITE DU ROI ET DE LA REINE.

CHŒUR.

Reine de Paphe et d'Amathonte[1],
Mère d'Amour, et fille de la mer,
　　Peux-tu voir sans un peu de honte
Que contre nous elle ait voulu s'armer,
Et que du même sein qui fut ton origine
　　Sorte notre ruine?
　　Peux-tu voir que de la même onde
Il ose naître un tel monstre après toi?
　　Que d'où vint tant de bien au monde
Il vienne enfin tant de mal et d'effroi,
Et que l'heureux berceau de ta beauté suprême
　　Enfante l'horreur même?
　　Venge l'honneur de ta naissance
Qu'on a souillé par un tel attentat;
　　Rends-lui sa première innocence,
Et tu rendras le calme à tout l'État :
Et nous dirons enfin que d'où le mal procède
　　Part aussi le remède.

CASSIOPE.

Peuple, elle veut parler; silence à la déesse;
Silence, et préparez vos cœurs à l'allégresse.
Elle a reçu nos vœux, et les daigne exaucer;
Écoutez-en l'effet qu'elle va prononcer.

VÉNUS, *au milieu de l'air.*

Ne tremblez plus, mortels; ne tremble plus, ô mère!

---

1. Ce fut, dit-on, Boisselte qui mit ce chœur en musique.

On va jeter le sort pour la dernière fois,
 Et le ciel ne veut plus qu'un choix
 Pour apaiser de tout point sa colère.
Andromède ce soir aura l'illustre époux
Qui seul est digne d'elle, et dont seule elle est digne.
Préparez son hymen, où, pour faveur insigne,
Les dieux ont résolu de se joindre avec vous.
   PHINÉE, *à Céphée.*
Souffrez que sans tarder je porte à ma princesse,
Seigneur, l'heureux arrêt qu'a donné la déesse.
   CÉPHÉE.
Allez, l'impatience est trop juste aux amans.
   CASSIOPE, *voyant remonter Vénus.*
Suivons-la dans le ciel par nos remercîmens ;
Et, d'une voix commune adorant sa puissance,
Montrons à ses faveurs notre reconnoissance.
   CHŒUR.
 Ainsi toujours sur tes autels
  Tous les mortels
 Offrent leurs cœurs en sacrifice !
 Ainsi le Zéphyr en tout temps
Sur tes palais de Cythère et d'Éryce
Fasse régner les grâces du printemps !

 Daigne affermir l'heureuse paix
  Qu'à nos souhaits
 Vient de promettre ton oracle ;
 Et fais pour ces jeunes amans,
Pour qui tu viens de faire ce miracle,
Un siècle entier de doux ravissemens.

 Dans nos campagnes et nos bois
  Toutes nos voix
 Béniront tes douces atteintes ;
 Et dans les rochers d'alentour
La même écho[1] qui redisoit nos plaintes
Ne redira que des soupirs d'amour.
   CÉPHÉE.
C'est assez.... la déesse est déjà disparue ;
Ses dernières clartés se perdent dans la nue ;
Allons jeter le sort pour la dernière fois.
Malheureux le dernier que foudroiera son choix,
Et dont en ce grand jour la perte domestique
Souillera de ses pleurs l'allégresse publique !
 Madame, cependant, songez à préparer

---

1. « Le même écho. »

Cet hymen que les dieux veulent tant honorer :
Rendez-en l'appareil digne de ma puissance,
Et digne, s'il se peut, d'une telle présence.

CASSIOPE.

J'obéis avec joie, et c'est me commander
Ce qu'avec passion j'allois vous demander.

SCÈNE IV. — CASSIOPE, PERSÉE, SUITE DE LA REINE.

CASSIOPE.

Eh bien! vous le voyez, ce n'étoit pas un crime,
Et les dieux ont trouvé cet hymen légitime,
Puisque leur ordre exprès nous le fait achever,
Et que par leur présence ils doivent l'approuver.
Mais quoi! vous soupirez?

PERSÉE.

J'en ai bien lieu, madame.

CASSIOPE.

Le sujet?

PERSÉE.

Votre joie.

CASSIOPE.

Elle vous gêne l'âme?

PERSÉE.

Après ce que j'ai dit, douter d'un si beau feu,
Reine, c'est ou m'entendre ou me croire bien peu.
Mais ne me forcez pas du moins à vous le dire,
Quand mon âme en frémit et mon cœur en soupire.
Pouvois-je avoir des yeux et ne pas l'adorer?
Et pourrois-je la perdre et n'en pas soupirer?

CASSIOPE.

Quel espoir formiez-vous, puisqu'elle étoit promise,
Et qu'en vain son bonheur domptoit votre franchise?

PERSÉE.

Vouloir que la raison règne sur un amant,
C'est être plus que lui dedans l'aveuglement.
Un cœur digne d'aimer court à l'objet aimable
Sans penser au succès dont sa flamme est capable;
Il s'abandonne entier, et n'examine rien;
Aimer est tout son but, aimer est tout son bien;
Il n'est difficulté ni péril qui l'étonne.
« Ce qui n'est point à moi n'est encore à personne,
Disois-je; et ce rival qui possède sa foi,
S'il espère un peu plus, n'obtient pas plus que moi. »
Voilà durant vos maux de quoi vivoit ma flamme,
Et les douces erreurs dont je flattois mon âme.
Pour nourrir des désirs d'un beau feu trop contens,

C'étoit assez d'espoir que d'espérer au temps;
Lui qui fait chaque jour tant de métamorphoses
Pouvoit en ma faveur faire beaucoup de choses.
Mais enfin la déesse a prononcé ma mort,
Et je suis ce dernier sur qui tombe le sort.
J'étois indigne d'elle et de son hyménée,
Et toutefois, hélas! je valois bien Phinée.
CASSIOPE.
Vous plaindre en cet état, c'est tout ce que je puis.
PERSÉE.
Vous vous plaindrez peut-être apprenant qui je suis.
Vous ne vous trompiez point touchant mon origine,
Lorsque vous la jugiez ou royale ou divine:
Mon père est.... Mais pourquoi contre vous l'animer?
Puisqu'il nous faut mourir, mourons sans le nommer;
Il vengeroit ma mort, si j'avois fait connoître
De quel illustre sang j'ai la gloire de naître;
Et votre grand bonheur seroit mal assuré,
Si vous m'aviez connu sans m'avoir préféré.
C'est trop perdre de temps, courons à votre joie,
Courons à ce bonheur que le ciel vous envoie;
J'en veux être témoin, afin que mon tourment
Puisse par ce poison finir plus promptement.
CASSIOPE.
Le temps vous fera voir pour souverain remède
Le peu que vous perdez en perdant Andromède;
Et les dieux, dont pour nous vous voyez la bonté,
Vous rendront bientôt plus qu'ils ne vous ont ôté.
PERSÉE.
Ni le temps ni les dieux ne feront ce miracle.
Mais allons : à votre heur je ne mets point d'obstacle,
Reine; c'est l'affoiblir que de le retarder;
Et les dieux ont parlé, c'est à moi de céder.

ACTE SECOND.

Cette place publique s'évanouit en un instant pour faire place à un jardin délicieux; et ces grands palais sont changés en autant de vases de marbre blanc, qui portent alternativement, les uns des statues d'où sortent autant de jets d'eau, les autres des myrtes, des jasmins et d'autres arbres de cette nature. De chaque côté se détache un rang d'orangers dans de pareils vases, qui viennent former un admirable berceau jusqu'au milieu du théâtre, et le séparent ainsi en trois allées, que l'artifice ingénieux de la perspective fait paroître longues de plus de mille pas. C'est là qu'on voit Andromède avec ses nymphes qui cueillent des fleurs, et en composent une guirlande dont cette princesse veut couronner Phinée, pour le récompenser, par cette galanterie, de la bonne nouvelle qu'il lui vient d'apporter.

SCÈNE I. — ANDROMÈDE, CHŒUR DE NYMPHES, UN PAGE.

ANDROMÈDE.

Nymphes, notre guirlande est encor mal ornée ;
Et devant qu'il soit peu nous reverrons Phinée,
Que de ma propre main j'en voulois couronner
Pour les heureux avis qu'il vient de me donner.
Toutefois la faveur ne seroit pas bien grande,
Et mon cœur après tout vaut bien une guirlande.
Dans l'état où le ciel nous a mis aujourd'hui,
C'est l'unique présent qui soit digne de lui.
    Quittez, nymphes, quittez ces peines inutiles ;
L'augure déplairoit de tant de fleurs stériles ;
Il faut à notre hymen des présages plus doux.
Dites-moi cependant laquelle d'entre vous....
Mais il faut me le dire, et sans faire les fines.

AGLANTE.

Quoi, madame?

ANDROMÈDE.

        A tes yeux je vois que tu devines.
Dis-moi donc d'entre vous laquelle a retenu
En ces lieux jusqu'ici cet illustre inconnu.
Car enfin ce n'est point sans un peu de mystère
Qu'un tel héros s'attache à la cour de mon père.
Quelque chaîne l'arrête et le force à tarder.
Qu'on ne perde point temps à s'entre-regarder.
Parlez, et d'un seul mot éclaircissez mes doutes.
Aucune ne répond, et vous rougissez toutes !
Quoi ! toutes l'aimez-vous? Un si parfait amant
Vous a-t-il su charmer toutes également?
Il n'en faut point rougir, il est digne qu'on l'aime :
Si je n'aimois ailleurs, peut-être que moi-même,
Oui, peut-être, à le voir si bien fait, si bien né,
Il auroit eu mon cœur, s'il n'eût été donné.
Mais j'aime trop Phinée, et le change est un crime.

AGLANTE.

Ce héros vaut beaucoup, puisqu'il a votre estime ;
Mais il sait ce qu'il vaut, et n'a jusqu'à ce jour
A pas une de nous daigné montrer d'amour.

ANDROMÈDE.

Que dis-tu?

AGLANTE.

    Pas fait même une offre de service.

ANDROMÈDE.
Ah! c'est de quoi rougir toutes avec justice;
Et la honte à vos fronts doit bien cette couleur,
Si tant de si beaux yeux ont pu manquer son cœur.
CÉPHALIE.
Où les vôtres, madame, épandent leur lumière,
Cette honte pour nous est assez coutumière.
Les plus vives clartés s'éteignent auprès d'eux,
Comme auprès du soleil meurent les autres feux :
Et pour peu qu'on vous voie et qu'on vous considère,
Vous ne nous laissez point de conquêtes à faire.
ANDROMÈDE.
Vous êtes une adroite; achevez, achevez :
C'est peut-être en effet vous qui le captivez;
Car il aime, et j'en vois la preuve trop certaine.
Chaque fois qu'il me parle il semble être à la gêne;
Son visage et sa voix changent à tout propos;
Il hésite, il s'égare au bout de quatre mots;
Ses discours vont sans ordre; et plus je les écoute,
Plus j'entends des soupirs dont j'ignore la route.
Où vont-ils, Céphalie? où vont-ils? répondez.
CÉPHALIE.
C'est à vous d'en juger, vous qui les entendez.
UN PAGE, *chantant sans être vu*
Qu'elle est lente, cette journée!
ANDROMÈDE.
Taisons-nous : cette voix me parle pour Phinée;
Sans doute il n'est pas loin, et veut à son retour
Que des accens si doux m'expliquent son amour.
LE PAGE.
Qu'elle est lente, cette journée
Dont la fin me doit rendre heureux!
Chaque moment à mon cœur amoureux
Semble durer plus d'une année.
O ciel! quel est l'heur d'un amant,
Si, quand il en a l'assurance,
Sa juste impatience
Est un nouveau tourment?

Je dois posséder Andromède :
Juge, Soleil, quel est mon bien!
Vis-tu jamais amour égal au mien?
Vois-tu beauté qui ne lui cède?
Puis donc que la longueur du jour
De mon nouveau mal est la source,
Précipite ta course,
Et tarde ton retour.

Tu luis encore, et ta lumière
Semble se plaire à m'affliger.
Ah! mon amour te va bien obliger
A quitter soudain ta carrière.
Viens, Soleil, viens voir la beauté
Dont le divin éclat me dompte;
Et tu fuiras de honte
D'avoir moins de clarté.

SCÈNE II. — PHINÉE, ANDROMÈDE, UN PAGE, CHŒUR DE NYMPHES; SUITE DE PHINÉE.

PHINÉE.
Ce n'est pas mon dessein, madame, de surprendre,
Puisque avant que d'entrer je me suis fait entendre.

ANDROMÈDE.
Vos vœux pour les cacher n'étoient pas criminels;
Puisqu'ils suivent des dieux les ordres éternels.

PHINÉE.
Que me direz-vous donc de leur galanterie?

ANDROMÈDE.
Que je vais vous payer de votre flatterie.

PHINÉE.
Comment?

ANDROMÈDE.
En vous donnant de semblables témoins,
Si vous aimez beaucoup, que je n'aime pas moins.
Approchez, Liriope, et rendez-lui son change;
C'est vous, c'est votre voix que je veux qui me venge.
De grâce, écoutez-la; nous avons écouté,
Et demandons silence après l'avoir prêté.

LIRIOPE *chante.*
Phinée est plus aimé qu'Andromède n'est belle,
Bien qu'ici-bas tout cède à ses attraits;
Comme il n'est point de si doux traits,
Il n'est point de cœur si fidèle.
De mille appas son visage semé
La rend une merveille :
Mais quoiqu'elle soit sans pareille,
Phinée est encor plus aimé.

Bien que le juste ciel fasse voir que sans crime
On la préfère aux nymphes de la mer,
Ce n'est que de savoir aimer
Qu'elle-même veut qu'on l'estime;
Chacun, d'amour pour elle consumé,
D'un cœur lui fait un temple:

ACTE II, SCÈNE II.

Mais quoiqu'elle soit sans exemple,
Phinée est encor plus aimé.

Enfin, si ses beaux yeux passent pour un miracle,
C'est un miracle aussi que son amour,
Pour qui Vénus en ce beau jour
A prononcé ce digne oracle :
Le ciel lui-même, en la voyant, charmé,
La juge incomparable ;
Mais quoiqu'il l'ait faite adorable,
Phinée est encor plus aimé.

(Cet air chanté, le page de Phinée et cette nymphe font un dialogue en musique, dont chaque couplet a pour refrain l'oracle que Vénus a prononcé au premier acte en faveur de ces deux amans, chanté par les deux voix unies, et répété par le chœur entier de la musique.)

LE PAGE.
Heureux amant !

LIRIOPE.
Heureuse amante !

LE PAGE.
Ils n'ont qu'une âme.

LIRIOPE.
Ils n'ont tous deux qu'un cœur.

LE PAGE.
Joignons nos voix pour chanter leur bonheur.

LIRIOPE.
Joignons nos voix pour bénir leur attente.

LE PAGE ET LIRIOPE.
Andromède ce soir aura l'illustre époux
Qui seul est digne d'elle, et dont seule elle est digne.
Préparons son hymen, où, pour faveur insigne,
Les dieux ont résolu de se joindre avec nous.

CHŒUR.
Préparons son hymen, où, pour faveur insigne,
Les dieux ont résolu de se joindre avec nous.

LE PAGE.
Le ciel le veut.

LIRIOPE.
Vénus l'ordonne.

LE PAGE.
L'amour les joint.

LIRIOPE.
L'hymen va les unir.

LE PAGE.
Douce union que chacun doit bénir !

LIRIOPE.
Heureuse amour qu'un tel succès couronne !

LE PAGE ET LIRIOPE.
Andromède ce soir aura l'illustre époux
Qui seul est digne d'elle, et dont seule elle est digne.
Préparons son hymen, où, pour faveur insigne,
Les dieux ont résolu de se joindre avec nous.
CHŒUR.
Préparons son hymen, où, pour faveur insigne,
Les dieux ont résolu de se joindre avec nous.
ANDROMÈDE.
Il n'en faut point mentir, leur accord m'a surprise.
PHINÉE.
Madame, c'est ainsi que tout me favorise,
Et que tous vos sujets soupirent en ces lieux
Après l'heureux effet de cet arrêt des dieux,
Que leurs souhaits unis....

SCÈNE III. — PHINÉE, ANDROMÈDE, TIMANTE, UN PAGE, CHŒUR DE NYMPHES, SUITE DE PHINÉE.

TIMANTE.
Ah, seigneur! ah, madame!
PHINÉE.
Que nous veux-tu, Timante, et qui trouble ton âme?
TIMANTE.
Le pire des malheurs.
PHINÉE.
Le roi seroit-il mort?
TIMANTE.
Non, seigneur; mais enfin le triste choix du sort
Vient de tomber.... Hélas! pourrai-je vous le dire?
ANDROMÈDE.
Est-ce sur quelque objet pour qui ton cœur soupire?
TIMANTE.
Soupirer à vos yeux du pire de ses coups,
N'est-ce pas dire assez qu'il est tombé sur vous?
PHINÉE.
Qui te fait nous donner de si vaines alarmes?
TIMANTE.
Si vous n'en croyez pas mes soupirs et mes larmes,
Vous en croirez le roi, qui bientôt à vos yeux
La va livrer lui-même aux ministres des dieux.
PHINÉE.
C'est nous faire, Timante, un conte ridicule;
Et je tiendrois le roi bien simple et bien crédule,
Si plus qu'une déesse il en croyoit le sort.
TIMANTE.
Le roi non plus que vous ne l'a pas cru d'abord;

Il a fait par trois fois essayer sa malice,
Et l'a vu par trois fois faire même injustice;
Du vase par trois fois ce beau nom est sorti.
PHINÉE.
Et toutes les trois fois le sort en a menti.
Le ciel a fait pour vous une autre destinée;
Son ordre est immuable, il veut notre hyménée;
Il le veut, il y met le bonheur de ces lieux;
Et ce n'est pas au sort à démentir les dieux.
ANDROMÈDE.
Assez souvent le ciel par quelque fausse joie
Se plaît à prévenir les maux qu'il nous envoie;
Du moins il m'a rendu quelques momens bien doux
Par ce flatteur espoir que j'allois être à vous.
Mais puisque ce n'étoit qu'une trompeuse attente,
Gardez mon souvenir, et je mourrai contente.
PHINÉE.
Et vous mourrez contente! Et j'ai pu mériter
Qu'avec contentement vous puissiez me quitter!
Détacher sans regret votre âme de la mienne!
Vouloir que je le voie, et que je m'en souvienne!
Et mon fidèle amour qui reçut votre foi
Vous trouve indifférente entre la mort et moi!
Oui, je m'en souviendrai, vous le voulez, madame:
J'accepte le supplice où vous livrez mon âme :
Mais, quelque peu d'amour que vous me fassiez voir,
Le mien n'oubliera pas les lois de son devoir.
Je dois, malgré le sort, je dois, malgré vous-même,
Si vous aimez si mal, vous montrer comme on aime,
Et faire reconnoître aux yeux qui m'ont charmé
Que j'étois digne au moins d'être un peu mieux aimé.
Vous l'avouerez bientôt, et j'aurai cette gloire
Qui dans tout l'avenir suivra notre mémoire,
Que pour se voir quitter avec contentement,
Un amant tel que moi n'en est pas moins amant.
ANDROMÈDE.
C'est donc trop peu pour moi que des malheurs si proches,
Si vous ne les croissez par d'injustes reproches!
Vous quitter sans regret! les dieux me sont témoins
Que j'en montrerois plus si je vous aimois moins.
C'est pour vous trop aimer que je parois toute autre;
J'étouffe ma douleur pour n'aigrir pas la vôtre;
Je retiens mes soupirs de peur de vous fâcher,
Et me montre insensible afin de moins toucher.
Hélas! si vous savez faire voir comme on aime,
Du moins vous voyez mal quand l'amour est extrême;
Oui, Phinée, et je doute, en courant à la mort,

Lequel m'est plus cruel, ou de vous, ou du sort.
PHINÉE.
Hélas ! qu'il étoit grand quand je l'ai cru s'éteindre,
Votre amour ! et qu'à tort ma flamme osoit s'en plaindre !
Princesse, vous pouvez me quitter sans regret;
Vous ne perdez en moi qu'un amant indiscret,
Qu'un amant téméraire, et qui même a l'audace
D'accuser votre amour quand vous lui faites grâce.
Mais pour moi, dont la perte est sans comparaison,
Qui perds en vous perdant et lumière et raison,
Je n'ai que ma douleur qui m'aveugle et me guide;
Dessus toute mon âme elle seule préside;
Elle y règne, et je cède entier à son transport;
Mais je ne cède pas aux caprices du sort.
  Que le roi par scrupule à sa rigueur défère,
Qu'une indigne équité le fasse injuste père,
La reine et mon amour sauront bien empêcher
Qu'un choix si criminel ne coûte un sang si cher.
J'ose tout, je puis tout après un tel oracle.
TIMANTE.
La reine est hors d'état d'y joindre aucun obstacle;
Surprise comme vous d'un tel événement,
Elle en a de douleur perdu tout sentiment;
Et sans doute le roi livrera la princesse
Avant qu'on l'ait pu voir sortir de sa foiblesse.
PHINÉE.
Eh bien ! mon amour seul saura jusqu'au trépas,
Malgré tous....
ANDROMÈDE.
  Le roi vient; ne vous emportez pas.

SCÈNE IV. — CÉPHÉE, PHINÉE, ANDROMÈDE, PERSÉE,
  TIMANTE, CHŒUR DE NYMPHES, UN PAGE, SUITE DU ROI
  ET DE PHINÉE.
CÉPHÉE.
Ma fille, si tu sais les nouvelles funestes
De ce dernier effort des colères célestes,
Si tu sais de ton sort l'impitoyable cours,
Qui fait le plus cruel du plus beau de nos jours,
Épargne ma douleur, juges-en par sa cause,
Et va sans me forcer à te dire autre chose.
ANDROMÈDE.
Seigneur, je vous l'avoue, il est bien rigoureux
De tout perdre au moment qu'on se doit croire heureux;
Et le coup qui surprend un espoir légitime
Porte plus d'une mort au cœur de la victime.
Mais enfin il est juste, et je le dois bénir;

La cause des malheurs les doit faire finir.
Le ciel, qui se repent sitôt de ses caresses,
Verra plus de constance en moi qu'en ses promesses;
Heureuse, si mes jours un peu précipités
Satisfont à ces dieux pour moi seule irrités,
Si je suis la dernière à leur courroux offerte,
Si le salut public peut naître de ma perte!
Malheureuse pourtant de ce qu'un si grand bien
Vous a déjà coûté d'autre sang que le mien,
Et que je ne suis pas la première et l'unique
Qui rende à votre État la sûreté publique!

PHINÉE.
Quoi! vous vous obstinez encore à me trahir?

ANDROMÈDE.
Je vous plains, je me plains, mais je dois obéir.

PHINÉE.
Honteuse obéissance à qui votre amour cède!

CÉPHÉE.
Obéissance illustre, et digne d'Andromède!
Son nom comblé par là d'un immortel honneur....

PHINÉE.
Je l'empêcherai bien, ce funeste bonheur.
Andromède est à moi, vous me l'avez donnée;
Le ciel pour notre hymen a pris cette journée;
Vénus l'a commandé : qui me la peut ôter?
Le sort auprès des dieux se doit-il écouter?
Ah! si j'en vois ici les infâmes ministres
S'apprêter aux effets de ses ordres sinistres....

CÉPHÉE.
Apprenez que le sort n'agit que sous les dieux,
Et souffrez comme moi le bonheur de ces lieux.
Votre perte n'est rien au prix de ma misère;
Vous n'êtes qu'amoureux, Phinée; et je suis père.
Il est d'autres objets dignes de votre foi;
Mais il n'est point ailleurs d'autres filles pour moi.
Songez donc mieux qu'un père à ces affreux ravages
Que partout de ce monstre épandirent les rages;
Et n'en rappelez pas l'épouvantable horreur,
Pour trop croire et trop suivre une aveugle fureur.

PHINÉE.
Que de nouveau ce monstre entré dessus vos terres
Fasse à tous vos sujets d'impitoyables guerres,
Le sang de tout un peuple est trop bien employé
Quand celui de ses rois en peut être payé;
Et je ne connois point d'autre perte publique
Que celle où vous condamne un sort si tyrannique.

CÉPHÉE.
Craignez ces mêmes dieux qui président au sort.
PHINÉE.
Qu'entre eux-mêmes ces dieux se montrent donc d'accord.
Quelle crainte après tout me pourroit y résoudre?
S'ils m'ôtent Andromède, ont-ils quelque autre foudre?
Il n'est plus de respect qui puisse rien sur moi;
Andromède est mon sort, et mes dieux, et mon roi;
Punissez un impie, et perdez un rebelle;
Satisfaites le sort en m'exposant pour elle;
J'y cours : mais autrement je jure ses beaux yeux,
Et mes uniques rois, et mes uniques dieux....

(Ici le tonnerre commence à rouler avec un si grand bruit, et accompagné d'éclairs redoublés avec tant de promptitude, que cette feinte donne de l'épouvante aussi bien que de l'admiration, tant elle approche du naturel. On voit cependant descendre Éole avec huit vents, dont quatre sont à ses deux côtés, en sorte toutefois que les deux plus proches sont portés sur le même nuage que lui, et les deux plus éloignés sont comme volant en l'air tout contre ce même nuage. Les quatre autres paroissent deux à deux au milieu de l'air sur les ailes du théâtre, deux à la main gauche et deux à la droite; ce qui n'empêche pas Phinée de continuer ses blasphèmes.)

SCÈNE V. — ÉOLE, HUIT VENTS, CÉPHÉE, PERSÉE, PHINÉE, ANDROMÈDE, CHŒUR DE NYMPHES, SUITE DU ROI ET DE PHINÉE.

CÉPHÉE.
Arrêtez; ce nuage enferme une tempête
Qui peut-être déjà menace votre tête.
N'irritez plus les dieux déjà trop irrités.
PHINÉE.
Qu'il crève, ce nuage, et que ces déités....
CÉPHÉE.
Ne les irritez plus, vous dis-je, et prenez garde....
PHINÉE.
A les trop irriter qu'est-ce que je hasarde?
Que peut craindre un amant quand il voit tout perdu
Tombe, tombe sur moi leur foudre, s'il m'est dû!
Mais s'il est quelque main assez lâche et traîtresse
Pour suivre leur caprice et saisir ma princesse,
Seigneur, encore un coup, je jure ses beaux yeux,
Et mes uniques rois, et mes uniques dieux....
ÉOLE, *au milieu de l'air.*
Téméraire mortel, n'en dis pas davantage;
Tu n'obliges que trop les dieux à te haïr :
Quoi que pense attenter l'orgueil de ton courage,
Ils ont trop de moyens de se faire obéir.

ACTE II, SCÈNE V.

Connois-moi pour ton infortune ;
Je suis Éole, roi des vents.
Partez, mes orageux suivans,
Faites ce qu'ordonne Neptune.

(Ce commandement d'Éole produit un spectacle étrange et merveilleux tout ensemble. Les deux vents qui étoient à ses côtés suspendus en l'air s'envolent, l'un à gauche et l'autre à droite : deux autres remontent avec lui dans le ciel sur le même nuage qui les vient d'apporter ; deux autres, qui étoient à sa main gauche sur les ailes du théâtre, s'avancent au milieu de l'air, où, ayant fait un tour, ainsi que deux tourbillons, ils passent au côté droit du théâtre, d'où les deux derniers fondent sur Andromède, et, l'ayant saisie chacun par un bras, ils l'enlèvent de l'autre côté jusque dans les nues.)

ANDROMÈDE.
O ciel !
CÉPHÉE.
Ils l'ont saisie, et l'enlèvent en l'air.
PHINÉE.
Ah ! ne présumez pas ainsi me la voler ;
Je vous suivrai partout malgré votre surprise.

SCÈNE VI. — CÉPHÉE, PERSÉE, SUITE DU ROI.

PERSÉE.
Seigneur, un tel péril ne veut point de remise ;
Mais espérez encor, je vole à son secours,
Et vais forcer le sort à prendre un autre cours.
CÉPHÉE.
Vingt amans pour Nérée en firent l'entreprise ;
Mais il n'est point d'effort que ce monstre ne brise.
Tous voulurent sauver ses attraits adorés,
Tous furent avec elle à l'instant dévorés.
PERSÉE.
Le ciel aime Andromède, il veut son hyménée,
Seigneur ; et si les vents l'arrachent à Phinée,
Ce n'est que pour la rendre à quelque illustre époux
Qui soit plus digne d'elle, et plus digne de vous ;
A quelque autre par là les dieux l'ont réservée.
Vous saurez qui je suis quand je l'aurai sauvée.
Adieu. Par des chemins aux hommes inconnus
Je vais mettre en effet l'oracle de Vénus.
Le temps nous est trop cher pour le perdre en paroles.
CÉPHÉE.
Moi, qui ne puis former d'espérances frivoles,
Pour ne voir point courir ce grand cœur au trépas,
Je vais faire des vœux qu'on n'écoutera pas.

ACTE TROISIÈME.

Il se fait ici une si étrange métamorphose, qu'il semble qu'avant que de sortir de ce jardin Persée ait découvert cette monstrueuse tête de Méduse qu'il porte partout sous son bouclier. Les myrtes et les jasmins qui le composoient sont devenus des rochers affreux, dont les masses inégalement escarpées et bossues suivent si parfaitement le caprice de la nature, qu'il semble qu'elle ait plus contribué que l'art à les placer ainsi des deux côtés du théâtre : c'est en quoi l'artifice de l'ouvrier est merveilleux, et se fait voir d'autant plus, qu'il prend soin de se cacher. Les vagues s'emparent de toute la scène, à la réserve de cinq ou six pieds qu'elles laissent pour leur servir de rivage ; elle sont dans une agitation continuelle, et composent comme un golfe enfermé entre ces deux rangs de falaises : on en voit l'embouchure se dégorger dans la pleine mer, qui paroît si vaste et d'une si grande étendue, qu'on jureroit que les vaisseaux qui flottent près de l'horizon, dont la vue est bornée, sont éloignés de plus de six lieues de ceux qui les considèrent. Il n'y a personne qui ne juge que cet horrible spectacle est le funeste appareil de l'injustice des dieux et du supplice d'Andromède ; aussi la voit-on au haut des nues, d'où les deux vents qui l'ont enlevée l'apportent avec impétuosité et l'attachent au pied d'un de ces rochers.

SCÈNE I. — ANDROMÈDE, *au pied d'un rocher;* DEUX VENTS *qui l'y attachent;* TIMANTE, CHŒUR DE PEUPLE *sur le rivage.*

TIMANTE.
Allons voir, chers amis, ce qu'elle est devenue,
La princesse, et mourir, s'il se peut, à sa vue.
CHŒUR.
La voilà que ces vents achèvent d'attacher,
En infâmes bourreaux, à ce fatal rocher.
TIMANTE.
Oui, c'est elle sans doute. Ah ! l'indigne spectacle !
CHŒUR.
Si le ciel n'est injuste, il lui doit un miracle.
(*Les vents s'envolent.*)
TIMANTE.
Il en fera voir un, s'il en croit nos désirs.
ANDROMÈDE.
O dieux !
TIMANTE.
Avec respect écoutons ses soupirs ;
Et puissent les accens de ses premières plaintes
Porter dans tous nos cœurs de mortelles atteintes !
ANDROMÈDE.
Affreuse image du trépas

ACTE III, SCÈNE I.

    Qu'un triste honneur m'avoit fardée,
Surprenantes horreurs, épouvantable idée,
    Qui tantôt ne m'ébranliez pas,
Que l'on vous conçoit mal quand on vous envisage
    Avec un peu d'éloignement!
Qu'on vous méprise alors! qu'on vous brave aisément!
    Mais que la grandeur de courage
    Devient d'un difficile usage
    Lorsqu'on touche au dernier moment!

    Ici seule, et de toutes parts
    A mon destin abandonnée;
Ici que je n'ai plus ni parens, ni Phinée,
    Sur qui détourner mes regards,
L'attente de la mort de tout mon cœur s'empare
    Il n'a qu'elle à considérer;
Et, quoi que de ce monstre il s'ose figurer,
    Ma constance qui s'y prépare
    Le trouve d'autant plus barbare
    Qu'il diffère à me dévorer.

    Étrange effet de mes malheurs!
    Mon âme traînante, abattue,
N'a qu'un moment à vivre, et ce moment me tue
    A force de vives douleurs.
Ma frayeur a pour moi mille mortelles feintes,
    Cependant que la mort me fuit;
Je pâme au moindre vent, je meurs au moindre bruit
    Et mes espérances éteintes
    N'attendent la fin de mes craintes
    Que du monstre qui les produit.

    Qu'il tarde à suivre mes désirs!
    Et que sa cruelle paresse
A ce cœur dont ma flamme est encor la maîtresse
    Coûte d'amers et longs soupirs!
O toi, dont jusqu'ici la douceur m'a suivie,
    Va-t'en, souvenir indiscret;
Et, cessant de me faire un entretien secret
    De ce prince qui m'a servie,
    Laisse-moi sortir de la vie
    Avec un peu moins de regret.

    C'est assez que tout l'univers
    Conspire à faire mes supplices;
Ne les redouble point, toi qui fus mes délices,
    En me montrant ce que je perds;
Laisse-moi....

SCÈNE II. — CASSIOPE, ANDROMÈDE, TIMANTE,
CHŒUR DE PEUPLE.
CASSIOPE.
Me voici, qui seule ai fait le crime;
Me voici, justes dieux, prenez votre victime;
S'il est quelque justice encore parmi vous,
C'est à moi seule, à moi qu'est dû votre courroux.
Punir les innocens, et laisser les coupables,
Inhumains! est-ce en être, est-ce en être capables?
A moi tout le supplice, à moi tout le forfait.
Que faites-vous, cruels? qu'avez-vous presque fait?
Andromède est ici votre plus rare ouvrage;
Andromède est ici votre plus digne image;
Elle rassemble en soi vos attraits divisés :
On vous connoîtra moins si vous la détruisez.
Ah! je découvre enfin d'où provient tant de haine;
Vous en êtes jaloux plus que je n'en fus vaine;
Si vous la laissiez vivre, envieux tout-puissans,
Elle auroit plus que vous et d'autels et d'encens;
Chacun préféreroit le portrait au modèle,
Et bientôt l'univers n'adoreroit plus qu'elle.
ANDROMÈDE.
En l'état où je suis le sort m'est-il trop doux,
Si vous ne me donnez de quoi craindre pour vous?
Faut-il encor ce comble à des malheurs extrêmes?
Qu'espérez-vous, madame, à force de blasphèmes?
CASSIOPE.
Attirer et leur monstre et leur foudre sur moi :
Mais je ne les irrite, hélas! que contre toi;
Sur ton sang innocent retombent tous mes crimes;
Seule tu leur tiens lieu de mille autres victimes,
Et pour punir ta mère ils n'ont, ces cruels dieux,
Ni monstre dans la mer, ni foudre dans les cieux.
Aussi savent-ils bien que se prendre à ta vie,
C'est percer de mon cœur la plus tendre partie;
Que je souffre bien plus en te voyant périr,
Et qu'ils me feroient grâce en me faisant mourir.
Ma fille, c'est donc là cet heureux hyménée,
Cette illustre union par Vénus ordonnée,
Qu'avecque tant de pompe il falloit préparer,
Et que ces mêmes dieux devoient tant honorer!
Ce que nos yeux ont vu n'étoit-ce donc qu'un songe,
Déesse? ou ne viens-tu que pour dire un mensonge?
Nous aurois-tu parlé sans l'aveu du Destin?
Est-ce ainsi qu'à nos maux le ciel trouve une fin?
Est-ce ainsi qu'Andromède en reçoit les caresses?

Si contre elle l'envie émeut quelques déesses,
L'amour en sa faveur n'arme-t-il point de dieux?
Sont-ils tous devenus ou sans cœur, ou sans yeux?
Le maître souverain de toute la nature
Pour de moindres beautés a changé de figure;
Neptune a soupiré pour de moindres appas;
Elle en montre à Phébus que Daphné n'avoit pas;
Et l'Amour en Psyché voyoit bien moins de charmes,
Quand pour elle il daigna se blesser de ses armes.
  Qui dérobe à tes yeux le droit de tout charmer,
Ma fille? au vif éclat qu'ils sèment dans la mer,
Les tritons amoureux, malgré leurs néréides,
Devroient déjà sortir de leurs grottes humides,
Aux fureurs de leur monstre à l'envi s'opposer,
Contre ce même écueil eux-mêmes l'écraser,
Et de ses os brisés, de sa rage étouffée,
Au pied de ton rocher t'élever un trophée.
        ANDROMÈDE, *voyant venir le monstre de loin.*
Renouveler le crime, est-ce pour les fléchir?
Vous hâtez mon supplice au lieu de m'affranchir.
Vous appelez le monstre. Ah! du moins à sa vue
Quittez la vanité qui m'a déjà perdue.
Il n'est mortel ni dieu qui m'ose secourir.
Il vient; consolez-vous, et me laissez mourir.
              CASSIOPE.
Je le vois, c'en est fait. Parois du moins, Phinée,
Pour sauver la beauté qui t'étoit destinée;
Parois, il en est temps; viens en dépit des dieux
Sauver ton Andromède, ou périr à ses yeux;
L'amour te le commande, et l'honneur t'en convie;
Peux-tu, si tu la perds, aimer encor la vie?
             ANDROMÈDE
Il n'a manque d'amour, ni manque de valeur;
Mais sans doute, madame, il est mort de douleur
Et comme il a du cœur et sait que je l'adore,
Il périroit ici, s'il respiroit encore.
              CASSIOPE.
Dis plutôt que l'ingrat n'ose te mériter.
Toi donc, qui plus que lui t'osois tantôt vanter,
Viens, amant inconnu, dont la haute origine,
Si nous t'en voulons croire, est royale ou divine;
Viens en donner la preuve, et, par un prompt secours,
Fais-nous voir quelle foi l'on doit à tes discours;
Supplante ton rival par une illustre audace;
Viens à droit de conquête en occuper la place;
Andromède est à toi si tu l'oses gagner.
  Quoi! lâches, le péril vous la fait dédaigner

Il éteint en tous deux ces flammes sans secondes!
Allons, mon désespoir, jusqu'au milieu des ondes
Faire servir l'effort de nos bras impuissans
D'exemple et de reproche à leurs feux languissans;
Faisons ce que tous deux devroient faire avec joie;
Détournons sa fureur dessus une autre proie :
Heureuse si mon sang la pouvoit assouvir!
Allons. Mais qui m'arrête? Ah! c'est mal me servir.
(*On voit ici Persée descendre du haut des nues.*)

SCÈNE III. — ANDROMÈDE, *attachée au rocher;* PERSÉE, *en l'air, sur le cheval Pégase;* CASSIOPE, TIMANTE ET LE CHŒUR, *sur le rivage.*

TIMANTE, *montrant Persée à Cassiope, et l'empêchant de se jeter à la mer.*
Courez-vous à la mort quand on vole à votre aide?
Voyez par quels chemins on secourt Andromède;
Quel héros, ou quel dieu sur ce cheval ailé....

CASSIOPE.
Ah! c'est cet inconnu par mes cris appelé,
C'est lui-même, seigneur, que mon âme étonnée....

PERSÉE, *en l'air, sur le Pégase.*
Reine, voyez par là si je vaux bien Phinée,
Si j'étois moins que lui digne de votre choix,
Et si le sang des dieux cède à celui des rois.

CASSIOPE.
Rien n'égale, seigneur, un amour si fidèle;
Combattez donc pour vous en combattant pour elle :
Vous ne trouverez point de sentimens ingrats.

PERSÉE, *à Andromède.*
Adorable princesse, avouez-en mon bras.

CHŒUR DE MUSIQUE, *cependant que Persée combat le monstre.*
Courage, enfant des dieux, elle est votre conquête;
 Et jamais amant ni guerrier
  Ne vit ceindre sa tête
D'un si beau myrte ou d'un si beau laurier.

UNE VOIX *seule.*
Andromède est le prix qui suit votre victoire :
  Combattez, combattez;
 Et vos plaisirs et votre gloire
Rendront jaloux les dieux dont vous sortez.

LE CHŒUR *répète.*
Courage, enfant des dieux, elle est votre conquête;
 Et jamais amant ni guerrier
  Ne vit ceindre sa tête
D'un si beau myrte ou d'un si beau laurier.

ACTE III, SCÈNE III.

TIMANTE, *à la reine.*

Voyez de quel effet notre attente est suivie,
Madame; elle est sauvée, et le monstre est sans vie.

PERSÉE, *ayant tué le monstre.*

Rendez grâces au dieu qui m'en a fait vainqueur.

CASSIOPE.

O ciel! que ne vous puis-je assez ouvrir mon cœur.
L'oracle de Vénus enfin s'est fait entendre :
Voilà ce dernier choix qui nous devoit tout rendre;
Et vous êtes, seigneur, l'incomparable époux
Par qui le sang des dieux se doit joindre avec nous.
Ne pense plus, ma fille, à ton ingrat Phinée;
C'est à ce grand héros que le sort t'a donnée;
C'est pour lui que le ciel te destine aujourd'hui;
Il est digne de toi, rends-toi digne de lui.

PERSÉE.

Il faut la mériter par mille autres services;
Un peu d'espoir suffit pour de tels sacrifices.
Princesse, cependant quittez ces tristes lieux,
Pour rendre à votre cour tout l'éclat de vos yeux.
Ces vents, ces mêmes vents qui vous ont enlevée,
Vont rendre de tout point ma victoire achevée :
L'ordre que leur prescrit mon père Jupiter
Jusqu'en votre palais les force à vous porter,
Les force à vous remettre où tantôt leur surprise....

ANDROMÈDE.

D'une frayeur mortelle à peine encor remise,
Pardonnez, grand héros, si mon étonnement
N'a pas la liberté d'aucun remercîment.

PERSÉE.

Venez, tyrans des mers, réparer votre crime,
Venez restituer cette illustre victime;
Méritez votre grâce, impétueux mutins,
Par votre obéissance au maître des destins.

(Les vents obéissent aussitôt à ce commandement de Persée; et on les voit en un moment détacher cette princesse, et la reporter pardessus les flots jusqu'aux lieux d'où ils l'avoient apportée au commencement de cet acte. En même temps Persée revole en haut sur son cheval ailé; et, après avoir fait un caracol admirable au milieu de l'air, il tire du même côté qu'on a vu disparoître la princesse ; tandis qu'il vole, tout le rivage retentit de cris de joie et de chants de victoire.)

CASSIOPE, *voyant Persée revoler en haut après sa victoire.*

Peuple, qu'à pleine voix l'allégresse publique
Après un tel miracle en triomphe s'explique,
Et fasse retentir sur ce rivage heureux
L'immortelle valeur d'un bras si généreux.

CHŒUR.

Le monstre est mort, crions victoire,
Victoire tous, victoire à pleine voix ;
Que nos campagnes et nos bois
Ne résonnent que de sa gloire.
Princesse, elle vous donne enfin l'illustre époux
Qui seul étoit digne de vous.

Vous êtes sa digne conquête.
Victoire tous, victoire à son amour !
C'est lui qui nous rend ce beau jour,
C'est lui qui calme la tempête :
Et c'est lui qui vous donne enfin l'illustre époux
Qui seul étoit digne de vous.

CASSIOPE, *après que Persée est disparu.*

Dieux ! j'étois sur ces bords immobile de joie !
Allons voir où ces vents ont reporté leur proie,
Embrasser ce vainqueur, et demander au roi
L'effet du juste espoir qu'il a reçu de moi.

SCÈNE IV. — CYMODOCE, ÉPHYRE, CYDIPPE.

(*Ces trois néréides s'élèvent du milieu des flots.*)

CYMODOCE.

Ainsi notre colère est de tout point bravée ;
Ainsi notre victime à nos yeux enlevée
Va croître les douceurs de ses contentemens
Par le juste mépris de nos ressentimens.

ÉPHYRE.

Toute notre fureur, toute notre vengeance
Semble avec son destin être d'intelligence,
N'agir qu'en sa faveur ; et ses plus rudes coups
Ne font que lui donner un plus illustre époux.

CYDIPPE.

Le sort, qui jusqu'ici nous a donné le change,
Immole à ses beautés le monstre qui nous venge,
Du même sacrifice, et dans le même lieu,
De victime qu'elle est, elle devient le dieu.
Cessons dorénavant, cessons d'être immortelles,
Puisque les immortels trahissent nos querelles,
Qu'une beauté commune est plus chère à leurs yeux :
Car son libérateur est sans doute un des dieux.
Autre qu'un dieu n'eût pu nous ôter cette proie ;
Autre qu'un dieu n'eût pu prendre une telle voie ;
Et ce cheval ailé fût péri mille fois
Avant que de voler sous un indigne poids.

CYMODOCE.

Oui, c'est sans doute un dieu qui vient de la défendre.

ACTE III, SCÈNE IV.

Mais il n'est pas, mes sœurs, encor temps de nous rendre
Et puisqu'un dieu pour elle ose nous outrager,
Il faut trouver aussi des dieux à nous venger.
Du sang de notre monstre encore toutes teintes,
Au palais de Neptune allons porter nos plaintes,
Lui demander raison de l'immortel affront
Qu'une telle défaite imprime à notre front.

CYDIPPE.

Je crois qu'il nous prévient; les ondes en bouillonnent;
Les conques des tritons dans ces rochers résonnent;
C'est lui-même, parlons.

SCÈNE V. — NEPTUNE, LES TROIS NÉRÉIDES.

NEPTUNE, *dans son char formé d'une grande conque de nacre, et tiré par deux chevaux marins.*

Je sais vos déplaisirs,
Mes filles; et je viens au bruit de vos soupirs,
De l'affront qu'on vous fait plus que vous en colère.
C'est moi que tyrannise un superbe de frère,
Qui dans mon propre État m'osant faire la loi,
M'envoie un de ses fils pour triompher de moi.
Qu'il règne dans le ciel, qu'il règne sur la terre;
Qu'il gouverne à son gré l'éclat de son tonnerre;
Que même du Destin il soit indépendant;
Mais qu'il me laisse à moi gouverner mon trident.
C'est bien assez pour lui d'un si grand avantage,
Sans me venir braver encor dans mon partage.
Après cet attentat sur l'empire des mers,
Même honte à leur tour menace les enfers;
Aussi leur souverain prendra notre querelle:
Je vais l'intéresser avec Junon pour elle;
Et tous trois, assemblant notre pouvoir en un,
Nous saurons bien dompter notre tyran commun.
Adieu. Consolez-vous, nymphes trop outragées;
Je périrai moi-même, ou vous serez vengées:
Et j'ai su du Destin, qui se ligue avec nous,
Qu'Andromède ici-bas n'aura jamais d'époux.
(*Il fond au milieu de la mer.*)

CYMODOCE.

Après le doux espoir d'une telle promesse,
Reprenons, chères sœurs, une entière allégresse.

(*Les néréides se plongent aussi dans la mer.*)

ACTE QUATRIÈME.

Les vagues fondent sous le théâtre; et ces hideuses masses de pierres dont elles battoient le pied font place à la magnificence d'un palais royal. On ne le voit pas tout entier, on n'en voit que le vestibule, ou plutôt la grande salle, qui doit servir aux noces de Persée et d'Andromède. Deux rangs de colonnes de chaque côté, l'un de rondes, et l'autre de carrées, en font les ornemens : elles sont enrichies de statues de marbre blanc d'une grandeur naturelle, et leurs bases, corniches, amortissemens, étalent tout ce que peut la justesse de l'architecture. Le frontispice suit le même ordre; et, par trois portes dont il est percé, il fait voir trois allées de cyprès où l'œil s'enfonce à perte de vue.

SCÈNE I. — ANDROMÈDE, PERSÉE, CHŒUR DE NYMPHES, SUITE DE PERSÉE.

PERSÉE.
Que me permettez-vous, madame, d'espérer?
Mon amour jusqu'à vous a-t-il lieu d'aspirer?
Et puis-je, en cette illustre et charmante journée,
Prétendre jusqu'au cœur que possédoit Phinée?

ANDROMÈDE.
Laissez-moi l'oublier, puisqu'on me donne à vous;
Et s'il l'a possédé, n'en soyez point jaloux.
Le choix du roi l'y mit, le choix du roi l'en chasse;
Ce même choix du roi vous y donne sa place;
N'exigez rien de plus; je ne sais point haïr;
Je ne sais point aimer, mais je sais obéir :
Je sais porter ce cœur à tout ce qu'on m'ordonne,
Il suit aveuglément la main qui vous le donne;
De sorte, grand héros, qu'après le choix du roi,
Ce que vous demandez est plus à vous qu'à moi.

PERSÉE.
Que je puisse abuser ainsi de sa puissance!
Hasarder vos plaisirs sur votre obéissance!
Et de libérateur de vos rares beautés
M'élever en tyran dessus vos volontés!
Princesse, mon bonheur vous auroit mal servie,
S'il vous faisoit esclave en vous rendant la vie,
Et s'il n'avoit sauvé des jours si précieux
Que pour les attacher sous un joug odieux.
C'est aux courages bas, c'est aux amans vulgaires,
A faire agir pour eux l'autorité des pères.
Souffrez à mon amour des chemins différens.
J'ai vu parler pour moi les dieux et vos parens;

ACTE IV, SCÈNE I.

Je sens que mon espoir s'enfle de leur suffrage ;
Mais je n'en veux enfin tirer autre avantage
Que de pouvoir ici faire hommage à vos yeux
Du choix de vos parens, et du vouloir des dieux.
Ils vous donnent à moi, je vous rends à vous-même ;
Et comme enfin c'est vous et non pas moi que j'aime,
J'aime mieux m'exposer à perdre un bien si doux,
Que de vous obtenir d'un autre que de vous.
Je garde cet espoir, et hasarde le reste,
Et, me soit votre choix ou propice ou funeste,
Je bénirai l'arrêt qu'en feront vos désirs,
Si ma mort vous épargne un peu de déplaisirs.
Remplissez mon espoir ou trompez mon attente,
Je mourrai sans regret, si vous vivez contente ;
Et mon trépas n'aura que d'aimables momens,
S'il vous ôte un obstacle à vos contentemens.

ANDROMÈDE.

C'est trop d'être vainqueur dans la même journée
Et de ma retenue et de ma destinée.
Après que par le roi vos vœux sont exaucés,
Vous parler d'obéir c'étoit vous dire assez :
Mais vous voulez douter, afin que je m'explique,
Et que votre victoire en devienne publique.
Sachez donc....

PERSÉE.

Non, madame : où j'ai tant d'intérêt,
Ce n'est pas devant moi qu'il faut faire l'arrêt.
L'excès de vos bontés pourroit en ma présence
Faire à vos sentimens un peu de violence ;
Ce bras vainqueur du monstre, et qui vous rend le jour,
Pourroit en ma faveur séduire votre amour ;
La pitié de mes maux pourroit même surprendre
Ce cœur trop généreux pour s'en vouloir défendre ;
Et le moyen qu'un cœur ou séduit ou surpris
Fût juste en ses faveurs, ou juste en ses mépris ?
De tout ce que j'ai fait ne voyez que ma flamme ;
De tout ce qu'on vous dit ne croyez que votre âme ;
Ne me répondez point, et consultez-la bien ;
Faites votre bonheur sans aucun soin du mien :
Je lui voudrois du mal s'il retranchoit du vôtre,
S'il vous pouvoit coûter un soupir pour quelque autre,
Et si, quittant pour moi quelques destins meilleurs,
Votre devoir laissoit votre tendresse ailleurs.
Je vous le dis encor dans ma plus douce attente,
Je mourrai trop content, si vous vivez contente ;
Et si, l'heur de ma vie ayant sauvé vos jours,
La gloire de ma mort assure vos amours.

Adieu. Je vais attendre ou triomphe ou supplice,
L'un comme effet de grâce, et l'autre de justice.
####### ANDROMÈDE.
A ces profonds respects qu'ici vous me rendez
Je ne réplique point, vous me le défendez;
Mais, quoique votre amour me condamne au silence,
Je vous dirai, seigneur, malgré votre défense,
Qu'un héros tel que vous ne sauroit ignorer
Qu'ayant tout mérité, l'on doit tout espérer.

SCÈNE II. — ANDROMÈDE, CHŒUR DE NYMPHES

####### ANDROMÈDE.
Nymphes, l'auriez-vous cru, qu'en moins d'une journée
J'aimasse de la sorte un autre que Phinée?
Le roi l'a commandé, mais de mon sentiment
Je m'offrois en secret à son commandement.
Ma flamme impatiente invoquoit sa puissance,
Et couroit au-devant de mon obéissance.
Je fais plus; au seul nom de mon premier vainqueur
L'amour à la colère abandonne mon cœur;
Et ce captif rebelle, ayant brisé sa chaîne,
Va jusques au dédain, s'il ne passe à la haine.
Que direz-vous d'un change et si prompt et si grand,
Qui dans ce même cœur moi-même me surprend?
####### AGLANTE.
Que pour faire un bonheur promis par tant d'oracles,
Cette grande journée est celle des miracles,
Et qu'il n'est pas aux dieux besoin de plus d'effort
A changer votre cœur qu'à changer votre sort.
Cet empire absolu qu'ils ont dessus nos âmes
Éteint comme il leur plaît et rallume nos flammes,
Et verse dans nos cœurs, pour se faire obéir,
Des principes secrets d'aimer et de haïr.
Nous en voyons au vôtre en cette haute estime
Que vous nous témoigniez pour ce bras magnanime;
Au défaut de l'amour que Phinée emportoit,
Il lui donnoit dès lors tout ce qui lui restoit;
Dès lors ces mêmes dieux, dont l'ordre s'exécute
Le penchoient du côté qu'ils préparoient sa chute
Et cette haute estime attendant ce beau jour
N'étoit qu'un beau degré pour monter à l'amour.
####### CÉPHALIE.
Un digne amour succède à cette haute estime :
Si je puis toutefois vous le dire sans crime,
C'est hasarder beaucoup que croire entièrement
L'impétuosité d'un si prompt changement.

Comme pour vous Phinée eut toujours quelques charmes,
Peut-être il ne lui faut qu'un soupir et deux larmes
Pour dissiper un peu de cette avidité
Qui d'un si gros torrent suit la rapidité.
Deux amans que sépare une légère offense
Rentrent d'un seul coup d'œil en pleine intelligence.
Vous reverrez en lui ce qui le fit aimer,
Les mêmes qualités qu'il vous plut estimer....

ANDROMÈDE.

Et j'y verrai de plus cette âme lâche et basse
Jusqu'à m'abandonner à toute ma disgrâce ;
Cet ingrat trop aimé qui n'osa me sauver,
Qui, me voyant périr, voulut se conserver,
Et crut s'être acquitté devant ce que nous sommes,
En querellant les dieux et menaçant les hommes.
S'il eût.... Mais le voici ; voyons si ses discours
Rompront de ce torrent ou grossiront le cours.

SCÈNE III. — ANDROMÈDE, PHINÉE, AMMON, CHŒUR DE NYMPHES, SUITE DE PHINÉE.

PHINÉE.

Sur un bruit qui m'étonne, et que je ne puis croire,
Madame, mon amour, jaloux de votre gloire,
Vient savoir s'il est vrai que vous soyez d'accord,
Par un change honteux, de l'arrêt de ma mort.
Je ne suis point surpris que le roi, que la reine,
Suivent les mouvemens d'une foiblesse humaine ;
Tout ce qui me surprend, ce sont vos volontés.
On vous donne à Persée, et vous y consentez !
Et toute votre foi demeure sans défense,
Alors que de mon bien on fait sa récompense !

ANDROMÈDE.

Oui, j'y consens, Phinée, et j'y dois consentir ;
Et quel que soit ce bien qu'il a su garantir,
Sans vous faire injustice on en fait son salaire,
Quand il a fait pour moi ce que vous deviez faire.
De quel front osez-vous me nommer votre bien,
Vous qu'on a vu tantôt n'y prétendre plus rien ?
Quoi ! vous consentirez qu'un monstre me dévore,
Et ce monstre étant mort je suis à vous encore !
Quand je sors de péril vous revenez à moi !
Vous avez de l'amour, et je vous dois ma foi !
C'étoit de sa fureur qu'il me falloit défendre,
Si vous vouliez garder quelque droit d'y prétendre :
Ce demi-dieu n'a fait, quoi que vous prétendiez,
Que m'arracher au monstre à qui vous me cédiez.

Quittez donc cette vaine et téméraire idée;
Ne me demandez plus quand vous m'avez cédée.
Ce doit être pour vous même chose aujourd'hui,
Ou de me voir au monstre, ou de me voir à lui.

PHINÉE.

Qu'ai-je oublié pour vous de ce que j'ai pu faire?
N'ai-je pas des dieux même attiré la colère?
Lorsque je vis Éole armé pour m'en punir,
Fut-il en mon pouvoir de vous mieux retenir?
N'eurent-ils pas besoin d'un éclat de tonnerre,
Ses ministres ailés, pour me jeter par terre?
Et voyant mes efforts avorter sans effets,
Quels pleurs n'ai-je versés, et quels vœux n'ai-je faits?

ANDROMÈDE.

Vous avez donc pour moi daigné verser des larmes,
Lorsque pour me défendre un autre a pris les armes!
Et dedans mon péril vos sentimens ingrats
S'amusoient à des vœux quand il falloit des bras!

PHINÉE.

Que pouvois-je de plus, ayant vu pour Nérée
De vingt amans armés la troupe dévorée?
Devois-je encor promettre un succès à ma main,
Qu'on voyoit au-dessus de tout l'effort humain?
Devois-je me flatter de l'espoir d'un miracle?

ANDROMÈDE.

Vous deviez l'espérer sur la foi d'un oracle :
Le ciel l'avoit promis par un arrêt si doux!
Il l'a fait par un autre, et l'auroit fait par vous.
Mais quand vous auriez cru votre perte assurée,
Du moins ces vingt amans dévorés pour Nérée
Vous laissoient un exemple et noble et glorieux,
Si vous n'eussiez pas craint de périr à mes yeux.
Ils voyoient de leur mort la même certitude;
Mais avec plus d'amour et moins d'ingratitude,
Tous voulurent mourir pour leur objet mourant.
Que leur amour du vôtre étoit bien différent!
L'effort de leur courage a produit vos alarmes,
Vous a réduit aux vœux, vous a réduit aux larmes;
Et, quoique plus heureuse en un semblable sort,
Je vois d'un œil jaloux la gloire de sa mort.
Elle avoit vingt amans qui voulurent la suivre,
Et je n'en avois qu'un, qui m'a voulu survivre.
Encor ces vingt amans, qui vous ont alarmé,
N'étoient pas tous aimés, et vous étiez aimé :
Ils n'avoient la plupart qu'une foible espérance,
Et vous aviez, Phinée, une entière assurance;
Vous possédiez mon cœur, vous possédiez ma foi;

N'étoit-ce point assez pour mourir avec moi ?
Pouviez-vous...?

PHINÉE.

Ah ! de grâce, imputez-moi, madame,
Les crimes les plus noirs dont soit capable une âme ;
Mais ne soupçonnez point ce malheureux amant
De vous pouvoir jamais survivre un seul moment.
J'épargnois à mes yeux un funeste spectacle,
Où mes bras impuissans n'avoient pu mettre obstacle,
Et tenois ma main prête à servir ma douleur
Au moindre et premier bruit qu'eût fait votre malheur.

ANDROMÈDE.

Et vos respects trouvoient une digne matière
A me laisser l'honneur de périr la première !
Ah ! c'étoit à mes yeux qu'il falloit y courir,
Si vous aviez pour moi cette ardeur de mourir.
Vous ne me deviez pas envier cette joie
De voir offrir au monstre une première proie ;
Vous m'auriez de la mort adouci les horreurs,
Vous m'auriez fait du monstre adorer les fureurs ;
Et lui voyant ouvrir ce gouffre épouvantable,
Je l'aurois regardé comme un port favorable,
Comme un vivant sépulcre où mon cœur amoureux
Eût brûlé de rejoindre un amant généreux.
J'aurois désavoué la valeur de Persée ;
En me sauvant la vie il m'auroit offensée ;
Et de ce même bras qu'il m'auroit conservé
Je vous immolerois ce qu'il m'auroit sauvé.
Ma mort auroit déjà couronné votre perte,
Et la bonté du ciel ne l'auroit pas soufferte ;
C'est à votre refus que les dieux ont remis
En de plus dignes mains ce qu'ils m'avoient promis.
Mon cœur eût mieux aimé le tenir de la vôtre ;
Mais je vis par un autre, et vivrai pour un autre.
Vous n'avez aucun lieu d'en devenir jaloux,
Puisque sur ce rocher j'étois morte pour vous :
Qui pouvoit le souffrir peut me voir sans envie
Vivre pour un héros de qui je tiens la vie ;
Et quand l'amour encor me parleroit pour lui,
Je ne puis disposer des conquêtes d'autrui.
Adieu.

SCÈNE IV. — PHINÉE, AMMON, SUITE DE PHINÉE.

PHINÉE.

Vous voulez donc que j'en fasse la mienne,
Cruelle, et que ma foi de mon bras vous obtienne ?
Eh bien ! nous l'irons voir, ce bienheureux vainqueur,

Qui, triomphant d'un monstre, a dompté votre cœur.
C'étoit trop peu pour lui d'une seule victoire,
S'il n'eût dedans ce cœur triomphé de ma gloire !
Mais si sa main au monstre arrache un bien si cher,
La mienne à son bonheur saura bien l'arracher ;
Et vainqueur de tous deux en une seule tête,
De ce qui fut mon bien je ferai ma conquête.
La force me rendra ce que ne peut l'amour.
Allons-y, chers amis, et montrons dès ce jour....

AMMON.

Seigneur, auparavant d'une âme plus remise
Daignez voir le succès d'une telle entreprise.
Savez-vous que Persée est fils de Jupiter,
Et qu'ainsi vous avez le foudre à redouter ?

PHINÉE.

Je sais que Danaé fut son indigne mère ;
L'or qui plut dans son sein l'y forma d'adultère :
Mais le pur sang des rois n'est pas moins précieux,
Ni moins chéri du ciel que les crimes des dieux.

AMMON.

Mais vous ne savez pas, seigneur, que son épée
De l'horrible Méduse a la tête coupée,
Que sous son bouclier il la porte en tous lieux,
Et que c'est fait de vous, s'il en frappe vos yeux.

PHINÉE.

On dit que ce prodige est pire qu'un tonnerre,
Qu'il ne faut que le voir pour n'être plus que pierre,
Et que naguère Atlas, qui ne s'en put cacher,
A cet aspect fatal devint un grand rocher.
Soit une vérité, soit un conte, n'importe ;
Si la valeur ne peut, que le nombre l'emporte.
Puisque Andromède enfin vouloit me voir périr,
Ou triompher d'un monstre afin de l'acquérir,
Que, fière de se voir l'objet de tant d'oracles,
Elle veut que pour elle on fasse des miracles,
Cette tête est un monstre aussi bien que celui
Dont cet heureux rival la délivre aujourd'hui ;
Et nous aurons ainsi dans un seul adversaire
Et monstres à combattre, et miracles à faire.
Peut-être quelques dieux prendront notre parti,
Quoique de leur monarque il se dise sorti ;
Et Junon pour le moins prendra notre querelle
Contre l'amour furtif d'un époux infidèle.

(Junon se fait voir dans un char superbe tiré par deux paons, et si
bien enrichi, qu'il paroît digne de l'orgueil de la déesse qui s'y fait
porter. Elle se promène au milieu de l'air, dont nos poëtes lui attri-

buent l'empire, et y fait plusieurs tours, tantôt à droite et tantôt à gauche, cependant qu'elle assure Phinée de sa protection.)

SCÈNE V. — JUNON, *dans son char, au milieu de l'air;* PHINÉE, AMMON, SUITE DE PHINÉE.

JUNON.
N'en doute point, Phinée, et cesse d'endurer.
PHINÉE.
Elle-même paroît pour nous en assurer.
JUNON.
Je ne serai pas seule; ainsi que moi Neptune
  S'intéresse en ton infortune;
  Et déjà la noire Alecton,
  Du fond des enfers déchaînée,
  A, par les ordres de Pluton,
De mille cœurs pour toi la fureur mutinée :
Fort de tant de seconds, ose, et sers mon courroux
Contre l'indigne sang de mon perfide époux.
PHINÉE.
Nous te suivons, déesse; et dessous tes auspices
Nous franchirons sans peur les plus noirs précipices.
 Que craindrons-nous, amis? nous avons dieux pour dieux
Oracle pour oracle, et la faveur des cieux
D'un contre-poids égal dessus nous balancée
N'est pas entièrement du côté de Persée.
JUNON.
Je te le dis encore, ose, et sers mon courroux
Contre l'indigne sang de mon perfide époux.
AMMON.
Sous tes commandemens nous y courons, déesse,
Le cœur plein d'espérance, et l'âme d'allégresse.
 Allons, seigneur, allons assembler vos amis;
Courons au grand succès qu'elle vous a promis :
Aussi bien le roi vient, il faut quitter la place,
De peur....
PHINÉE.
  Non, demeurez pour voir ce qui se passe;
Et songez à m'en faire un fidèle rapport,
Tandis que je m'apprête à cet illustre effort.

SCÈNE VI. — CÉPHÉE, CASSIOPE, ANDROMÈDE, PERSÉE, AMMON, TIMANTE, CHŒUR DE PEUPLE.

TIMANTE.
Seigneur, le souvenir des plus âpres supplices,
Quand un tel bien les suit, n'a jamais que délices.
Si d'un mal sans pareil nous nous vîmes surpris,

Nous bénissons le ciel d'un tel mal à ce prix ;
Et voyant quel époux il donne à la princesse,
La douleur s'en termine en ces chants d'allégresse.

CHŒUR, *chante*.

Vivez, vivez, heureux amans,
  Dans les douceurs que l'amour vous inspire ;
  Vivez, heureux, et vivez si longtemps,
Qu'au bout d'un siècle entier on puisse encor vous dire :
    « Vivez, heureux amans. »

  Que les plaisirs les plus charmans
  Fassent les jours d'une si belle vie ;
  Qu'ils soient sans tache, et que tous leurs momens
Fassent redire même à la voix de l'envie :
    « Vivez, heureux amans. »

  Que les peuples les plus puissans
  Dans nos souhaits à pleins vœux nous secondent !
  Qu'aux dieux pour vous ils prodiguent l'encens,
Et des bouts de la terre à l'envi nous répondent :
    « Vivez, heureux amans. »

CÉPHÉE.

Allons, amis, allons, dans ce comble de joie,
Rendre grâces au ciel de l'heur qu'il nous envoie.
Allons dedans le temple avecque mille vœux
De cet illustre hymen achever les beaux nœuds.
Allons sacrifier à Jupiter son père,
Le prier de souffrir ce que nous pensons faire,
Et ne s'offenser pas que ce noble lien
Fasse un mélange heureux de son sang et du mien.

CASSIOPE.

Souffrez qu'auparavant par d'autres sacrifices
Nous nous rendions des eaux les déités propices.
Neptune est irrité ; les nymphes de la mer
Ont de nouveaux sujets encor de s'animer ;
Et comme mon orgueil fit naître leur colère,
Par mes submissions je dois les satisfaire.
Sur leurs sables, témoins de tant de vanités,
Je vais sacrifier à leurs divinités ;
Et conduisant ma fille à ce même rivage,
De ces mêmes beautés leur rendre un plein hommage,
Joindre nos vœux au sang des taureaux immolés :
Puis nous vous rejoindrons au temple où vous allez.

PERSÉE.

Souffrez qu'en même temps de ma fière marâtre
Je tâche d'apaiser la haine opiniâtre ;
Qu'un pareil sacrifice et de semblables vœux
Tirent d'elle l'aveu qui peut me rendre heureux.

Vous savez que Junon à ce lien préside,
Que sans elle l'hymen marche d'un pied timide,
Et que sa jalousie aime à persécuter
Quiconque ainsi que moi sort de son Jupiter.
CÉPHÉE.
Je suis ravi de voir qu'au milieu de vos flammes
De si dignes respects règnent dessus vos âmes.
Allez, j'immolerai pour vous à Jupiter,
Et je ne vois plus rien enfin à redouter.
Des dieux les moins bénins l'éternelle puissance
Ne veut de nous qu'amour et que reconnoissance;
Et jamais leur courroux ne montre de rigueurs
Que n'abatte aussitôt l'abaissement des cœurs.

ACTE CINQUIÈME.

L'architecte ne s'est pas épuisé en la structure de ce palais royal. Le temple qui lui succède a tant d'avantage sur lui, qu'il fait mépriser ce qu'on admiroit : aussi est-il juste que la demeure des dieux l'emporte sur celle des hommes ; et l'art du sieur Torrelli est ici d'autant plus merveilleux, qu'il fait paroître une grande diversité en ces deux décorations, quoiqu'elles soient presque la même chose. On voit encore en celle-ci deux rangs de colonnes comme en l'autre, mais d'un ordre si différent, qu'on n'y remarque aucun rapport. Celles-ci sont de porphyre ; et tous les accompagnemens qui les soutiennent et qui les finissent, de bronze ciselé, dont la gravure représente quantité de dieux et de déesses. La réflexion des lumières sur ce bronze en fait sortir un jour tout extraordinaire. Un grand et superbe dôme couvre le milieu de ce temple magnifique; il est partout enrichi du même métal ; et, au-devant de ce dôme, l'artifice de l'ouvrier jette une galerie toute brillante d'or et d'azur. Le dessous de cette galerie laisse voir le dedans du temple par trois portes d'argent ouvragées à jour : on y verroit Céphée sacrifiant à Jupiter pour le mariage de sa fille, n'étoit que l'attention que les spectateurs prêteroient à ce sacrifice les détourneroit de celle qu'ils doivent à ce qui se passe dans le parvis que représente le théâtre.

SCÈNE I. — PHINÉE, AMMON.

AMMON.

Vos amis assemblés brûlent tous de vous suivre,
Et Junon dans son temple entre vos mains le livre.
Ce rival, presque seul au pied de son autel,
Semble attendre à genoux l'honneur du coup mortel.
Là, comme la déesse agréera la victime,
Plus les lieux seront saints, moindre en sera le crime;
Et son aveu changeant de nom à l'attentat,
Ce sera sacrifice au lieu d'assassinat.

PHINÉE.
Que me sert que Junon, que Neptune propice,
Que tous les dieux ensemble aiment ce sacrifice,
Si la seule déesse à qui je fais des vœux
Ne m'en voit que d'un œil d'autant plus rigoureux,
Et si ce coup, sensible au cœur de l'inhumaine,
D'un injuste mépris fait une juste haine?
　Ami, quelque fureur qui puisse m'agiter,
Je cherche à l'acquérir, et non à l'irriter;
Et m'immoler l'objet de sa nouvelle flamme,
Ce n'est pas le chemin de rentrer dans son âme.

AMMON.
Mais, seigneur, vous touchez à ce moment fatal
Qui pour jamais la donne à cet heureux rival.
En cette extrémité que prétendez-vous faire?

PHINÉE.
Tout, hormis l'irriter; tout, hormis lui déplaire :
Soupirer à ses pieds, pleurer à ses genoux,
Trembler devant sa haine, adorer son courroux.

AMMON.
Quittez, quittez, seigneur, un respect si funeste;
Otez-vous ce rival, et hasardez le reste :
En dût-elle à jamais dédaigner vos soupirs,
La vengeance elle seule a de si doux plaisirs....

PHINÉE.
N'en cherchons les douceurs, ami, que les dernières.
Rarement un amant les peut goûter entières;
Et, quand de sa vengeance elles sont tout le fruit,
Ce sont fausses douceurs que l'amertume suit.
La mort de son rival, les pleurs de son ingrate,
Ont bien je ne sais quoi qui dans l'abord le flatte;
Mais de ce cher objet s'en voyant plus haï,
Plus il s'en est flatté, plus il s'en croit trahi.
Sous d'éternels regrets son âme est abattue,
Et sa propre vengeance incessamment le tue.
　Ce n'est pas que je veuille enfin la négliger :
Si je ne puis fléchir, je cours à me venger;
Mais souffre à mon amour, mais souffre à ma foiblesse,
Encore un peu d'effort auprès de ma princesse.
Un amant véritable espère jusqu'au bout,
Tant qu'il voit un moment qui peut lui rendre tout.
L'inconstante, peut-être encor tout étonnée,
N'étoit pas bien à soi quand elle s'est donnée :
Et la reconnoissance a fait plus que l'amour
En faveur d'une main qui lui rendoit le jour.
Au sortir du péril, pâle encore et tremblante,
L'image de la mort devant les yeux errante,

Elle a cru tout devoir à son libérateur :
Mais souvent le devoir ne donne pas le cœur ;
Il agit rarement sans un peu d'imposture,
Et fait peu de présens dont ce cœur ne murmure.
Peut-être, ami, peut-être après ce grand effroi
Son amour en secret aura parlé pour moi :
Les traits mal effacés de tant d'heureux services,
Les douceurs d'un beau feu qui furent ses délices,
D'un regret amoureux touchant son souvenir,
Auront en ma faveur surpris quelque soupir,
Qui, s'échappant d'un cœur qu'elle force à ma perte,
M'en aura pu laisser la porte encore ouverte.
Ah! si ce triste hymen se pouvoit éloigner!

AMMON.
Quoi! vous voulez encor vous faire dédaigner?
Sous ce honteux espoir votre fureur se dompte?

PHINÉE.
Que veux-tu? ne sois point le témoin de ma honte :
Andromède revient ; va trouver nos amis,
Va préparer leurs bras à ce qu'ils m'ont promis.
Ou mes nouveaux respects fléchiront l'inhumaine,
Ou ses nouveaux mépris animeront ma haine ;
Et tu verras mes feux, changés en juste horreur,
Armer mes désespoirs, et hâter ma fureur.

AMMON.
Je vous plains ; mais enfin j'obéis, et vous laisse.

SCÈNE II. — CASSIOPE, ANDROMÈDE, PHINÉE,
SUITE DE LA REINE.

PHINÉE.
Une seconde fois, adorable princesse,
Malgré de vos rigueurs l'impérieuse loi....

ANDROMÈDE.
Quoi! vous voyez la reine, et vous parlez à moi!

PHINÉE.
C'est de vous seule aussi que j'ai droit de me plaindre.
Je serois trop heureux de la voir vous contraindre,
Et n'accuserois plus votre infidélité,
Si vous vous excusiez sur son autorité.
  Au nom de cette amour autrefois si puissante,
Aidez un peu la mienne à vous faire innocente ;
Dites-moi que votre âme à regret obéit,
Qu'un rigoureux devoir malgré vous me trahit ;
Donnez-moi lieu de dire : « Elle-même elle en pleure,
Elle change forcée, et son cœur me demeure ; »
Et soudain, de la reine embrassant les genoux,

Vous m'y verrez mourir sans me plaindre de vous.
Mais que lui puis-je, hélas! demander pour remède,
Quand la main qui me tue est celle d'Andromède,
Et que son cœur léger ne court au changement
Qu'avec la vanité d'y courir justement?

CASSIOPE.

Et quel droit sur ce cœur pouvoit garder Phinée,
Quand Persée a trouvé la place abandonnée,
Et n'a fait autre chose, en prenant son parti,
Que s'emparer d'un lieu dont vous étiez sorti?
Mais sorti, le dirai-je, et pourrez-vous l'entendre?
Oui, sorti lâchement, de peur de le défendre.
Ainsi nous n'avons fait que le récompenser
D'un bien où votre bras venoit de renoncer,
Que vous cédiez au monstre, à lui-même, à tout autre :
Si c'est une injustice, examinons la vôtre.
La voyant exposée aux rigueurs de son sort,
Vous vous étiez déjà consolé de sa mort;
Et, quand par un héros le ciel l'a garantie,
Vous ne vous pouvez plus consoler de sa vie.

PHINÉE.

Ah! madame!

CASSIOPE.

Eh bien! soit, vous avez soupiré
Autant que l'a pu faire un cœur désespéré.
Jamais aucun tourment n'égala votre peine;
Certes, quelque douleur dont votre âme fût pleine,
Ce désespoir illustre et ces nobles regrets
Lui devoient un peu plus que des soupirs secrets.
A ce défaut, Persée....

PHINÉE.

Ah! c'en est trop, madame;
Ce nom rend, malgré moi, la fureur à mon âme :
Je me force au respect; mais toujours le vanter,
C'est me forcer moi-même à ne rien respecter.
Qu'a-t-il fait, après tout, si digne de vous plaire,
Qu'avec un tel secours tout autre n'eût pu faire?
Et, tout héros qu'il est, qu'eût-il osé pour vous,
S'il n'eût eu que sa flamme et son bras comme nous?
Mille et mille auroient fait des actions plus belles,
Si le ciel comme à lui leur eût prêté des ailes;
Et vous les auriez vus encor plus généreux,
S'ils eussent vu le monstre et le péril sous eux :
On s'expose aisément quand on n'a rien à craindre.
Combattre un ennemi qui ne pouvoit l'atteindre,
Voir sa victoire sûre et daigner l'accepter,
C'est tout le rare exploit dont il se peut vanter;

ACTE V, SCÈNE II.

Et je ne comprends point ni quelle en est la gloire,
Ni quel grand prix mérite une telle victoire.
    CASSIOPE.
Et votre aveuglement sera bien moins compris,
Qui d'un sujet d'estime en fait un de mépris.
Le ciel, qui mieux que nous connoît ce que nous sommes,
Mesure ses faveurs au mérite des hommes;
Et d'un pareil secours vous auriez eu l'appui,
S'il eût pu voir en vous mêmes vertus qu'en lui.
Ce sont grâces d'en haut rares et singulières,
Qui n'en descendent point pour des âmes vulgaires;
Ou, pour en mieux parler, la justice des cieux
Garde ce privilége au digne sang des dieux :
C'est par là que leur roi vient d'avouer sa race.
    ANDROMÈDE.
Je dirai plus, Phinée; et, pour vous faire grâce,
Je veux ne rien devoir à cet heureux secours
Dont ce vaillant guerrier a conservé mes jours;
Je veux fermer les yeux sur toute cette gloire,
Oublier mon péril, oublier sa victoire,
Et, quel qu'en soit enfin le mérite ou l'éclat,
Ne juger entre vous que depuis le combat.
 Voyez ce qu'il a fait, lorsque après ces alarmes,
Me voyant toute acquise au bonheur de ses armes,
Ayant pour lui les dieux, ayant pour lui le roi,
Dans sa victoire même il s'est vaincu pour moi.
Il m'a sacrifié tout ce haut avantage;
De toute sa conquête il m'a fait un hommage;
Il m'en a fait un don; et fort de tant de voix,
Au péril de tout perdre, il met tout à mon choix :
Il veut tenir pour grâce un si juste salaire;
Il réduit son bonheur à ne me point déplaire;
Préférant mes refus, préférant son trépas
A l'effet de ses vœux qui ne me plairoit pas.
 En usez-vous de même? et votre violence
Garde-t-elle pour moi la même déférence ?
Vous avez contre vous et les dieux et le roi,
Et vous voulez encor m'obtenir malgré moi!
Sous ombre d'une foi qui se tient en réserve,
Je dois à votre amour ce qu'un autre conserve;
A moins que d'être ingrate à mon libérateur,
A moins que d'adorer un lâche adorateur,
Que d'être à mes parens, aux dieux même rebelle,
Vous crierez après moi sans cesse : « A l'infidèle ! »
 C'étoit aux yeux du monstre, au pied de ce rocher,
Que l'effet de ma foi se devoit rechercher;
Mon âme, encor pour vous de même ardeur pressée,

Vous eût tendu la main au mépris de Persée,
Et cru plus glorieux qu'on m'eût vue aujourd'hui
Expirer avec vous que régner avec lui.
Mais, puisque vous m'avez envié cette joie,
Cessez de m'envier ce que le ciel m'envoie,
Et souffrez que je tâche enfin à mériter,
Au refus de Phinée, un fils de Jupiter.
PHINÉE.
Je perds donc temps, madame, et votre âme obstinée
N'a plus amour, ni foi, ni pitié pour Phinée?
Un peu de vanité qui flatte vos parens,
Et d'un rival adroit les respects apparens,
Font plus en un moment, avec leurs artifices,
Que n'ont fait en six ans ma flamme et mes services?
Je ne vous dirai point que de pareils respects
A tout autre que vous pourroient être suspects,
Que qui peut se priver de la personne aimée
N'a qu'une ardeur civile et fort mal allumée,
Que dans ma violence on doit voir plus d'amour :
C'est un présent des cieux, faites-lui votre cour;
Plus fidèle qu'à moi, tenez-lui mieux parole :
J'en vais rougir pour vous, cependant qu'il me vole;
Mais ce rival peut-être, après m'avoir volé,
Ne sera pas toujours sur ce cheval ailé.
ANDROMÈDE.
Il n'en a pas besoin s'il n'a que vous à craindre.
PHINÉE.
Il peut avec le temps être le plus à plaindre.
ANDROMÈDE.
Il porte à son côté de quoi l'en garantir.
PHINÉE.
Vous l'attendez ici, je vais l'en avertir.
CASSIOPE.
Son amour peut sans vous nous rendre cet office.
PHINÉE.
Le mien s'efforcera pour ce dernier service.
Vous pouvez cependant divertir vos esprits
A rendre compte au roi de vos justes mépris.

SCENE III. — CÉPHÉE, CASSIOPE, ANDROMÈDE,
SUITE DU ROI ET DE LA REINE.

CÉPHÉE.
Que faisoit là Phinée? est-il si téméraire
Que ce que font les dieux il pense à le défaire?
CASSIOPE.
Après avoir prié, soupiré, menacé

Il vous a vu, seigneur, et l'orage a passé.
CÉPHÉE.
Et vous prêtiez l'oreille à ses discours frivoles?
CASSIOPE.
Un amant qui perd tout peut perdre des paroles;
Et l'écouter sans trouble et sans rien hasarder,
C'est la moindre faveur qu'on lui puisse accorder.
   Mais, seigneur, dites-nous si Jupiter propice
Se déclare en faveur de votre sacrifice,
Si de notre famille il se rend le soutien,
S'il consent l'union de notre sang au sien.
CÉPHÉE.
Jamais les feux sacrés et la mort des victimes
N'ont daigné mieux répondre à des vœux légitimes.
Tous auspices heureux; et le grand Jupiter
Par des signes plus clairs ne pouvoit l'accepter,
A moins qu'y joindre encor l'honneur de sa présence,
Et de sa propre bouche assurer l'alliance.
CASSIOPE.
Les nymphes de la mer nous en ont fait autant;
Toutes ont hors des flots paru presque à l'instant :
Et leurs bénins regards envoyés au rivage
Avecque notre encens ont reçu notre hommage;
Après le sacrifice honoré de leurs yeux,
Où Neptune à l'envi mêloit ses demi-dieux,
Toutes ont témoigné d'un penchement de tête
Consentir au bonheur que le ciel nous apprête :
Et nos submissions désarmant leurs dédains,
Toutes ont pour adieu battu l'onde des mains.
Que si même bonheur suit les vœux de Persée,
Qu'il ait vu de Junon sa prière exaucée,
Nous n'avons plus à craindre aucun sinistre effet.
CÉPHÉE.
Les dieux ne laissent point leur ouvrage imparfait;
N'en doutez point, madame, aussi bien que Neptune
Junon consentira notre bonne fortune.
Mais que nous veut Aglante?

SCÈNE IV. — CÉPHÉE, CASSIOPE, ANDROMÈDE, AGLANTE
SUITE DU ROI ET DE LA REINE.

AGLANTE.
                    Ah! seigneur, au secours!
Du généreux Persée on attaque les jours.
Presque au sortir du temple une troupe mutine
Vient de l'environner, et déjà l'assassine.
Phinée en les joignant, furieux et jaloux,

Leur a crié : « Main basse! à lui seul, donnez tous! »
Ceux qui l'accompagnoient tout aussitôt se rendent;
Clyte et Nylée encor vaillamment le défendent;
Mais ce sont vains efforts de peu d'autres suivis,
Et je viens toute en pleurs vous en donner avis.

CASSIOPE.

Dieux! est-ce là l'effet de tant d'heureux présages?
Allez, gardes, allez signaler vos courages;
Allez perdre ce traître, et punir ce voleur
Qui prétend sous le nombre accabler la valeur.

CÉPHÉE.

Modérez vos frayeurs, et vous, séchez vos larmes.
Le ciel n'a pas besoin du secours de nos armes;
Il a de ce héros trop pris les intérêts,
Pour n'avoir pas pour lui des miracles tout prêts :
Et peut-être bientôt sur ce lâche adversaire
Vous entendrez tomber le foudre de son père.
Jugez de l'avenir par ce qui s'est passé;
Les dieux achèveront ce qu'ils ont commencé;
Oui, les dieux à leur sang doivent ce privilége :
Y mêler notre main, c'est faire un sacrilége.

CASSIOPE.

Seigneur, sur cet espoir hasarder ce héros,
C'est trop....

SCÈNE V. — CÉPHÉE, CASSIOPE, ANDROMÈDE, PHORBAS,
AGLANTE, SUITE DU ROI ET LA REINE.

PHORBAS.

Mettez, grand roi, votre esprit en repos;
La tête de Méduse a puni tous ces traîtres.

CÉPHÉE.

Le ciel n'est point menteur, et les dieux sont nos maîtres.

PHORBAS.

Aussitôt que Persée a pu voir son rival :
« Descendons, a-t-il dit, en un combat égal;
Quoique j'aie en ma main un entier avantage,
Je ne veux que mon bras, ne prends que ton courage.
— Prends, prends cet avantage, et j'userai du mien, »
Dit Phinée; et soudain, sans plus répondre rien,
Les siens donnent en foule, et leur troupe pressée
Fait choir Ménale et Clyte aux pieds du grand Persée.
Il s'écrie aussitôt : « Amis, fermez les yeux,
Et sauvez vos regards de ce présent des cieux :
J'atteste qu'on m'y force, et n'en fais plus d'excuse. »
Il découvre à ces mots la tête de Méduse[1].

1. Voici presque le seul morceau où l'on retrouve Corneille. (*Voltaire.*)

Soudain j'entends des cris qu'on ne peut achever;
J'entends gémir les uns, les autres se sauver;
J'entends le repentir succéder à l'audace;
J'entends Phinée enfin qui lui demande grâce.
« Perfide, il n'est plus temps, » lui dit Persée. Il fuit :
J'entends comme à grands pas ce vainqueur le poursuit,
Comme il court se venger de qui l'osoit surprendre;
Je l'entends s'éloigner, puis je cesse d'entendre.
Alors, ouvrant les yeux par son ordre fermés,
Je vois tous ces méchans en pierre transformés :
Mais l'un plein de fureur, et l'autre plein de crainte,
En porte sur le front l'image encore empreinte;
Et tel vouloit frapper, dont le coup suspendu
Demeure en sa statue à demi descendu;
Tant cet affreux prodige....

SCÈNE VI. — CÉPHÉE, CASSIOPE, ANDROMÈDE, PERSÉE, PHORBAS, AGLANTE, SUITE DU ROI ET DE LA REINE.

CÉPHÉE, *à Persée.*
Est-il puni, ce lâche,
Cet impie ?
PERSÉE.
Oui, seigneur ; et si sa mort vous fâche,
Si c'est de votre sang avoir fait peu d'état....
CÉPHÉE.
Il n'est plus de ma race après son attentat;
Ce crime l'en dégrade, et ce coup téméraire
Efface de mon sang l'illustre caractère.
Perdons-en la mémoire, et faisons-la céder
A l'heur de vous revoir et de vous posséder,
Vous que le juste ciel, remplissant son oracle,
Par miracle nous donne, et nous rend par miracle.
Entrons dedans ce temple, où l'on n'attend que vous
Pour nous unir aux dieux par des liens si doux;
Entrons sans différer.
(*Les portes se ferment comme ils veulent entrer.*)
Mais quel nouveau prodige
Dans cet excès de joie à craindre nous oblige?
Qui nous ferme la porte et nous défend d'entrer
Où tout notre bonheur se devoit rencontrer?
PERSÉE.
Puissant maître du foudre, est-il quelque tempête
Que le destin jaloux à dissiper m'apprête?
Quelle nouvelle épreuve attaque ma vertu?
Après ce qu'elle a fait, la désavouerois-tu?
Ou si c'est que le prix dont tu la vois suivie
Au bonheur de ton fils te fait porter envie?

SCÈNE VII. — MERCURE, CÉPHÉE, CASSIOPE, ANDROMÈDE, PERSÉE, PHORBAS, AGLANTE, SUITE DU ROI ET DE LA REINE.

MERCURE, *au milieu de l'air.*
Roi, reine, et vous princesse, et vous heureux vainqueur,
Que Jupiter mon père
Tient pour mon digne frère,
Ne craignez plus du sort la jalouse rigueur.
Ces portes du temple fermées,
Dont vos âmes sont alarmées,
Vous marquent des faveurs où tout le ciel consent :
Tous les dieux sont d'accord de ce bonheur suprême;
Et leur monarque tout-puissant
Vous le vient apprendre lui-même.
(*Mercure revole en haut après avoir parlé.*)

CASSIOPE.
Redoublons donc nos vœux, redoublons nos ferveurs
Pour mériter du ciel ces nouvelles faveurs.

CHOEUR DE MUSIQUE.
Maître des dieux, hâte-toi de paroître,
Et de verser sur ton sang et nos rois
Les grâces que garde ton choix
A ceux que tu fais naître.
Fais choir sur eux de nouvelles couronnes,
Et fais-nous voir, par un heur accompli,
Qu'ils ont tous dignement rempli
Le rang que tu leur donnes.

Tandis qu'on chante, Jupiter descend du ciel dans un trône tout éclatant d'or et de lumière, enfermé dans un nuage qui l'environne. A ses deux côtés, deux autres nuages apportent jusqu'à terre Junon et Neptune, apaisés par les sacrifices des amans; ils se déploient en rond autour de celui de Jupiter, et, occupant toute la face de théâtre, ils font le plus agréable spectacle de toute cette représentation.)

SCÈNE VIII. — JUPITER, JUNON, NEPTUNE, CÉPHÉE, CASSIOPE, ANDROMÈDE, PERSÉE, PHORBAS, AGLANTE, SUITE DU ROI ET DE LA REINE.

JUPITER, *dans son trône, au milieu de l'air.*
Des noces de mon fils la terre n'est pas digne,
La gloire en appartient aux cieux,
Et c'est là ce bonheur insigne
Qu'en vous fermant mon temple ont annoncé les dieux.
Roi, reine, et vous amans, venez sans jalousie
Vivre à jamais en ce brillant séjour,
Où le nectar et l'ambroisie

ACTE V, SCÈNE VIII.

Vous seront comme à nous prodigués chaque jour :
 Et quand la nuit aura tendu ses voiles,
 Vos corps semés de nouvelles étoiles,
 Du haut du ciel éclairant aux mortels,
 Leur apprendront qu'il vous faut des autels.

   JUNON, *à Persée.*

Junon même y consent, et votre sacrifice
A calmé les fureurs de son esprit jaloux.

   NEPTUNE, *à Cassiope.*

 Neptune n'est pas moins propice,
Et vos encens désarment son courroux.

   JUNON.

 Venez, héros, et vous, Céphée,
Prendre là-haut vos places de ma main.

   NEPTUNE.

 Reine, venez ; que ma haine étouffée
Vous conduise elle-même à cet heur souverain.

   PERSÉE.

Accablés et surpris d'une faveur si grande....

   JUNON.

 Arrêtez là votre remercîment :
 L'obéissance est le seul compliment
  Qu'agrée un dieu quand il commande.

(Sitôt que Junon a dit ces vers, elle fait prendre place au roi et à Persée auprès d'elle. Neptune fait le même honneur à la reine et à la princesse Andromède ; et tous ensemble remontent dans le ciel qui les attend, cependant que le peuple, pour acclamation publique, chante ces vers qui viennent d'être prononcés par Jupiter.)

   CHŒUR.

 Allez, amans, allez sans jalousie
 Vivre à jamais en ce brillant séjour,
  Où le nectar et l'ambroisie
Vous seront comme aux dieux prodigués chaque jour :
 Et quand la nuit aura tendu ses voiles,
 Vos corps semés de nouvelles étoiles,
 Du haut du ciel éclairant aux mortels,
 Leur apprendront qu'il vous faut des autels.

EXAMEN D'ANDROMÈDE.

Le sujet de cette pièce est si connu par ce qu'en dit Ovide aux quatrième et cinquième livres de ses *Métamorphoses*, qu'il n'est point besoin d'en importuner le lecteur. Je me contenterai de lui rendre compte de ce que j'y ai changé, tant par la liberté de l'art, que par la nécessité de l'ordre du théâtre, et pour donner plus d'éclat à sa représentation.

En premier lieu, j'ai cru plus à propos de faire Cassiope vaine de la beauté de sa fille que de la sienne propre, d'autant qu'il est fort extraordinaire qu'une femme dont la fille est en âge d'être mariée ait encore d'assez beaux restes pour s'en vanter si hautement. et qu'il n'est pas vraisemblable que cet orgueil de Cassiope pour elle-même eût attendu si tard à éclater, vu que c'est dans la jeunesse que la beauté est plus parfaite, et que le jugement étant moins formé donne plus de lieu à des vanités de cette nature, et non pas alors que cette même beauté commence d'être sur le retour, et que l'âge a mûri l'esprit de la personne qui s'en seroit enorgueillie en un autre temps.

Ensuite, j'ai supposé que l'oracle d'Ammon n'avoit pas condamné précisément Andromède à être dévorée par le monstre, mais qu'il avoit ordonné seulement qu'on lui exposât tous les mois une fille, qu'on jetât le sort pour voir celle qui lui devoit être livrée; et que, cet ordre ayant déjà été exécuté cinq fois, on étoit au jour qu'il le falloit suivre pour la sixième, qui par là devient un jour illustre, remarquable, et attendu, non-seulement par tous les acteurs de la tragédie, mais par tous les sujets d'un roi.

J'ai introduit Persée comme un chevalier errant qui s'est arrêté depuis un mois dans la cour de Céphée, et non pas comme se rencontrant par hasard dans le temps qu'Andromède est attachée au rocher. Je lui ai donné de l'amour pour elle, qu'il n'ose découvrir, parce qu'il la voit promise à Phinée, mais qu'il nourrit toutefois d'un peu d'espoir, parce qu'il voit son mariage différé jusqu'à la fin des malheurs publics. Je l'ai fait plus généreux qu'il n'est dans Ovide, où il n'entreprend la délivrance de cette princesse qu'après que ses parens l'ont assuré qu'elle l'épouseroit sitôt qu'il l'auroit délivrée. J'ai changé aussi la qualité de Phinée, que j'ai fait seulement neveu du roi, dont Ovide le nomme frère, le mariage de deux cousins me semblant plus supportable dans nos façons de vivre que celui de l'oncle et de la nièce, qui eût paru un peu plus étrange à mes auditeurs.

Les peintres, qui cherchent à faire voir leur art dans les nudités, ne manquent jamais à nous représenter Andromède nue au pied du rocher où elle est attachée, quoique Ovide n'en parle point. Ils me pardonneront je ne les ai pas suivis en cette invention, comme j'ai fait en celle du cheval Pégase, sur lequel ils montent Persée pour combattre le monstre, quoique Ovide ne lui donne que des ailes aux talons. Ce changement donne lieu à une machine toute extraordinaire, merveilleuse, et empêche que Persée ne soit pris pour Mercure; outre qu'ils ne le mettent pas en cet équipage sans fondement, vu que le même Ovide raconte que sitôt que Persée eut coupé la monstrueuse tête de Méduse, Pégase tout ailé sortit de cette Gorgone, et que Persée s'en put saisir dès lors pour faire ses courses par le milieu de l'air.

Nos globes célestes, où l'on marque pour constellations Céphée, Cassiope, Persée et Andromède, m'ont donné jour à les faire enlever tous quatre au ciel sur la fin de la pièce, pour y faire les noces de ces amans, comme si la terre n'en étoit pas digne.

Au reste, comme Ovide ne nomme point la ville où il fait arriver cette aventure, je ne me suis non plus enhardi à la nommer. Il dit pour toute chose que Céphée régnoit en Éthiopie, sans désigner sous quel climat. La topographie moderne de ces contrées-là n'est pas fort connue, et celle du temps de Céphée encore moins. Je me contenterai donc de vous dire qu'il falloit que Céphée régnât en quelque pays maritime, et que sa ville capitale fût sur le bord de la mer.

Je sais bien qu'au rapport de Pline, les habitans de Joppé, qu'on nomme aujourd'hui Jaffa dans la Palestine, ont prétendu que cette histoire s'étoit passée chez eux : ils envoyèrent à Rome des os de poisson d'une grandeur extraordinaire, qu'ils disoient être du monstre à qui Andromède avoit été exposée. Ils montroient un rocher proche de leur ville où ils assuroient qu'elle avoit été attachée ; et encore maintenant ils se vantent de ces marques d'antiquité à nos pèlerins qui vont en Jérusalem, et prennent terre en leur port. Il se peut faire que cela parte d'une affectation autrefois assez ordinaire aux peuples du paganisme, qui s'attribuoient à haute gloire d'avoir chez eux ces vestiges de la vieille fable, que l'erreur commune y faisoit passer pour histoire. Ils se croyoient par là bien fondés à se donner cette prérogative d'être d'une origine plus ancienne que leurs voisins, et prenoient avidement toute sorte d'occasions de satisfaire à cette ambition. Ainsi il n'a fallu que la rencontre par hasard de ces os monstrueux que la mer avoit jetés sur leurs rivages, pour leur donner lieu de s'emparer de cette fiction, et de placer la scène de cette aventure au pied de leurs rochers. Pour moi, je me suis attaché à Ovide, qui la fait arriver en Éthiopie, où il met le royaume de Céphée par ces vers :

Æthiopum populos, Cepheaque conspicit arva ;
Illic immeritam maternæ pendere linguæ
Andromedam poenas, etc.

Il se pouvoit faire que Céphée eût conquis cette ville de Joppé, et la Syrie même, où elle est située. Pline l'assure au vingt-neuvième chapitre du sixième livre, par cette raison que l'histoire d'Andromède s'y est passée : « Æthiopiam imperitasse Syriæ « Cephei regis ætate patet Andromedæ fabulis. » Mais ceux qui voudront contester cette opinion peuvent répondre que ce n'est que prouver une erreur par une autre erreur, et éclaircir une chose douteuse par une encore plus incertaine. Quoi qu'il en soit, celle d'Ovide ne peut subsister avec celle-là ; et, quelque bons yeux qu'eût Persée, il est impossible qu'il découvrît d'une seule vue l'Éthiopie et Joppé ; ce qu'il auroit dû faire, si ce qu'entend ce poëte par *Cephea arva* n'étoit autre chose que son territoire.

Le même Ovide, dans quelqu'une de ses épîtres, ne fait pas Andromède blanche, mais basanée :

Andromede patriæ fusca colore suæ.

Néanmoins, dans la métamorphose, il nous en donne une autre idée à former, lorsqu'il dit que, n'eût été ses cheveux qui voltigeoient au gré du vent, et les larmes qui lui couloient des yeux, Persée l'eût prise pour une statue de marbre :

Marmoreum ratus esset opus.

Ce qui semble ne se pouvoir entendre que du marbre blanc, étant assez inouï que l'on compare la beauté d'une fille à une autre sorte de marbre. D'ailleurs, pour la préférer à celles des Néréides que jamais on n'a faites noires, il falloit que son teint eût quelque rapport avec le leur, et que, par conséquent, elle n'eût pas celui que communément nous donnons aux Éthiopiens. Disons donc qu'elle étoit blanche, puisqu'à moins que cela il n'auroit pas été vraisemblable que Persée, qui étoit né dans la Grèce, fût devenu amoureux d'elle. Nous aurons de ce parti le consentement de tous les peintres, et l'autorité du grand Héliodore, qui n'a fondé la blancheur de sa Chariclée que sur un tableau d'Andromède. Pline, au huitième chapitre de son cinquième livre, fait mention de certains peuples d'Afrique qu'il appelle *Leucæthiopes*. Si l'on s'arrête à l'étymologie de leur nom, ces peuples devoient être blancs, et nous en pouvons faire les sujets de Céphée, pour donner à cette tragédie toute la justesse dont elle a besoin touchant la couleur des personnages qu'elle introduit sur la scène.

Vous y trouverez cet ordre gardé dans les changemens de théâtre, que chaque acte, aussi bien que le prologue, a sa décoration particulière, et du moins une machine volante, avec un concert de musique que je n'ai employé qu'à satisfaire les oreilles des spectateurs, tandis que leurs yeux sont arrêtés à voir descendre ou remonter une machine, ou s'attachent à quelque chose qui les empêche de prêter attention à ce que pourroient dire les acteurs, comme fait le combat de Persée contre le monstre. Mais je me suis bien gardé de faire rien chanter qui fût nécessaire à l'intelligence de la pièce, parce que communément les paroles qui se chantent étant mal entendues des auditeurs, pour la confusion qu'y apporte la diversité des voix qui les prononcent ensemble, elles auroient fait une grande obscurité dans le corps de l'ouvrage, si elles avoient eu à les instruire de quelque chose qui fût important. Il n'en va pas de même des machines, qui ne sont pas dans cette tragédie comme des agrémens détachés; elles en font en quelque sorte le nœud et le dénoûment, et y sont si nécessaires que vous n'en sauriez retrancher aucune que vous ne fassiez tomber tout l'édifice.

Les diverses décorations dont les pièces de cette nature ont besoin, nous obligeant à placer les parties de l'action en divers lieux particuliers, nous forcent de pousser un peu au delà de l'ordinaire l'étendue du lieu général qui les renferme ensemble, et en constitue l'unité. Il est malaisé qu'une ville y suffise : il y faut ajouter quelques dehors voisins, comme est ici le rivage de la mer. C'est la seule décoration que la fable m'a fournie; les quatre autres sont de pure invention. Il auroit été superflu de les spécifier dans les vers, puisqu'elles sont présentes à la vue; et je ne tiens pas qu'il soit besoin qu'elles soient si propres à ce qui s'y passe, qu'il ne se soit pu passer ailleurs aussi commodément; il suffit qu'il n'y aie pas de raison pourquoi il se doiv. plutôt passer ailleurs qu'au lieu où il se passe. Par exemple, le premier acte est une place publique proche du temple, où se doit jeter le sort pour savoir quelle victime on doit ce jour-là livrer au monstre : tout ce qui s'y dit se diroit aussi bien dans un palais ou dans un jardin; mais il se dit aussi bien dans cette place qu'en ce jardin ou dans ce palais. Nous pouvons choisir un lieu selon le vraisemblable ou le nécessaire; et il suffit qu'il n'y ait aucune répugnance du côté de l'action au choix que nous en faisons pour le rendre vraisemblable, puisque cette action ne nous présente pas toujours un lieu nécessaire, comme est la mer et ses rochers au troisième acte, où l'on voit l'exposition d'Andromède, et le combat de Persée contre le monstre, qui ne pouvoit se faire ailleurs. Il faut néanmoins prendre garde à choisir d'ordinaire un lieu découvert, à cause des apparitions des dieux qu'on introduit. Andromède, au second acte, seroit aussi bien dans son cabinet que dans le jardin, où je la fais s'entretenir avec ses nymphes et avec son amant; mais comment se feroit l'apparition d'Éole dans ce cabinet? et comment les vents l'en pourroient-ils enlever, à moins que de la faire passer par la cheminée, comme nos sorciers? Par cette raison, il y peut avoir quelque chose à dire à celle de Junon, au quatrième acte qui se passe dans la salle du palais royal; mais comme ce n'est qu'une apparition simple d'une déesse, qui peut se montrer et disparoître où et quand il lui plaît, et ne fait que parler aux acteurs, rien n'empêche qu'elle ne se soit faite dans un lieu fermé. J'ajoute que quand il y auroit quelque contradiction de ce côté-là, la disposition de nos théâtres seroit cause qu'elle ne seroit pas sensible aux spectateurs. Bien qu'ils représentent en effet des lieux fermés, comme une chambre ou une salle, ils ne sont fermés par haut que de nuages; et quand on voit descendre le char de Junon du milieu de ces nuages, qui ont été continuellement en vue, on ne fait pas une réflexion assez prompte ni assez sévère sur le lieu, qui devroit être fermé d'un lambris, pour y trouver quelque manque de justesse.

L'oracle de Vénus, au premier acte, est inventé avec assez d'artifice pour porter les esprits dans un sens contraire à sa vraie intelligence; mais il ne le faut pas prendre pour le vrai nœud de la pièce, autrement elle seroit achevée dès le troisième, où l'on en verroit le dénoûment. L'action principale est le mariage de Persée avec Andromède; son nœud consiste en l'obstacle qui s'y rencontre du côté de Phinée, à qui elle est promise, et son dénoûment en la mort de ce malheureux amant, après laquelle il n'y a plus d'obstacle. Je puis dire toutefois à ceux qui voudront prendre absolument cet oracle de Vénus pour le nœud de cette tragédie, que le troisième acte n'en éclaircit que les premiers vers, et que les derniers ne se font entendre que par l'apparition de Jupiter et des autres dieux, qui termine la pièce.

La diversité de la mesure et de la croisure des vers que j'y ai mêlés me donne occasion de tâcher à les justifier, et particulièrement les stances dont je me suis servi en beaucoup d'autres poëmes, et contre qui je vois quantité de gens d'esprit et savans au théâtre témoigner aversion. Leurs raisons sont diverses. Les uns ne les improuvent pas tout à fait, mais ils disent que c'est trop mendier l'acclamation populaire en faveur d'une antithèse, ou d'un trait spirituel qui ferme chacun de leurs couplets, et que cette affectation est une espèce de bassesse qui ravale trop la dignité de la tragédie. Je demeure d'accord que c'est quelque espèce de fard; mais puisqu'il embellit notre ouvrage, et nous aide à mieux atteindre le but de notre art, qui est de plaire, pourquoi devons-nous renoncer à cet avantage? Les anciens se servoient sans scrupule, et même dans les choses extérieures, de tout ce qui les y pouvoit faire arriver ; Euripide vêtoit ses héros malheureux d'habits déchirés, afin qu'ils fissent plus de pitié ; et Aristophane fait commencer sa comédie des *Grenouilles* par Xanthias monté sur un âne, afin d'exciter plus aisément l'auditeur à rire. Cette objection n'est donc pas d'assez d'importance pour nous interdire l'usage d'une chose qui tout à la fois nous donne de la gloire, et de la satisfaction à nos spectateurs.

Il est vrai qu'il faut leur plaire selon les règles ; et c'est ce qui rend l'objection des autres plus considérable, en ce qu'ils veulent trouver quelque chose d'irrégulier dans cette sorte de vers. Ils disent que, bien qu'on parle en vers sur le théâtre, on est présumé ne parler qu'en prose ; qu'il n'y a que cette sorte de vers que nous appelons alexandrins à qui l'usage laisse tenir nature de prose ; que les stances ne sauroient passer que pour vers ; et que, par conséquent, nous n'en pouvons mettre avec vraisemblance en la bouche d'un acteur, s'il n'a eu le loisir d'en faire, ou d'en faire faire par un autre, et de les apprendre par cœur.

J'avoue que les vers qu'on récite sur le théâtre sont présumés être prose : nous ne parlons pas d'ordinaire en vers, et sans cette fiction leur mesure et leur rime sortiroient du vraisemblable. Mais par quelle raison peut-on dire que les vers alexandrins tiennent nature de prose, et que ceux des stances n'en peuvent faire autant ? Si nous en croyons Aristote, il faut se servir au théâtre des vers qui sont les moins vers, et qui se mêlent au langage commun, sans y penser, plus souvent que les autres. C'est par cette raison que les poëtes tragiques ont choisi l'ïambique, plutôt que l'hexamètre, qu'ils ont laissé aux épopées, parce qu'en parlant sans dessein d'en faire, il se mêle dans notre discours plus d'ïambiques que d'hexamètres. Par cette même raison les vers des stances sont moins vers que les alexandrins, parce que parmi notre langage commun il se coule plus de ces vers inégaux, les uns courts, les autres longs, avec des rimes croisées et éloignées les unes des autres, que de ceux dont la mesure est toujours égale, et les rimes toujours mariées. Si nous nous en rapportons à nos poëtes grecs, ils ne se sont pas tellement arrêtés aux ïambiques, qu'ils ne se soient servis d'anapestiques, de trochaïques et d'hexamètres même, quand ils l'ont jugé à propos. Sénèque en a fait autant qu'eux ; et les Espagnols, ses compatriotes, changent aussi souvent de genre de vers que de scènes. Mais l'usage de France est autre, à ce qu'on prétend, et ne souffre que les alexandrins à tenir lieu de prose. Sur quoi je ne puis m'empêcher de demander qui sont les maîtres de cet usage, et qui peut l'établir sur le théâtre ; que ceux qui l'ont occupé avec gloire depuis trente ans, dont pas un ne s'est défendu de mêler des stances dans quelques-uns des poëmes qu'ils y ont donnés ; je ne dis pas dans tous, car il ne s'en offre pas d'occasion en tous, et elles n'ont pas bonne grâce à exprimer tout : la colère, la fureur, la menace, et tels autres mouvemens violens, ne leur sont pas propres ; mais les déplaisirs, les irrésolutions, les inquiétudes, les douces rêveries, et généralement tout ce qui peut souffrir à un acteur de prendre haleine, et de penser à ce qu'il doit dire ou résoudre, s'accommode merveilleusement avec leurs cadences inégales, et avec les pauses qu'elles font faire à la fin de chaque couplet. La surprise agréable que fait à l'oreille ce changement de cadences imprévu, rappelle puissamment les attentions égarées ; mais il y faut éviter le trop d'affectation. C'est par là que les stances du *Cid* sont inexcusables et les mots de *peine* et *Chimène*, qui font la dernière rime de chaque strophe, marquent un jeu du côté du poëte, qui n'a rien de naturel du côté de l'acteur. Pour s'en écarter moins, il seroit bon de ne régler point toutes les strophes sur la même mesure, ni sur les mêmes croisures de rimes, ni sur le même nombre de vers. Leur inégalité en ces trois articles approcheroit davantage du discours ordinaire, et sentiroit l'emportement et les élans d'un esprit qui n'a que sa passion pour guide, et non pas la régularité d'un auteur qui les arrondit sur le même tour. J'y ai hasardé celles de la Paix dans le prologue de la *Toison d'or*, et tout le dialogue de celui de cette pièce, qui ne m'a pas mal réussi. Dans tout ce que je fais dire aux dieux dans les machines, on trouvera le même ordre, ou le même désordre. Mais je ne pourrois approuver qu'un acteur, touché fortement de ce qui lui vient d'arriver dans la tragédie, se donnât la patience de faire des stances, ou prît soin d'en faire faire par un autre, et de les apprendre par cœur, pour exprimer son déplaisir devant les spectateurs. Ce sentiment étudié ne les toucheroit pas beaucoup, parce que cette étude marqueroit un esprit tranquille, et un effort de mémoire plutôt qu'un effet de passion ; outre que ce ne seroit plus le sentiment présent de la personne qui parleroit, mais tout au plus celui qu'elle auroit eu en composant ces vers, et qui seroit assez ralenti par cet effort de mémoire, pour faire que l'état de son âme ne répondît plus à ce qu'elle prononceroit. L'auditeur ne s'y laisseroit pas émouvoir, et le verroit trop prémédité pour le croire véritable ; du moins c'est l'opinion de Perse, avec lequel je finis cette remarque :

Nec nocte paratum
Plorabit, qui me volet incurvasse querela.

FIN D'ANDROMÈDE.

DON SANCHE D'ARAGON.

COMÉDIE HÉROÏQUE

1650.

A MONSIEUR DE ZUYLICHEM,

CONSEILLER ET SECRÉTAIRE DE MONSEIGNEUR LE PRINCE D'ORANGE.

MONSIEUR,

Voici un poëme d'une espèce nouvelle; et qui n'a point d'exemple chez les anciens. Vous connoissez l'humeur de nos François; ils aiment la nouveauté; et je hasarde *non tam meliora quam nova*, sur l'espérance de les mieux divertir. C'étoit l'humeur des Grecs dès le temps d'Eschyle, *apud quos*

> Illecebris erat et grata novitate morandus
> Spectator.

Et, si je ne me trompe, c'étoit aussi celle des Romains :

> Nec minimum meruere decus, vestigia Græca
> Ausi deserere....
> Vel qui prætextas, vel qui docuere togatas.

Ainsi j'ai du moins des exemples d'avoir entrepris une chose qui n'en a point. Je vous avouerai toutefois qu'après l'avoir faite je me suis trouvé fort embarrassé à lui choisir un nom. Je n'ai jamais pu me résoudre à celui de tragédie, n'y voyant que les personnages qui en fussent dignes. Cela eût suffi au bon homme Plaute, qui n'y cherchoit point d'autre finesse : parce qu'il y a des dieux et des rois dans son *Amphitryon*, il veut que c'en soit une, et parce qu'il y a des valets qui bouffonnent, il veut que ce soit aussi une comédie, et lui donne l'un et l'autre nom, par un composé qu'il forme exprès, de peur de ne lui donner pas tout ce qu'il croit lui appartenir. Mais c'est trop déférer aux personnages, et considérer trop peu l'action. Aristote en use autrement dans la définition qu'il fait de la tragédie, où il décrit les qualités que doit avoir celle-ci, et les effets qu'elle doit produire, sans parler aucunement de ceux-là : et j'ose m'imaginer que ceux qui ont restreint cette sorte de poëme aux personnes illustres n'en ont décidé que sur l'opinion qu'ils ont eue qu'il n'y avoit que la fortune des rois et des princes qui fût capable d'une action telle que ce grand maître de l'art nous prescrit. Cependant, quand il examine lui-même les qualités nécessaires au héros de la tragédie, il ne touche point du tout à sa naissance, et ne s'attache qu'aux incidens de sa vie et à ses mœurs. Il demande un homme qui ne soit ni tout méchant ni tout bon; il le demande persécuté par quelqu'un de ses plus proches; il demande qu'il tombe en danger de mourir par une main obligée à le conserver : et je ne vois point pourquoi cela ne puisse arriver qu'à un prince, et que dans un moindre rang on soit à couvert de ces malheurs. L'histoire dédaigne de les marquer, à moins qu'ils aient accablé quelqu'une de ces grandes têtes, et c'est sans doute pourquoi jusqu'à présent la tragédie s'y est arrêtée. Elle a besoin de son appui pour les événemens qu'elle traite; et comme ils n'ont de l'éclat que parce qu'ils sont hors de la vraisemblance ordinaire, ils ne seroient pas croyables sans son autorité, qui agit avec empire, et semble commander de croire ce qu'elle veut persuader. Mais je ne comprends point ce qui lui défend de descendre plus bas, quand il s'y rencontre des actions qui méritent qu'elle prenne soin de les imiter; et je ne puis croire que l'hospitalité violée en la personne des filles de Scédase, qui n'étoit qu'un paysan de Leuctres, soit moins digne d'elle que l'assassinat d'Agamemnon par sa femme, ou la vengeance de cette mort par Oreste sur sa propre mère; quitte pour chausser le cothurne un peu plus bas :

Et tragicus plerumque dolet sermone pedestri.

Je dirai plus, monsieur : la tragédie doit exciter de la pitié et de la crainte, et cela est de ses parties essentielles, puisqu'il entre dans sa définition. Or, s'il est vrai que ce dernier sentiment ne s'excite en nous par sa représentation que quand nous voyons souffrir nos semblables, et que leurs infortunes nous en font appréhender de pareilles, n'est-il pas vrai aussi qu'il y pourroit être excité plus fortement par la vue des malheurs arrivés aux personnes de notre condition, à qui nous ressemblons tout à fait, que par l'image de ceux qui font trébucher de leurs trônes les plus grands monarques, avec qui nous n'avons aucun rapport qu'en tant que nous sommes susceptibles des passions qui les ont jetés dans ce précipice; ce qui ne se rencontre pas toujours? Que si vous trouvez quelque apparence en ce raisonnement, et ne désapprouvez pas qu'on puisse faire une tragédie entre des personnes médiocres, quand leurs infortunes ne sont pas au-dessous de sa dignité, permettez-moi de conclure, *a simili*, que nous pouvons faire une comédie entre des personnes illustres, quand nous nous en proposons quelque aventure qui ne s'élève point au-dessus de sa portée. Et certes, après avoir lu dans Aristote que la tragédie est une imitation des actions, et non pas des hommes, je pense avoir quelque droit de dire la même chose de la comédie, et de prendre pour maxime que c'est par la seule considération des actions, sans aucun égard aux personnages, qu'on doit déterminer de quelle espèce est un poëme dramatique. Voilà, monsieur, bien du discours, dont il n'étoit pas besoin pour vous attirer à mon parti, et gagner votre suffrage en faveur du titre que j'ai donné à *Don Sanche*. Vous savez mieux que moi tout ce que je vous dis; mais comme j'en fais confidence au public, j'ai cru que vous ne vous offenseriez pas que je vous fisse souvenir des choses dont je lui dois quelque lumière. Je continuerai donc, s'il vous plaît, et lui dirai que *Don Sanche* est une véritable comédie, quoique tous les acteurs y soient ou rois ou grands d'Espagne, puisqu'on n'y voit naître aucun péril par qui nous puissions être portés à la pitié ou à la crainte. Notre aventurier Carlos n'y court aucune ris que[1]. Deux de ses rivaux sont trop jaloux de leur rang pour se commettre avec lui, et trop généreux pour lui dresser quelque supercherie. Le mépris qu'ils en font, sur l'incertitude de son origine, ne détruit point en eux l'estime de sa valeur, et se change en respect sitôt qu'ils le peuvent soupçonner d'être ce qu'il est véritablement, quoiqu'il ne le sache pas. Le troisième lie la partie avec lui, mais elle est incontinent rompue par la reine; et quand même elle s'achèveroit par la perte de sa vie, la mort d'un ennemi par un ennemi n'a rien de pitoyable ni de terrible, et par conséquent rien de tragique. Il a de grands déplaisirs, et qui semblent vouloir quelque pitié de nous, lorsqu'il dit lui-même à une de ses maîtresses :

Je plaindrois un amant qui souffriroit mes peines;

mais nous ne voyons autre chose dans les comédies que des amans qui vont mourir, s'ils ne possèdent ce qu'ils aiment, et de semblables douleurs ne préparent aucun effet tragique; on ne peut dire qu'elles aillent au-dessus de la comédie. Il tombe dans l'unique malheur qu'il appréhende : il est découvert pour fils d'un pêcheur; mais, en cet état même, il n'a garde de nous demander notre pitié, puisqu'il s'offense de celle de ses rivaux. Ce n'est point un héros à la mode d'Euripide, qui les habilloit de lambeaux pour mendier les larmes des spectateurs; celui-ci soutient sa disgrâce avec tant de fermeté, qu'il nous imprime plus d'admiration de son grand courage, que de compassion de son infortune. Nous la craignons pour lui avant qu'elle arrive, mais cette crainte n'a sa source que dans l'intérêt que nous prenons d'ordinaire à ce qui touche le premier acteur, et se peut ranger *inter communia utriusque dramatis*, aussi bien que la reconnoissance qui fait le dénoûment de cette pièce. La crainte tragique ne devance pas le malheur du héros, elle le suit; elle n'est pas pour lui, elle est pour nous; et se produisant par une prompte application que la vue de ses malheurs nous fait faire sur nous-mêmes, elle purge en nous les passions que nous en voyons être la cause. Enfin je ne vois rien en ce poëme qui puisse mériter le nom de tragédie, si nous ne voulons nous contenter de la définition qu'en donne Averroès[2], qui l'appelle simplement un art de louer. En ce cas, nous ne lui pourrons dénier ce titre sans nous aveugler volontairement, et ne vouloir pas voir que toutes ses parties ne sont qu'une peinture des puissantes impressions que les rares qualités d'un honnête homme font sur toutes sortes d'esprits, qui est une façon de louer assez ingénieuse et hors du commun des panégyriques. Mais j'aurois mauvaise grâce de me prévaloir d'un auteur arabe, que je ne connois que sur la foi d'une traduction latine: et, puisque sa paraphrase abrége le texte d'Aristote en cet article, au lieu de l'étendre, je ferai mieux d'en croire ce dernier, qui ne permet point à cet ouvrage de prendre un nom plus relevé que celui de comédie. Ce n'est pas que je n'aie hésité quelque temps, sur ce que je n'y voyois rien qui pût émouvoir à rire. Cet agrément a été jusqu'ici tellement de la pratique de la comédie, que beau-

---

[1]. Le mot *risque* était alors des deux genres.
[2]. Commentateur d'Aristote. Il vivait au XIIᵉ siècle.

coup ont cru qu'il étoit aussi de son essence; et je serois encore dans ce scrupule, si je n'en avois été guéri par votre Heinsius, de qui je viens d'apprendre heureusement que *Movere risum non constituit comœdiam, sed plebis aucupium est, et abusus.* Après l'autorité d'un si grand homme, je serois coupable de chercher d'autres raisons, et de craindre d'être mal fondé à soutenir que la comédie se peut passer du ridicule. J'ajoute à celle-ci l'épithète de *héroïque*, pour satisfaire aucunement à la dignité de ses personnages, qui pourroit sembler profanée par la bassesse d'un titre que jamais on n'a appliqué si haut. Mais, après tout, monsieur, ce n'est qu'un *interim*, jusqu'à ce que vous m'ayez appris comme j'ai dû l'intituler. Je ne vous l'adresse que pour vous l'abandonner entièrement : et si vos Elzéviers se saisissent de ce poëme, comme ils ont fait de quelques-uns des miens qui l'ont précédé, ils peuvent le faire voir à vos provinces sous le titre que vous lui jugerez plus convenable, et nous exécuterons ici l'arrêt que vous en aurez donné. J'attends de vous cette instruction avec impatience, pour m'affermir dans mes premières pensées, ou les rejeter comme de mauvaises tentations : elles flotteront jusque-là; et si vous ne me pouvez accorder la gloire d'avoir assez appuyé une nouveauté, vous me laisserez du moins celle d'avoir passablement défendu un paradoxe. Mais quand même vous m'ôteriez toutes les deux, je m'en consolerai fort aisément, parce que je suis très-assuré que vous ne m'en sauriez ôter une qui m'est beaucoup plus précieuse; c'est celle d'être toute ma vie,

MONSIEUR,

Votre très-humble et très-obéissant serviteur,

CORNEILLE.

ARGUMENT.

Don Fernand, roi d'Aragon, chassé de ses États par la révolte de D. Garcie d'Ayala, comte de Fuensalida, n'avoit plus sous son obéissance que la ville de Catalaïud et le territoire des environs, lorsque la reine D. Léonor, sa femme, accoucha d'un fils, qui fut nommé D. Sanche. Ce déplorable prince, craignant qu'il ne demeurât exposé aux fureurs de ce rebelle, le fit aussitôt enlever par D. Raymond de Moncade, son confident, afin de le faire nourrir secrètement. Ce cavalier, trouvant dans le village de Bubierca la femme d'un pêcheur nouvellement accouchée d'un enfant mort, lui donna celui-ci à nourrir, sans lui dire qui il étoit; mais seulement qu'un jour le roi et la reine d'Aragon le feroient Grand lorsqu'elle leur feroit présenter par lui un petit écrin, qu'en même temps il lui donna. Le mari de cette pauvre femme étoit pour lors à la guerre, si bien que, revenant au bout d'un an, il prit aisément cet enfant pour sien, et l'éleva comme s'il en eût été le père. La reine ne put jamais savoir du roi où il avoit fait porter son fils; et tout ce qu'elle en tira, après beaucoup de prières, ce fut qu'elle le reconnoîtroit un jour quand on lui présenteroit cet écrin où il auroit mis leurs deux portraits, avec un billet de sa main et quelques autres pièces de remarque : mais, voyant qu'elle continuoit toujours à

, en vouloir savoir davantage, il arrêta sa curiosité tout d'un coup, et lui dit qu'il étoit mort. Il soutint après cela cette malheureuse guerre encore trois ou quatre ans, ayant toujours quelque nouveau désavantage, et mourut enfin de déplaisir et de fatigue, laissant ses affaires désespérées, et la reine grosse, à qui il conseilla d'abandonner entièrement l'Aragon et se réfugier en Castille : elle exécuta ses ordres, et y accoucha d'une fille nommée D. Elvire, qu'elle y éleva jusqu'à l'âge de vingt ans. Cependant le jeune prince D. Sanche, qui se croyoit fils d'un pêcheur, dès qu'il en eut atteint seize, se dérobe de ses parens et se jette dans les armées du roi de Castille, qui avoit de grandes guerres contre les Maures; et, de peur d'être connu pour ce qu'il pensoit être, il quitte le nom de Sanche qu'on lui avoit laissé, et prend celui de Carlos. Sous ce faux nom, il fait tant de merveilles, qu'il entre en grande considération auprès du roi D. Alphonse, à qui il sauve la vie en un jour de bataille : mais comme ce monarque étoit près de le récompenser, il est surpris de la mort, et ne lui laisse autre chose que les favorables regards de la reine D. Isabelle, sa sœur et son héritière, et de la jeune princesse d'Aragon, D. Elvire, que l'admiration de ses belles actions avoit portées toutes deux jusques à l'aimer, mais d'un amour étouffé par le souvenir de ce qu'elles devoient à la dignité de leur naissance. Lui-même avoit conçu aussi de la passion pour toutes deux, sans oser prétendre à pas une, se croyant si fort indigne d'elles. Cependant tous les grands de Castille ne voyant point de rois voisins qui pussent épouser leur reine, prétendant à l'envi l'un de l'autre à son mariage, et étant près de former une guerre civile pour ce sujet, les États du royaume la supplient de choisir un mari, pour éviter les malheurs qu'ils en prévoyoient devoir naître. Elle s'en excuse comme ne connoissant pas assez particulièrement le mérite de ses prétendans, et leur commande de choisir eux-mêmes les trois qu'ils en jugent les plus dignes, les assurant que, s'il se rencontre quelqu'un entre ces trois pour qui elle puisse prendre quelque inclination, elle l'épousera. Ils obéissent, et lui nomment D. Manrique de Lare, D. Lope de Gusman, et D. Alvar de Lune, qui, bien que passionné pour la princesse D. Elvire, eût cru faire une lâcheté, et offenser sa reine, s'il eût rejeté l'honneur qu'il recevoit de son pays par cette nomination. D'autre côté, les Aragonois, ennuyés de la tyrannie de D. Garcie et de D. Ramire, son fils, les chassent de Saragosse, et, les ayant assiégés dans la forteresse de Jaca, envoient des députés à leurs princesses, réfugiées en Castille, pour les prier de revenir prendre possession d'un royaume qui leur appartenoit. Depuis leur départ, ces deux tyrans ayant été tués en la prise de Jaca, D. Raymond, qu'ils y tenoient prisonnier depuis six ans, apprend à ces peuples que D. Sanche, leur prince, étoit vivant, et part aussitôt pour le chercher à Bubierca, où il apprend que le pêcheur, qui le croyoit son fils, l'avoit perdu depuis huit ans, et l'étoit allé chercher en Castille, sur quelques nouvelles qu'il en avoit eues par un soldat qui avoit servi sous lui contre les Maures. Il pousse aussitôt de ce côté-là, et joint les députés comme ils étoient près d'arriver. C'est par son arrivée que l'aventurier Carlos est reconnu pour le prince D. Sanche ; après quoi la reine

D. Isabelle se donne à lui, du consentement même des trois que ses États lui avoient nommés; et D. Alvar en obtient la princesse D. Elvire, qui, par cette reconnoissance, se trouve être sa sœur.

PERSONNAGES.

D. ISABELLE, reine de Castille.
D. LÉONOR, reine d'Aragon.
D. ELVIRE, princesse d'Aragon.
BLANCHE, dame d'honneur de la reine de Castille.
CARLOS, cavalier inconnu, qui se trouve être D. Sanche, roi d'Aragon.
D. RAYMOND DE MONCADE, favori du défunt roi d'Aragon.
D. LOPE DE GUSMAN,
D. MANRIQUE DE LARE, } grands de Castille.
D. ALVAR DE LUNE,

La scène est à Valladolid.

ACTE PREMIER.

SCÈNE I. — D. LÉONOR, D. ELVIRE.

D. LÉONOR.

Après tant de malheurs, enfin le ciel propice
S'est résolu, ma fille, à nous faire justice :
Notre Aragon, pour nous presque tout révolté,
Enlève à nos tyrans ce qu'ils nous ont ôté,
Brise les fers honteux de leurs injustes chaînes,
Se remet sous nos lois, et reconnoît ses reines;
Et par ses députés, qu'aujourd'hui l'on attend,
Rend d'un si long exil le retour éclatant.
Comme nous, la Castille attend cette journée
Qui lui doit de sa reine assurer l'hyménée :
Nous l'allons voir ici faire choix d'un époux.
Que ne puis-je, ma fille, en dire autant de vous!
Nous allons en des lieux sur qui vingt ans d'absence
Nous laissent une foible et douteuse puissance :
Le trouble règne encore où vous devez régner;
Le peuple vous rappelle, et peut vous dédaigner,
Si vous ne lui portez, au retour de Castille,
Que l'avis d'une mère et le nom d'une fille.
D'un mari valeureux les ordres et le bras
Sauroient bien mieux que nous assurer vos États,
Et par des actions nobles, grandes et belles,
Dissiper les mutins, et dompter les rebelles.
Vous ne pouvez manquer d'amans dignes de vous;

On aime votre sceptre, on vous aime ; et sur tous,
Du comte don Alvar la vertu non commune
Vous aima dans l'exil et durant l'infortune.
Qui vous aima sans sceptre, et se fit votre appui,
Quand vous le recouvrez, est bien digne de lui.

D. ELVIRE.

Ce comte est généreux, et me l'a fait paroître ;
Aussi le ciel pour moi l'a voulu reconnoître,
Puisque les Castillans l'ont mis entre les trois
Dont à leur grande reine ils demandent le choix ;
Et comme ses rivaux lui cèdent en mérite,
Un espoir à présent plus doux le sollicite :
Il régnera sans nous. Mais, madame, après tout,
Savez-vous à quel choix l'Aragon se résout,
Et quels troubles nouveaux j'y puis faire renaître
S'il voit que je lui mène un étranger pour maître?
Montons, de grâce, au trône ; et de là beaucoup mieux
Sur le choix d'un époux nous baisserons les yeux.

D. LÉONOR.

Vous les abaissez trop ; une secrète flamme
A déjà malgré moi fait ce choix dans votre âme :
De l'inconnu Carlos l'éclatante valeur
Aux mérites du comte a fermé votre cœur.
Tout est illustre en lui, moi-même je l'avoue ;
Mais son sang, que le ciel n'a formé que de boue,
Et dont il cache exprès la source obstinément....

D. ELVIRE.

Vous pourriez en juger plus favorablement ;
Sa naissance inconnue est peut-être sans tache :
Vous la présumez basse à cause qu'il la cache ;
Mais combien a-t-on vu de princes déguisés
Signaler leur vertu sous des noms supposés,
Dompter des nations, gagner des diadèmes,
Sans qu'aucun les connût, sans se connoître eux-mêmes !

D. LÉONOR.

Quoi ! voilà donc enfin de quoi vous vous flattez !

D. ELVIRE.

J'aime et prise en Carlos ses rares qualités.
Il n'est point d'âme noble à qui tant de vaillance
N'arrache cette estime et cette bienveillance ;
Et l'innocent tribut de ces affections,
Que doit toute la terre aux belles actions,
N'a rien qui deshonore une jeune princesse.
En cette qualité, je l'aime et le caresse ;
En cette qualité, ses devoirs assidus
Me rendent les respects à ma naissance dus.
Il fait sa cour chez moi comme un autre peut faire :

Il a trop de vertus pour être téméraire ;
Et si jamais ses vœux s'échappoient jusqu'à moi,
Je sais ce que je suis, et ce que je me doi.

D. LÉONOR.

Daigne le juste ciel vous donner le courage
De vous en souvenir et le mettre en usage !

D. ELVIRE.

Vos ordres sur mon cœur sauront toujours régner.

D. LÉONOR.

Cependant ce Carlos vous doit accompagner,
Doit venir jusqu'aux lieux de votre obéissance
Vous rendre ces respects dus à votre naissance,
Vous faire, comme ici, sa cour tout simplement ?

D. ELVIRE.

De ses pareils la guerre est l'unique élément :
Accoutumés d'aller de victoire en victoire,
Ils cherchent en tous lieux les dangers et la gloire.
La prise de Séville et les Maures défaits,
Laissent à la Castille une profonde paix :
S'y voyant sans emploi, sa grande âme inquiète
Veut bien de don Garcie achever la défaite,
Et contre les efforts d'un reste de mutins
De toute sa valeur hâter nos bons destins.

D. LÉONOR.

Mais quand il vous aura dans le trône affermie,
Et jeté sous vos pieds la puissance ennemie,
S'en ira-t-il soudain aux climats étrangers
Chercher tout de nouveau la gloire et les dangers ?

D. ELVIRE.

Madame, la reine entre.

SCÈNE II. — D. ISABELLE, D. LÉONOR, D. ELVIRE, BLANCHE.

D. LÉONOR.

Aujourd'hui donc, madame,
Vous allez d'un héros rendre heureuse la flamme,
Et, d'un mot, satisfaire aux plus ardens souhaits
Que poussent vers le ciel vos fidèles sujets.

D. ISABELLE.

Dites, dites plutôt qu'aujourd'hui, grandes reines,
Je m'impose à vos yeux la plus dure des gênes,
Et fais dessus moi-même un illustre attentat
Pour me sacrifier au repos de l'État.
Que c'est un sort fâcheux et triste que le nôtre,
De ne pouvoir régner que sous les lois d'un autre ;

Et qu'un sceptre soit cru d'un si grand poids pour nous,
Que pour le soutenir il nous faille un époux!
 A peine ai-je deux mois porté le diadème,
Que de tous les côtés j'entends dire qu'on m'aime,
Si toutefois sans crime et sans m'en indigner
Je puis nommer amour une ardeur de régner.
L'ambition des grands à cet espoir ouverte
Semble pour m'acquérir s'apprêter à ma perte;
Et pour trancher le cours de leurs dissensions,
Il faut fermer la porte à leurs prétentions;
Il m'en faut choisir un; eux-mêmes m'en convient,
Mon peuple m'en conjure, et mes États m'en prient;
Et même par mon ordre ils m'en proposent trois,
Dont mon cœur à leur gré peut faire un digne choix.
Don Lope de Gusman, don Manrique de Lare,
Et don Alvar de Lune, ont un mérite rare :
Mais que me sert ce choix qu'on fait en leur faveur,
Si pas un d'eux enfin n'a celui de mon cœur?
                    D. LÉONOR.
On vous les a nommés, mais sans vous les prescrire;
On vous obéira, quoi qu'il vous plaise élire :
Si le cœur a choisi, vous pouvez faire un roi.
                    D. ISABELLE.
Madame, je suis reine, et dois régner sur moi.
Le rang que nous tenons, jaloux de notre gloire,
Souvent dans un tel choix nous défend de nous croire,
Jette sur nos désirs un joug impérieux,
Et dédaigne l'avis et du cœur et des yeux.
 Qu'on ouvre. Juste ciel, vois ma peine, et m'inspire
Et ce que je dois faire, et ce que je dois dire !

SCÈNE III. — D. ISABELLE, D. LÉONOR, D. ELVIRE,
 BLANCHE, D. LOPE, D. MANRIQUE, D. ALVAR,
        CARLOS.

                    D. ISABELLE.
Avant que de choisir je demande un serment,
Comtes, qu'on agréera mon choix aveuglément;
Que les deux méprisés, et tous les trois peut-être,
De ma main, quel qu'il soit, accepteront un maître :
Car enfin je suis libre à disposer de moi;
Le choix de mes États ne m'est point une loi;
D'une troupe importune il m'a débarrassée,
Et d'eux tous sur vous trois détourné ma pensée,
Mais sans nécessité de l'arrêter sur vous.
J'aime à savoir par là qu'on vous préfère à tous;
Vous m'en êtes plus chers et plus considérables;

J'y vois de vos vertus les preuves honorables ;
J'y vois la haute estime où sont vos grands exploits
Mais quoique mon dessein soit d'y borner mon choix
Le ciel en un moment quelquefois nous éclaire.
Je veux, en le faisant, pouvoir ne le pas faire,
Et que vous avouiez que, pour devenir roi,
Quiconque me plaira n'a besoin que de moi.

D. LOPE.

C'est une autorité qui vous demeure entière ;
Votre État avec vous n'agit que par prière,
Et ne vous a pour nous fait voir ses sentimens
Que par obéissance à vos commandemens.
Ce n'est point ni son choix ni l'éclat de ma race
Qui me font, grande reine, espérer cette grâce :
Je l'attends de vous seule et de votre bonté,
Comme on attend un bien qu'on n'a pas mérité,
Et dont, sans regarder service, ni famille,
Vous pouvez faire part au moindre de Castille.
C'est à nous d'obéir, et non d'en murmurer :
Mais vous nous permettrez toutefois d'espérer
Que vous ne ferez choir cette faveur insigne,
Ce bonheur d'être à vous, que sur le moins indigne ;
Et que votre vertu nous fera trop savoir
Qu'il n'est pas bon d'user de tout votre pouvoir.
Voilà mon sentiment.

D. ISABELLE.

   Parlez, vous, don Manrique.

D. MANRIQUE.

Madame, puisqu'il faut qu'à vos yeux je m'explique,
Quoique votre discours nous ait fait des leçons
Capables d'ouvrir l'âme à de justes soupçons,
Je vous dirai pourtant, comme à ma souveraine,
Que pour faire un vrai roi vous le fassiez en reine ;
Que vous laisser borner, c'est vous-même affoiblir
La dignité du rang qui le doit ennoblir ;
Et qu'à prendre pour loi le choix qu'on vous propose,
Le roi que vous feriez vous devroit peu de chose,
Puisqu'il tiendroit les noms de monarque et d'époux
Du choix de vos États aussi bien que de vous.
  Pour moi, qui vous aimai sans sceptre et sans couronne,
Qui n'ai jamais eu d'yeux que pour votre personne,
Que même le feu roi daigna considérer
Jusqu'à souffrir ma flamme et me faire espérer,
J'oserai me promettre un sort assez propice
De cet aveu d'un frère et quatre ans de service ;
Et sur ce doux espoir dussé-je me trahir,
Puisque vous le voulez, je jure d'obéir.

ACTE I, SCÈNE III.

D. ISABELLE.

C'est comme il faut m'aimer. Et don Alvar de Lune?

D. ALVAR.

Je ne vous ferai point de harangue importune.
Choisissez hors des trois, tranchez absolument;
Je jure d'obéir, madame, aveuglément.

D. ISABELLE.

Sous les profonds respects de cette déférence
Vous nous cachez peut-être un peu d'indifférence;
Et, comme votre cœur n'est pas sans autre amour,
Vous savez des deux parts faire bien votre cour.

D. ALVAR.

Madame....

D. ISABELLE.

C'est assez; que chacun prenne place.

(*Ici les trois reines prennent chacune un fauteuil, et, après que les trois comtes et le reste des grands qui sont présens se sont assis sur des bancs préparés exprès, Carlos, y voyant une place vide, s'y veut seoir, et D. Manrique l'en empêche.*)

D. MANRIQUE.

Tout beau, tout beau, Carlos! d'où vous vient cette audace?
Et quel titre en ce rang a pu vous établir?

CARLOS.

J'ai vu la place vide, et cru la bien remplir.

D. MANRIQUE.

Un soldat bien remplir une place de comte!

CARLOS.

Seigneur, ce que je suis ne me fait point de honte.
Depuis plus de six ans il ne s'est fait combat
Qui ne m'ait bien acquis ce grand nom de soldat :
J'en avois pour témoin le feu roi votre frère,
Madame; et par trois fois....

D. MANRIQUE.

Nous vous avons vu faire,
Et savons mieux que vous ce que peut votre bras.

D. ISABELLE.

Vous en êtes instruits, et je ne la suis pas;
Laissez-le me l'apprendre. Il importe aux monarques
Qui veulent aux vertus rendre de dignes marques,
De les savoir connoître, et ne pas ignorer
Ceux d'entre leurs sujets qu'ils doivent honorer.

D. MANRIQUE.

Je ne me croyois pas être ici pour l'entendre.

D. ISABELLE.

Comte, encore une fois, laissez-le me l'apprendre.
Nous aurons temps pour tout. Et vous, parlez, Carlos.

CARLOS.
Je dirai qui je suis, madame, en peu de mots.
On m'appelle soldat : je fais gloire de l'être ;
Au feu roi par trois fois je le fis bien paroître.
L'étendard de Castille, à ses yeux enlevé,
Des mains des ennemis par moi seul fut sauvé :
Cette seule action rétablit la bataille,
Fit rechasser le Maure au pied de sa muraille,
Et, rendant le courage aux plus timides cœurs,
Rappela les vaincus, et défit les vainqueurs.
Ce même roi me vit dedans l'Andalousie
Dégager sa personne en prodiguant ma vie,
Quand, tout percé de coups, sur un monceau de morts,
Je lui fis si longtemps bouclier de mon corps,
Qu'enfin autour de lui ses troupes ralliées,
Celles qui l'enfermoient furent sacrifiées ;
Et le même escadron qui vint le secourir
Le ramena vainqueur, et moi prêt à mourir.
Je montai le premier sur les murs de Séville,
Et tins la brèche ouverte aux troupes de Castille.
Je ne vous parle point d'assez d'autres exploits,
Qui n'ont pas pour témoins eu les yeux de mes rois.
Tel me voit et m'entend, et me méprise encore,
Qui gémiroit sans moi dans les prisons du Maure.

D. MANRIQUE.
Nous parlez-vous, Carlos, pour don Lope et pour moi ?

CARLOS.
Je parle seulement de ce qu'a vu le roi,
Seigneur ; et qui voudra parle à sa conscience.
Voilà dont le feu roi me promit récompense ;
Mais la mort le surprit comme il la résolvoit.

D. ISABELLE.
Il se fût acquitté de ce qu'il vous devoit ;
Et moi, comme héritant son sceptre et sa couronne,
Je prends sur moi sa dette, et je vous la fais bonne !
Seyez-vous, et quittons ces petits différends.

D. LOPE.
Souffrez qu'auparavant il nomme ses parens.
Nous ne contestons point l'honneur de sa vaillance,
Madame ; et s'il en faut notre reconnoissance,
Nous avouerons tous deux qu'en ces combats derniers
L'un et l'autre, sans lui, nous étions prisonniers ;
Mais enfin la valeur, sans l'éclat de la race,
N'eut jamais aucun droit d'occuper cette place.

CARLOS.
Se pare qui voudra du nom de ses aïeux :
Moi, je ne veux porter que moi-même en tous lieux ;

Je ne veux rien devoir à ceux qui m'ont fait naître,
Et suis assez connu sans les faire connoître.
Mais, pour en quelque sorte obéir à vos lois,
Seigneur, pour mes parens je nomme mes exploits;
Ma valeur est ma race, et mon bras est mon père.
D. LOPE.
Vous le voyez, madame, et la preuve en est claire;
Sans doute il n'est pas noble.
D. ISABELLE.
Eh bien! je l'anoblis,
Quelle que soit sa race et de qui qu'il soit fils.
Qu'on ne conteste plus.
D. MANRIQUE.
Encore un mot, de grâce.
D. ISABELLE.
Don Manrique, à la fin, c'est prendre trop d'audace.
Ne puis-je l'anoblir si vous n'y consentez?
D. MANRIQUE.
Oui, mais ce rang n'est dû qu'aux hautes dignités;
Tout autre qu'un marquis ou comte le profane.
D. ISABELLE, *à Carlos.*
Eh bien! seyez-vous donc, marquis de Santillane,
Comte de Peñafiel, gouverneur de Burgos.
Don Manrique, est-ce assez pour faire seoir Carlos?
Vous reste-t-il encor quelque scrupule en l'âme?
   (*D. Manrique et D. Lope se lèvent, et Carlos se sied.*)
D. MANRIQUE.
Achevez, achevez; faites-le roi, madame:
Par ces marques d'honneur l'élever jusqu'à nous,
C'est moins nous l'égaler que l'approcher de vous.
Ce préambule adroit n'étoit pas sans mystère;
Et ces nouveaux sermens qu'il nous a fallu faire
Montroient bien dans votre âme un tel choix préparé.
Enfin vous le pouvez, et nous l'avons juré.
Je suis prêt d'obéir; et, loin d'y contredire,
Je laisse entre ses mains et vous et votre empire.
Je sors avant ce choix, non que j'en sois jaloux,
Mais de peur que mon front n'en rougisse pour vous.
D. ISABELLE.
Arrêtez, insolent : votre reine pardonne
Ce qu'une indigne crainte imprudemment soupçonne;
Et, pour la démentir, veut bien vous assurer
Qu'au choix de ses États elle veut demeurer;
Que vous tenez encor même rang dans son âme;
Qu'elle prend vos transports pour un excès de flamme,
Et qu'au lieu d'en punir le zèle injurieux,
Sur un crime d'amour elle ferme les yeux.

D. MANRIQUE.
Madame, excusez donc si quelque antipathie....
D. ISABELLE.
Ne faites point ici de fausse modestie;
J'ai trop vu votre orgueil pour le justifier,
Et sais bien les moyens de vous humilier.
  Soit que j'aime Carlos, soit que par simple estime
Je rende à ses vertus un honneur légitime,
Vous devez respecter, quels que soient mes desseins,
Ou le choix de mon cœur, ou l'œuvre de mes mains.
Je l'ai fait votre égal; et quoiqu'on s'en mutine,
Sachez qu'à plus encor ma faveur le destine.
Je veux qu'aujourd'hui même il puisse plus que moi :
J'en ai fait un marquis, je veux qu'il fasse un roi.
S'il a tant de valeur que vous-mêmes le dites,
Il sait quelle est la vôtre, et connoît vos mérites,
Et jugera de vous avec plus de raison
Que moi, qui n'en connois que la race et le nom.
Marquis, prenez ma bague, et la donnez pour marque
Au plus digne des trois, que j'en fasse un monarque.
Je vous laisse y penser tout ce reste du jour.
  Rivaux, ambitieux, faites-lui votre cour :
Qui me rapportera l'anneau que je lui donne
Recevra sur-le-champ ma main et ma couronne.
  Allons, reines, allons, et laissons-les juger
De quel côté l'amour avoit su m'engager.

SCÈNE IV. — D. MANRIQUE, D. LOPE, D. ALVAR, CARLOS.

D. LOPE.
Eh bien! seigneur marquis, nous direz-vous, de grâce,
Ce que, pour vous gagner, il est besoin qu'on fasse?
Vous êtes notre juge, il faut vous adoucir.
CARLOS.
Vous y pourriez peut-être assez mal réussir.
Quittez ces contre-temps de froide raillerie.
D. MANRIQUE.
Il n'en est pas saison, quand il faut qu'on vous prie.
CARLOS.
Ne raillons, ni prions, et demeurons amis.
Je sais ce que la reine en mes mains a remis;
J'en userai fort bien : vous n'avez rien à craindre;
Et pas un de vous trois n'aura lieu de se plaindre.
  Je n'entreprendrai point de juger entre vous
Qui mérite le mieux le nom de son époux;
Je serois téméraire, et m'en sens incapable;

Et peut-être quelqu'un m'en tiendroit récusable.
Je m'en récuse donc, afin de vous donner
Un juge que sans honte on ne peut soupçonner;
Ce sera votre épée, et votre bras lui-même.
Comtes, de cet anneau dépend le diadème :
Il vaut bien un combat; vous avez tous du cœur :
Et je le garde....

D. LOPE.

A qui, Carlos?

CARLOS.

A mon vainqueur.
Qui pourra me l'ôter l'ira rendre à la reine;
Ce sera du plus digne une preuve certaine.
Prenez entre vous l'ordre et du temps et du lieu;
Je m'y rendrai sur l'heure, et vais l'attendre. Adieu.

SCÈNE V. — D. MANRIQUE, D. LOPE, D. ALVAR.

D. LOPE.

Vous voyez l'arrogance.

D. ALVAR.

Ainsi les grands courages
Savent en généreux repousser les outrages.

D. MANRIQUE.

Il se méprend pourtant, s'il pense qu'aujourd'hui
Nous daignions mesurer notre épée avec lui.

D. ALVAR.

Refuser un combat!

D. LOPE.

Des généraux d'armée,
Jaloux de leur honneur et de leur renommée,
Ne se commettent point contre un aventurier.

D. ALVAR.

Ne mettez point si bas un si vaillant guerrier :
Qu'il soit ce qu'en voudra présumer votre haine,
Il doit être pour nous ce qu'a voulu la reine.

D. LOPE.

La reine qui nous brave, et, sans égard au sang,
Ose souiller ainsi l'éclat de notre rang !

D. ALVAR.

Les rois de leurs faveurs ne sont jamais comptables;
Ils font, comme il leur plaît, et défont nos semblables.

D. MANRIQUE.

Envers les majestés vous êtes bien discret.
Voyez-vous cependant qu'elle l'aime en secret?

D. ALVAR.

Dites, si vous voulez, qu'ils sont d'intelligence,
Qu'elle a de sa valeur si haute confiance,

Qu'elle espère par là faire approuver son choix,
Et se rendre avec gloire au vainqueur de tous trois
Qu'elle nous hait dans l'âme autant qu'elle l'adore :
C'est à nous d'honorer ce que la reine honore.
D. MANRIQUE.
Vous la respectez fort : mais y prétendez-vous ?
On dit que l'Aragon a des charmes si doux....
D. ALVAR.
Qu'ils me soient doux ou non, je ne crois pas sans crime
Pouvoir de mon pays désavouer l'estime ;
Et puisqu'il m'a jugé digne d'être son roi,
Je soutiendrai partout l'état qu'il fait de moi.
Je vais donc disputer, sans que rien me retarde,
Au marquis don Carlos cet anneau qu'il nous garde ;
Et si sur sa valeur je le puis emporter,
J'attendrai de vous deux qui voudra me l'ôter :
Le champ vous sera libre.
D. LOPE.
    A la bonne heure, comte ;
Nous vous irons alors le disputer sans honte ;
Nous ne dédaignons point un si digne rival :
Mais pour votre marquis, qu'il cherche son égal.

ACTE SECOND.

SCÈNE I. — D. ISABELLE, BLANCHE.

D. ISABELLE.
Blanche, as-tu rien connu d'égal à ma misère ?
Tu vois tous mes désirs condamnés à se taire,
Mon cœur faire un beau choix sans l'oser accepter,
Et nourrir un beau feu sans l'oser écouter.
Vois par là ce que c'est, Blanche, que d'être reine :
Comptable de moi-même au nom de souveraine,
Et sujette à jamais du trône où je me vois,
Je puis tout pour tout autre, et ne puis rien pour moi.
 O sceptres ! s'il est vrai que tout vous soit possible,
Pourquoi ne pouvez-vous rendre un cœur insensible ?
Pourquoi permettez-vous qu'il soit d'autres appas,
Ou que l'on ait des yeux pour ne les croire pas ?
BLANCHE.
Je présumois tantôt que vous les alliez croire ;
J'en ai plus d'une fois tremblé pour votre gloire.
Ce qu'à vos trois amans vous avez fait jurer
Au choix de don Carlos sembloit tout préparer :

Je le nommois pour vous. Mais enfin par l'issue
Ma crainte s'est trouvée heureusement déçue ;
L'effort de votre amour a su se modérer ;
Vous l'avez honoré sans vous déshonorer ;
Et satisfait ensemble, en trompant mon attente,
La grandeur d'une reine et l'ardeur d'une amante

D. ISABELLE.

Dis que, pour honorer sa générosité,
Mon amour s'est joué de mon autorité,
Et qu'il a fait servir, en trompant ton attente,
Le pouvoir de la reine au courroux de l'amante.
D'abord par ce discours, qui t'a semblé suspect,
Je voulois seulement essayer leur respect,
Soutenir jusqu'au bout la dignité de reine ;
Et comme enfin ce choix me donnoit de la peine,
Perdre quelques momens, choisir un peu plus tard :
J'allois nommer pourtant, et nommer au hasard :
Mais tu sais quel orgueil ont lors montré les comtes,
Combien d'affronts pour lui, combien pour moi de hontes.
Certes, il est bien dur à qui se voit régner
De montrer quelque estime, et la voir dédaigner.
Sous ombre de venger sa grandeur méprisée,
L'amour à la faveur trouve une pente aisée :
A l'intérêt du sceptre aussitôt attaché,
Il agit d'autant plus qu'il se croit bien caché,
Et s'ose imaginer qu'il ne fait rien paroître
Que ce change de nom ne fasse méconnoître.
J'ai fait Carlos marquis, et comte, et gouverneur ;
Il doit à ses jaloux tous ces titres d'honneur :
M'en voulant faire avare, ils m'en faisoient prodigue ;
Ce torrent grossissoit, rencontrant cette digue :
C'étoit plus les punir que le favoriser.
L'amour me parloit trop, j'ai voulu l'amuser ;
Par ces profusions j'ai cru le satisfaire,
Et l'ayant satisfait, l'obliger à se taire ;
Mais, hélas ! en mon cœur il avoit tant d'appui,
Que je n'ai pu jamais prononcer contre lui,
Et n'ai mis en ses mains ce don du diadème
Qu'afin de l'obliger à s'exclure lui-même.
Ainsi, pour apaiser les murmures du cœur,
Mon refus a porté les marques de faveur ;
Et, revêtant de gloire un invisible outrage,
De peur d'en faire un roi je l'ai fait davantage :
Outre qu'indifférente aux vœux de tous les trois
J'espérois que l'amour pourroit suivre son choix,
Et que le moindre d'eux, de soi-même estimable,
Recevroit de sa main la qualité d'aimable.

Voilà, Blanche, où j'en suis; voilà ce que j'ai fait;
Voilà les vrais motifs dont tu voyois l'effet :
Car mon âme pour lui, quoique ardemment pressée,
Ne sauroit se permettre une indigne pensée;
Et je mourrois encore avant que m'accorder
Ce qu'en secret mon cœur ose me demander.
Mais enfin je vois bien que je me suis trompée
De m'en être remise à qui porte une épée,
Et trouve occasion, dessous cette couleur,
De venger le mépris qu'on fait de sa valeur.
Je devois par mon choix étouffer cent querelles;
Et l'ordre que j'y tiens en forme de nouvelles,
Et jette entre les grands, amoureux de mon rang,
Une nécessité de répandre du sang.
Mais j'y saurai pourvoir.

BLANCHE.
C'est un pénible ouvrage
D'arrêter un combat qu'autorise l'usage,
Que les lois ont réglé, que les rois vos aïeux
Daignoient assez souvent honorer de leurs yeux :
On ne s'en dédit point sans quelque ignominie,
Et l'honneur aux grands cœurs est plus cher que la vie

D. ISABELLE.
Je sais ce que tu dis, et n'irai pas de front
Faire un commandement qu'ils prendroient pour affront.
Lorsque le déshonneur souille l'obéissance,
Les rois peuvent douter de leur toute-puissance ;
Qui la hasarde alors n'en sait pas bien user;
Et qui veut pouvoir tout ne doit pas tout oser.
Je romprai ce combat feignant de le permettre,
Et je le tiens rompu si je puis le remettre.
Les reines d'Aragon pourront même m'aider.
Voici déjà Carlos que je viens de mander :
Demeure, et tu verras avec combien d'adresse
Ma gloire de mon âme est toujours la maîtresse.

SCÈNE II. — D. ISABELLE, CARLOS, BLANCHE.

D. ISABELLE.
Vous avez bien servi, marquis, et jusqu'ici
Vos armes ont pour nous dignement réussi :
Je pense avoir aussi bien payé vos services.
Malgré vos envieux et leurs mauvais offices,
J'ai fait beaucoup pour vous, et tout ce que j'ai fait
Ne vous a pas coûté seulement un souhait.
Si cette récompense est pourtant si petite
Qu'elle ne puisse aller jusqu'à votre mérite,

ACTE II, SCÈNE II.

S'il vous en reste encor quelque autre à souhaiter,
Parlez, et donnez-moi moyen de m'acquitter.
CARLOS.
Après tant de faveurs à pleines mains versées,
Dont mon cœur n'eût osé concevoir les pensées,
Surpris, troublé, confus, accablé de bienfaits,
Que j'osasse former encor quelques souhaits!
D. ISABELLE.
Vous êtes donc content; et j'ai lieu de me plaindre.
CARLOS.
De moi?
D. ISABELLE.
De vous, marquis. Je vous parle sans feindre :
Écoutez. Votre bras a bien servi l'État,
Tant que vous n'avez eu que le nom de soldat;
Dès que je vous fais grand, sitôt que je vous donne
Le droit de disposer de ma propre personne,
Ce même bras s'apprête à troubler son repos,
Comme si le marquis cessoit d'être Carlos,
Ou que cette grandeur ne fût qu'un avantage
Qui dût à sa ruine armer votre courage.
Les trois comtes en sont les plus fermes soutiens :
Vous attaquez en eux ses appuis et les miens;
C'est son sang le plus pur que vous voulez répandre :
Et vous pouvez juger l'honneur qu'on leur doit rendre,
Puisque ce même État, me demandant un roi,
Les a jugés eux trois les plus dignes de moi.
Peut-être un peu d'orgueil vous a mis dans la tête
Qu'à venger leur mépris ce prétexte est honnête;
Vous en avez suivi la première chaleur :
Mais leur mépris va-t-il jusqu'à votre valeur?
N'en ont-ils pas rendu témoignage à ma vue?
Ils ont fait peu d'état d'une race inconnue,
Ils ont douté d'un sort que vous voulez cacher :
Quand un doute si juste auroit dû vous toucher
J'avois pris quelque soin de vous venger moi-même.
Remettre entre vos mains le don du diadème,
Ce n'étoit pas, marquis, vous venger à demi.
Je vous ai fait leur juge, et non leur ennemi;
Et si sous votre choix j'ai voulu les réduire,
C'est pour vous faire honneur et non pour les détruire.
C'est votre seul avis, non leur sang que je veux;
Et c'est m'entendre mal que vous armer contre eux.
N'auriez-vous point pensé que, si ce grand courage
Vous pouvoit sur tous trois donner quelque avantage,
On diroit que l'État, me cherchant un époux,
N'en auroit pu trouver de comparable à vous?

Ah! si je vous croyois si vain, si téméraire....
             CARLOS.
Madame, arrêtez là votre juste colère;
Je suis assez coupable, et n'ai que trop osé,
Sans choisir pour me perdre un crime supposé.
  Je ne me défends point des sentimens d'estime
Que vos moindres sujets auroient pour vous sans crime.
Lorsque je vois en vous les célestes accords
Des grâces de l'esprit et des beautés du corps,
Je puis, de tant d'attraits, l'âme toute ravie,
Sur l'heur de votre époux jeter un œil d'envie;
Je puis contre le ciel en secret murmurer
De n'être pas né roi pour pouvoir espérer;
Et, les yeux éblouis de cet éclat suprême,
Baisser soudain la vue, et rentrer en moi-même :
Mais que je laisse aller d'ambitieux soupirs,
Un ridicule espoir, de criminels désirs !...
Je vous aime, madame, et vous estime en reine;
Et quand j'aurois des feux dignes de votre haine,
Si votre âme, sensible à ces indignes feux,
Se pouvoit oublier jusqu'à souffrir mes vœux;
Si, par quelque malheur que je ne puis comprendre,
Du trône jusqu'à moi je la voyois descendre,
Commençant aussitôt à vous moins estimer,
Je cesserois sans doute aussi de vous aimer.
  L'amour que j'ai pour vous est tout à votre gloire :
Je ne vous prétends point pour fruit de ma victoire;
Je combats vos amans, sans dessein d'acquérir
Que l'heur d'en faire voir le plus digne, et mourir;
Et tiendrois mon destin assez digne d'envie,
S'il le faisoit connoître aux dépens de ma vie.
Seroit-ce à vos faveurs répondre pleinement
Que hasarder ce choix à mon seul jugement?
Il vous doit un époux, à la Castille un maître :
Je puis en mal juger, je puis les mal connoître.
Je sais qu'ainsi que moi le démon des combats
Peut donner au moins digne et vous et vos États;
Mais du moins, si le sort des armes journalières
En laisse par ma mort de mauvaises lumières,
Elle m'en ôtera la honte et le regret;
Et même, si votre âme en aime un en secret,
Et que ce triste choix rencontre mal le vôtre,
Je ne vous verrai point, entre les bras d'un autre,
Reprocher à Carlos par de muets soupirs
Qu'il est l'unique auteur de tous vos déplaisirs.
            D. ISABELLE.
Ne cherchez point d'excuse à douter de ma flamme,

Marquis; je puis aimer, puisqu'enfin je suis femme;
Mais, si j'aime, c'est mal me faire votre cour
Qu'exposer au trépas l'objet de mon amour;
Et toute votre ardeur se seroit modérée
A m'avoir dans ce doute assez considérée :
Je le veux éclaircir, et vous mieux éclairer,
Afin de vous apprendre à me considérer.
  Je ne le cèle point; j'aime, Carlos, oui, j'aime;
Mais l'amour de l'État, plus fort que de moi-même,
Cherche, au lieu de l'objet le plus doux à mes yeux,
Le plus digne héros de régner en ces lieux;
Et, craignant que mes feux osassent me séduire,
J'ai voulu m'en remettre à vous pour m'en instruire.
Mais je crois qu'il suffit que cet objet d'amour
Perde le trône et moi, sans perdre encor le jour :
Et mon cœur qu'on lui vole en souffre assez d'alarmes,
Sans que sa mort pour moi me demande des larmes.

CARLOS.
Ah! si le ciel tantôt me daignoit inspirer
En quel heureux amant je vous dois révérer,
Que par une facile et soudaine victoire....

D. ISABELLE.
Ne pensez qu'à défendre et vous et votre gloire.
Quel qu'il soit, les respects qui l'auroient épargné
Lui donneroient un prix qu'il auroit mal gagné;
Et céder à mes feux plutôt qu'à son mérite
Ne seroit que me rendre au juge que j'évite.
  Je n'abuserai point du pouvoir absolu
Pour défendre un combat entre vous résolu;
Je blesserois par là l'honneur de tous les quatre :
Les lois vous l'ont permis, je vous verrai combattre;
C'est à moi, comme reine, à nommer le vainqueur.
Dites-moi, cependant, qui montre plus de cœur?
Qui des trois le premier éprouve la fortune?

CARLOS.
Don Alvar.

D. ISABELLE.
    Don Alvar!

CARLOS.
    Oui, don Alvar de Lune.

D. ISABELLE.
On dit qu'il aime ailleurs.

CARLOS.
    On le dit; mais enfin
Lui seul jusqu'ici tente un si noble destin.

D. ISABELLE.
Je devine à peu près quel intérêt l'engage;

Et nous verrons demain quel sera son courage.
CARLOS.
Vous ne m'avez donné que ce jour pour ce choix.
D. ISABELLE.
J'aime mieux au lieu d'un vous en accorder trois.
CARLOS.
Madame, son cartel marque cette journée.
D. ISABELLE.
C'est peu que son cartel, si je ne l'ai donnée :
Qu'on le fasse venir pour la voir différer.
Je vais pour vos combats faire tout préparer.
Adieu. Souvenez-vous surtout de ma défense ;
Et vous aurez demain l'honneur de ma présence.

SCÈNE III. — CARLOS.

Consens-tu qu'on diffère, honneur ? le consens-tu ?
Cet ordre n'a-t-il rien qui souille ma vertu ?
N'ai-je point à rougir de cette déférence
Que d'un combat illustre achète la licence ?
Tu murmures, ce semble ? Achève ; explique-toi.
La reine a-t-elle droit de te faire la loi ?
Tu n'es point son sujet, l'Aragon m'a vu naître.
O ciel ! je m'en souviens, et j'ose encor paroître !
Et je puis, sous les noms de comte et de marquis,
D'un malheureux pêcheur reconnoître le fils !
Honteuse obscurité, qui seule me fais craindre !
Injurieux destin, qui seul me rends à plaindre !
Plus on m'en fait sortir, plus je crains d'y rentrer,
Et crois ne t'avoir fui que pour te rencontrer.
Ton cruel souvenir sans fin me persécute ;
Du rang où l'on m'élève il me montre la chute.
Lasse-toi désormais de me faire trembler ;
Je parle à mon honneur, ne viens point le troubler.
Laisse-le sans remords m'approcher des couronnes,
Et ne viens point m'ôter plus que tu ne me donnes.
Je n'ai plus rien à toi : la guerre a consumé
Tout cet indigne sang dont tu m'avois formé ;
J'ai quitté jusqu'au nom que je tiens de ta haine,
Et ne puis.... Mais voici ma véritable reine.

SCÈNE IV. — D. ELVIRE, CARLOS.

D. ELVIRE.
Ah ! Carlos, car j'ai peine à vous nommer marquis,
Non qu'un titre si beau ne vous soit bien acquis,
Non qu'avecque justice il ne vous appartienne,
Mais parce qu'il vous vient d'autre main que la mienne.

Et que je présumois n'appartenir qu'à moi
D'élever votre gloire au rang où je la voi.
Je me consolerois toutefois avec joie
Des faveurs que sans moi le ciel sur vous déploie,
Et verrois sans envie agrandir un héros,
Si le marquis tenoit ce qu'a promis Carlos,
S'il avoit comme lui son bras à mon service.
Je venois à la reine en demander justice ;
Mais, puisque je vous vois, vous m'en ferez raison.
  Je vous accuse donc, non pas de trahison,
Pour un cœur généreux cette tache est trop noire,
Mais d'un peu seulement de manque de mémoire.

CARLOS.

Moi, madame ?

D. ELVIRE.

Écoutez mes plaintes en repos.
Je me plains du marquis, et non pas de Carlos.
Carlos de tout son cœur me tiendroit sa parole :
Mais ce qu'il m'a donné, le marquis me le vole ;
C'est lui seul qui dispose ainsi du bien d'autrui,
Et prodigue son bras quand il n'est plus à lui.
Carlos se souviendroit que sa haute vaillance
Doit ranger don Garcie à mon obéissance ;
Qu'elle doit affermir mon sceptre dans ma main ;
Qu'il doit m'accompagner peut-être dès demain :
Mais ce Carlos n'est plus, le marquis lui succède,
Qu'une autre soif de gloire, un autre objet possède,
Et qui, du même bras que m'engageoit sa foi,
Entreprend trois combats pour une autre que moi.
Hélas ! si ces honneurs dont vous comble la reine
Réduisent mon espoir en une attente vaine ;
Si les nouveaux desseins que vous en concevez
Vous ont fait oublier ce que vous me devez,
Rendez-lui ces honneurs qu'un tel oubli profane,
Rendez-lui Peñafiel, Burgos, et Santillane ;
L'Aragon a de quoi vous payer ces refus,
Et vous donner encor quelque chose de plus.

CARLOS.

Et Carlos, et marquis, je suis à vous, madame.
Le changement de rang ne change point mon âme :
Mais vous trouverez bon que, par ces trois défis,
Carlos tâche à payer ce que doit le marquis.
Vous réserver mon bras noirci d'une infamie,
Attireroit sur vous la fortune ennemie,
Et vous hasarderoit, par cette lâcheté,
Au juste châtiment qu'il auroit mérité.
Quand deux occasions pressent un grand courage,

L'honneur à la plus proche avidement l'engage,
Et lui fait préférer, sans le rendre inconstant,
Celle qui se présente à celle qui l'attend.
Ce n'est pas, toutefois, madame, qu'il l'oublie :
Mais bien que je vous doive immoler don Garcie,
J'ai vu que vers la reine on perdoit le respect,
Que d'un indigne amour son cœur étoit suspect;
Pour m'avoir honoré je l'ai vue outragée,
Et ne puis m'acquitter qu'après l'avoir vengée.

D. ELVIRE.

C'est me faire une excuse où je ne comprends rien,
Sinon que son service est préférable au mien,
Qu'avant que de me suivre on doit mourir pour elle,
Et qu'étant son sujet il faut m'être infidèle.

CARLOS.

Ce n'est point en sujet que je cours au combat;
Peut-être suis-je né dedans quelque autre État :
Mais, par un zèle entier et pour l'une et pour l'autre,
J'embrasse également son service et le vôtre;
Et les plus grands périls n'ont rien de hasardeux
Que j'ose refuser pour aucune des deux.
Quoique engagé demain à combattre pour elle,
S'il falloit aujourd'hui venger votre querelle,
Tout ce que je lui dois ne m'empêcheroit pas
De m'exposer pour vous à plus de trois combats.
Je voudrois toutes deux pouvoir vous satisfaire,
Vous, sans manquer vers elle; elle, sans vous déplaire :
Cependant je ne puis servir elle ni vous
Sans de l'une ou de l'autre allumer le courroux.
Je plaindrois un amant qui souffriroit mes peines,
Et, tel pour deux beautés que je suis pour deux reines,
Se verroit déchiré par un égal amour,
Tel que sont mes respects dans l'une et l'autre cour :
L'âme d'un tel amant, tristement balancée,
Sur d'éternels soucis voit flotter sa pensée;
Et, ne pouvant résoudre à quels vœux se borner,
N'ose rien acquérir, ni rien abandonner :
Il n'aime qu'avec trouble, il ne voit qu'avec crainte;
Tout ce qu'il entreprend donne sujet de plainte;
Ses hommages partout ont de fausses couleurs,
Et son plus grand service est un grand crime ailleurs.

D. ELVIRE.

Aussi sont-ce d'amour les premières maximes,
Que partager son âme est le plus grand des crimes.
Un cœur n'est à personne alors qu'il est à deux;
Aussitôt qu'il les offre il dérobe ses vœux;
Ce qu'il a de constance, à choisir trop timide,

Le rend vers l'une ou l'autre incessamment perfide;
Et, comme il n'est enfin ni rigueurs, ni mépris
Qui d'un pareil amour ne soient un digne prix,
Il ne peut mériter d'aucun œil qui le charme,
En servant, un regard, en mourant, une larme.
CARLOS.
Vous seriez bien sévère envers un tel amant.
D. ELVIRE.
Allons voir si la reine agiroit autrement,
S'il en devroit attendre un plus léger supplice.
Cependant don Alvar le premier entre en lice;
Et vous savez l'amour qu'il m'a toujours fait voir.
CARLOS.
Je sais combien sur lui vous avez de pouvoir.
D. ELVIRE.
Quand vous le combattrez, pensez à ce que j'aime,
Et ménagez son sang comme le vôtre même.
CARLOS.
Quoi! m'ordonneriez-vous qu'ici j'en fisse un roi?
D. ELVIRE.
Je vous dis seulement que vous pensiez à moi.

ACTE TROISIÈME.

SCÈNE I. — D. ELVIRE, D. ALVAR.

D. ELVIRE.
Vous pouvez donc m'aimer, et d'une âme bien saine
Entreprendre un combat pour acquérir la reine!
Quel astre agit sur vous avec tant de rigueur,
Qu'il force votre bras à trahir votre cœur?
L'honneur, me dites-vous, vers l'amour vous excuse.
Ou cet honneur se trompe, ou cet amour s'abuse;
Et je ne comprends point, dans un si mauvais tour,
Ni quel est cet honneur, ni quel est cet amour.
Tout l'honneur d'un amant, c'est d'être amant fidèle;
Si vous m'aimez encor, que prétendez-vous d'elle?
Et si vous l'acquérez, que voulez-vous de moi?
Aurez-vous droit alors de lui manquer de foi?
La mépriserez-vous quand vous l'aurez acquise?
D. ALVAR.
Qu'étant né son sujet jamais je la méprise!
D. ELVIRE.
Que me voulez-vous donc? Vaincu par don Carlos,
Aurez-vous quelque grâce à troubler mon repos?

En serez-vous plus digne? et, par cette victoire,
Répandra-t-il sur vous un rayon de sa gloire?
D. ALVAR.
Que j'ose présenter ma défaite à vos yeux!
D. ELVIRE.
Que me veut donc enfin ce cœur ambitieux?
D. ALVAR.
Que vous preniez pitié de l'état déplorable
Où votre long refus réduit un misérable.
Mes vœux mieux écoutés, par un heureux effet,
M'auroient su garantir de l'honneur qu'on m'a fait;
Et l'État par son choix ne m'eût pas mis en peine
De manquer à ma gloire, ou d'acquérir ma reine.
Votre refus m'expose à cette dure loi
D'entreprendre un combat qui n'est que contre moi;
J'en crains également l'une et l'autre fortune.
Et le moyen aussi que j'en souhaite aucune?
Ni vaincu, ni vainqueur, je ne puis être à vous :
Vaincu, j'en suis indigne, et vainqueur, son époux;
Et le destin m'y traite avec tant d'injustice,
Que son plus beau succès me tient lieu de supplice.
Aussi, quand mon devoir ose la disputer,
Je ne veux l'acquérir que pour vous mériter,
Que pour montrer qu'en vous j'adorois la personne,
Et me pouvois ailleurs promettre une couronne.
Fasse le juste ciel que j'y puisse, ou mourir,
Ou ne la mériter que pour vous acquérir!
D. ELVIRE.
Ce sont vœux superflus de vouloir un miracle
Où votre gloire oppose un invincible obstacle;
Et la reine pour moi vous saura bien payer
Du temps qu'un peu d'amour vous fit mal employer.
Ma couronne est douteuse, et la sienne affermie;
L'avantage du change en ôte l'infamie.
Allez; n'en perdez pas la digne occasion,
Poursuivez-la sans honte et sans confusion.
La légèreté même où tant d'honneur engage
Est moins légèreté que grandeur de courage :
Mais gardez que Carlos ne me venge de vous.
D. ALVAR.
Ah! laissez-moi, madame, adorer ce courroux.
J'avois cru jusqu'ici mon combat magnanime;
Mais je suis trop heureux s'il passe pour un crime,
Et si, quand de vos lois l'honneur me fait sortir,
Vous m'estimez assez pour vous en ressentir.
De ce crime vers vous quels que soient les supplices,
Du moins il m'a valu plus que tous mes services,

ACTE III, SCÈNE I.

Puisqu'il me fait connoître, alors qu'il vous déplaît,
Que vous daignez en moi prendre quelque intérêt.

D. ELVIRE.

Le crime, don Alvar, dont je semble irritée,
C'est qu'on me persécute après m'avoir quittée ;
Et, pour vous dire encor quelque chose de plus,
Je me fâche d'entendre accuser mes refus.
  Je suis reine sans sceptre, et n'en ai que le titre ;
Le pouvoir m'en est dû, le temps en est l'arbitre.
Si vous m'avez servie en généreux amant
Quand j'ai reçu du ciel le plus dur traitement,
J'ai tâché d'y répondre avec toute l'estime
Que pouvoit en attendre un cœur si magnanime.
Pouvois-je en cet exil davantage sur moi ?
Je ne veux point d'époux que je n'en fasse un roi ;
Et je n'ai pas une âme assez basse et commune
Pour en faire un appui de ma triste fortune.
C'est chez moi, don Alvar, dans la pompe et l'éclat,
Que me le doit choisir le bien de mon État.
Il falloit arracher mon sceptre à mon rebelle,
Le remettre en ma main pour le recevoir d'elle ;
Je vous aurois peut-être alors considéré
Plus que ne m'a permis un sort si déploré :
Mais une occasion plus prompte et plus brillante
A surpris cependant votre amour chancelante ;
Et, soit que votre cœur s'y trouvât disposé,
Soit qu'un si long refus l'y laissât exposé,
Je ne vous blâme point de l'avoir acceptée :
De plus constans que vous l'auroient bien écoutée.
Quelle qu'en soit pourtant la cause ou la couleur,
Vous pouviez l'embrasser avec moins de chaleur,
Combattre le dernier, et, par quelque apparence,
Témoigner que l'honneur vous faisoit violence ;
De cette illusion l'artifice secret
M'eût forcée à vous plaindre et vous perdre à regret :
Mais courir au-devant, et vouloir bien qu'on voie
Que vos vœux mal reçus m'échappent avec joie !

D. ALVAR.

Vous auriez donc voulu que l'honneur d'un tel choix
Eût montré votre amant le plus lâche des trois ?
Que pour lui cette gloire eût eu trop peu d'amorces,
Jusqu'à ce qu'un rival eût épuisé ses forces ?
Que....

D. ELVIRE.

  Vous achèverez au sortir du combat,
Si toutefois Carlos vous en laisse en état.
Voilà vos deux rivaux avec qui je vous laisse,

Et vous dirai demain pour qui je m'intéresse.
D. ALVAR.
Hélas! pour le bien voir je n'ai que trop de jour.

SCÈNE II. — D. MANRIQUE, D. LOPE, D. ALVAR.

D. MANRIQUE.
Qui vous traite le mieux, la fortune, ou l'amour?
La reine charme-t-elle auprès de done Elvire?
D. ALVAR.
Si j'emporte la bague, il faudra vous le dire.
D. LOPE.
Carlos vous nuit partout, du moins à ce qu'on croit.
D. ALVAR.
Il fait plus d'un jaloux, du moins à ce qu'on voit.
D. LOPE.
Il devroit par pitié vous céder l'une ou l'autre.
D. ALVAR.
Plaignant mon intérêt, n'oubliez pas le vôtre.
D. MANRIQUE.
De vrai, la presse est grande à qui le fera roi.
D. ALVAR.
Je vous plains fort tous deux, s'il vient à bout de moi.
D. MANRIQUE.
Mais si vous le vainquez, serons-nous fort à plaindre?
D. ALVAR.
Quand je l'aurai vaincu, vous aurez fort à craindre.
D. LOPE.
Oui, de vous voir longtemps hors de combat pour nous.
D. ALVAR.
Nous aurons essuyé les plus dangereux coups.
D. MANRIQUE.
L'heure nous tardera d'en voir l'expérience.
D. ALVAR.
On pourra vous guérir de cette impatience.
D. LOPE.
De grâce, faites donc que ce soit promptement.

SCÈNE III. — D. ISABELLE, D. MANRIQUE, D. ALVAR, D. LOPE.

D. ISABELLE.
Laissez-moi, don Alvar, leur parler un moment:
Je n'entreprendrai rien à votre préjudice;
Et mon dessein ne va qu'à vous faire justice,
Qu'à vous favoriser plus que vous ne voulez.
D. ALVAR.
Je ne sais qu'obéir alors que vous parlez.

ACTE III, SCÈNE IV.

SCÈNE IV. — D. ISABELLE, D. MANRIQUE, D. LOPE.

D. ISABELLE.

Comtes, je ne veux plus donner lieu qu'on murmure
Que choisir par autrui c'est me faire une injure;
Et puisque de ma main le choix sera plus beau,
Je veux choisir moi-même, et reprendre l'anneau.
Je ferai plus pour vous : des trois qu'on me propose,
J'en exclus don Alvar; vous en savez la cause :
Je ne veux point gêner un cœur plein d'autres feux,
Et vous ôte un rival pour le rendre à ses vœux.
Qui n'aime que par force aime qu'on le néglige;
Et mon refus du moins autant que vous l'oblige.
   Vous êtes donc les seuls que je veux regarder :
Mais, avant qu'à choisir j'ose me hasarder,
Je voudrois voir en vous quelque preuve certaine
Qu'en moi c'est moi qu'on aime, et non l'éclat de reine.
L'amour n'est, ce dit-on, qu'une union d'esprits;
Et je tiendrois des deux celui-là mieux épris
Qui favoriseroit ce que je favorise,
Et ne mépriseroit que ce que je méprise,
Qui prendroit en m'aimant même cœur, mêmes yeux :
Si vous ne m'entendez, je vais m'expliquer mieux.
   Aux vertus de Carlos j'ai paru libérale :
Je voudrois en tous deux voir une estime égale,
Qu'il trouvât même honneur, même justice en vous,
Car ne présumez pas que je prenne un époux
Pour m'exposer moi-même à ce honteux outrage
Qu'un roi fait de ma main détruise mon ouvrage;
N'y pensez l'un ni l'autre, à moins qu'un digne effet
Suive de votre part ce que pour lui j'ai fait,
Et que par cet aveu je demeure assurée
Que tout ce qui m'a plu doit être de durée.

D. MANRIQUE.

Toujours Carlos, madame! et toujours son bonheur
Fait dépendre de lui le nôtre et votre cœur!
Mais puisque c'est par là qu'il faut enfin vous plaire,
Vous-même apprenez-nous ce que nous pouvons faire.
   Nous l'estimons tous deux un des braves guerriers
A qui jamais la guerre ait donné des lauriers :
Notre liberté même est due à sa vaillance;
Et, quoiqu'il ait tantôt montré quelque insolence,
Dont nous a dû piquer l'honneur de notre rang,
Vous avez suppléé l'obscurité du sang.
Ce qu'il vous plaît qu'il soit, il est digne de l'être.
Nous lui devons beaucoup, et l'allions reconnoître,
L'honorer en soldat, et lui faire du bien :

Mais après vos faveurs nous ne pouvons plus rien :
Qui pouvoit pour Carlos ne peut rien pour un comte;
Il n'est rien en nos mains qu'il ne reçût sans honte;
Et vous avez pris soin de le payer pour nous.

D. ISABELLE.

Il en est en vos mains des présens assez doux,
Qui purgeroient vos noms de toute ingratitude,
Et mon âme pour lui de toute inquiétude;
Il en est dont sans honte il seroit possesseur :
En un mot, vous avez l'un et l'autre une sœur;
Et je veux que le roi qu'il me plaira de faire
En recevant ma main, le fasse son beau-frère;
Et que par cet hymen son destin affermi
Ne puisse en mon époux trouver son ennemi.

Ce n'est pas, après tout, que j'en craigne la haine;
Je sais qu'en cet État je serai toujours reine,
Et qu'un tel roi jamais, quel que soit son projet,
Ne sera sous ce nom que mon premier sujet;
Mais je ne me plais pas à contraindre personne,
Et moins que tous un cœur à qui le mien se donne.
Répondez donc tous deux : n'y consentez-vous pas?

D. MANRIQUE.

Oui, madame, aux plus longs et plus cruels trépas,
Plutôt qu'à voir jamais de pareils hyménées
Ternir en un moment l'éclat de mille années.
Ne cherchez point par là cette union d'esprits :
Votre sceptre, madame, est trop cher à ce prix;
Et jamais....

D. ISABELLE.

Ainsi donc vous me faites connoître
Que ce que je l'ai fait il est digne de l'être,
Que je puis suppléer l'obscurité du sang?

D. MANRIQUE.

Oui, bien pour l'élever jusques à notre rang.
Jamais un souverain ne doit compte à personne
Des dignités qu'il fait, et des grandeurs qu'il donne :
S'il est d'un sort indigne ou l'auteur ou l'appui,
Comme il le fait lui seul, la honte est toute à lui.
Mais disposer d'un sang que j'ai reçu sans tache!
Avant que le souiller il faut qu'on me l'arrache;
J'en dois compte aux aïeux dont il est hérité,
A toute leur famille, à la postérité.

D. ISABELLE.

Et moi, Manrique, et moi, qui n'en dois aucun compte,
J'en disposerai seule, et j'en aurai la honte.
Mais quelle extravagance a pu vous figurer
Que je me donne à vous pour vous déshonorer,

ACTE III, SCÈNE IV.

Que mon sceptre en vos mains porte quelque infamie?
Si je suis jusque-là de moi-même ennemie,
En quelle qualité, de sujet, ou d'amant,
M'osez-vous expliquer ce noble sentiment?
Ah! si vous n'apprenez à parler d'autre sorte....

D. LOPE.

Madame, pardonnez à l'ardeur qui l'emporte;
Il devoit s'excuser avec plus de douceur.
Nous avons, en effet, l'un et l'autre une sœur;
Mais, si j'ose en parler avec quelque franchise,
A d'autres qu'au marquis l'une et l'autre est promise.

D. ISABELLE.

A qui, don Lope?

D. MANRIQUE.

A moi, madame.

D. ISABELLE.

Et l'autre?

D. LOPE.

A moi.

D. ISABELLE.

J'ai donc tort parmi vous de vouloir faire un roi.
Allez, heureux amans, allez voir vos maîtresses;
Et, parmi les douceurs de vos dignes caresses,
N'oubliez pas de dire à ces jeunes esprits
Que vous faites du trône un généreux mépris.
Je vous l'ai déjà dit, je ne force personne,
Et rends grâce à l'État des amans qu'il me donne.

D. LOPE.

Écoutez-nous de grâce.

D. ISABELLE.

Et que me direz-vous?
Que la constance est belle au jugement de tous?
Qu'il n'est point de grandeurs qui la doivent séduire?
Quelques autres que vous m'en sauront mieux instruire;
Et, si cette vertu ne se doit point forcer,
Peut-être qu'à mon tour je saurai l'exercer.

D. LOPE.

Exercez-la, madame, et souffrez qu'on s'explique.
Vous connoîtrez du moins don Lope et don Manrique,
Qu'un vertueux amour qu'ils ont tous deux pour vous,
Ne pouvant rendre heureux sans en faire un jaloux,
Porte à tarir ainsi la source des querelles
Qu'entre les grands rivaux on voit si naturelles.
Ils se sont l'un à l'autre attachés par ces nœuds
Qui n'auront leur effet que pour le malheureux:
Il me devra sa sœur, s'il faut qu'il vous obtienne;
Et si je suis à vous, je lui devrai la mienne.
Celui qui doit vous perdre, ainsi, malgré son sort

A s'approcher de vous fait encor son effort :
Ainsi, pour consoler l'une ou l'autre infortune,
L'une et l'autre est promise, et nous n'en devons qu'une
Nous ignorons laquelle; et vous la choisirez,
Puisque enfin c'est la sœur du roi que vous ferez.
 Jugez donc si Carlos en peut être beau-frère,
Et si vous devez rompre un nœud si salutaire,
Hasarder un repos à votre État si doux,
Qu'affermit sous vos lois la concorde entre nous.

D. ISABELLE.

Et ne savez-vous point qu'étant ce que vous êtes,
Vos sœurs, par conséquent, mes premières sujettes,
Les donner sans mon ordre, et même malgré moi,
C'est dans mon propre État m'oser faire la loi?

D. MANRIQUE.

Agissez donc enfin, madame, en souveraine,
Et souffrez qu'on s'excuse, ou commandez en reine;
Nous vous obéirons, mais sans y consentir;
Et pour vous dire tout avant que de sortir,
Carlos est généreux, il connoît sa naissance;
Qu'il se juge en secret sur cette connoissance;
Et s'il trouve son sang digne d'un tel honneur,
Qu'il vienne, nous tiendrons l'alliance à bonheur;
Qu'il choisisse des deux, et l'épouse, s'il l'ose.
 Nous n'avons plus, madame, à vous dire autre chose :
Mettre en un tel hasard le choix de leur époux,
C'est jusqu'où nous pouvons nous abaisser pour vous;
Mais, encore une fois, que Carlos y regarde,
Et pense à quels périls cet hymen le hasarde.

D. ISABELLE.

Vous-même gardez bien, pour le trop dédaigner,
Que je ne montre enfin comme je sais régner.

SCÈNE V. — D. ISABELLE.

Quel est ce mouvement qui tous deux les mutine,
Lorsque l'obéissance au trône les destine?
Est-ce orgueil? est-ce envie? est-ce animosité,
Défiance, mépris, ou générosité?
N'est-ce point que le ciel ne consent qu'avec peine
Cette triste union d'un sujet à sa reine,
Et jette un prompt obstacle aux plus aisés desseins
Qui laissent choir mon sceptre en leurs indignes mains?
Mes yeux n'ont-ils horreur d'une telle bassesse
Que pour s'abaisser trop lorsque je les abaisse?
Quel destin à ma gloire oppose mon ardeur?
Quel destin à ma flamme oppose ma grandeur?

Si ce n'est que par là que je m'en puis défendre,
Ciel, laisse-moi donner ce que je n'ose prendre;
Et puisque enfin pour moi tu n'as point fait de rois,
Souffre de mes sujets le moins indigne choix.

SCÈNE VI. — D. ISABELLE, BLANCHE.

D. ISABELLE.
Blanche, j'ai perdu temps.

BLANCHE.
Je l'ai perdu de même.

D. ISABELLE.
Les comtes à ce prix fuyent le diadème.

BLANCHE.
Et Carlos ne veut point de fortune à ce prix.

D. ISABELLE.
Rend-il haine pour haine, et mépris pour mépris?

BLANCHE.
Non, madame, au contraire, il estime ces dames
Dignes des plus grands cœurs et des plus belles flammes.

D. ISABELLE.
Et qui l'empêche donc d'aimer et de choisir?

BLANCHE.
Quelque secret obstacle arrête son désir.
Tout le bien qu'il en dit ne passe point l'estime;
Charmantes qu'elles sont, les aimer c'est un crime.
Il ne s'excuse point sur l'inégalité;
Il semble plutôt craindre une infidélité;
Et ses discours obscurs, sous un confus mélange,
M'ont fait voir malgré lui comme une horreur du change,
Comme une aversion qui n'a pour fondement
Que les secrets liens d'un autre attachement.

D. ISABELLE.
Il aimeroit ailleurs!

BLANCHE.
Oui, si je ne m'abuse,
Il aime en lieu plus haut que n'est ce qu'il refuse;
Et si je ne craignois votre juste courroux,
J'oserois deviner, madame, que c'est vous.

D. ISABELLE.
Ah! ce n'est pas pour moi qu'il est si téméraire;
Tantôt dans ses respects j'ai trop vu le contraire:
Si l'éclat de mon sceptre avoit pu le charmer,
Il ne m'auroit jamais défendu de l'aimer.
S'il aime en lieu si haut, il aime donc Elvire;
Il doit l'accompagner jusque dans son empire,
Et fait à mes amans ces défis généreux,

Non pas pour m'acquérir, mais pour se venger d'eux.
   Je l'ai donc agrandi pour le voir disparoître,
Et qu'une reine, ingrate à l'égal de ce traître,
M'enlève, après vingt ans de refuge en ces lieux,
Ce qu'avoit mon État de plus doux à mes yeux !
Non, j'ai pris trop de soin de conserver sa vie.
Qu'il combatte, qu'il meure, et j'en serai ravie.
Je saurai par sa mort à quels vœux m'engager,
Et j'aimerai des trois qui m'en saura venger.

BLANCHE.

Que vous peut offenser sa flamme ou sa retraite,
Puisque vous n'aspirez qu'à vous en voir défaite ?
Je ne sais pas s'il aime ou donc Elvire ou vous,
Mais je ne comprends point ce mouvement jaloux.

D. ISABELLE.

Tu ne le comprends point ! et c'est ce qui m'étonne :
Je veux donner son cœur, non que son cœur le donne ;
Je veux que son respect l'empêche de m'aimer,
Non des flammes qu'une autre a su mieux allumer :
Je veux bien plus : qu'il m'aime, et qu'un juste silence
Fasse à des feux pareils pareille violence ;
Que l'inégalité lui donne même ennui ;
Qu'il souffre autant pour moi que je souffre pour lui ;
Que par le seul dessein d'affermir sa fortune,
Et non point par amour, il se donne à quelqu'une ;
Que par mon ordre seul il s'y laisse obliger ;
Que ce soit m'obéir, et non me négliger ;
Et que, voyant ma flamme à l'honorer trop prompte,
Il m'ôte de péril sans me faire de honte.
Car enfin il l'a vue, et la connoît trop bien ;
Mais il aspire au trône, et ce n'est pas au mien ;
Il me préfère une autre, et cette préférence
Forme de son respect la trompeuse apparence :
Faux respect qui me brave, et veut régner sans moi !

BLANCHE.

Pour aimer donc Elvire, il n'est pas encor roi.

D. ISABELLE.

Elle est reine, et peut tout sur l'esprit de sa mère.

BLANCHE.

Si ce n'est un faux bruit, le ciel lui rend un frère.
Don Sanche n'est point mort, et vient ici, dit-on,
Avec les députés qu'on attend d'Aragon ;
C'est ce qu'en arrivant leurs gens ont fait entendre.

D. ISABELLE.

Blanche, s'il est ainsi, que d'heur j'en dois attendre !
L'injustice du ciel, faute d'autres objets,
Me forçoit d'abaisser mes yeux sur mes sujets.

Ne voyant point de prince égal à ma naissance
Qui ne fût sous l'hymen, ou Maure, ou dans l'enfance :
Mais, s'il lui rend un frère, il m'envoie un époux.
  Comtes, je n'ai plus d'yeux pour Carlos ni pour vous ;
Et, devenant par là reine de ma rivale,
J'aurai droit d'empêcher qu'elle ne se ravale,
Et ne souffrirai pas qu'elle ait plus de bonheur
Que ne m'en ont permis ces tristes lois d'honneur.
                    BLANCHE.
La belle occasion que votre jalousie,
Douteuse encor qu'elle est, a promptement saisie !
                    D. ISABELLE.
Allons l'examiner, Blanche ; et tâchons de voir
Quelle juste espérance on peut en concevoir.

ACTE QUATRIÈME.

SCÈNE I. — D. LÉONOR, D. MANRIQUE, D. LOPE.
                    D. MANRIQUE.
Quoique l'espoir d'un trône et l'amour d'une reine
Soient des biens que jamais on ne céda sans peine,
Quoiqu'à l'un de nous deux elle ait promis sa foi,
Nous cessons de prétendre où nous voyons un roi.
Dans notre ambition nous savons nous connoître ;
Et, bénissant le ciel qui nous donne un tel maître,
Ce prince qu'il vous rend après tant de travaux
Trouve en nous des sujets, et non pas des rivaux :
Heureux si l'Aragon, joint avec la Castille,
Du sang de deux grands rois ne fait qu'une famille !
  Nous vous en conjurons, loin d'en être jaloux,
Comme étant l'un et l'autre à l'État plus qu'à nous ;
Et, tous impatiens d'en voir la force unie
Des Maures, nos voisins, dompter la tyrannie,
Nous renonçons sans honte à ce choix glorieux,
Qui d'une grande reine abaissoit trop les yeux.
                    D. LÉONOR.
La générosité de votre déférence,
Comtes, flatte trop tôt ma nouvelle espérance :
D'un avis si douteux j'attends fort peu de fruit ;
Et ce grand bruit enfin peut-être n'est qu'un bruit.
Mais jugez-en tous deux, et me daignez apprendre
Ce qu'avecque raison mon cœur en doit attendre.
  Les troubles d'Aragon vous sont assez connus ;
Je vous en ai souvent tous deux entretenus ;

Et ne vous redis point quelles longues misères
Chassèrent don Fernand du trône de ses pères.
Il y voyoit déjà monter ses ennemis,
Ce prince malheureux, quand j'accouchai d'un fils :
On le nomma don Sanche ; et, pour cacher sa vie
Aux barbares fureurs du traître don Garcie,
A peine eus-je loisir de lui dire un adieu,
Qu'il le fit enlever sans me dire en quel lieu ;
Et je n'en pus jamais savoir que quelques marques,
Pour reconnoître un jour le sang de nos monarques.
Trop inutiles soins contre un si mauvais sort !
Lui-même au bout d'un an m'apprit qu'il étoit mort.
Quatre ans après il meurt et me laisse une fille
Dont je vins par son ordre accoucher en Castille.
Il me souvient toujours de ses derniers propos ;
Il mourut en mes bras avec ces tristes mots :
« Je meurs, et je vous laisse en un sort déplorable !
Le ciel vous puisse un jour être plus favorable !
Don Raimond a pour vous des secrets importans,
Et vous les apprendra quand il en sera temps :
Fuyez dans la Castille. » A ces mots il expire,
Et jamais don Raimond ne me voulut rien dire.
Je partis sans lumière en ces obscurités :
Mais le voyant venir avec ces députés,
Et que c'est par leurs gens que ce grand bruit éclate
(Voyez qu'en sa faveur aisément on se flatte !),
J'ai cru que du secret le temps étoit venu,
Et que don Sanche étoit ce mystère inconnu ;
Qu'il l'amenoit ici reconnoître sa mère.
Hélas ! que c'est en vain que mon amour l'espère !
A ma confusion ce bruit s'est éclairci ;
Bien loin de l'amener, ils le cherchent ici :
Voyez quelle apparence, et si cette province
A jamais su le nom de ce malheureux prince.

D. LOPE.

Si vous croyez au nom, vous croirez son trépas,
Et qu'on cherche don Sanche où don Sanche n'est pas ;
Mais si vous en voulez croire la voix publique,
Et que notre pensée avec elle s'explique,
Ou le ciel pour jamais a repris ce héros,
Ou cet illustre prince est le vaillant Carlos.
Nous le dirons tous deux, quoique suspects d'envie,
C'est un miracle pur que le cours de sa vie.
Cette haute vertu qui charme tant d'esprits,
Cette fière valeur qui brave nos mépris,
Ce port majestueux qui, tout inconnu même
A plus d'accès que nous auprès du diadème,

ACTE IV, SCÈNE I.

Deux reines qu'à l'envi nous voyons l'estimer,
Et qui peut-être ont peine à ne le pas aimer;
Ce prompt consentement d'un peuple qui l'adore :
Madame, après cela j'ose le dire encore,
Ou le ciel pour jamais a repris ce héros,
Ou cet illustre prince est le vaillant Carlos.
Nous avons méprisé sa naissance inconnue;
Mais à ce peu de jour nous recouvrons la vue,
Et verrions à regret qu'il fallût aujourd'hui
Céder notre espérance à tout autre qu'à lui.

D. LÉONOR.

Il en a le mérite et non pas la naissance;
Et lui-même il en donne assez de connoissance,
Abandonnant la reine à choisir parmi vous
Un roi pour la Castille, et pour elle un époux.

D. MANRIQUE.

Et ne voyez-vous pas que sa valeur s'apprête
A faire sur tous trois cette illustre conquête?
Oubliez-vous déjà qu'il a dit à vos yeux
Qu'il ne veut rien devoir au nom de ses aïeux?
Son grand cœur se dérobe à ce haut avantage,
Pour devoir sa grandeur entière à son courage;
Dans une cour si belle et si pleine d'appas,
Avez-vous remarqué qu'il aime en lieu plus bas?

D. LÉONOR.

Le voici; nous saurons ce que lui-même en pense.

SCÈNE II. — D. LÉONOR, CARLOS, D. MANRIQUE, D. LOPE.

CARLOS.

Madame, sauvez-moi d'un honneur qui m'offense :
Un peuple opiniâtre à m'arracher mon nom
Veut que je sois don Sanche, et prince d'Aragon.
Puisque par sa présence il faut que ce bruit meure,
Dois-je être, en l'attendant, le fantôme d'une heure?
Ou, si c'est une erreur qui lui promet ce roi,
Souffrez-vous qu'elle abuse et de vous et de moi?

D. LÉONOR.

Quoi que vous présumiez de la voix populaire,
Par de secrets rayons le ciel souvent l'éclaire :
Vous apprendrez par là du moins les vœux de tous,
Et quelle opinion les peuples ont de vous.

D. LOPE.

Prince, ne cachez plus ce que le ciel découvre;
Ne fermez pas nos yeux quand sa main nous les ouvre.
Vous devez être las de nous faire faillir.
Nous ignorons quel fruit vous en vouliez cueillir,

Mais nous avions pour vous une estime assez haute
Pour n'être pas forcés à commettre une faute;
Et notre honneur, au vôtre en aveugle opposé,
Méritoit par pitié d'être désabusé.
Notre orgueil n'est pas tel, qu'il s'attache aux personnes,
Ou qu'il ose oublier ce qu'il doit aux couronnes;
Et s'il n'a pas eu d'yeux pour un roi déguisé,
Si l'inconnu Carlos s'en est vu méprisé,
Nous respectons don Sanche, et l'acceptons pour maître,
Sitôt qu'à notre reine il se fera connoître :
Et sans doute son cœur nous en avouera bien.
Hâtez cette union de votre sceptre au sien,
Seigneur, et, d'un soldat quittant la fausse image,
Recevez, comme roi, notre premier hommage.

CARLOS.

Comtes, ces faux respects dont je me vois surpris
Sont plus injurieux encor que vos mépris.
Je pense avoir rendu mon nom assez illustre
Pour n'avoir pas besoin qu'on lui donne un faux lustre.
Reprenez vos honneurs où je n'ai point de part.
J'imputois ce faux bruit aux fureurs du hasard,
Et doutois qu'il pût être une âme assez hardie
Pour ériger Carlos en roi de comédie :
Mais, puisque c'est un jeu de votre belle humeur,
Sachez que les vaillans honorent la valeur,
Et que tous vos pareils auroient quelque scrupule
A faire de la mienne un éclat ridicule.
Si c'est votre dessein d'en réjouir ces lieux,
Quand vous m'aurez vaincu vous me raillerez mieux :
La raillerie est belle après une victoire;
On la fait avec grâce aussi bien qu'avec gloire.
Mais vous précipitez un peu trop ce dessein :
La bague de la reine est encore en ma main;
Et l'inconnu Carlos, sans nommer sa famille,
Vous sert encor d'obstacle au trône de Castille.
Ce bras, qui vous sauva de la captivité,
Peut s'opposer encore à votre avidité.

D. MANRIQUE.

Pour n'être que Carlos, vous parlez bien en maître,
Et tranchez bien du prince, en déniant de l'être.
Si nous avons tantôt jusqu'au bout défendu
L'honneur qu'à notre rang nous voyions être dû,
Nous saurons bien encor jusqu'au bout le défendre;
Mais ce que nous devons, nous aimons à le rendre.
Que vous soyez don Sanche, ou qu'un autre le soit,
L'un et l'autre de nous lui rendra ce qu'il doit.
Pour le nouveau marquis, quoique l'honneur l'irrite,

ACTE IV, SCÈNE II.

Qu'il sache qu'on l'honore autant qu'il le mérite;
Mais que, pour nous combattre, il faut que le bon sang
Aide un peu sa valeur à soutenir ce rang.
Qu'il n'y prétende point à moins qu'il se déclare :
Non que nous demandions qu'il soit Guzman ou Lare :
Qu'il soit noble, il suffit pour nous traiter d'égal;
Nous le verrons tous deux comme un digne rival;
Et si don Sanche enfin n'est qu'une attente vaine,
Nous lui disputerons cet anneau de la reine.
Qu'il souffre cependant, quoique brave guerrier,
Que notre bras dédaigne un simple aventurier.
 Nous vous laissons, madame, éclaircir ce mystère :
Le sang a des secrets qu'entend mieux une mère;
Et, dans les différends qu'avec lui nous avons,
Nous craignons d'oublier ce que nous vous devons.

SCÈNE III. — LÉONOR, CARLOS.

CARLOS.
Madame, vous voyez comme l'orgueil me traite;
Pour me faire un honneur, on veut que je l'achète :
Mais, s'il faut qu'il m'en coûte un secret de vingt ans,
Cet anneau dans mes mains pourra briller longtemps.
D. LÉONOR.
Laissons là ce combat, et parlons de don Sanche.
Ce bruit est grand pour vous, toute la cour y penche :
De grâce, dites-moi, vous connoissez-vous bien?
CARLOS.
Plût à Dieu qu'en mon sort je ne connusse rien !
Si j'étois quelque enfant épargné des tempêtes,
Livré dans un désert à la merci des bêtes,
Exposé par la crainte ou par l'inimitié,
Rencontré par hasard et nourri par pitié,
Mon orgueil à ce bruit prendroit quelque espérance
Sur votre incertitude et sur mon ignorance;
Je me figurerois ces destins merveilleux,
Qui tiroient du néant les héros fabuleux,
Et me revêtirois des brillantes chimères
Qu'osa former pour eux le loisir de nos pères :
Car enfin je suis vain, et mon ambition
Ne peut s'examiner sans indignation;
Je ne puis regarder sceptre ni diadème,
Qu'ils n'emportent mon âme au delà d'elle-même :
Inutiles élans d'un vol impétueux
Que pousse vers le ciel un cœur présomptueux,
Que soutiennent en l'air quelques exploits de guerre,
Et qu'un coup d'œil sur moi rabat soudain à terre!

Je ne suis point don Sanche, et connois mes parens;
Ce bruit me donne en vain un nom que je vous rends·
Gardez-le pour ce prince : une heure ou deux peut-être
Avec vos députés vous le feront connoître.
Laissez-moi cependant à cette obscurité
Qui ne fait que justice à ma témérité.

D. LÉONOR.

En vain donc je me flatte, et ce que j'aime à croire
N'est qu'une illusion que me fait votre gloire.
Mon cœur vous en dédit; un secret mouvement,
Qui le penche vers vous, malgré moi vous dément :
Mais je ne puis juger quelle source l'anime,
Si c'est l'ardeur du sang, ou l'effort de l'estime;
Si la nature agit, ou si c'est le désir;
Si c'est vous reconnoître, ou si c'est vous choisir.
Je veux bien toutefois étouffer ce murmure
Comme de vos vertus une aimable imposture,
Condamner, pour vous plaire, un bruit qui m'est si doux;
Mais où sera mon fils s'il ne vit point en vous?
On veut qu'il soit ici; je n'en vois aucun signe :
On connoît, hormis vous, quiconque en seroit digne;
Et le vrai sang des rois, sous le sort abattu,
Peut cacher sa naissance et non pas sa vertu :
Il porte sur le front un luisant caractère
Qui parle malgré lui de tout ce qu'il veut taire;
Et celui que le ciel sur le vôtre avoit mis
Pouvoit seul m'éblouir si vous l'eussiez permis.
Vous ne l'êtes donc point, puisque vous me le dites:
Mais vous êtes à craindre avec tant de mérites.
Souffrez que j'en demeure à cette obscurité.
Je ne condamne point votre témérité;
Mon estime, au contraire, est pour vous si puissante,
Qu'il ne tiendra qu'à vous que mon cœur n'y consente :
Votre sang avec moi n'a qu'à se déclarer,
Et je vous donne après liberté d'espérer.
Que si même à ce prix vous cachez votre race,
Ne me refusez point du moins une autre grâce :
Ne vous préparez plus à nous accompagner;
Nous n'avons plus besoin de secours pour régner.
La mort de don Garcie a puni tous ses crimes,
Et rendu l'Aragon à ses rois légitimes;
N'en cherchez plus la gloire, et, quels que soient vos vœux,
Ne me contraignez point à plus que je ne veux.
Le prix de la valeur doit avoir ses limites;
Et je vous crains enfin avec tant de mérites.
C'est assez vous en dire. Adieu : pensez-y bien,
Et faites-vous connoître, ou n'aspirez à rien.

ACTE IV, SCÈNE IV.

SCÈNE IV. — CARLOS, BLANCHE.

BLANCHE.
Qui ne vous craindra point, si les reines vous craignent?
CARLOS.
Elles se font raison lorsqu'elles me dédaignent.
BLANCHE.
Dédaigner un héros qu'on reconnoît pour roi!
CARLOS.
N'aide point à l'envie à se jouer de moi,
Blanche; et si tu te plais à seconder sa haine,
Du moins respecte en moi l'ouvrage de ta reine
BLANCHE.
La reine même en vous ne voit plus aujourd'hui
Qu'un prince que le ciel nous montre malgré lui
Mais c'est trop la tenir dedans l'incertitude,
Ce silence vers elle est une ingratitude :
Ce qu'a fait pour Carlos sa générosité
Méritoit de don Sanche une civilité.
CARLOS.
Ah! nom fatal pour moi, que tu me persécutes,
Et prépares mon âme à d'effroyables chutes!

SCÈNE V. — D. ISABELLE, CARLOS, BLANCHE.

CARLOS.
Madame, commandez qu'on me laisse en repos,
Qu'on ne confonde plus don Sanche avec Carlos;
C'est faire au nom d'un prince une trop longue injure :
Je ne veux que celui de votre créature;
Et si le sort jaloux, qui semble me flatter,
Veut m'élever plus haut pour m'en précipiter,
Souffrez qu'en m'éloignant je dérobe ma tête
A l'indigne revers que sa fureur m'apprête.
Je le vois de trop loin pour l'attendre en ce lieu;
Souffrez que je l'évite en vous disant adieu;
Souffrez....
D. ISABELLE.
Quoi! ce grand cœur redoute une couronne!
Quand on le croit monarque, il frémit, il s'étonne!
Il veut fuir cette gloire, et se laisse alarmer
De ce que sa vertu force d'en présumer!
CARLOS.
Ah! vous ne voyez pas que cette erreur commune
N'est qu'une trahison de ma bonne fortune;
Que déjà mes secrets sont à demi trahis.
Je lui cachois en vain ma race et mon pays;

En vain sous un faux nom je me faisois connoître,
Pour lui faire oublier ce qu'elle m'a fait naître ;
Elle a déjà trouvé mon pays et mon nom.
Je suis Sanche, madame, et né dans l'Aragon ;
Et je crois déjà voir sa malice funeste
Détruire votre ouvrage en découvrant le reste,
Et faire voir ici, par un honteux effet,
Quel comte et quel marquis votre faveur a fait.

D. ISABELLE.

Pourrois-je alors manquer de force ou de courage
Pour empêcher le sort d'abattre mon ouvrage ?
Ne me dérobez point ce qu'il ne peut ternir ;
Et la main qui l'a fait saura le soutenir.
Mais vous vous en formez une vaine menace
Pour faire un beau prétexte à l'amour qui vous chasse.
Je ne demande plus d'où partoit ce dédain,
Quand j'ai voulu vous faire un hymen de ma main.
Allez dans l'Aragon suivre votre princesse,
Mais allez-y du moins sans feindre une foiblesse ;
Et puisque ce grand cœur s'attache à ses appas,
Montrez, en la suivant, que vous ne fuyez pas.

CARLOS.

Ah ! madame, plutôt apprenez tous mes crimes ;
Ma tête est à vos pieds, s'il vous faut des victimes.
Tout chétif que je suis, je dois vous avouer
Qu'en me plaignant du sort j'ai de quoi m'en louer :
S'il m'a fait en naissant quelque désavantage,
Il m'a donné d'un roi le nom et le courage ;
Et, depuis que mon cœur est capable d'aimer,
A moins que d'une reine, il n'a pu s'enflammer ;
Voilà mon premier crime, et je ne puis vous dire
Qui m'a fait infidèle, ou vous, ou donc Elvire ;
Mais je sais que ce cœur, des deux parts engagé,
Se donnant à vous deux, ne s'est point partagé,
Toujours prêt d'embrasser son service et le vôtre,
Toujours prêt à mourir et pour l'une et pour l'autre.
Pour n'en adorer qu'une, il eût fallu choisir ;
Et ce choix eût été du moins quelque désir,
Quelque espoir outrageux d'être mieux reçu d'elle,
Et j'ai cru moins de crime à paroître infidèle.
Qui n'a rien à prétendre en peut bien aimer deux,
Et perdre en plus d'un lieu des soupirs et des vœux ;
Voilà mon second crime : et quoique ma souffrance
Jamais à ce beau feu n'ait permis d'espérance,
Je ne puis, sans mourir d'un désespoir jaloux,
Voir dans les bras d'un autre, ou donc Elvire, ou vous.
Voyant que votre choix m'apprêtoit ce martyre,

Je voulois m'y soustraire en suivant donc Elvire,
Et languir auprès d'elle, attendant que le sort,
Par un semblable hymen, m'eût envoyé la mort.
Depuis, l'occasion, que vous-même avez faite,
M'a fait quitter le soin d'une telle retraite.
Ce trouble a quelque temps amusé ma douleur;
J'ai cru par ces combats reculer mon malheur.
Le coup de votre perte est devenu moins rude,
Lorsque j'en ai vu l'heure en quelque incertitude,
Et que j'ai pu me faire une si douce loi
Que ma mort vous donnât un plus vaillant que moi.
Mais je n'ai plus, madame, aucun combat à faire.
Je vois pour vous don Sanche un époux nécessaire :
Car ce n'est point l'amour qui fait l'hymen des rois;
Les raisons de l'État règlent toujours leur choix;
Leur sévère grandeur jamais ne se ravale,
Ayant devant les yeux un prince qui l'égale;
Et, puisque le saint nœud qui le fait votre époux
Arrête comme sœur donc Elvire avec vous,
Que je ne puis la voir sans voir ce qui me tue,
Permettez que j'évite une fatale vue,
Et que je porte ailleurs les criminels soupirs
D'un reste malheureux de tant de déplaisirs.

D. ISABELLE.

Vous m'en dites assez pour mériter ma haine,
Si je laissois agir les sentimens de reine;
Par un trouble secret je les sens confondus;
Partez, je le consens, et ne les troublez plus.
Mais non : pour fuir don Sanche, attendez qu'on le voie;
Ce bruit peut être faux, et me rendre ma joie.
Que dis-je? Allez, marquis, j'y consens de nouveau;
Mais, avant que partir, donnez-lui mon anneau :
Si ce n'est toutefois une faveur trop grande
Que pour tant de faveurs une reine demande.

CARLOS.

Vous voulez que je meure, et je dois obéir,
Dût cette obéissance à mon sort me trahir :
Je recevrai pour grâce un si juste supplice,
S'il en rompt la menace, et prévient la malice,
Et souffre que Carlos, en donnant cet anneau,
Emporte ce faux nom et sa gloire au tombeau.
C'est l'unique bonheur où ce coupable aspire.

D. ISABELLE.

Que n'êtes-vous don Sanche! Ah ciel! qu'osé-je dire?
Adieu : ne croyez pas ce soupir indiscret.

CARLOS.

Il m'en a dit assez pour mourir sans regret.

ACTE CINQUIÈME.

SCÈNE I. — D. ALVAR, D. ELVIRE.

D. ALVAR.

Enfin, après un sort à mes vœux si contraire,
Je dois bénir le ciel qui vous renvoie un frère;
Puisque de notre reine il doit être l'époux,
Cette heureuse union me laisse tout à vous.
Je me vois affranchi d'un honneur tyrannique,
D'un joug que m'imposoit cette faveur publique,
D'un choix qui me forçoit à vouloir être roi :
Je n'ai plus de combat à faire contre moi,
Plus à craindre le prix d'une triste victoire;
Et l'infidélité que vous faisoit ma gloire
Consent que mon amour, de ses lois dégagé,
Vous rende un inconstant qui n'a jamais changé.

D. ELVIRE.

Vous êtes généreux, mais votre impatience
Sur un bruit incertain prend trop de confiance :
Et cette prompte ardeur de rentrer dans mes fers
Me console trop tôt d'un trône que je perds.
Ma perte n'est encor qu'une rumeur confuse
Qui du nom de Carlos, malgré Carlos, abuse;
Et vous ne savez pas, à vous en bien parler,
Par quelle offre et quels vœux on m'en peut consoler.
Plus que vous ne pensez la couronne m'est chère;
Je perds plus qu'on ne croit, si Carlos est mon frère.
Attendez les effets que produiront ces bruits;
Attendez que je sache au vrai ce que je suis,
Si le ciel m'ôte ou laisse enfin le diadème,
S'il vous faut m'obtenir d'un frère ou de moi-même,
Si, par l'ordre d'autrui, je vous dois écouter,
Ou si j'ai seulement mon cœur à consulter.

D. ALVAR.

Ah! ce n'est qu'à ce cœur que le mien vous demande,
Madame, c'est lui seul que je veux qui m'entende;
Et mon propre bonheur m'accableroit d'ennui,
Si je n'étois à vous que par l'ordre d'autrui.
Pourrois-je de ce frère implorer la puissance
Pour ne vous obtenir que par obéissance,
Et, par un lâche abus de son autorité,
M'élever en tyran sur votre volonté?

D. ELVIRE.

Avec peu de raison vous craignez qu'il arrive

Qu'il ait des sentimens que mon âme ne suive :
Le digne sang des rois n'a point d'yeux que leurs yeux,
Et leurs premiers sujets obéissent le mieux.
Mais vous êtes étrange avec vos déférences,
Dont les submissions cherchent des assurances.
Vous ne craignez d'agir contre ce que je veux,
Que pour tirer de moi que j'accepte vos vœux,
Et vous obstineriez dans ce respect extrême
Jusques à me forcer à dire : « Je vous aime. »
Ce mot est un peu rude à prononcer pour nous ;
Souffrez qu'à m'expliquer j'en trouve de plus doux.
Je vous dirai beaucoup, sans pourtant vous rien dire.
  Je sais depuis quel temps vous aimez donc Elvire ;
Je sais ce que je dois, je sais ce que je puis.
Mais, encore une fois, sachons ce que je suis ;
Et, si vous n'aspirez qu'au bonheur de me plaire,
Tâchez d'approfondir ce dangereux mystère.
Carlos a tant de lieu de vous considérer,
Que, s'il devient mon roi, vous devez espérer.

D. ALVAR.

Madame....

D. ELVIRE.

En ma faveur donnez-vous cette peine,
Et me laissez, de grâce, entretenir la reine.

D. ALVAR.

J'obéis avec joie, et ferai mon pouvoir
A vous dire bientôt ce qui s'en peut savoir.

SCÈNE II. — D. LÉONOR, D. ELVIRE.

D. LÉONOR.

Don Alvar me fuit-il ?

D. ELVIRE.

Madame, à ma prière,
Il va dans tous ces bruits chercher quelque lumière.
J'ai craint, en vous voyant, un secours pour ses feux,
Et de défendre mal mon cœur contre vous deux.

D. LÉONOR.

Ne pourra-t-il jamais gagner votre courage ?

D. ELVIRE.

Il peut tout obtenir, ayant votre suffrage.

D. LÉONOR.

Je lui puis donc enfin promettre votre foi ?

D. ELVIRE.

Oui, si vous lui gagnez celui du nouveau roi.

D. LÉONOR.

Et si ce bruit est faux, si vous demeurez reine ?

D. ELVIRE.
Que vous puis-je répondre, en étant incertaine?
D. LÉONOR.
En cette incertitude on peut faire espérer.
D. ELVIRE.
On peut attendre aussi pour en délibérer :
On agit autrement quand le pouvoir suprême....

SCÈNE III. — D. ISABELLE, D. LÉONOR, D. ELVIRE.

D. ISABELLE.
J'interromps vos secrets, mais j'y prends part moi-même;
Et j'ai tant d'intérêt de connoître ce fils,
Que j'ose demander ce qui s'en est appris.
D. LÉONOR.
Vous ne m'en voyez point davantage éclaircie.
D. ISABELLE.
Mais de qui tenez-vous la mort de don Garcie,
Vu que, depuis un mois qu'il vient des députés,
On parloit seulement de peuples révoltés?
D. LÉONOR.
Je vous puis sur ce point aisément satisfaire;
Leurs gens m'en ont donné la raison assez claire.
 On assiégeoit encor, alors qu'ils sont partis,
Dedans leur dernier fort don Garcie et son fils :
On l'a pris tôt après; et soudain par sa prise
Don Raimond prisonnier recouvrant sa franchise,
Les voyant tous deux morts, publie à haute voix
Que nous avions un roi du vrai sang de nos rois,
Que don Sanche vivoit, et part en diligence
Pour rendre à l'Aragon le bien de sa présence :
Il joint nos députés hier sur la fin du jour,
Et leur dit que ce prince étoit en votre cour.
 C'est tout ce que j'ai pu tirer d'un domestique :
Outre qu'avec ces gens rarement on s'explique,
Comme ils entendent mal, leur rapport est confus :
Mais bientôt don Raimond vous dira le surplus.
Que nous veut cependant Blanche toute étonnée?

SCÈNE IV. — D. ISABELLE, D. LÉONOR, D. ELVIRE, BLANCHE.

BLANCHE.
Ah! madame!
D. ISABELLE.
Qu'as-tu?
BLANCHE.
La funeste journée!
Votre Carlos....

ACTE V, SCÈNE IV.

D. ISABELLE.

Eh bien?

BLANCHE.

Son père est en ces lieux,
Et n'est....

D. ISABELLE.

Quoi?

BLANCHE.

Qu'un pêcheur.

D. ISABELLE.

Qui te l'a dit?

BLANCHE.

Mes yeux.

D. ISABELLE.

Tes yeux?

BLANCHE.

Mes propres yeux.

D. ISABELLE.

Que j'ai peine à les croire!

D. LÉONOR.

Voudriez-vous, madame, en apprendre l'histoire?

D. ELVIRE.

Que le ciel est injuste!

D. ISABELLE.

Il l'est; et nous fait voir,
Par cet injuste effet, son absolu pouvoir,
Qui du sang le plus vil tire une âme si belle,
Et forme une vertu qui n'a lustre que d'elle.
Parle, Blanche, et dis-nous comme il voit ce malheur.

BLANCHE.

Avec beaucoup de honte, et plus encor de cœur.
Du haut de l'escalier je le voyois descendre;
En vain de ce faux bruit il se vouloit défendre;
Votre cour, obstinée à lui changer de nom,
Murmuroit tout autour : « Don Sanche d'Aragon! »
Quand un chétif vieillard le saisit et l'embrasse.
Lui qui le reconnoît frémit de sa disgrâce;
Puis, laissant la nature à ses pleins mouvemens,
Répond avec tendresse à ses embrassemens.
Ses pleurs mêlent aux siens une fierté sincère;
On n'entend que soupirs : « Ah! mon fils! — Ah! mon père!
— O jour trois fois heureux! moment trop attendu!
Tu m'as rendu la vie! » et : « Vous m'avez perdu! »
Chose étrange! à ces cris de douleur et de joie,
Un grand peuple accouru ne veut pas qu'on les croie;
Il s'aveugle soi-même : et ce pauvre pêcheur,
En dépit de Carlos, passe pour imposteur.
Dans les bras de ce fils on lui fait mille hontes;

CORNEILLE III

C'est un fourbe, un méchant suborné par les comtes.
Eux-mêmes (admirez leur générosité)
S'efforcent d'affermir cette incrédulité :
Non qu'ils prennent sur eux de si lâches pratiques;
Mais ils en font auteur un de leurs domestiques,
Qui, pensant bien leur plaire, a si mal à propos
Instruit ce malheureux pour affronter Carlos.
Avec avidité cette histoire est reçue;
Chacun la tient trop vraie aussitôt qu'elle est sue;
Et, pour plus de croyance à cette trahison,
Les comtes font traîner ce bon homme en prison.
Carlos rend témoignage en vain contre soi-même;
Les vérités qu'il dit cèdent au stratagème :
Et, dans le déshonneur qui l'accable aujourd'hui,
Ses plus grands envieux l'en sauvent malgré lui.
Il tempête, il menace, et, bouillant de colère,
Il crie à pleine voix qu'on lui rende son père :
On tremble devant lui sans croire son courroux;
Et rien.... Mais le voici qui vient s'en plaindre à vous

SCÈNE V. — D. ISABELLE, D. LÉONOR, D. ELVIRE, BLANCHE, CARLOS, D. MANRIQUE, D. LOPE.

CARLOS.

Eh bien! madame, enfin on connoît ma naissance;
Voilà le digne fruit de mon obéissance.
J'ai prévu ce malheur, et l'aurois évité,
Si vos commandemens ne m'eussent arrêté.
Ils m'ont livré, madame, à ce moment funeste;
Et l'on m'arrache encor le seul bien qui me reste!
On me vole mon père! on le fait criminel!
On attache à son nom un opprobre éternel!
  Je suis fils d'un pêcheur, mais non pas d'un infâme;
La bassesse du sang ne va point jusqu'à l'âme,
Et je renonce aux noms de comte et de marquis
Avec bien plus d'honneur qu'aux sentimens de fils;
Rien n'en peut effacer le sacré caractère.
De grâce, commandez qu'on me rende mon père
Ce doit leur être assez de savoir qui je suis,
Sans m'accabler encor par de nouveaux ennuis.

D. MANRIQUE.

Forcez ce grand courage à conserver sa gloire,
Madame, et l'empêchez lui-même de se croire.
Nous n'avons pu souffrir qu'un bras qui tant de fois
A fait trembler le Maure, et triompher nos rois,
Reçût de sa naissance une tache éternelle;
Tant de valeur mérite une source plus belle.

ACTE V, SCÈNE V.

Aidez ainsi que nous ce peuple à s'abuser ;
Il aime son erreur, daignez l'autoriser :
A tant de beaux exploits rendez cette justice,
Et de notre pitié soutenez l'artifice.

CARLOS.

Je suis bien malheureux si je vous fais pitié ;
Reprenez votre orgueil et votre inimitié.
Après que ma fortune a soûlé votre envie,
Vous plaignez aisément mon entrée à la vie ;
Et, me croyant par elle à jamais abattu,
Vous exercez sans peine une haute vertu.
Peut-être elle ne fait qu'une embûche à la mienne
La gloire de mon nom vaut bien qu'on la retienne,
Mais son plus bel éclat seroit trop acheté,
Si je le retenois par une lâcheté.
Si ma naissance est basse, elle est du moins sans tache
Puisque vous la savez, je veux bien qu'on la sache.
 Sanche, fils d'un pêcheur, et non d'un imposteur,
De deux comtes jadis fut le libérateur ;
Sanche, fils d'un pêcheur, mettoit naguère en peine
Deux illustres rivaux sur le choix de leur reine ;
Sanche, fils d'un pêcheur, tient encore en sa main
De quoi faire bientôt tout l'heur d'un souverain ;
Sanche enfin, malgré lui, dedans cette province,
Quoique fils d'un pêcheur, a passé pour un prince.
 Voilà ce qu'a pu faire, et qu'a fait à vos yeux
Un cœur que ravaloit le nom de ses aïeux.
La gloire qui m'en reste après cette disgrâce
Éclate encore assez pour honorer ma race,
Et paroîtra plus grande à qui comprendra bien
Qu'à l'exemple du ciel j'ai fait beaucoup de rien.

D. LOPE.

Cette noble fierté désavoue un tel père,
Et, par un témoignage à soi-même contraire,
Obscurcit de nouveau ce qu'on voit éclairci.
Non, le fils d'un pêcheur ne parle point ainsi,
Et son âme paroît si dignement formée,
Que j'en crois plus que lui l'erreur que j'ai semée.
Je le soutiens, Carlos, vous n'êtes point son fils :
La justice du ciel ne peut l'avoir permis ;
Les tendresses du sang vous font une imposture,
Et je démens pour vous la voix de la nature.
 Ne vous repentez point de tant de dignités
Dont il vous plut orner ses rares qualités :
Jamais plus digne main ne fit plus digne ouvrage,
Madame ; il les relève avec ce grand courage ;
Et vous ne leur pouviez trouver plus haut appui,

Puisque même le sort est au-dessous de lui.
D. ISABELLE.
La générosité qu'en tous les trois j'admire
Me met en un état de n'avoir que leur dire,
Et, dans la nouveauté de ces événemens,
Par un illustre effort prévient mes sentimens.
Ils paroîtront en vain, comtes, s'ils vous excitent
A lui rendre l'honneur que ses hauts faits méritent,
Et ne dédaigner pas l'illustre et rare objet
D'une haute valeur qui part d'un sang abject :
Vous courez au-devant avec tant de franchise,
Qu'autant que du pêcheur je m'en trouve surprise.
Et vous, que par mon ordre ici j'ai retenu,
Sanche, puisqu'à ce nom vous êtes reconnu,
Miraculeux héros, dont la gloire refuse
L'avantageuse erreur d'un peuple qui s'abuse,
Parmi les déplaisirs que vous en recevez,
Puis-je vous consoler d'un sort que vous bravez?
Puis-je vous demander ce que je vous vois faire?
Je vous tiens malheureux d'être né d'un tel père;
Mais je vous tiens ensemble heureux au dernier point
D'être né d'un tel père, et de n'en rougir point,
Et de ce qu'un grand cœur, mis dans l'autre balance,
Emporte encor si haut une telle naissance.

SCÈNE VI. — D. ISABELLE, D. LÉONOR, D. ELVIRE, CARLOS, D. MANRIQUE, D. LOPE, D. ALVAR, BLANCHE, UN GARDE.

D. ALVAR.
Princesses, admirez l'orgueil d'un prisonnier,
Qu'en faveur de son fils on veut calomnier.
Ce malheureux pêcheur, par promesse ni crainte,
Ne sauroit se résoudre à souffrir une feinte.
J'ai voulu lui parler, et n'en fais que sortir;
J'ai tâché, mais en vain, de lui faire sentir
Combien mal à propos sa présence importune
D'un fils si généreux renverse la fortune,
Et qu'il le perd d'honneur, à moins que d'avouer
Que c'est un lâche tour qu'on le force à jouer;
J'ai même à ces raisons ajouté la menace :
Rien ne peut l'ébranler, Sanche est toujours sa race;
Et quant à ce qu'il perd de fortune et d'honneur,
Il dit qu'il a de quoi le faire grand seigneur,
Et que plus de cent fois il a su de sa femme
(Voyez qu'il est crédule et simple au fond de l'âme)
Que voyant ce présent, qu'en mes mains il a mis,

ACTE V, SCÈNE VI.

La reine d'Aragon agrandiroit son fils.
    (*A D. Léonor.*)
Si vous le recevez avec autant de joie,
Madame, que par moi ce vieillard vous l'envoie,
Vous donnerez sans doute à cet illustre fils
Un rang encor plus haut que celui de marquis.
Ce bon homme en paroît l'âme toute comblée.
    (*D. Alvar présente à D. Léonor un petit écrin qui s'ouvre sans clef, au moyen d'un ressort secret.*)

D. ISABELLE.

Madame, à cet aspect vous paroissez troublée.

D. LÉONOR.

J'ai bien sujet de l'être en recevant ce don,
Madame; j'en saurai si mon fils vit, ou non;
Et c'est où le feu roi, déguisant sa naissance,
D'un sort si précieux mit la reconnoissance.
Disons ce qu'il enferme avant que de l'ouvrir.
Ah! Sanche, si par là je puis le découvrir,
Vous pouvez être sûr d'un entier avantage
Dans les lieux dont le ciel a fait notre partage;
Et qu'après ce trésor que vous m'aurez rendu,
Vous recevrez le prix qui vous en sera dû.
Mais à ce doux transport c'est déjà trop permettre.
Trouvons notre bonheur avant que d'en promettre.
  Ce présent donc enferme un tissu de cheveux
Que reçut don Fernand pour arrhes de mes vœux,
Son portrait et le mien, deux pierres les plus rares
Que forme le soleil sous les climats barbares,
Et, pour un témoignage encore plus certain,
Un billet que lui-même écrivit de sa main.

UN GARDE.

Madame, don Raimond vous demande audience.

D. LÉONOR.

Qu'il entre. Pardonnez à mon impatience,
Si l'ardeur de le voir et de l'entretenir
Avant votre congé l'ose faire venir.

D. ISABELLE.

Vous pouvez commander dans toute la Castille,
Et je ne vous vois plus qu'avec des yeux de fille.

SCÈNE VII. — D. ISABELLE, D. LÉONOR, D. ELVIRE, CARLOS, D. MANRIQUE, D. LOPE, D. ALVAR, BLANCHE, D. RAIMOND.

D. LÉONOR.

Laissez là, don Raimond, la mort de nos tyrans,
Et rendez seulement don Sanche à ses parens.
Vit-il? peut-il braver nos fières destinées?

D. RAIMOND.
Sortant d'une prison de plus de six années,
Je l'ai cherché, madame, où, pour les mieux braver,
Par l'ordre du feu roi je le fis élever,
Avec tant de secret, que même un second père
Qui l'estime son fils ignore ce mystère.
Ainsi qu'en votre cour Sanche y fut son vrai nom,
Et l'on n'en retrancha que cet illustre Don.
Là j'ai su qu'à seize ans son généreux courage
S'indigna des emplois de ce faux parentage;
Qu'impatient déjà d'être si mal tombé,
A sa fausse bassesse il s'étoit dérobé;
Que déguisant son nom, et cachant sa famille,
Il avoit fait merveille aux guerres de Castille,
D'où quelque sien voisin, depuis peu de retour,
L'avoit vu plein de gloire, et fort bien en la cour;
Que du bruit de son nom elle étoit toute pleine,
Qu'il étoit connu même et chéri de la reine :
Si bien que ce pêcheur, d'aise tout transporté,
Avoit couru chercher ce fils si fort vanté.

D. LÉONOR.
Don Raimond, si vos yeux pouvoient le reconnoître....

D. RAIMOND.
Oui, je le vois, madame. Ah! seigneur! ah! mon maître!

D. LOPE.
Nous l'avions bien jugé : grand prince, rendez-vous;
La vérité paroît; cédez aux vœux de tous.

D. LÉONOR.
Don Sanche, voulez-vous être seul incrédule?

CARLOS.
Je crains encor du sort un revers ridicule :
Mais, madame, voyez si le billet du roi
Accorde à don Raimond ce qu'il vous dit de moi.

D. LÉONOR *ouvre l'écrin, et en tire un billet qu'elle lit.*
Pour tromper un tyran je vous trompe vous-même.
Vous reverrez ce fils que je vous fais pleurer :
Cette erreur lui peut rendre un jour le diadème;
Et je vous l'ai caché pour le mieux assurer.
Si ma feinte vers vous passe pour criminelle,
Pardonnez-moi les maux qu'elle vous fait souffrir,
De crainte que les soins de l'amour maternelle
Par leurs empressemens le fissent découvrir.
Nugne, un pauvre pêcheur, s'en croit être le père;
Sa femme en son absence accouchant d'un fils mort,
Elle reçut le vôtre, et sut si bien se taire,
Que le père et le fils en ignorent le sort.
Elle-même l'ignore; et d'un si grand échange

Elle sait seulement qu'il n'est pas de son sang,
Et croit que ce présent, par un miracle étrange,
Doit un jour par vos mains lui rendre son vrai rang.
 A ces marques, un jour, daignez le reconnoître;
Et puisse l'Aragon, retournant sous vos lois,
Apprendre ainsi que vous, de moi qui l'ai vu naître,
Que Sanche, fils de Nugne, est le sang de ses rois!
Don Fernand d'Aragon.

D. Léonor, *après avoir lu.*

Ah! mon fils, s'il en faut encore davantage,
Croyez-en vos vertus et votre grand courage.

Carlos, *à D. Léonor.*

Ce seroit mal répondre à ce rare bonheur
Que vouloir me défendre encor d'un tel honneur.
 (*A D. Isabelle.*)
 Je reprends toutefois Nugne pour mon vrai père,
Si vous ne m'ordonnez, madame, que j'espère.

D. Isabelle.

C'est trop peu d'espérer, quand tout vous est acquis.
Je vous avois fait tort en vous faisant marquis;
Et vous n'aurez pas lieu désormais de vous plaindre
De ce retardement où j'ai su vous contraindre.
Et pour moi, que le ciel destinoit pour un roi,
Digne de la Castille, et digne encor de moi,
J'avois mis cette bague en des mains assez bonnes
Pour la rendre à don Sanche, et joindre nos couronnes.

Carlos.

Je ne m'étonne plus de l'orgueil de mes vœux,
Qui, sans le partager, donnoient mon cœur à deux;
Dans les obscurités d'une telle aventure,
L'amour se confondoit avecque la nature.

D. Elvire.

Le nôtre y répondoit sans faire honte au rang,
Et le mien vous payoit ce que devoit le sang.

Carlos, *à D. Elvire.*

Si vous m'aimez encore, et m'honorez en frère,
Un époux de ma main pourroit-il vous déplaire?

D. Elvire.

Si don Alvar de Lune est cet illustre époux,
Il vaut bien à mes yeux tout ce qui n'est point vous.

Carlos, *à D. Elvire.*

Il honoroit en moi la vertu toute nue.
 (*A D. Manrique et à D. Lope.*)
Et vous, qui dédaigniez ma naissance inconnue,
Comtes, et les premiers en cet événement,
Jugiez en ma faveur si véritablement,

Votre dédain fut juste autant que son estime;
C'est là même vertu sous une autre maxime.
D. RAIMOND, *à D. Isabelle.*
Souffrez qu'à l'Aragon il daigne se montrer.
Nos députés, madame, impatiens d'entrer....
D. ISABELLE.
Il vaut mieux leur donner audience publique,
Afin qu'aux yeux de tous ce miracle s'explique.
 Allons; et cependant qu'on mette en liberté
Celui par qui tant d'heur nous vient d'être apporté;
Et qu'on l'amène ici, plus heureux qu'il ne pense,
Recevoir de ses soins la digne récompense.

EXAMEN DE DON SANCHE D'ARAGON.

Cette pièce est toute d'invention, mais elle n'est pas toute de la mienne. Ce qu'a de fastueux le premier acte est tiré d'une comédie espagnole, intitulée *el Palacio confuso;* et la double reconnoissance qui finit le cinquième est prise du roman de don Pélage. Elle eut d'abord grand éclat sur le théâtre; mais une disgrâce particulière fit avorter toute sa bonne fortune. Le refus d'un illustre suffrage[1] dissipa les applaudissemens que le public lui avoit donnés trop libéralement, et anéantit si bien tous les arrêts que Paris et le reste de la cour avoient prononcés en sa faveur, qu'au bout de quelque temps elle se trouva reléguée dans les provinces, où elle conserve encore son premier lustre.

Le sujet n'a pas grand artifice. C'est un inconnu, assez honnête homme pour se faire aimer de deux reines. L'inégalité des conditions met un obstacle au bien qu'elles lui veulent durant quatre actes et demi; et quand il faut de nécessité finir la pièce, un bon homme semble tomber des nues pour faire développer le secret de sa naissance, qui le rend mari de l'une, en le faisant reconnoître pour frère de l'autre :

Hæc eadem a summo exspectes minimoque poeta.

Don Raimond et ce pêcheur ne suivent point la règle que j'ai voulu établir, de n'introduire aucun acteur qui ne fût insinué dès le premier acte, ou appelé par quelqu'un de ceux qu'on y a connus. Il m'étoit aisé d'y faire dire à la reine D. Léonor ce qu'elle dit à l'entrée du quatrième; mais si elle eût fait savoir qu'elle eût eu un fils, et que le roi, son mari, lui eût appris en mourant que D. Raimond avoit un secret à lui révéler, on eût trop tôt deviné que Carlos étoit ce prince. On peut dire de D. Raimond qu'il vient avec les députés d'Aragon dont il est parlé au premier acte, et qu'ainsi il satisfait aucunement à cette règle; mais ce n'est que par hasard qu'il vient avec eux. C'étoit le pêcheur qu'il étoit allé chercher, et non pas eux; et il ne les joint sur le chemin qu'à cause de ce qu'il a appris chez ce pê-

---

1. Celui du grand Condé.

cheur, qui, de son côté, vient en Castille de son seul mouvement, sans y être amené par aucun incident dont on ait parlé dans la protase; et il n'a point de raison d'arriver ce jour-là plutôt qu'un autre, sinon que la pièce n'auroit pu finir s'il ne fût arrivé.

L'unité de jour y est si peu violentée, qu'on peut soutenir que l'action ne demande pour sa durée que le temps de sa représentation. Pour celle de lieu, j'ai déjà dit que je n'en parlerois plus sur les pièces qui restoient à examiner. Les sentimens du second acte ont autant ou plus de délicatesse qu'aucuns que j'aie mis sur le théâtre. L'amour des deux reines pour Carlos y paroît très-visible, malgré le soin et l'adresse que toutes les deux apportent à le cacher dans leurs différens caractères, dont l'un marque plus d'orgueil, et l'autre plus de tendresse. La confidence qu'y fait celle de Castille avec Blanche est assez ingénieuse; et, par une réflexion sur ce qui s'est passé au premier acte, elle prend occasion de faire savoir aux spectateurs sa passion pour ce brave inconnu, qu'elle a si bien vengé du mépris qu'en ont fait les comtes. Ainsi on ne peut dire qu'elle choisisse sans raison ce jour-là plutôt qu'un autre pour lui en confier le secret, puisqu'il paroît qu'elle le sait déjà, et qu'elles ne font que raisonner ensemble sur ce qu'on vient de voir représenter.

FIN DE DON SANCHE D'ARAGON.

NICOMÈDE.

TRAGÉDIE.

1650.

AU LECTEUR.

Voici une pièce d'une constitution assez extraordinaire : aussi est-ce la vingt et unième que j'ai fait voir sur le théâtre; et, après y avoir fait réciter quarante mille vers, il est bien malaisé de trouver quelque chose de nouveau, sans s'écarter un peu du grand chemin, et se mettre au hasard de s'égarer. La tendresse et les passions, qui doivent être l'âme des tragédies, n'ont aucune part en celle-ci; la grandeur de courage y règne seule, et regarde son malheur d'un œil si dédaigneux qu'il n'en sauroit arracher une plainte. Elle y est combattue par la politique, et n'oppose à ses artifices qu'une prudence généreuse, qui marche à visage découvert, qui prévoit le péril sans s'émouvoir, et ne veut point d'autre appui que celui de sa vertu, et de l'amour qu'elle imprime dans les cœurs de tous les peuples. L'histoire qui m'a prêté de quoi la faire paroître en ce haut degré est tirée de Justin; et voici comme il la raconte à la fin de son trente-quatrième livre :

« En même temps Prusias, roi de Bithynie, prit dessein de faire assassiner son fils Nicomède, pour avancer ses autres fils qu'il avoit eus d'une autre femme, et qu'il faisoit élever à Rome: mais ce dessein fut découvert à ce jeune prince par ceux même qui l'avoient entrepris : ils firent plus, ils l'exhortèrent à rendre la pareille à un père si cruel, et faire retomber sur sa tête les embûches qu'il lui avoit préparées, et n'eurent pas grande peine à le persuader. Sitôt donc qu'il fut entré dans le royaume de son père, qui l'avoit appelé auprès de lui, il fut proclamé roi; et Prusias, chassé du trône, et délaissé même de ses domestiques, quelque soin qu'il prît à se cacher, fut enfin tué par ce fils, et perdit la vie par un crime aussi grand que celui qu'il avoit commis en donnant les ordres de l'assassiner. »

J'ai ôté de ma scène l'horreur d'une catastrophe si barbare, et n'ai donné ni au père ni au fils aucun dessein de parricide. J'ai fait ce dernier amoureux de Laodice, afin que l'union d'une couronne voisine donnât plus d'ombrage aux Romains, et leur fît prendre plus de soin d'y mettre un obstacle de leur part. J'ai approché de cette histoire celle de la mort d'Annibal, qui arriva un peu auparavant chez ce même roi, et dont le nom n'est pas un petit ornement à mon ouvrage; j'en ai fait Nicomède disciple, pour lui prêter plus de valeur et plus de fierté contre les Romains; et, prenant l'occasion de l'ambassade où Flaminius fut envoyé par eux vers ce roi leur allié pour demander qu'on remît entre leurs mains ce vieil ennemi de leur grandeur, je l'ai chargé d'une commission secrète de traverser ce mariage, qui leur devoit donner de la jalousie. J'ai fait que, pour gagner l'esprit de la reine, qui, suivant l'ordinaire des secondes femes, avoit tout pouvoir sur celui de son vieux mari, il lui ramène un de ses fils, que mon auteur m'apprend avoir été nourri à Rome. Cela fait deux effets; car, d'un côté, il obtient la perte d'Annibal par le moyen de cette mère ambitieuse, et, de l'autre, il oppose à Nicomède un rival appuyé de toute la faveur des Romains, jaloux de sa gloire et de sa grandeur naissante.

Les assassins qui découvrirent à ce prince les sanglans desseins de son père m'ont donné jour à d'autres artifices pour le faire tomber dans les embûches que sa belle-mère lui avoit préparées; et pour la fin, je l'ai réduite en sorte que tous mes personnages y agissent avec générosité, et que les uns rendant ce qu'ils doivent à la vertu, et les autres demeurant dans la fermeté de leur devoir, laissent un exemple assez illustre, et une conclusion assez agréable.

La représentation n'en a point déplu; et, comme ce ne sont pas les moindres vers qui soient partis de ma main, j'ai sujet d'espérer que la lecture n'ôtera rien à cet ouvrage de la réputation qu'il s'est acquise jusqu'ici, et ne le fera point juger indigne de suivre ceux qui l'ont précédé. Mon principal but a été de peindre la politique des Romains au dehors, et comme ils agissoient impérieusement avec les rois leurs alliés; leurs maximes pour les empêcher de s'accroître, et les soins qu'ils prenoient de traverser leur grandeur, quand elle commençoit à leur devenir suspecte à force de s'augmenter et de se rendre considérable par de nouvelles conquêtes. C'est le caractère que j'ai donné à leur république en la personne de son ambassadeur Flaminius, qui rencontre un prince intrépide, qui voit sa perte assurée sans s'ébranler, et brave l'orgueilleuse masse de leur puissance, lors même qu'il en est accablé. Ce héros de ma façon sort un peu des règles de la tragédie en ce qu'il ne cherche point à faire pitié par l'excès de ses malheurs : mais le succès a montré que la fermeté des grands cœurs, qui n'excite que de l'admiration dans l'âme du spectateur, est quelquefois aussi agréable que la compassion que notre art nous commande de mendier pour leurs misères. Il est bon de hasarder un peu, et ne s'attacher pas toujours si servilement à ses préceptes, ne fût-ce que pour pratiquer celui de notre Horace :

Et mihi res, non me rebus, submittere conor.

Mais il faut que l'événement justifie cette hardiesse; et dans une liberté de cette nature on demeure coupable, à moins que d'être fort heureux.

PERSONNAGES.

PRUSIAS, roi de Bithynie.
FLAMINIUS, ambassadeur de Rome.
ARSINOÉ, seconde femme de Prusias.
LAODICE, reine d'Arménie.
NICOMÈDE, fils aîné de Prusias, sorti du premier lit.
ATTALE, fils de Prusias et d'Arsinoé.
ARASPE, capitaine des gardes de Prusias.
CLÉONE, confidente d'Arsinoé.

La scène est à Nicomédie.

ACTE PREMIER.

SCÈNE I. — NICOMÈDE, LAODICE.

LAODICE.

Après tant de hauts faits, il m'est bien doux, seigneur,
De voir encor mes yeux régner sur votre cœur ;
De voir, sous les lauriers qui vous couvrent la tête,
Un si grand conquérant être encor ma conquête,
Et de toute la gloire acquise à ses travaux
Faire un illustre hommage à ce peu que je vaux.
Quelques biens toutefois que le ciel me renvoie,
Mon cœur épouvanté se refuse à la joie :
Je vous vois à regret, tant mon cœur amoureux
Trouve la cour pour vous un séjour dangereux.
Votre marâtre y règne, et le roi votre père
Ne voit que par ses yeux, seule la considère,
Pour souveraine loi n'a que sa volonté :
Jugez après cela de votre sûreté.
La haine que pour vous elle a si naturelle
A mon occasion encor se renouvelle.
Votre frère son fils, depuis peu de retour....

NICOMÈDE.

Je le sais, ma princesse, et qu'il vous fait la cour.
Je sais que les Romains, qui l'avoient en otage,
L'ont enfin renvoyé pour un plus digne ouvrage ;
Que ce don à sa mère étoit le prix fatal
Dont leur Flaminius marchandoit Annibal ;
Que le roi par son ordre eût livré ce grand homme,
S'il n'eût par le poison lui-même évité Rome,
Et rompu par sa mort les spectacles pompeux
Où l'effroi de son nom le destinoit chez eux.
Par mon dernier combat je voyois réunie
La Cappadoce entière avec la Bithynie,
Lorsqu'à cette nouvelle, enflammé de courroux
D'avoir perdu mon maître, et de craindre pour vous,
J'ai laissé mon armée aux mains de Théagène,
Pour voler en ces lieux au secours de ma reine.
Vous en aviez besoin, madame, et je le voi,
Puisque Flaminius obsède encor le roi.
Si de son arrivée Annibal fut la cause,
Lui mort, ce long séjour prétend quelque autre chose;
Et je ne vois que vous qui le puisse arrêter,
Pour aider à mon frère à vous persécuter.

LAODICE.

Je ne veux point douter que sa vertu romaine
N'embrasse avec chaleur l'intérêt de la reine :
Annibal, qu'elle vient de lui sacrifier,
L'engage en sa querelle, et m'en fait défier.
Mais, seigneur, jusqu'ici j'aurois tort de m'en plaindre
Et, quoi qu'il entreprenne, avez-vous lieu de craindre
Ma gloire et mon amour peuvent bien peu sur moi,
S'il faut votre présence à soutenir ma foi,
Et si je puis tomber en cette frénésie
De préférer Attale au vainqueur de l'Asie ;
Attale, qu'en otage ont nourri les Romains,
Ou plutôt qu'en esclave ont façonné leurs mains,
Sans lui rien mettre au cœur qu'une crainte servile
Qui tremble à voir un aigle, et respecte un édile!

NICOMÈDE.

Plutôt, plutôt la mort, que mon esprit jaloux
Forme des sentimens si peu dignes de vous.
Je crains la violence, et non votre foiblesse ;
Et si Rome une fois contre nous s'intéresse....

LAODICE.

Je suis reine, seigneur ; et Rome a beau tonner,
Elle ni votre roi n'ont rien à m'ordonner :
Si de mes jeunes ans il est dépositaire,
C'est pour exécuter les ordres de mon père :
Il m'a donnée à vous, et nul autre que moi
N'a droit de l'en dédire, et me choisir un roi.
Par son ordre et le mien, la reine d'Arménie
Est due à l'héritier du roi de Bithynie,
Et ne prendra jamais un cœur assez abject
Pour se laisser réduire à l'hymen d'un sujet.
Mettez-vous en repos.

NICOMÈDE.

Et le puis-je, madame,
Vous voyant exposée aux fureurs d'une femme,
Qui, pouvant tout ici, se croira tout permis
Pour se mettre en état de voir régner son fils ?
Il n'est rien de si saint qu'elle ne fasse enfreindre.
Qui livroit Annibal pourra bien vous contraindre,
Et saura vous garder même fidélité
Qu'elle a gardée aux droits de l'hospitalité.

LAODICE.

Mais ceux de la nature ont-ils un privilége
Qui vous assure d'elle après ce sacrilége ?
Seigneur, votre retour, loin de rompre ses coups,
Vous expose vous-même, et m'expose après vous.
Comme il est fait sans ordre, il passera pour crime

Et vous serez bientôt la première victime
Que la mère et le fils, ne pouvant m'ébranler,
Pour m'ôter mon appui se voudront immoler.
Si j'ai besoin de vous de peur qu'on me contraigne,
J'ai besoin que le roi ; qu'elle-même vous craigne.
Retournez à l'armée, et pour me protéger
Montrez cent mille bras tout prêts à me venger.
Parlez la force en main, et hors de leur atteinte :
S'ils vous tiennent ici, tout est pour eux sans crainte ;
Et ne vous flattez point ni sur votre grand cœur,
Ni sur l'éclat d'un nom cent et cent fois vainqueur ;
Quelque haute valeur que puisse être la vôtre,
Vous n'avez en ces lieux que deux bras comme un autre ;
Et, fussiez-vous du monde et l'amour et l'effroi,
Quiconque entre au palais porte sa tête au roi.
Je vous le dis encor, retournez à l'armée ;
Ne montrez à la cour que votre renommée ;
Assurez votre sort pour assurer le mien ;
Faites que l'on vous craigne, et je ne craindrai rien.

NICOMÈDE.

Retourner à l'armée ! ah ! sachez que la reine
La sème d'assassins achetés par sa haine.
Deux s'y sont découverts, que j'amène avec moi
Afin de la convaincre et détromper le roi.
Quoiqu'il soit son époux, il est encor mon père ;
Et, quand il forcera la nature à se taire,
Trois sceptres à son trône attachés par mon bras
Parleront au lieu d'elle, et ne se tairont pas.
Que si notre fortune à ma perte animée
La prépare à la cour aussi bien qu'à l'armée,
Dans ce péril égal qui me suit en tous lieux,
M'envierez-vous l'honneur de mourir à vos yeux ?

LAODICE.

Non, je ne vous dis plus désormais que je tremble,
Mais que, s'il faut périr, nous périrons ensemble.
Armons-nous de courage, et nous ferons trembler
Ceux dont les lâchetés pensent nous accabler.
Le peuple ici vous aime, et hait ces cœurs infâmes ;
Et c'est être bien fort que régner sur tant d'âmes.
Mais votre frère Attale adresse ici ses pas.

NICOMÈDE.

Il ne m'a jamais vu ; ne me découvrez pas.

SCÈNE II. — LAODICE, NICOMÈDE, ATTALE.

ATTALE.

Quoi ! madame, toujours un front inexorable ?

ACTE I, SCÈNE II.

Ne pourrai-je surprendre un regard favorable,
Un regard désarmé de toutes ses rigueurs,
Et tel qu'il est enfin quand il gagne les cœurs?
LAODICE.
Si ce front est mal propre à m'acquérir le vôtre,
Quand j'en aurai dessein, j'en saurai prendre un autre.
ATTALE.
Vous ne ne l'acquerrez point, puisqu'il est tout à vous.
LAODICE.
Je n'ai donc pas besoin d'un visage plus doux.
ATTALE.
Conservez-le, de grâce, après l'avoir su prendre.
LAODICE.
C'est un bien mal acquis que j'aime mieux vous rendre.
ATTALE.
Vous l'estimez trop peu pour le vouloir garder.
LAODICE.
Je vous estime trop pour vouloir rien farder.
Votre rang et le mien ne sauroient le permettre :
Pour garder votre cœur je n'ai pas où le mettre;
La place est occupée : et je vous l'ai tant dit,
Prince, que ce discours vous dût être interdit :
On le souffre d'abord, mais la suite importune.
ATTALE.
Que celui qui l'occupe a de bonne fortune!
Et que seroit heureux qui pourroit aujourd'hui
Disputer cette place et l'emporter sur lui!
NICOMÈDE.
La place à l'emporter coûteroit bien des têtes,
Seigneur : ce conquérant garde bien ses conquêtes.
Et l'on ignore encor parmi ses ennemis
L'art de reprendre un fort qu'une fois il a pris.
ATTALE.
Celui-ci toutefois peut s'attaquer de sorte
Que, tout vaillant qu'il est, il faudra qu'il en sorte.
LAODICE.
Vous pourriez vous méprendre.
ATTALE.
                    Et si le roi le veut?
LAODICE.
Le roi, juste et prudent, ne veut que ce qu'il peut.
ATTALE.
Et que ne peut ici la grandeur souveraine?
LAODICE.
Ne parlez pas si haut : s'il est roi, je suis reine;
Et vers moi tout l'effort de son autorité
N'agit que par prière et par civilité.

ATTALE.

Non ; mais agir ainsi souvent c'est beaucoup dire
Aux reines comme vous qu'on voit dans son empire :
Et, si ce n'est assez des prières d'un roi,
Rome qui m'a nourri vous parlera pour moi.

NICOMÈDE.

Rome, seigneur!

ATTALE.

Oui, Rome; en êtes-vous en doute?

NICOMÈDE.

Seigneur, je crains pour vous qu'un Romain vous écoute;
Et si Rome savoit de quels feux vous brûlez,
Bien loin de vous prêter l'appui dont vous parlez,
Elle s'indigneroit de voir sa créature
A l'éclat de son nom faire une telle injure,
Et vous dégraderoit peut-être dès demain
Du titre glorieux de citoyen romain.
Vous l'a-t-elle donné pour mériter sa haine,
En le déshonorant par l'amour d'une reine?
Et ne savez-vous plus qu'il n'est princes ni rois
Qu'elle daigne égaler à ses moindres bourgeois?
Pour avoir tant vécu chez ces cœurs magnanimes,
Vous en avez bientôt oublié les maximes.
Reprenez un orgueil digne d'elle et de vous;
Remplissez mieux un nom sous qui nous tremblons tous,
Et, sans plus l'abaisser à cette ignominie
D'idolâtrer en vain la reine d'Arménie,
Songez qu'il faut du moins, pour toucher votre cœur,
La fille d'un tribun ou celle d'un préteur;
Que Rome vous permet cette haute alliance,
Dont vous auroit exclu le défaut de naissance,
Si l'honneur souverain de son adoption
Ne vous autorisoit à tant d'ambition.
Forcez, rompez, brisez de si honteuses chaînes;
Aux rois qu'elle méprise abandonnez les reines;
Et concevez enfin des vœux plus élevés,
Pour mériter les biens qui vous sont réservés.

ATTALE.

Si cet homme est à vous, imposez-lui silence,
Madame, et retenez une telle insolence.
Pour voir jusqu'à quel point elle pourroit aller,
J'ai forcé ma colère à le laisser parler;
Mais je crains qu'elle échappe, et que, s'il continue,
Je ne m'obstine plus à tant de retenue.

NICOMÈDE.

Seigneur, si j'ai raison, qu'importe à qui je sois?
Perd-elle de son prix pour emprunter ma voix?

Vous-même, amour à part, je vous en fais arbitre.
  Ce grand nom de Romain est un précieux titre ;
Et la reine et le roi l'ont assez acheté
Pour ne se plaire pas à le voir rejeté,
Puisqu'ils se sont privés, pour ce nom d'importance,
Des charmantes douceurs d'élever votre enfance.
Dès l'âge de quatre ans ils vous ont éloigné ;
Jugez si c'est pour voir ce titre dédaigné,
Pour vous voir renoncer, par l'hymen d'une reine,
A la part qu'ils avoient à la grandeur romaine.
D'un si rare trésor l'un et l'autre jaloux....

ATTALE.

Madame, encore un coup, cet homme est-il à vous ?
Et pour vous divertir est-il si nécessaire
Que vous ne lui puissiez ordonner de se taire ?

LAODICE.

Puisqu'il vous a déplu vous traitant de Romain,
Je veux bien vous traiter de fils de souverain.
En cette qualité vous devez reconnoître
Qu'un prince votre aîné doit être votre maître,
Craindre de lui déplaire, et savoir que le sang
Ne vous empêche pas de différer de rang,
Lui garder le respect qu'exige sa naissance,
Et, loin de lui voler son bien en son absence....

ATTALE.

Si l'honneur d'être à vous est maintenant son bien,
Dites un mot, madame, et ce sera le mien ;
Et si l'âge à mon rang fait quelque préjudice,
Vous en corrigerez la fatale injustice.
Mais, si je lui dois tant en fils de souverain,
Permettez qu'une fois je vous parle en Romain.
  Sachez qu'il n'en est point que le ciel n'ait fait naître
Pour commander aux rois, et pour vivre sans maître ;
Sachez que mon amour est un noble projet
Pour éviter l'affront de me voir son sujet ;
Sachez....

LAODICE.

  Je m'en doutois, seigneur, que ma couronne
Vous charmoit bien du moins autant que ma personne ;
Mais, telle que je suis, et ma couronne et moi,
Tout est à cet aîné qui sera votre roi ;
Et s'il étoit ici, peut-être en sa présence
Vous penseriez deux fois à lui faire une offense.

ATTALE.

Que ne puis-je l'y voir ! mon courage amoureux....

NICOMÈDE.

Faites quelques souhaits qui soient moins dangereux,

Seigneur; s'il les savoit, il pourroit bien lui-même
Venir d'un tel amour venger l'objet qu'il aime.
ATTALE.
Insolent! est-ce enfin le respect qui m'est dû?
NICOMÈDE.
Je ne sais de nous deux, seigneur, qui l'a perdu.
ATTALE.
Peux-tu bien me connoître et tenir ce langage?
NICOMÈDE.
Je sais à qui je parle, et c'est mon avantage
Que, n'étant point connu, prince, vous ne savez
Si je vous dois respect, ou si vous m'en devez.
ATTALE.
Ah! madame, souffrez que ma juste colère....
LAODICE.
Consultez-en, seigneur, la reine votre mère;
Elle entre.

SCÈNE III. — NICOMÈDE, ARSINOÉ, LAODICE, ATTALE, CLÉONE.

NICOMÈDE.
Instruisez mieux le prince votre fils,
Madame, et dites-lui, de grâce, qui je suis :
Faute de me connoître, il s'emporte, il s'égare;
Et ce désordre est mal dans une âme si rare :
J'en ai pitié.
ARSINOÉ.
Seigneur, vous êtes donc ici?
NICOMÈDE.
Oui, madame, j'y suis, et Métrobate aussi.
ARSINOÉ.
Métrobate! ah! le traître!
NICOMÈDE.
Il n'a rien dit, madame,
Qui vous doive jeter aucun trouble dans l'âme.
ARSINOÉ.
Mais qui cause, seigneur, ce retour surprenant?
Et votre armée?
NICOMÈDE.
Elle est sous un bon lieutenant;
Et quant à mon retour, peu de chose le presse.
J'avois ici laissé mon maître et ma maîtresse :
Vous m'avez ôté l'un, vous, dis-je, ou les Romains;
Et je viens sauver l'autre et d'eux et de vos mains.
ARSINOÉ.
C'est ce qui vous amène?

ACTE I, SCÈNE III.

NICOMÈDE.

Oui, madame; et j'espère
Que vous m'y servirez auprès du roi mon père.

ARSINOÉ.

Je vous y servirai comme vous l'espérez.

NICOMÈDE.

De votre bon vouloir nous sommes assurés.

ARSINOÉ.

Il ne tiendra qu'au roi qu'aux effets je ne passe

NICOMÈDE.

Vous voulez à tous deux nous faire cette grâce?

ARSINOÉ.

Tenez-vous assuré que je n'oublierai rien.

NICOMÈDE.

Je connois votre cœur, ne doutez pas du mien.

ATTALE.

Madame, c'est donc là le prince Nicomède?

NICOMÈDE.

Oui, c'est moi qui viens voir s'il faut que je vous cède.

ATTALE.

Ah! seigneur, excusez si, vous connoissant mal....

NICOMÈDE.

Prince, faites-moi voir un plus digne rival.
Si vous aviez dessein d'attaquer cette place,
Ne vous départez point d'une si noble audace :
Mais, comme à son secours je n'amène que moi,
Ne la menacez plus de Rome ni du roi.
Je la défendrai seul; attaquez-la de même,
Avec tous les respects qu'on doit au diadème.
Je veux bien mettre à part, avec le nom d'aîné,
Le rang de votre maître où je suis destiné;
Et nous verrons ainsi qui fait mieux un brave homme,
Des leçons d'Annibal, ou de celles de Rome.
Adieu; pensez-y bien, je vous laisse y rêver.

SCÈNE IV. — ARSINOÉ, ATTALE, CLÉONE.

ARSINOÉ.

Quoi! tu faisois excuse à qui m'osoit braver!

ATTALE.

Que ne peut point, madame, une telle surprise?
Ce prompt retour me perd, et rompt votre entreprise.

ARSINOÉ.

Tu l'entends mal, Attale; il la met dans ma main.
Va trouver de ma part l'ambassadeur romain;
Dedans mon cabinet amène-le sans suite,
Et de ton heureux sort laisse-moi la conduite.

ATTALE.

Mais, madame, s'il faut....

ARSINOÉ.

Va, n'appréhende rien;
Et, pour avancer tout, hâte cet entretien.

SCÈNE V. — ARSINOÉ, CLÉONE.

CLÉONE.

Vous lui cachez, madame, un dessein qui le touche!

ARSINOÉ.

Je crains qu'en l'apprenant son cœur ne s'effarouche
Je crains qu'à la vertu par les Romains instruit
De ce que je prépare il ne m'ôte le fruit,
Et ne conçoive mal qu'il n'est fourbe ni crime
Qu'un trône acquis par là ne rende légitime.

CLÉONE.

J'aurois cru les Romains un peu moins scrupuleux,
Et la mort d'Annibal m'eût fait mal juger d'eux.

ARSINOÉ.

Ne leur impute pas une telle injustice;
Un Romain seul l'a faite, et par mon artifice.
Rome l'eût laissé vivre, et sa légalité
N'eût point forcé les lois de l'hospitalité.
Savante à ses dépens de ce qu'il savoit faire,
Elle le souffroit mal auprès d'un adversaire;
Mais quoique, par ce triste et prudent souvenir,
De chez Antiochus elle l'ait fait bannir,
Elle auroit vu couler sans crainte et sans envie
Chez un prince allié les restes de sa vie.
Le seul Flaminius[1], trop piqué de l'affront
Que son père défait lui laisse sur le front;
Car je crois que tu sais que, quand l'aigle romaine
Vit choir ses légions au bord du Trasimène,
Flaminius son père en étoit général,
Et qu'il y tomba mort de la main d'Annibal;
Ce fils donc, qu'a pressé la soif de la vengeance,
S'est aisément rendu de mon intelligence :
L'espoir d'en voir l'objet entre ses mains remis
A pratiqué par lui le bonheur de mon fils;
Par lui j'ai jeté Rome en haute jalousie
De ce que Nicomède a conquis dans l'Asie,
Et de voir Laodice unir tous ses Etats,

---

1. Corneille suppose, malgré l'histoire, et le spectateur doit supposer avec lui, que l'ambassadeur Flaminius est le fils du vaincu de Trasimène; ce dernier s'appelait Flaminius; le nom de l'ambassadeur est Flamininus.

Par l'hymen de ce prince, à ceux de Prusias :
Si bien que le sénat prenant un juste ombrage
D'un empire si grand sous un si grand courage,
Il s'en est fait nommer lui-même ambassadeur,
Pour rompre cet hymen, et borner sa grandeur ;
Et voilà le seul point où Rome s'intéresse.
CLÉONE.
Attale à ce dessein entreprend sa maîtresse !
Mais que n'agissoit Rome avant que le retour
De cet amant si cher affermît son amour ?
ARSINOÉ.
Irriter un vainqueur en tête d'une armée
Prête à suivre en tous lieux sa colère allumée,
C'étoit trop hasarder ; et j'ai cru pour le mieux
Qu'il falloit de son fort l'attirer en ces lieux.
Métrobate l'a fait, par des terreurs paniques,
Feignant de lui trahir mes ordres tyranniques,
Et, pour l'assassiner se disant suborné,
Il l'a, grâces aux dieux, doucement amené.
Il vient s'en plaindre au roi, lui demander justice ;
Et sa plainte le jette au bord du précipice.
Sans prendre aucun souci de m'en justifier,
Je saurai m'en servir à me fortifier.
Tantôt en le voyant j'ai fait de l'effrayée,
J'ai changé de couleur, je me suis écriée ;
Il a cru me surprendre, et l'a cru bien en vain,
Puisque son retour même est l'œuvre de ma main.
CLÉONE.
Mais, quoi que Rome fasse et qu'Attale prétende,
Le moyen qu'à ses yeux Laodice se rende ?
ARSINOÉ.
Et je n'engage aussi mon fils en cet amour
Qu'à dessein d'éblouir le roi, Rome et la cour.
Je n'en veux pas, Cléone, au sceptre d'Arménie :
Je cherche à m'assurer celui de Bithynie ;
Et, si ce diadème une fois est à nous,
Que cette reine après se choisisse un époux.
Je ne la vais presser que pour la voir rebelle,
Que pour aigrir les cœurs de son amant et d'elle.
Le roi, que le Romain poussera vivement,
De peur d'offenser Rome agira chaudement,
Et ce prince, piqué d'une juste colère,
S'emportera sans doute, et bravera son père.
S'il est prompt et bouillant, le roi ne l'est pas moins ;
Et, comme à l'échauffer j'appliquerai mes soins,
Pour peu qu'à de tels coups cet amant soit sensible,
Mon entreprise est sûre, et sa perte infaillible.

Voilà mon cœur ouvert, et tout ce qu'il prétend.
Mais dans mon cabinet Flaminius m'attend.
Allons, et garde bien le secret de ta reine.
CLÉONE.
Vous me connoissez trop pour vous en mettre en peine.

ACTE SECOND.

SCÈNE I. — PRUSIAS, ARASPE.

PRUSIAS.
Revenir sans mon ordre, et se montrer ici !
ARASPE.
Sire, vous auriez tort d'en prendre aucun souci,
Et la haute vertu du prince Nicomède
Pour ce qu'on peut en craindre est un puissant remède ;
Mais tout autre que lui devroit être suspect :
Un retour si soudain manque un peu de respect,
Et donne lieu d'entrer en quelque défiance
Des secrètes raisons de tant d'impatience.
PRUSIAS.
Je ne les vois que trop, et sa témérité
N'est qu'un pur attentat sur mon autorité :
Il n'en veut plus dépendre, et croit que ses conquêtes
Au-dessus de son bras ne laissent point de têtes ;
Qu'il est lui seul sa règle, et que sans se trahir
Des héros tels que lui ne sauroient obéir.
ARASPE.
C'est d'ordinaire ainsi que ses pareils agissent :
A suivre leur devoir leurs hauts faits se ternissent ;
Et ces grands cœurs, enflés du bruit de leurs combats,
Souverains dans l'armée et parmi leurs soldats,
Font du commandement une douce habitude,
Pour qui l'obéissance est un métier bien rude.
PRUSIAS.
Dis tout, Araspe, dis que le nom de sujet
Réduit toute leur gloire en un rang trop abject ;
Que, bien que leur naissance au trône les destine,
Si son ordre est trop lent, leur grand cœur s'en mutine ;
Qu'un père garde trop un bien qui leur est dû,
Et qui perd de son prix étant trop attendu ;
Qu'on voit naître de là mille sourdes pratiques
Dans le gros de son peuple, et dans ses domestiques ;
Et que, si l'on ne va jusqu'à trancher le cours
De son règne ennuyeux et de ses tristes jours,

ACTE II, SCÈNE I.

Du moins une insolente et fausse obéissance,
Lui laissant un vain titre, usurpe sa puissance.

ARASPE.

C'est ce que de tout autre il faudroit redouter,
Seigneur, et qu'en tout autre il faudroit arrêter.
Mais ce n'est pas pour vous un avis nécessaire ;
Le prince est vertueux, et vous êtes bon père.

PRUSIAS.

Si je n'étois bon père, il seroit criminel :
Il doit son innocence à l'amour paternel ;
C'est lui seul qui l'excuse et qui le justifie,
Ou lui seul qui me trompe et qui me sacrifie !
Car je dois craindre enfin que sa haute vertu
Contre l'ambition n'ait en vain combattu,
Qu'il ne force en son cœur la nature à se taire.
Qui se lasse d'un roi peut se lasser d'un père ;
Mille exemples sanglans nous peuvent l'enseigner :
Il n'est rien qui ne cède à l'ardeur de régner ;
Et depuis qu'une fois elle nous inquiète,
La nature est aveugle, et la vertu muette.
Te le dirai-je, Araspe ? il m'a trop bien servi ;
Augmentant mon pouvoir, il me l'a tout ravi :
Il n'est plus mon sujet qu'autant qu'il le veut être ;
Et qui me fait régner en effet est mon maître.
Pour paroître à mes yeux son mérite est trop grand :
On n'aime point à voir ceux à qui l'on doit tant.
Tout ce qu'il a fait parle au moment qu'il m'approche ;
Et sa seule présence est un secret reproche :
Elle me dit toujours qu'il m'a fait trois fois roi ;
Que je tiens plus de lui qu'il ne tiendra de moi ;
Et que, si je lui laisse un jour une couronne,
Ma tête en porte trois que sa valeur me donne.
J'en rougis dans mon âme ; et ma confusion,
Qui renouvelle et croît à chaque occasion,
Sans cesse offre à mes yeux cette vue importune,
Que qui m'en donne trois peut bien m'en ôter une ;
Qu'il n'a qu'à l'entreprendre, et peut tout ce qu'il veut.
Juge, Araspe, où j'en suis s'il veut tout ce qu'il peut.

ARASPE.

Pour tout autre que lui je sais comme s'explique
La règle de la vraie et saine politique.
Aussitôt qu'un sujet s'est rendu trop puissant,
Encor qu'il soit sans crime, il n'est pas innocent :
On n'attend point alors qu'il s'ose tout permettre ;
C'est un crime d'État que d'en pouvoir commettre ;
Et qui sait bien régner l'empêche prudemment
De mériter un juste et plus grand châtiment,

Et prévient, par un ordre à tous deux salutaire,
Ou les maux qu'il prépare, ou ceux qu'il pourroit faire.
Mais, seigneur, pour le prince, il a trop de vertu;
Je vous l'ai déjà dit.
     PRUSIAS.
    Et m'en répondras-tu?
Me seras-tu garant de ce qu'il pourra faire
Pour venger Annibal, ou pour perdre son frère?
Et le prends-tu pour homme à voir d'un œil égal
Et l'amour de son frère, et la mort d'Annibal?
Non, ne nous flattons point, il court à sa vengeance;
Il en a le prétexte, il en a la puissance;
Il est l'astre naissant qu'adorent mes États;
Il est le dieu du peuple, et celui des soldats.
Sûr de ceux-ci, sans doute il vient soulever l'autre,
Fondre avec son pouvoir sur le reste du nôtre :
Mais ce peu qui m'en reste, encor que languissant,
N'est pas peut-être encor tout à fait impuissant.
Je veux bien toutefois agir avec adresse,
Joindre beaucoup d'honneur à bien peu de rudesse,
Le chasser avec gloire, et mêler doucement
Le prix de son mérite à mon ressentiment :
Mais, s'il ne m'obéit, ou s'il ose s'en plaindre,
Quoi qu'il ait fait pour moi, quoi que j'en voie à craindre,
Dussé-je voir par là tout l'État hasardé....
     ARASPE.
Il vient.

SCÈNE II. — PRUSIAS, NICOMÈDE, ARASPE.

     PRUSIAS.
 Vous voilà, prince! et qui vous a mandé?
     NICOMÈDE.
La seule ambition de pouvoir en personne
Mettre à vos pieds, seigneur, encore une couronne,
De jouir de l'honneur de vos embrassemens,
Et d'être le témoin de vos contentemens.
Après la Cappadoce heureusement unie
Aux royaumes du Pont et de la Bithynie,
Je viens remercier et mon père et mon roi
D'avoir eu la bonté de s'y servir de moi,
D'avoir choisi mon bras pour une telle gloire,
Et fait tomber sur moi l'honneur de sa victoire.
     PRUSIAS.
Vous pouviez vous passer de mes embrassemens,
Me faire par écrit de tels remercîmens;
Et vous ne deviez pas envelopper d'un crime
Ce que votre victoire ajoute à votre estime.

ACTE II, SCÈNE II.

Abandonner mon camp en est un capital,
Inexcusable en tous, et plus au général;
Et tout autre que vous, malgré cette conquête,
Revenant sans mon ordre, eût payé de sa tête.

NICOMÈDE.

J'ai failli, je l'avoue, et mon cœur imprudent
A trop cru les transports d'un désir trop ardent :
L'amour que j'ai pour vous a commis cette offense,
Lui seul à mon devoir fait cette violence.
Si le bien de vous voir m'étoit moins précieux,
Je serois innocent; mais si loin de vos yeux,
Que j'aime mieux, seigneur, en perdre un peu d'estime
Et qu'un bonheur si grand me coûte un petit crime,
Qui ne craindra jamais la plus sévère loi,
Si l'amour juge en vous ce qu'il a fait en moi.

PRUSIAS.

La plus mauvaise excuse est assez pour un père,
Et sous le nom d'un fils toute faute est légère.
Je ne veux voir en vous que mon unique appui :
Recevez tout l'honneur qu'on vous doit aujourd'hui.
L'ambassadeur romain me demande audience;
Il verra ce qu'en vous je prends de confiance;
Vous l'écouterez, prince, et répondrez pour moi.
Vous êtes aussi bien le véritable roi;
Je n'en suis plus que l'ombre, et l'âge ne m'en laisse
Qu'un vain titre d'honneur qu'on rend à ma vieillesse;
Je n'ai plus que deux jours peut-être à le garder :
L'intérêt de l'État vous doit seul regarder.
Prenez-en aujourd'hui la marque la plus haute :
Mais gardez-vous aussi d'oublier votre faute;
Et, comme elle fait brèche au pouvoir souverain,
Pour la bien réparer, retournez dès demain.
Remettez en éclat la puissance absolue :
Attendez-la de moi comme je l'ai reçue,
Inviolable, entière; et n'autorisez pas
De plus méchans que vous à la mettre plus bas.
Le peuple qui vous voit, la cour qui vous contemple,
Vous désobéiroient sur votre propre exemple :
Donnez-leur-en un autre, et montrez à leurs yeux
Que nos premiers sujets obéissent le mieux.

NICOMÈDE.

J'obéirai, seigneur, et plus tôt qu'on ne pense;
Mais je demande un prix de mon obéissance.
La reine d'Arménie est due à ses États,
Et j'en vois les chemins ouverts par nos combats.
Il est temps qu'en son ciel cet astre aille reluire :
De grâce, accordez-moi l'honneur de l'y conduire.

PRUSIAS.

Il n'appartient qu'à vous, et cet illustre emploi
Demande un roi lui-même, ou l'héritier d'un roi;
Mais, pour la renvoyer jusqu'en son Arménie,
Vous savez qu'il y faut quelque cérémonie :
Tandis que je ferai préparer son départ,
Vous irez dans mon camp l'attendre de ma part.

NICOMÈDE.

Elle est prête à partir sans plus grand équipage.

PRUSIAS.

Je n'ai garde à son rang de faire un tel outrage.
Mais l'ambassadeur entre, il le faut écouter;
Puis nous verrons quel ordre on y doit apporter.

SCÈNE III. — PRUSIAS, NICOMÈDE, FLAMINIUS, ARASPE.

FLAMINIUS.

Sur le point de partir, Rome, seigneur, me mande
Que je vous fasse encor pour elle une demande.
Elle a nourri vingt ans un prince votre fils;
Et vous pouvez juger des soins qu'elle en a pris
Par les hautes vertus et les illustres marques
Qui font briller en lui le sang de vos monarques.
Surtout il est instruit en l'art de bien régner :
C'est à vous de le croire, et de le témoigner.
Si vous faites état de cette nourriture,
Donnez ordre qu'il règne : elle vous en conjure;
Et vous offenseriez l'estime qu'elle en fait
Si vous le laissiez vivre et mourir en sujet.
Faites donc aujourd'hui que je lui puisse dire
Où vous lui destinez un souverain empire.

PRUSIAS.

Les soins qu'ont pris de lui le peuple et le sénat
Ne trouveront en moi jamais un père ingrat :
Je crois que pour régner il en a les mérites,
Et n'en veux point douter après ce que vous dites;
Mais vous voyez, seigneur, le prince son aîné,
Dont le bras généreux trois fois m'a couronné;
Il ne fait que sortir encor d'une victoire;
Et pour tant de hauts faits je lui dois quelque gloire :
Souffrez qu'il ait l'honneur de répondre pour moi.

NICOMÈDE.

Seigneur, c'est à vous seul de faire Attale roi.

PRUSIAS.

C'est votre intérêt seul que sa demande touche.

NICOMÈDE.
Le vôtre toutefois m'ouvrira seul la bouche.
De quoi se mêle Rome, et d'où prend le sénat,
Vous vivant, vous régnant, ce droit sur votre État?
Vivez, régnez, seigneur, jusqu'à la sépulture,
Et laissez faire après, ou Rome, ou la nature.
PRUSIAS.
Pour de pareils amis il faut se faire effort.
NICOMÈDE.
Qui partage vos biens aspire à votre mort;
Et de pareils amis, en bonne politique....
PRUSIAS.
Ah! ne me brouillez point avec la république;
Portez plus de respect à de tels alliés.
NICOMÈDE.
Je ne puis voir sous eux les rois humiliés;
Et, quel que soit ce fils que Rome vous renvoie,
Seigneur, je lui rendrois son présent avec joie.
S'il est si bien instruit en l'art de commander,
C'est un rare trésor qu'elle devroit garder,
Et conserver chez soi sa chère nourriture,
Ou pour le consulat, ou pour la dictature.
FLAMINIUS, *à Prusias*.
Seigneur, dans ce discours qui nous traite si mal,
Vous voyez un effet des leçons d'Annibal;
Ce perfide ennemi de la grandeur romaine
N'en a mis en son cœur que mépris et que haine.
NICOMÈDE.
Non, mais il m'a surtout laissé ferme en ce point,
D'estimer beaucoup Rome, et ne la craindre point.
On me croit son disciple, et je le tiens à gloire;
Et quand Flaminius attaque sa mémoire,
Il doit savoir qu'un jour il me fera raison
D'avoir réduit mon maître au secours du poison,
Et n'oublier jamais qu'autrefois ce grand homme
Commença par son père à triompher de Rome.
FLAMINIUS.
Ah! c'est trop m'outrager!
NICOMÈDE.
N'outragez plus les morts.
PRUSIAS.
Et vous, ne cherchez point à former de discords;
Parlez, et nettement, sur ce qu'il me propose.
NICOMÈDE.
Eh bien! s'il est besoin de répondre autre chose,
Attale doit régner, Rome l'a résolu;
Et, puisqu'elle a partout un pouvoir absolu,

C'est aux rois d'obéir alors qu'elle commande.
 Attale a le cœur grand, l'esprit grand, l'âme grande,
Et toutes les grandeurs dont se fait un grand roi.
Mais c'est trop que d'en croire un Romain sur sa foi;
Par quelque grand effet voyons s'il en est digne,
S'il a cette vertu, cette valeur insigne :
Donnez-lui votre armée, et voyons ces grands coups;
Qu'il en fasse pour lui ce que j'ai fait pour vous;
Qu'il règne avec éclat sur sa propre conquête,
Et que de sa victoire il couronne sa tête.
Je lui prête mon bras, et veux dès maintenant,
S'il daigne s'en servir, être son lieutenant.
L'exemple des Romains m'autorise à le faire;
Le fameux Scipion le fut bien de son frère;
Et lorsque Antiochus fut par eux détrôné,
Sous les lois du plus jeune on vit marcher l'aîné.
Les bords de l'Hellespont, ceux de la mer Égée,
Les restes de l'Asie à nos côtés rangée,
Offrent une matière à son ambition....

FLAMINIUS.

Rome prend tout ce reste en sa protection;
Et vous n'y pouvez plus étendre vos conquêtes
Sans attirer sur vous d'effroyables tempêtes.

NICOMÈDE.

J'ignore sur ce point les volontés du roi :
Mais peut-être qu'un jour je dépendrai de moi;
Et nous verrons alors l'effet de ces menaces.
 Vous pouvez cependant faire munir ces places,
Préparer un obstacle à mes nouveaux desseins;
Disposer de bonne heure un secours de Romains;
Et si Flaminius en est le capitaine,
Nous pourrons lui trouver un lac de Trasimène.

PRUSIAS.

Prince, vous abusez trop tôt de ma bonté :
Le rang d'ambassadeur doit être respecté;
Et l'honneur souverain qu'ici je vous défère....

NICOMÈDE.

Ou laissez-moi parler, sire, ou faites-moi taire.
Je ne sais point répondre autrement pour un roi
A qui dessus son trône on veut faire la loi.

PRUSIAS.

Vous m'offensez moi-même en parlant de la sorte,
Et vous devez dompter l'ardeur qui vous emporte.

NICOMÈDE.

Quoi! je verrai, seigneur, qu'on borne vos États,
Qu'au milieu de ma course on m'arrête le bras,
Que de vous menacer on a même l'audace,

Et je ne rendrai point menace pour menace!
Et je remercierai qui me dit hautement
Qu'il ne m'est plus permis de vaincre impunément!
PRUSIAS, *à Flaminius.*
Seigneur, vous pardonnez aux chaleurs de son âge;
Le temps et la raison pourront le rendre sage.
NICOMÈDE.
La raison et le temps m'ouvrent assez les yeux,
Et l'âge ne fera que me les ouvrir mieux.
Si j'avois jusqu'ici vécu comme ce frère,
Avec une vertu qui fût imaginaire
(Car je l'appelle ainsi quand elle est sans effets;
Et l'admiration de tant d'hommes parfaits
Dont il a vu dans Rome éclater le mérite,
N'est pas grande vertu si l'on ne les imite);
Si j'avois donc vécu dans ce même repos
Qu'il a vécu dans Rome auprès de ses héros,
Elle me laisseroit la Bithynie entière,
Telle que de tous temps l'aîné la tient d'un père,
Et s'empresseroit moins à le faire régner,
Si vos armes sous moi n'avoient su rien gagner:
Mais parce qu'elle voit avec la Bithynie
Par trois sceptres conquis trop de puissance unie,
Il faut la diviser; et, dans ce beau projet,
Ce prince est trop bien né pour vivre mon sujet!
Puisqu'il peut la servir à me faire descendre,
Il a plus de vertu que n'en eut Alexandre;
Et je lui dois quitter, pour le mettre en mon rang,
Le bien de mes aïeux, ou le prix de mon sang.
Grâces aux immortels, l'effort de mon courage
Et ma grandeur future ont mis Rome en ombrage:
Vous pouvez l'en guérir, seigneur, et promptement;
Mais n'exigez d'un fils aucun consentement:
Le maître qui prit soin d'instruire ma jeunesse
Ne m'a jamais appris à faire une bassesse.
FLAMINIUS.
A ce que je puis voir, vous avez combattu,
Prince, par intérêt, plutôt que par vertu.
Les plus rares exploits que vous ayez pu faire
N'ont jeté qu'un dépôt sur la tête d'un père;
Il n'est que gardien de leur illustre prix,
Et ce n'est que pour vous que vous avez conquis,
Puisque cette grandeur à son trône attachée
Sur nul autre que vous ne peut être épanchée.
Certes, je vous croyois un peu plus généreux:
Quand les Romains le sont, ils ne font rien pour eux.
Scipion, dont tantôt vous vantiez le courage,

Ne vouloit point régner sur les murs de Carthage;
Et de tout ce qu'il fit pour l'empire romain
Il n'en eut que la gloire et le nom d'Africain.
Mais on ne voit qu'à Rome une vertu si pure;
Le reste de la terre est d'une autre nature.
  Quant aux raisons d'État qui vous font concevoir
Que nous craignons en vous l'union du pouvoir,
Si vous en consultiez des têtes bien sensées,
Elles vous déferoient de ces belles pensées:
Par respect pour le roi je ne dis rien de plus.
Prenez quelque loisir de rêver là-dessus;
Laissez moins de fumée à vos feux militaires,
Et vous pourrez avoir des visions plus claires.

NICOMÈDE.

Le temps pourra donner quelque décision
Si la pensée est belle, ou si c'est vision.
Cependant....

FLAMINIUS.

    Cependant, si vous trouvez des charmes
A pousser plus avant la gloire de vos armes,
Nous ne la bornons point; mais, comme il est permis
Contre qui que ce soit de servir ses amis,
Si vous ne le savez, je veux bien vous l'apprendre,
Et vous en donne avis pour ne vous pas surprendre.
  Au reste, soyez sûr que vous posséderez
Tout ce qu'en votre cœur déjà vous dévorez;
Le Pont sera pour vous avec la Galatie,
Avec la Cappadoce, avec la Bithynie.
Ce bien de vos aïeux, ce prix de votre sang,
Ne mettront point Attale en votre illustre rang;
Et, puisque leur partage est pour vous un supplice,
Rome n'a pas dessein de vous faire injustice.
Ce prince régnera sans rien prendre sur vous.
    (A Prusias.)
  La reine d'Arménie a besoin d'un époux,
Seigneur; l'occasion ne peut être plus belle;
Elle vit sous vos lois, et vous disposez d'elle.

NICOMÈDE.

Voilà le vrai secret de faire Attale roi,
Comme vous l'avez dit, sans rien prendre sur moi.
La pièce est délicate, et ceux qui l'ont tissue
A de si longs détours font une digne issue.
Je n'y réponds qu'un mot, étant sans intérêt.
  Traitez cette princesse en reine comme elle est:
Ne touchez point en elle aux droits du diadème;
Ou pour les maintenir je périrai moi-même.
Je vous en donne avis, et que jamais les rois,

Pour vivre en nos États, ne vivent sous nos lois;
Qu'elle seule en ces lieux d'elle-même dispose.
PRUSIAS.
N'avez-vous, Nicomède, à lui dire autre chose?
NICOMÈDE.
Non, seigneur, si ce n'est que la reine, après tout,
Sachant ce que je puis, me pousse trop à bout.
PRUSIAS.
Contre elle, dans ma cour, que peut votre insolence?
NICOMÈDE.
Rien du tout, que garder ou rompre le silence.
Une seconde fois avisez, s'il vous plaît,
A traiter Laodice en reine comme elle est;
C'est moi qui vous en prie.

SCÈNE IV. — PRUSIAS, FLAMINIUS, ARASPE.

FLAMINIUS.
Eh quoi! toujours obstacle?
PRUSIAS.
De la part d'un amant ce n'est pas grand miracle.
Cet orgueilleux esprit, enflé de ses succès,
Pense bien de son cœur nous empêcher l'accès;
Mais il faut que chacun suive sa destinée.
L'amour entre les rois ne fait pas l'hyménée,
Et les raisons d'État, plus fortes que ses nœuds,
Trouvent bien les moyens d'en éteindre les feux.
FLAMINIUS.
Comme elle a de l'amour, elle aura du caprice.
PRUSIAS.
Non, non; je vous réponds, seigneur, de Laodice:
Mais enfin elle est reine, et cette qualité
Semble exiger de nous quelque civilité.
J'ai sur elle après tout une puissance entière,
Mais j'aime à la cacher sous le nom de prière.
Rendons-lui donc visite; et, comme ambassadeur,
Proposez cet hymen vous-même à sa grandeur.
Je seconderai Rome, et veux vous introduire.
Puisqu'elle est en nos mains, l'amour ne vous peut nuire
Allons de sa réponse à votre compliment
Prendre l'occasion de parler hautement.

ACTE TROISIÈME.

SCÈNE I. — PRUSIAS, FLAMINIUS, LAODICE.

PRUSIAS.
Reine, puisque ce titre a pour vous tant de charmes,
Sa perte vous devroit donner quelques alarmes :
Qui tranche trop du roi ne règne pas longtemps.
LAODICE.
J'observerai, seigneur, ces avis importans ;
Et, si jamais je règne, on verra la pratique
D'une si salutaire et noble politique.
PRUSIAS.
Vous vous mettez fort mal au chemin de régner.
LAODICE.
Seigneur, si je m'égare, on peut me l'enseigner.
PRUSIAS.
Vous méprisez trop Rome, et vous devriez faire
Plus d'estime d'un roi qui vous tient lieu de père.
LAODICE.
Vous verriez qu'à tous deux je rends ce que je dois,
Si vous vouliez mieux voir ce que c'est qu'être roi.
Recevoir ambassade en qualité de reine,
Ce seroit à vos yeux faire la souveraine,
Entreprendre sur vous, et dedans votre État
Sur votre autorité commettre un attentat :
Je la refuse donc, seigneur, et me dénie
L'honneur qui ne m'est dû que dans mon Arménie.
C'est là que sur mon trône avec plus de splendeur
Je puis honorer Rome en son ambassadeur,
Faire réponse en reine, et comme le mérite
Et de qui l'on me parle, et qui m'en sollicite.
Ici c'est un métier que je n'entends pas bien,
Car hors de l'Arménie enfin je ne suis rien ;
Et ce grand nom de reine ailleurs ne m'autorise
Qu'à n'y voir point de trône à qui je sois soumise,
A vivre indépendante, et n'avoir en tous lieux
Pour souverains que moi, la raison, et les dieux.
PRUSIAS.
Ces dieux vos souverains, et le roi votre père,
De leur pouvoir sur vous m'ont fait dépositaire ;
Et vous pourrez peut-être apprendre une autre fois
Ce que c'est en tous lieux que la raison des rois.
Pour en faire l'épreuve allons en Arménie ;
Je vais vous y remettre en bonne compagnie ;

ACTE III, SCÈNE I.

Partons; et dès demain, puisque vous le voulez,
Préparez-vous à voir vos pays désolés;
Préparez-vous à voir par toute votre terre
Ce qu'ont de plus affreux les fureurs de la guerre,
Des montagnes de morts, des rivières de sang.

LAODICE.

Je perdrai mes États, et garderai mon rang;
Et ces vastes malheurs où mon orgueil me jette
Me feront votre esclave, et non votre sujette :
Ma vie est en vos mains, mais non ma dignité.

PRUSIAS.

Nous ferons bien changer ce courage indompté;
Et quand vos yeux, frappés de toutes ces misères,
Verront Attale assis au trône de vos pères,
Alors, peut-être, alors vous le prierez en vain
Que pour y remonter il vous donne la main.

LAODICE.

Si jamais jusque-là votre guerre m'engage,
Je serai bien changée et d'âme et de courage.
Mais peut-être, seigneur, vous n'irez pas si loin :
Les dieux de ma fortune auront un peu de soin;
Ils vous inspireront, ou trouveront un homme
Contre tant de héros que vous prêtera Rome.

PRUSIAS.

Sur un présomptueux vous fondez votre appui;
Mais il court à sa perte, et vous traîne avec lui.
Pensez-y bien, madame, et faites-vous justice;
Choisissez d'être reine, ou d'être Laodice;
Et, pour dernier avis que vous aurez de moi,
Si vous voulez régner, faites Attale roi.
Adieu.

SCÈNE II. — FLAMINIUS, LAODICE.

FLAMINIUS.

Madame, enfin une vertu parfaite....

LAODICE.

Suivez le roi, seigneur, votre ambassade est faite;
Et je vous dis encor, pour ne vous point flatter,
Qu'ici je ne la dois ni la veux écouter.

FLAMINIUS.

Et je vous parle aussi, dans ce péril extrême,
Moins en ambassadeur qu'en homme qui vous aime,
Et qui, touché du sort que vous vous préparez,
Tâche à rompre le cours des maux où vous courez.
J'ose donc comme ami vous dire en confidence
Qu'une vertu parfaite a besoin de prudence,
Et doit considérer, pour son propre intérêt,

Et les temps où l'on vit, et les lieux où l'on est.
La grandeur de courage en une âme royale
N'est sans cette vertu qu'une vertu brutale,
Que son mérite aveugle, et qu'un faux jour d'honneur
Jette en un tel divorce avec le vrai bonheur,
Qu'elle-même se livre à ce qu'elle doit craindre,
Ne se fait admirer que pour se faire plaindre,
Que pour nous pouvoir dire, après un grand soupir :
« J'avois droit de régner, et n'ai su m'en servir. »
Vous irritez un roi dont vous voyez l'armée
Nombreuse, obéissante, à vaincre accoutumée;
Vous êtes en ses mains, vous vivez dans sa cour.

LAODICE.

Je ne sais si l'honneur eut jamais un faux jour,
Seigneur; mais je veux bien vous répondre en amie.
Ma prudence n'est pas tout à fait endormie;
Et, sans examiner par quel destin jaloux
La grandeur de courage est si mal avec vous,
Je veux vous faire voir que celle que j'étale
N'est pas tant qu'il vous semble une vertu brutale;
Que, si j'ai droit au trône, elle s'en veut servir,
Et sait bien repousser qui me le veut ravir.
Je vois sur la frontière une puissante armée,
Comme vous l'avez dit, à vaincre accoutumée;
Mais par quelle conduite, et sous quel général?
Le roi, s'il s'en fait fort, pourroit s'en trouver mal;
Et, s'il vouloit passer de son pays au nôtre,
Je lui conseillerois de s'assurer d'un autre.
Mais je vis dans sa cour, je suis dans ses États,
Et j'ai peu de raison de ne le craindre pas.
Seigneur, dans sa cour même, et hors de l'Arménie,
La vertu trouve appui contre la tyrannie.
Tout son peuple a des yeux pour voir quel attentat
Font sur le bien public les maximes d'État :
Il connoît Nicomède, il connoît sa marâtre,
Il en sait, il en voit la haine opiniâtre;
Il voit la servitude où le roi s'est soumis,
Et connoît d'autant mieux les dangereux amis.
Pour moi, que vous croyez au bord du précipice,
Bien loin de mépriser Attale par caprice,
J'évite les mépris qu'il recevroit de moi,
S'il tenoit de ma main la qualité de roi.
Je le regarderois comme une âme commune,
Comme un homme mieux né pour une autre fortune,
Plus mon sujet qu'époux, et le nœud conjugal
Ne le tireroit pas de ce rang inégal.
Mon peuple à mon exemple en feroit peu d'estime,

Ce seroit trop, seigneur, pour un cœur magnanime :
Mon refus lui fait grâce, et, malgré ses désirs,
J'épargne à sa vertu d'éternels déplaisirs.
                    FLAMINIUS.
Si vous me dites vrai, vous êtes ici reine :
Sur l'armée et la cour je vous vois souveraine;
Le roi n'est qu'une idée, et n'a de son pouvoir
Que ce que par pitié vous lui laissez avoir.
Quoi ! même vous allez jusques à faire grâce !
Après cela, madame, excusez mon audace;
Souffrez que Rome enfin vous parle par ma voix :
Recevoir ambassade est encor de vos droits;
Ou, si ce nom vous choque ailleurs qu'en Arménie,
Comme simple Romain souffrez que je vous die
Qu'être allié de Rome, et s'en faire un appui,
C'est l'unique moyen de régner aujourd'hui;
Que c'est par là qu'on tient ses voisins en contrainte,
Ses peuples en repos, ses ennemis en crainte;
Qu'un prince est dans son trône à jamais affermi
Quand il est honoré du nom de son ami;
Qu'Attale avec ce titre est plus roi, plus monarque
Que tous ceux dont le front ose en porter la marque;
Et qu'enfin....
                    LAODICE.
            Il suffit; je vois bien ce que c'est :
Tous les rois ne sont rois qu'autant comme il vous plaît;
Mais si de leurs États Rome à son gré dispose,
Certes pour son Attale elle fait peu de chose;
Et qui tient en sa main tant de quoi lui donner
A mendier pour lui devroit moins s'obstiner.
Pour un prince si cher sa réserve m'étonne;
Que ne me l'offre-t-elle avec une couronne?
C'est trop m'importuner en faveur d'un sujet,
Moi qui tiendrois un roi pour un indigne objet,
S'il venoit par votre ordre, et si votre alliance
Souilloit entre ses mains la suprême puissance.
Ce sont des sentimens que je ne puis trahir :
Je ne veux point de rois qui sachent obéir;
Et, puisque vous voyez mon âme tout entière,
Seigneur, ne perdez plus menace ni prière.
                    FLAMINIUS.
Puis-je ne pas vous plaindre en cet aveuglement?
Madame, encore un coup, pensez-y mûrement,
Songez mieux ce qu'est Rome et ce qu'elle peut faire;
Et si vous vous aimez, craignez de lui déplaire.
Carthage étant détruite, Antiochus défait,
Rien de nos volontés ne peut troubler l'effet :

Tout fléchit sur la terre, et tout tremble sur l'onde;
Et Rome est aujourd'hui la maîtresse du monde.
LAODICE.
La maîtresse du monde! Ah! vous me feriez peur,
S'il ne s'en falloit pas l'Arménie et mon cœur,
Si le grand Annibal n'avoit qui lui succède,
S'il ne revivoit pas au prince Nicomède,
Et s'il n'avoit laissé dans de si dignes mains
L'infaillible secret de vaincre les Romains.
Un si vaillant disciple aura bien le courage
D'en mettre jusqu'au bout les leçons en usage :
L'Asie en fait l'épreuve, où trois sceptres conquis
Font voir en quelle école il en a tant appris.
Ce sont des coups d'essai, mais si grands que peut-être
Le Capitole a droit d'en craindre un coup de maître,
Et qu'il ne puisse un jour....
FLAMINIUS.
Ce jour est encor loin,
Madame, et quelques-uns vous diront, au besoin,
Quels dieux du haut en bas renversent les profanes,
Et que, même au sortir de Trébie et de Cannes,
Son ombre épouvanta votre grand Annibal.
Mais le voici, ce bras à Rome si fatal.

SCÈNE III. — NICOMÈDE, LAODICE, FLAMINIUS.

NICOMÈDE.
Ou Rome à ses agens donne un pouvoir bien large,
Ou vous êtes bien long à faire votre charge.
FLAMINIUS.
Je sais quel est mon ordre; et, si j'en sors ou non,
C'est à d'autres qu'à vous que j'en rendrai raison.
NICOMÈDE.
Allez-y donc, de grâce, et laissez à ma flamme
Le bonheur à son tour d'entretenir madame :
Vous avez dans son cœur fait de si grands progrès,
Et vos discours pour elle ont de si grands attraits,
Que sans de grands efforts je n'y pourrai détruire
Ce que votre harangue y vouloit introduire.
FLAMINIUS.
Les malheurs où la plonge une indigne amitié
Me faisoient lui donner un conseil par pitié.
NICOMÈDE.
Lui donner de la sorte un conseil charitable,
C'est être ambassadeur et tendre et pitoyable.
Vous a-t-il conseillé beaucoup de lâchetés,
Madame?

FLAMINIUS.
Ah! c'en est trop; et vous vous emportez.
NICOMÈDE.
Je m'emporte?
FLAMINIUS.
Sachez qu'il n'est point de contrée
Où d'un ambassadeur la dignité sacrée....
NICOMÈDE.
Ne nous vantez plus tant son rang et sa splendeur :
Qui fait le conseiller n'est plus ambassadeur;
Il excède sa charge, et lui-même y renonce.
Mais dites-moi, madame, a-t-il eu sa réponse?
LAODICE.
Oui, seigneur.
NICOMÈDE.
Sachez donc que je ne vous prends plus
Que pour l'agent d'Attale, et pour Flaminius;
Et, si vous me fâchiez, j'ajouterois peut-être
Que pour l'empoisonneur d'Annibal, de mon maître.
Voilà tous les honneurs que vous aurez de moi :
S'ils ne vous satisfont, allez vous plaindre au roi.
FLAMINIUS.
Il me fera justice, encor qu'il soit bon père;
Ou Rome à son refus se la saura bien faire.
NICOMÈDE.
Allez de l'un et l'autre embrasser les genoux.
FLAMINIUS.
Les effets répondront; prince, pensez à vous.

SCÈNE IV. — NICOMÈDE, LAODICE.

NICOMÈDE.
Cet avis est plus propre à donner à la reine.
Ma générosité cède enfin à sa haine :
Je l'épargnois assez pour ne découvrir pas
Les infâmes projets de ses assassinats;
Mais enfin on m'y force, et tout son crime éclate.
J'ai fait entendre au roi Zénon et Métrobate;
Et, comme leur rapport a de quoi l'étonner,
Lui-même il prend le soin de les examiner.
LAODICE.
Je ne sais pas, seigneur, quelle en sera la suite;
Mais je ne comprends point toute cette conduite,
Ni comme à cet éclat la reine vous contraint.
Plus elle vous doit craindre, et moins elle vous craint,
Et plus vous la pouvez accabler d'infamie,
Plus elle vous attaque en mortelle ennemie.

NICOMÈDE.
Elle prévient ma plainte, et cherche adroitement
A la faire passer pour un ressentiment,
Et ce masque trompeur de fausse hardiesse
Nous déguise sa crainte, et couvre sa foiblesse.
LAODICE.
Les mystères de cour souvent sont si cachés
Que les plus clairvoyans y sont bien empêchés.
  Lorsque vous n'étiez point ici pour me défendre,
Je n'avois contre Attale aucun combat à rendre;
Rome ne songeoit point à troubler notre amour :
Bien plus, on ne vous souffre ici que ce seul jour;
Et dans ce même jour Rome, en votre présence,
Avec chaleur pour lui presse mon alliance.
Pour moi, je ne vois goutte en ce raisonnement,
Qui n'attend point le temps de votre éloignement,
Et j'ai devant les yeux toujours quelque nuage
Qui m'offusque la vue, et m'y jette un ombrage.
Le roi chérit sa femme, il craint Rome; et, pour vous,
S'il ne voit vos hauts faits d'un œil un peu jaloux,
Du moins, à dire tout, je ne saurois vous taire
Qu'il est trop bon mari pour être assez bon père.
Voyez quel contre-temps Attale prend ici!
Qui l'appelle avec nous? quel projet? quel souci?
Je conçois mal, seigneur, ce qu'il faut que j'en pense;
Mais j'en romprai le coup, s'il y faut ma présence.
Je vous quitte.

SCÈNE V. — NICOMÈDE, ATTALE, LAODICE.

ATTALE.
        Madame, un si doux entretien
N'est plus charmant pour vous quand j'y mêle le mien.
LAODICE.
Votre importunité, que j'ose dire extrême,
Me peut entretenir en un autre moi-même :
Il connoît tout mon cœur, et répondra pour moi,
Comme à Flaminius il a fait pour le roi.

SCÈNE VI. — NICOMÈDE, ATTALE.

ATTALE.
Puisque c'est la chasser, seigneur, je me retire.
NICOMÈDE.
Non, non; j'ai quelque chose aussi bien à vous dire,
Prince. J'avois mis bas, avec le nom d'aîné,
L'avantage du trône où je suis destiné;
Et, voulant seul ici défendre ce que j'aime,

Je vous avois prié de l'attaquer de même,
Et de ne mêler point surtout dans vos desseins
Ni le secours du roi, ni celui des Romains.
Mais, ou vous n'avez pas la mémoire fort bonne,
Ou vous n'y mettez rien de ce qu'on vous ordonne.

ATTALE.

Seigneur, vous me forcez à m'en souvenir mal,
Quand vous n'achevez pas de rendre tout égal.
Vous vous défaites bien de quelques droits d'aînesse :
Mais vous défaites-vous du cœur de la princesse,
De toutes les vertus qui vous en font aimer,
Des hautes qualités qui savent tout charmer,
De trois sceptres conquis, du gain de six batailles,
Des glorieux assauts de plus de cent murailles?
Avec de tels seconds rien n'est pour vous douteux.
Rendez donc la princesse égale entre nous deux :
Ne lui laissez plus voir ce long amas de gloire
Qu'à pleines mains sur vous a versé la victoire;
Et faites qu'elle puisse oublier une fois
Et vos rares vertus, et vos fameux exploits;
Ou contre son amour, contre votre vaillance,
Souffrez Rome et le roi dedans l'autre balance :
Le peu qu'ils ont gagné vous fait assez juger
Qu'ils n'y mettront jamais qu'un contre-poids léger.

NICOMÈDE.

C'est n'avoir pas perdu tout votre temps à Rome,
Que vous savoir ainsi défendre en galant homme :
Vous avez de l'esprit, si vous n'avez du cœur.

SCÈNE VII. — ARSINOÉ, NICOMÈDE, ATTALE, ARASPE.

ARASPE.

Seigneur, le roi vous mande.

NICOMÈDE.

    Il me mande?

ARASPE.

        Oui, seigneur.

ARSINOÉ.

Prince, la calomnie est aisée à détruire.

NICOMÈDE.

J'ignore à quel sujet vous m'en venez instruire,
Moi qui ne doute point de cette vérité,
Madame.

ARSINOÉ.

  Si jamais vous n'en aviez douté,
Prince, vous n'auriez pas, sous l'espoir qui vous flatte,
Amené de si loin Zénon et Métrobate.

NICOMÈDE.
Je m'obstinois, madame, à tout dissimuler;
Mais vous m'avez forcé de les faire parler.
ARSINOÉ.
La vérité les force, et mieux que vos largesses.
Ces hommes du commun tiennent mal leurs promesses;
Tous deux en ont plus dit qu'ils n'avoient résolu.
NICOMÈDE.
J'en suis fâché pour vous, mais vous l'avez voulu.
ARSINOÉ.
Je le veux bien encore, et je n'en suis fâchée
Que d'avoir vu par là votre vertu tachée,
Et qu'il faille ajouter à vos titres d'honneur
La noble qualité de mauvais suborneur.
NICOMÈDE.
Je les ai subornés contre vous à ce compte?
ARSINOÉ.
J'en ai le déplaisir, vous en aurez la honte.
NICOMÈDE.
Et vous pensez par là leur ôter tout crédit?
ARSINOÉ.
Non, seigneur; je me tiens à ce qu'ils en ont dit.
NICOMÈDE.
Qu'ont-ils dit qui vous plaise, et que vous vouliez croire?
ARSINOÉ.
Deux mots de vérité qui vous comblent de gloire.
NICOMÈDE.
Peut-on savoir de vous ces deux mots importans?
ARASPE.
Seigneur, le roi s'ennuie, et vous tardez longtemps.
ARSINOÉ.
Vous les saurez de lui, c'est trop le faire attendre.
NICOMÈDE.
Je commence, madame, enfin à vous entendre :
Son amour conjugal, chassant le paternel,
Vous fera l'innocente, et moi le criminel.
Mais....
ARSINOÉ.
Achevez, seigneur; ce mais, que veut-il dire?
NICOMÈDE.
Deux mots de vérité qui font que je respire.
ARSINOÉ.
Peut-on savoir de vous ces deux mots importans?
NICOMÈDE.
Vous les saurez du roi; je tarde trop longtemps.

SCÈNE VIII. — ARSINOÉ, ATTALE.

ARSINOÉ.

Nous triomphons, Attale; et ce grand Nicomède
Voit quelle digne issue à ses fourbes succède.
Les deux accusateurs que lui-même a produits,
Que pour l'assassiner je dois avoir séduits,
Pour me calomnier subornés par lui-même,
N'ont su bien soutenir un si noir stratagème.
Tous deux m'ont accusée, et tous deux avoué
L'infâme et lâche tour qu'un prince m'a joué.
Qu'en présence des rois les vérités sont fortes !
Que pour sortir d'un cœur elles trouvent de portes !
Qu'on en voit le mensonge aisément confondu !
Tous deux vouloient me perdre, et tous deux l'ont perdu

ATTALE.

Je suis ravi de voir qu'une telle imposture
Ait laissé votre gloire et plus grande et plus pure;
Mais pour l'examiner et bien voir ce que c'est,
Si vous pouviez vous mettre un peu hors d'intérêt,
Vous ne pourriez jamais, sans un peu de scrupule,
Avoir pour deux méchans une âme si crédule.
Ces perfides tous deux se sont dits aujourd'hui
Et subornés par vous, et subornés par lui :
Contre tant de vertus, contre tant de victoires,
Doit-on quelque croyance à des âmes si noires?
Qui se confesse traître est indigne de foi.

ARSINOÉ.

Vous êtes généreux, Attale, et je le voi;
Même de vos rivaux la gloire vous est chère.

ATTALE.

Si je suis son rival, je suis aussi son frère;
Nous ne sommes qu'un sang, et ce sang dans mon cœur
A peine à le passer pour calomniateur.

ARSINOÉ.

Et vous en avez moins à me croire assassine,
Moi, dont la perte est sûre à moins que sa ruine?

ATTALE.

Si contre lui j'ai peine à croire ces témoins,
Quand ils vous accusoient je les croyois bien moins.
Votre vertu, madame, est au-dessus du crime.
Souffrez donc que pour lui je garde un peu d'estime :
La sienne dans la cour lui fait mille jaloux,
Dont quelqu'un a voulu le perdre auprès de vous;
Et ce lâche attentat n'est qu'un trait de l'envie
Qui s'efforce à noircir une si belle vie.
Pour moi, si par soi-même on peut juger d'autrui,

Ce que je sens en moi, je le présume en lui.
Contre un si grand rival j'agis à force ouverte,
Sans blesser son honneur, sans pratiquer sa perte.
J'emprunte du secours, et le fais hautement;
Je crois qu'il n'agit pas moins généreusement,
Qu'il n'a que les desseins où sa gloire l'invite,
Et n'oppose à mes vœux que son propre mérite.

ARSINOÉ.

Vous êtes peu du monde, et savez mal la cour.

ATTALE.

Est-ce autrement qu'en prince on doit traiter l'amour?

ARSINOÉ.

Vous le traitez, mon fils, et parlez en jeune homme.

ATTALE.

Madame, je n'ai vu que des vertus à Rome.

ARSINOÉ.

Le temps vous apprendra, par de nouveaux emplois,
Quelles vertus il faut à la suite des rois.
Cependant, si le prince est encor votre frère,
Souvenez-vous aussi que je suis votre mère;
Et, malgré les soupçons que vous avez conçus,
Venez savoir du roi ce qu'il croit là-dessus.

ACTE QUATRIÈME.

SCÈNE I. — PRUSIAS, ARSINOÉ, ARASPE.

PRUSIAS.

Faites venir le prince, Araspe.
(*Araspe rentre.*)
      Et vous, madame,
Retenez des soupirs dont vous me percez l'âme.
Quel besoin d'accabler mon cœur de vos douleurs,
Quand vous y pouvez tout sans le secours des pleurs?
Quel besoin que ces pleurs prennent votre défense?
Douté-je de son crime ou de votre innocence?
Et reconnoissez-vous que tout ce qu'il m'a dit
Par quelque impression ébranle mon esprit?

ARSINOÉ.

Ah! seigneur, est-il rien qui répare l'injure
Que fait à l'innocence un moment d'imposture?
Et peut-on voir mensonge assez tôt avorté
Pour rendre à la vertu toute sa pureté?
Il en reste toujours quelque indigne mémoire
Qui porte une souillure à la plus haute gloire.

Combien en votre cour est-il de médisans?
Combien le prince a-t-il d'aveugles partisans,
Qui, sachant une fois qu'on m'a calomniée,
Croiront que votre amour m'a seul justifiée?
Et si la moindre tache en demeure à mon nom,
Si le moindre du peuple en conserve un soupçon,
Suis-je digne de vous? et de telles alarmes
Touchent-elles trop peu pour mériter mes larmes?
PRUSIAS.
Ah! c'est trop de scrupule, et trop mal présumer
D'un mari qui vous aime, et qui vous doit aimer.
La gloire est plus solide après la calomnie,
Et brille d'autant mieux qu'elle s'en vit ternie.
Mais voici Nicomède, et je veux qu'aujourd'hui....

SCÈNE II. — PRUSIAS, ARSINOÉ, NICOMÈDE,
ARASPE, GARDES.

ARSINOÉ.
Grâce, grâce, seigneur, à notre unique appui!
Grâce à tant de lauriers en sa main si fertiles!
Grâce à ce conquérant, à ce preneur de villes!
Grâce....
NICOMÈDE.
De quoi, madame? est-ce d'avoir conquis
Trois sceptres, que ma perte expose à votre fils?
D'avoir porté si loin vos armes dans l'Asie,
Que même votre Rome en a pris jalousie?
D'avoir trop soutenu la majesté des rois?
Trop rempli votre cour du bruit de mes exploits?
Trop du grand Annibal pratiqué les maximes?
S'il faut grâce pour moi, choisissez de mes crimes;
Les voilà tous, madame; et si vous y joignez
D'avoir cru des méchans par quelque autre gagnés,
D'avoir une âme ouverte, une franchise entière,
Qui, dans leur artifice, a manqué de lumière,
C'est gloire et non pas crime à qui ne voit le jour
Qu'au milieu d'une armée, et loin de votre cour,
Qui n'a que la vertu de son intelligence,
Et, vivant sans remords, marche sans défiance.
ARSINOÉ.
Je m'en dédis, seigneur; il n'est point criminel.
S'il m'a voulu noircir d'un opprobre éternel,
Il n'a fait qu'obéir à la haine ordinaire
Qu'imprime à ses pareils le nom de belle-mère.
De cette aversion son cœur préoccupé
M'impute tous les traits dont il se sent **frappé**.

Que son maître Annibal, malgré la foi publique,
S'abandonne aux fureurs d'une terreur panique;
Que ce vieillard confie et gloire et liberté
Plutôt au désespoir qu'à l'hospitalité;
Ces terreurs, ces fureurs, sont de mon artifice.
Quelque appas que lui-même il trouve en Laodice.
C'est moi qui fais qu'Attale a des yeux comme lui;
C'est moi qui force Rome à lui servir d'appui;
De cette seule main part tout ce qui le blesse;
Et, pour venger ce maître et sauver sa maîtresse,
S'il a tâché, seigneur, de m'éloigner de vous,
Tout est trop excusable en un amant jaloux.
Ce foible et vain effort ne touche point mon âme.
Je sais que tout mon crime est d'être votre femme;
Que ce nom seul l'oblige à me persécuter :
Car enfin, hors de là, que peut-il m'imputer?
Ma voix, depuis dix ans qu'il commande une armée,
A-t-elle refusé d'enfler sa renommée?
Et lorsqu'il l'a fallu puissamment secourir,
Que la moindre longueur l'auroit laissé périr,
Quel autre a mieux pressé les secours nécessaires?
Qui l'a mieux dégagé de ses destins contraires?
A-t-il eu près de vous un plus soigneux agent
Pour hâter les renforts et d'hommes et d'argent?
Vous le savez, seigneur, et pour reconnoissance,
Après l'avoir servi de toute ma puissance,
Je vois qu'il a voulu me perdre auprès de vous :
Mais tout est excusable en un amant jaloux;
Je vous l'ai déjà dit.

PRUSIAS.
Ingrat! que peux-tu dire?
NICOMÈDE.
Que la reine a pour moi des bontés que j'admire.
Je ne vous dirai point que ces puissans secours
Dont elle a conservé mon honneur et mes jours,
Et qu'avec tant de pompe à vos yeux elle étale,
Travailloient par ma main à la grandeur d'Attale;
Que par mon propre bras elle amassoit pour lui,
Et préparoit dès lors ce qu'on voit aujourd'hui.
Par quelques sentimens qu'elle ait été poussée,
J'en laisse le ciel juge, il connoît sa pensée;
Il sait pour mon salut comme elle a fait des vœux;
Il lui rendra justice, et peut-être à tous deux.
  Cependant, puisque enfin l'apparence est si belle,
Elle a parlé pour moi, je dois parler pour elle,
Et pour son intérêt vous faire souvenir
Que vous laissez longtemps deux méchans à punir.

Envoyez Métrobate et Zénon au supplice.
Sa gloire attend de vous ce digne sacrifice :
Tous deux l'ont accusée ; et s'ils s'en sont dédits
Pour la faire innocente et charger votre fils,
Ils n'ont rien fait pour eux, et leur mort est trop juste
Après s'être joués d'une personne auguste.
L'offense une fois faite à ceux de notre rang
Ne se répare point que par des flots de sang :
On n'en fut jamais quitte ainsi pour s'en dédire.
Il faut sous les tourmens que l'imposture expire ;
Ou vous exposeriez tout votre sang royal
A la légèreté d'un esprit déloyal.
L'exemple est dangereux et hasarde nos vies,
S'il met en sûreté de telles calomnies.

ARSINOÉ.

Quoi ! seigneur, les punir de la sincérité
Qui soudain dans leur bouche a mis la vérité,
Qui vous a contre moi sa fourbe découverte,
Qui vous rend votre femme et m'arrache à ma perte,
Qui vous a retenu d'en prononcer l'arrêt ;
Et couvrir tout cela de mon seul intérêt !
C'est être trop adroit, prince, et trop bien l'entendre.

PRUSIAS.

Laisse là Métrobate, et songe à te défendre.
Purge-toi d'un forfait si honteux et si bas.

NICOMÈDE.

M'en purger ! moi, seigneur ! vous ne le croyez pas !
Vous ne savez que trop qu'un homme de ma sorte,
Quand il se rend coupable, un peu plus haut se porte :
Qu'il lui faut un grand crime à tenter son devoir,
Où sa gloire se sauve à l'ombre du pouvoir.
 Soulever votre peuple, et jeter votre armée
Dedans les intérêts d'une reine opprimée ;
Venir, le bras levé, la tirer de vos mains,
Malgré l'amour d'Attale et l'effort des Romains,
Et fondre en vos pays contre leur tyrannie
Avec tous vos soldats et toute l'Arménie,
C'est ce que pourroit faire un homme tel que moi,
S'il pouvoit se résoudre à vous manquer de foi.
La fourbe n'est le jeu que des petites âmes,
Et c'est là proprement le partage des femmes.
 Punissez donc, seigneur, Métrobate et Zénon ;
Pour la reine ou pour moi, faites-vous-en raison.
A ce dernier moment la conscience presse ;
Pour rendre compte aux dieux tout respect humain cesse ;
Et ces esprits légers, approchant des abois,
 Croient bien se dédire une seconde fois.

ARSINOÉ.

Seigneur….

NICOMÈDE.

Parlez, madame, et dites quelle cause
A leur juste supplice obstinément s'oppose;
Ou laissez-nous penser qu'aux portes du trépas
Ils auroient des remords qui ne vous plairoient pas.

ARSINOÉ.

Vous voyez à quel point sa haine m'est cruelle;
Quand je le justifie, il me fait criminelle :
Mais sans doute, seigneur, ma présence l'aigrit,
Et mon éloignement remettra son esprit;
Il rendra quelque calme à son cœur magnanime,
Et lui pourra sans doute épargner plus d'un crime.
Je ne demande point que par compassion
Vous assuriez un sceptre à ma protection,
Ni que, pour garantir la personne d'Attale,
Vous partagiez entre eux la puissance royale :
Si vos amis de Rome en ont pris quelque soin,
C'étoit sans mon aveu, je n'en ai pas besoin.
Je n'aime point si mal que de ne vous pas suivre,
Sitôt qu'entre mes bras vous cesserez de vivre;
Et sur votre tombeau mes premières douleurs
Verseront tout ensemble et mon sang et mes pleurs.

PRUSIAS.

Ah! madame!

ARSINOÉ.

Oui, seigneur, cette heure infortunée
Par vos derniers soupirs clora ma destinée;
Et, puisque ainsi jamais il ne sera mon roi,
Qu'ai-je à craindre de lui? que peut-il contre moi?
Tout ce que je demande en faveur de ce gage,
De ce fils qui déjà lui donne tant d'ombrage,
C'est que chez les Romains il retourne achever
Des jours que dans leur sein vous fîtes élever,
Qu'il retourne y traîner, sans péril et sans gloire,
De votre amour pour moi l'impuissante mémoire!
Ce grand prince vous sert, et vous servira mieux
Quand il n'aura plus rien qui lui blesse les yeux :
Et n'appréhendez point Rome ni sa vengeance;
Contre tout son pouvoir il a trop de vaillance :
Il sait tous les secrets du fameux Annibal,
De ce héros à Rome en tous lieux si fatal,
Que l'Asie et l'Afrique admirent l'avantage
Qu'en tire Antiochus, et qu'en reçut Carthage.
Je me retire donc, afin qu'en liberté
Les tendresses du sang pressent votre bonté;

Et je ne veux plus voir ni qu'en votre présence
Un prince que j'estime indignement m'offense,
Ni que je sois forcée à vous mettre en courroux
Contre un fils si vaillant et si digne de vous.

SCÈNE III. — PRUSIAS, NICOMÈDE, ARASPE.

PRUSIAS.
Nicomède, en deux mots, ce désordre me fâche.
Quoi qu'on t'ose imputer, je ne te crois point lâche;
Mais donnons quelque chose à Rome qui se plaint,
Et tâchons d'assurer la reine qui te craint.
J'ai tendresse pour toi, j'ai passion pour elle;
Et je ne veux pas voir cette haine éternelle,
Ni que des sentimens que j'aime à voir durer
Ne règnent dans mon cœur que pour le déchirer.
J'y veux mettre d'accord l'amour et la nature,
Être père et mari dans cette conjoncture...

NICOMÈDE.
Seigneur, voulez-vous bien vous en fier à moi?
Ne soyez l'un ni l'autre.

PRUSIAS.
    Et que dois-je être?

NICOMÈDE.
           Roi.
Reprenez hautement ce noble caractère.
Un véritable roi n'est ni mari ni père;
Il regarde son trône, et rien de plus. Régnez;
Rome vous craindra plus que vous ne la craignez[1].
Malgré cette puissance et si vaste et si grande,
Vous pouvez déjà voir comme elle m'appréhende,
Combien en me perdant elle espère gagner,
Parce qu'elle prévoit que je saurai régner.

PRUSIAS.
Je règne donc, ingrat! puisque tu me l'ordonnes;
Choisis, ou Laodice, ou mes quatre couronnes:
Ton roi fait ce partage entre ton frère et toi;
Je ne suis plus ton père, obéis à ton roi.

NICOMÈDE.
Si vous étiez aussi le roi de Laodice,
Pour l'offrir à mon choix avec quelque justice,
Je vous demanderois le loisir d'y penser:
Mais enfin pour vous plaire, et ne pas l'offenser,
J'obéirai, seigneur, sans répliques frivoles,

---

1. Ce morceau sublime, jeté dans cette comédie, fait voir combien le reste est petit. Il n'y a peut-être rien de plus beau dans les meilleures pièces de Corneille. (*Voltaire.*)

A vos intentions, et non à vos paroles.
 A ce frère si cher transportez tous mes droits
Et laissez Laodice en liberté du choix.
Voilà quel est le mien.

PRUSIAS.

Quelle bassesse d'âme
Quelle fureur t'aveugle en faveur d'une femme!
Tu la préfères, lâche! à ces prix glorieux
Que ta valeur unit au bien de tes aïeux!
Après cette infamie es-tu digne de vivre?

NICOMÈDE.

Je crois que votre exemple est glorieux à suivre :
Ne préférez-vous pas une femme à ce fils
Par qui tous ces États aux vôtres sont unis?

PRUSIAS.

Me vois-tu renoncer pour elle au diadème?

NICOMÈDE.

Me voyez-vous pour l'autre y renoncer moi-même?
Que cédé-je à mon frère en cédant vos États?
Ai-je droit d'y prétendre avant votre trépas?
Pardonnez-moi ce mot, il est fâcheux à dire :
Mais un monarque enfin comme un autre homme expire ;
Et vos peuples alors, ayant besoin d'un roi,
Voudront choisir peut-être entre ce prince et moi.
 Seigneur, nous n'avons pas si grande ressemblance,
Qu'il faille de bons yeux pour y voir différence ;
Et ce vieux droit d'aînesse est souvent si puissant,
Que pour remplir un trône il rappelle un absent.
Que si leurs sentimens se règlent sur les vôtres,
Sous le joug de vos lois j'en ai bien rangé d'autres;
Et, dussent vos Romains en être encor jaloux,
Je ferai bien pour moi ce que j'ai fait pour vous.

PRUSIAS.

J'y donnerai bon ordre.

NICOMÈDE.

Oui, si leur artifice
De votre sang par vous se fait un sacrifice ;
Autrement vos États à ce prince livrés
Ne seront en ses mains qu'autant que vous vivrez.
Ce n'est point en secret que je vous le déclare ;
Je le dis à lui-même, afin qu'il s'y prépare :
Le voilà qui m'entend.

PRUSIAS.

Va, sans verser mon sang,
Je saurai bien, ingrat! l'assurer en ce rang;
Et demain...

ACTE IV, SCÈNE IV.

SCÈNE IV. — PRUSIAS, NICOMÈDE, ATTALE,
FLAMINIUS, ARASPE, GARDES.

FLAMINIUS.

Si pour moi vous êtes en colère
Seigneur, je n'ai reçu qu'une offense légère :
Le sénat en effet pourra s'en indigner ;
Mais j'ai quelques amis qui sauront le gagner.

PRUSIAS.

Je lui ferai raison ; et dès demain Attale
Recevra de ma main la puissance royale :
Je le fais roi de Pont, et mon seul héritier.
Et quant à ce rebelle, à ce courage fier,
Rome entre vous et lui jugera de l'outrage :
Je veux qu'au lieu d'Attale il lui serve d'otage ;
Et, pour l'y mieux conduire, il vous sera donné,
Sitôt qu'il aura vu son frère couronné.

NICOMÈDE.

Vous m'enverrez à Rome !

PRUSIAS.

On t'y fera justice.
Va, va lui demander ta chère Laodice.

NICOMÈDE.

J'irai, j'irai, seigneur, vous le voulez ainsi ;
Et j'y serai plus roi que vous n'êtes ici.

FLAMINIUS.

Rome sait vos hauts faits, et déjà vous adore.

NICOMÈDE.

Tout beau, Flaminius ! je n'y suis pas encore :
La route en est mal sûre, à tout considérer :
Et qui m'y conduira pourroit bien s'égarer.

PRUSIAS.

Qu'on le remène, Araspe ; et redoublez sa garde.
(*A Attale.*)
Toi, rends grâces à Rome, et sans cesse regarde
Que, comme son pouvoir est la source du tien,
En perdant son appui tu ne seras plus rien.
Vous, seigneur, excusez si, me trouvant en peine
De quelques déplaisirs que m'a fait voir la reine,
Je vais l'en consoler ; et vous laisse avec lui.
Attale, encore un coup, rends grâce à ton appui.

SCÈNE V. — FLAMINIUS, ATTALE.

ATTALE.

Seigneur, que vous dirai-je après des avantages
Qui sont même trop grands pour les plus grands courages ?

Vous n'avez point de borne, et votre affection
Passe votre promesse et mon ambition.
Je l'avouerai pourtant, le trône de mon père
Ne fait pas le bonheur que plus je considère :
Ce qui touche mon cœur, ce qui charme mes sens,
C'est Laodice acquise à mes vœux innocens.
La qualité de roi qui me rend digne d'elle....
FLAMINIUS.
Ne rendra pas son cœur à vos vœux moins rebelle.
ATTALE.
Seigneur, l'occasion fait un cœur différent :
D'ailleurs, c'est l'ordre exprès de son père mourant;
Et par son propre aveu la reine d'Arménie
Est due à l'héritier du roi de Bithynie.
FLAMINIUS.
Ce n'est pas loi pour elle; et, reine comme elle est,
Cet ordre, à bien parler, n'est que ce qui lui plaît.
Aimeroit-elle en vous l'éclat d'un diadème
Qu'on vous donne aux dépens d'un grand prince qu'elle aime?
En vous qui la privez d'un si cher protecteur?
En vous qui de sa chute êtes l'unique auteur?
ATTALE.
Ce prince hors d'ici, seigneur, que fera-t-elle?
Qui contre Rome et nous soutiendra sa querelle?
Car j'ose me promettre encor votre secours.
FLAMINIUS.
Les choses quelquefois prennent un autre cours;
Pour ne vous point flatter, je n'en veux pas répondre.
ATTALE.
Ce seroit bien, seigneur, de tout point me confondre,
Et je serois moins roi qu'un objet de pitié,
Si le bandeau royal m'ôtoit votre amitié.
Mais je m'alarme trop, et Rome est plus égale :
N'en avez-vous pas l'ordre?
FLAMINIUS.
     Oui, pour le prince Attale,
Pour un homme en son sein nourri dès le berceau;
Mais pour le roi de Pont il faut ordre nouveau.
ATTALE.
Il faut ordre nouveau! Quoi! se pourroit-il faire
Qu'à l'œuvre de ses mains Rome devînt contraire;
Que ma grandeur naissante y fît quelque jaloux?
FLAMINIUS.
Que présumez-vous, prince? et que me dites-vous?
ATTALE.
Vous-même dites-moi comme il faut que j'explique
Cette inégalité de votre république.

ACTE IV, SCÈNE V.

FLAMINIUS.
Je vais vous l'expliquer, et veux bien vous guérir
D'une erreur dangereuse où vous semblez courir.
Rome, qui vous servoit auprès de Laodice,
Pour vous donner son trône eût fait une injustice;
Son amitié pour vous lui faisoit cette loi :
Mais par d'autres moyens elle vous a fait roi;
Et le soin de sa gloire à présent la dispense
De se porter pour vous à cette violence.
Laissez donc cette reine en pleine liberté,
Et tournez vos désirs de quelque autre côté.
Rome de votre hymen prendra soin elle-même.

ATTALE.
Mais s'il arrive enfin que Laodice m'aime?

FLAMINIUS.
Ce seroit mettre encor Rome dans le hasard
Que l'on crût artifice ou force de sa part;
Cet hymen jetteroit une ombre sur sa gloire.
Prince, n'y pensez plus, si vous m'en pouvez croire
Ou, si de mes conseils vous faites peu d'état,
N'y pensez plus du moins sans l'aveu du sénat.

ATTALE.
A voir quelle froideur à tant d'amour succède,
Rome ne m'aime pas; elle hait Nicomède :
Et lorsqu'à mes désirs elle a feint d'applaudir,
Elle a voulu le perdre, et non pas m'agrandir.

FLAMINIUS.
Pour ne vous faire pas de réponse trop rude
Sur ce beau coup d'essai de votre ingratitude,
Suivez votre caprice, offensez vos amis;
Vous êtes souverain, et tout vous est permis :
Mais puisque enfin ce jour vous doit faire connoître
Que Rome vous a fait ce que vous allez être,
Que perdant son appui vous ne serez plus rien,
Que le roi vous l'a dit, souvenez-vous-en bien.

SCÈNE VI. — ATTALE.

Attale, étoit-ce ainsi que régnoient tes ancêtres?
Veux-tu le nom de roi pour avoir tant de maîtres?
Ah ! ce titre à ce prix déjà m'est importun :
S'il nous en faut avoir, du moins n'en ayons qu'un.
Le ciel nous l'a donné trop grand, trop magnanime,
Pour souffrir qu'aux Romains il serve de victime.
Montrons-leur hautement que nous avons des yeux,
Et d'un si rude joug affranchissons ces lieux.
Puisqu'à leurs intérêts tout ce qu'ils font s'applique,

Que leur vaine amitié cède à leur politique,
Soyons à notre tour de leur grandeur jaloux,
Et comme ils font pour eux faisons aussi pour nous.

ACTE CINQUIÈME.

SCÈNE I. — ARSINOÉ, ATTALE.

ARSINOÉ.

J'ai prévu ce tumulte, et n'en vois rien à craindre;
Comme un moment l'allume, un moment peut l'éteindre,
Et, si l'obscurité laisse croître ce bruit,
Le jour dissipera les vapeurs de la nuit.
Je me fâche bien moins qu'un peuple se mutine
Que de voir que ton cœur dans son amour s'obstine,
Et d'une indigne ardeur lâchement embrasé,
Ne rend point de mépris à qui t'a méprisé.
Venge-toi d'une ingrate, et quitte une cruelle,
A présent que le sort t'a mis au-dessus d'elle.
Son trône, et non ses yeux, avoit dû te charmer :
Tu vas régner sans elle; à quel propos l'aimer?
Porte, porte ce cœur à de plus douces chaînes.
Puisque te voilà roi, l'Asie a d'autres reines,
Qui, loin de te donner des rigueurs à souffrir,
T'épargneront bientôt la peine de t'offrir.

ATTALE.

Mais, madame....

ARSINOÉ.

Eh bien! soit, je veux qu'elle se rende :
Prévois-tu les malheurs qu'ensuite j'appréhende?
Sitôt que d'Arménie elle t'aura fait roi,
Elle t'engagera dans sa haine pour moi.
Mais, ô dieux! pourra-t-elle y borner sa vengeance?
Pourras-tu dans son lit dormir en assurance?
Et refusera-t-elle à son ressentiment
Le fer ou le poison pour venger son amant?
Qu'est-ce qu'en sa fureur une femme n'essaie?

ATTALE.

Que de fausses raisons pour me cacher la vraie!
Rome, qui n'aime pas à voir un puissant roi,
L'a craint en Nicomède, et le craindroit en moi.
Je ne dois plus prétendre à l'hymen d'une reine,
Si je ne veux déplaire à notre souveraine;
Et puisque la fâcher ce seroit me trahir,
Afin qu'elle me souffre, il vaut mieux obéir.

Je sais par quels moyens sa sagesse profonde
S'achemine à grands pas à l'empire du monde.
Aussitôt qu'un État devient un peu trop grand,
Sa chute doit guérir l'ombrage qu'elle en prend.
C'est blesser les Romains que faire une conquête,
Que mettre trop de bras sous une seule tête;
Et leur guerre est trop juste, après cet attentat
Que fait sur leur grandeur un tel crime d'État.
Eux, qui pour gouverner sont les premiers des hommes,
Veulent que sous leur ordre on soit ce que nous sommes,
Veulent sur tous les rois un si haut ascendant
Que leur empire seul demeure indépendant.
Je les connois, madame, et j'ai vu cet ombrage
Détruire Antiochus, et renverser Carthage.
De peur de choir comme eux, je veux bien m'abaisser,
Et cède à des raisons que je ne puis forcer.
D'autant plus justement mon impuissance y cède,
Que je vois qu'en leurs mains on livre Nicomède.
Un si grand ennemi leur répond de ma foi;
C'est un lion tout prêt à déchaîner sur moi.

ARSINOÉ.

C'est de quoi je voulois vous faire confidence:
Mais vous me ravissez d'avoir cette prudence.
Le temps pourra changer; cependant prenez soin
D'assurer des jaloux dont vous avez besoin.

SCÈNE II. — FLAMINIUS, ARSINOÉ, ATTALE.

ARSINOÉ.

Seigneur, c'est remporter une haute victoire
Que de rendre un amant capable de me croire:
J'ai su le ramener aux termes du devoir,
Et sur lui la raison a repris son pouvoir.

FLAMINIUS.

Madame, voyez donc si vous serez capable
De rendre également ce peuple raisonnable.
Le mal croît; il est temps d'agir de votre part,
Ou, quand vous le voudrez, vous le voudrez trop tard.
Ne vous figurez plus que ce soit le confondre
Que de le laisser faire, et ne lui point répondre.
Rome autrefois a vu de ces émotions,
Sans embrasser jamais vos résolutions.
Quand il falloit calmer toute une populace,
Le sénat n'épargnoit promesse ni menace,
Et rappeloit par là son escadron mutin
Et du mont Quirinal et du mont Aventin,
Dont il l'auroit vu faire une horrible descente,

S'il eût traité longtemps sa fureur d'impuissante
Et l'eût abandonnée à sa confusion,
Comme vous semblez faire en cette occasion.
                    ARSINOÉ.
Après ce grand exemple en vain on délibère :
Ce qu'a fait le sénat montre ce qu'il faut faire ;
Et le roi.... Mais il vient.

SCÈNE III. — PRUSIAS, ARSINOÉ, FLAMINIUS, ATTALE.

                    PRUSIAS.
                Je ne puis plus douter,
Seigneur, d'où vient le mal que je vois éclater :
Ces mutins ont pour chefs les gens de Laodice.
                    FLAMINIUS.
J'en avois soupçonné déjà son artifice.
                    ATTALE.
Ainsi votre tendresse et vos soins sont payés !
                    FLAMINIUS.
Seigneur, il faut agir ; et, si vous m'en croyez....

SCÈNE IV. — PRUSIAS, ARSINOÉ, FLAMINIUS, ATTALE, CLÉONE.

                    CLÉONE.
Tout est perdu, madame, à moins d'un prompt remède :
Tout le peuple à grands cris demande Nicomède ;
Il commence lui-même à se faire raison,
Et vient de déchirer Métrobate et Zénon.
                    ARSINOÉ.
Il n'est donc plus à craindre, il a pris ses victimes :
Sa fureur sur leur sang va consumer ses crimes ;
Elle s'applaudira de cet illustre effet,
Et croira Nicomède amplement satisfait.
                    FLAMINIUS.
Si ce désordre étoit sans chefs et sans conduite,
Je voudrois, comme vous, en craindre moins la suite ;
Le peuple par leur mort pourroit s'être adouci ;
Mais un dessein formé ne tombe pas ainsi :
Il suit toujours son but jusqu'à ce qu'il l'emporte ;
Le premier sang versé rend sa fureur plus forte ;
Il l'amorce, il l'acharne, il en éteint l'horreur,
Et ne lui laisse plus ni pitié ni terreur.

ACTE V, SCÈNE V.

SCÈNE V. — PRUSIAS, FLAMINIUS, ARSINOÉ, ATTALE, CLÉONE, ARASPE.

ARASPE.
Seigneur, de tous côtés le peuple vient en foule;
De moment en moment votre garde s'écoule;
Et, suivant les discours qu'ici même j'entends,
Le prince entre mes mains ne sera pas longtemps:
Je n'en puis plus répondre.

PRUSIAS.
Allons, allons le rendre,
Ce précieux objet d'une amitié si tendre.
Obéissons, madame, à ce peuple sans foi,
Qui, las de m'obéir, en veut faire son roi;
Et du haut d'un balcon, pour calmer la tempête,
Sur ses nouveaux sujets faisons voler sa tête.

ATTALE.
Ah, seigneur!

PRUSIAS.
C'est ainsi qu'il lui sera rendu :
A qui le cherche ainsi, c'est ainsi qu'il est dû.

ATTALE.
Ah! seigneur, c'est tout perdre, et livrer à sa rage
Tout ce qui de plus près touche votre courage;
Et j'ose dire ici que Votre Majesté
Aura peine elle-même à trouver sûreté.

PRUSIAS.
Il faut donc se résoudre à tout ce qu'il m'ordonne,
Lui rendre Nicomède avecque ma couronne :
Je n'ai point d'autre choix; et, s'il est le plus fort,
Je dois à son idole ou mon sceptre ou la mort.

FLAMINIUS.
Seigneur, quand ce dessein auroit quelque justice,
Est-ce à vous d'ordonner que ce prince périsse?
Quel pouvoir sur ses jours vous demeure permis?
C'est l'otage de Rome, et non plus votre fils :
Je dois m'en souvenir quand son père l'oublie.
C'est attenter sur nous qu'ordonner de sa vie;
J'en dois compte au sénat, et n'y puis consentir.
Ma galère est au port toute prête à partir;
Le palais y répond par la porte secrète :
Si vous le voulez perdre, agréez ma retraite;
Souffrez que mon départ fasse connoître à tous
Que Rome a des conseils plus justes et plus doux;
Et ne l'exposez pas à ce honteux outrage
De voir à ses yeux même immoler son otage.

ARSINOÉ.

Me croirez-vous, seigneur, et puis-je m'expliquer?

PRUSIAS.

Ah! rien de votre part ne sauroit me choquer;
Parlez.

ARSINOÉ.

Le ciel m'inspire un dessein dont j'espère
Et satisfaire Rome et ne vous pas déplaire.
S'il est prêt à partir, il peut en ce moment
Enlever avec lui son otage aisément:
Cette porte secrète ici nous favorise.
Mais, pour faciliter d'autant mieux l'entreprise,
Montrez-vous à ce peuple, et, flattant son courroux,
Amusez-le du moins à débattre avec vous;
Faites-lui perdre temps, tandis qu'en assurance
La galère s'éloigne avec son espérance.
S'il force le palais, et ne l'y trouve plus,
Vous ferez comme lui le surpris, le confus;
Vous accuserez Rome, et promettrez vengeance
Sur quiconque sera de son intelligence.
Vous enverrez après, sitôt qu'il sera jour,
Et vous lui donnerez l'espoir d'un prompt retour,
Ou mille empêchemens que vous ferez vous-même
Pourront de toutes parts aider au stratagème.
Quelque aveugle transport qu'il témoigne aujourd'hui,
Il n'attentera rien tant qu'il craindra pour lui,
Tant qu'il présumera son effort inutile.
Ici la délivrance en paroît trop facile;
Et s'il l'obtient, seigneur, il faut fuir vous et moi:
S'il le voit à sa tête, il en fera son roi;
Vous le jugez vous-même.

PRUSIAS

Ah! j'avouerai, madame,
Que le ciel a versé ce conseil dans votre âme.
Seigneur, se peut-il voir rien de mieux concerté?

FLAMINIUS.

Il vous assure et vie, et gloire, et liberté;
Et vous avez d'ailleurs Laodice en otage:
Mais qui perd temps ici perd tout son avantage.

PRUSIAS.

Il n'en faut donc plus perdre: allons-y de ce pas.

ARSINOÉ.

Ne prenez avec vous qu'Araspe et trois soldats:
Peut-être un plus grand nombre auroit quelque infidèle.
J'irai chez Laodice, et m'assurerai d'elle.
Attale, où courez-vous?

ATTALE.
Je vais de mon côté
De ce peuple mutin amuser la fierté,
A votre stratagème en ajouter quelque autre.
ARSINOÉ.
Songez que ce n'est qu'un que mon sort et le vôtre,
Que vos seuls intérêts me mettent en danger.
ATTALE.
Je vais périr, madame, ou vous en dégager.
ARSINOÉ.
Allez donc. J'aperçois la reine d'Arménie.

SCÈNE VI. — ARSINOÉ, LAODICE, CLÉONE.

ARSINOÉ.
La cause de nos maux doit-elle être impunie?
LAODICE.
Non, madame; et, pour peu qu'elle ait d'ambition,
Je vous réponds déjà de sa punition.
ARSINOÉ.
Vous qui savez son crime, ordonnez de sa peine.
LAODICE.
Un peu d'abaissement suffit pour une reine :
C'est déjà trop de voir son dessein avorté.
ARSINOÉ.
Dites, pour châtiment de sa témérité,
Qu'il lui faudroit du front tirer le diadème.
LAODICE.
Parmi les généreux il n'en va pas de même;
Ils savent oublier quand ils ont le dessus,
Et ne veulent que voir leurs ennemis confus.
ARSINOÉ.
Ainsi qui peut vous croire, aisément se contente.
LAODICE.
Le ciel ne m'a pas fait l'âme plus violente.
ARSINOÉ.
Soulever des sujets contre leur souverain,
Leur mettre à tous le fer et la flamme en la main,
Jusque dans le palais pousser leur insolence,
Vous appelez cela fort peu de violence?
LAODICE.
Nous nous entendons mal, madame; et je le voi,
Ce que je dis pour vous, vous l'expliquez pour moi.
Je suis hors de souci pour ce qui me regarde;
Et je viens vous chercher pour vous prendre en ma garde,
Pour ne hasarder pas en vous la majesté
Au manque de respect d'un grand peuple irrité.

Faites venir le roi, rappelez votre Attale,
Que je conserve en eux la dignité royale :
Ce peuple en sa fureur peut les connoître mal.

ARSINOÉ.

Peut-on voir un orgueil à votre orgueil égal!
Vous, par qui seule ici tout ce désordre arrive;
Vous, qui dans ce palais vous voyez ma captive;
Vous, qui me répondrez au prix de votre sang
De tout ce qu'un tel crime attente sur mon rang,
Vous me parlez encore avec la même audace
Que si j'avois besoin de vous demander grâce!

LAODICE.

Vous obstiner, madame, à me parler ainsi,
C'est ne vouloir pas voir que je commande ici,
Que, quand il me plaira, vous serez ma victime.
Et ne m'imputez point ce grand désordre à crime :
Votre peuple est coupable, et dans tous vos sujets
Ces cris séditieux sont autant de forfaits;
Mais pour moi, qui suis reine, et qui, dans nos querelles,
Pour triompher de vous, vous ai fait ces rebelles,
Par le droit de la guerre il fut toujours permis
D'allumer la révolte entre ses ennemis :
M'enlever mon époux, c'est vous faire la mienne.

ARSINOÉ.

Je la suis donc, madame; et quoi qu'il en avienne,
Si ce peuple une fois enfonce le palais,
C'est fait de votre vie, et je vous le promets.

LAODICE.

Vous tiendrez mal parole, ou bientôt sur ma tombe
Tout le sang de vos rois servira d'hécatombe.
Mais avez-vous encor parmi votre maison
Quelque autre Métrobate, ou quelque autre Zénon?
N'appréhendez-vous point que tous vos domestiques
Ne soient déjà gagnés par mes sourdes pratiques?
En savez-vous quelqu'un si prêt à se trahir,
Si las de voir le jour, que de vous obéir?
Je ne veux point régner sur votre Bithynie :
Ouvrez-moi seulement les chemins d'Arménie;
Et, pour voir tout d'un coup vos malheurs terminés,
Rendez-moi cet époux qu'en vain vous retenez.

ARSINOÉ.

Sur le chemin de Rome il vous faut l'aller prendre;
Flaminius l'y mène, et pourra vous le rendre :
Mais hâtez-vous, de grâce, et faites bien ramer,
Car déjà sa galère a pris le large en mer.

LAODICE.

Ah! si je le croyois!...

ARSINOÉ.
N'en doutez point, madame.
LAODICE.
Fuyez donc les fureurs qui saisissent mon âme :
Après le coup fatal de cette indignité,
Je n'ai plus ni respect ni générosité.
Mais plutôt demeurez pour me servir d'otage
Jusqu'à ce que ma main de ses fers le dégage.
J'irai jusque dans Rome en briser les liens,
Avec tous vos sujets, avecque tous les miens;
Aussi bien Annibal nommoit une folie
De présumer la vaincre ailleurs qu'en Italie.
Je veux qu'elle me voie au cœur de ses États
Soutenir ma fureur d'un million de bras;
Et sous mon désespoir rangeant sa tyrannie....
ARSINOÉ.
Vous voulez donc enfin régner en Bithynie?
Et dans cette fureur qui vous trouble aujourd'hui,
Le roi pourra souffrir que vous régniez pour lui?
LAODICE.
J'y régnerai, madame, et sans lui faire injure.
Puisque le roi veut bien n'être roi qu'en peinture.
Que lui doit importer qui donne ici la loi,
Et qui règne pour lui des Romains ou de moi?
Mais un second otage entre mes mains se jette.

SCÈNE VII. — ARSINOÉ, LAODICE, ATTALE, CLÉONE.

ARSINOÉ.
Attale, avez-vous su comme ils ont fait retraite?
ATTALE.
Ah, madame!
ARSINOÉ.
Parlez.
ATTALE.
Tous les dieux irrités
Dans les derniers malheurs nous ont précipités.
Le prince est échappé.
LAODICE.
Ne craignez plus, madame;
La générosité déjà rentre en mon âme.
ARSINOÉ.
Attale, prenez-vous plaisir à m'alarmer?
ATTALE.
Ne vous flattez point tant que de le présumer.
Le malheureux Araspe, avec sa foible escorte,
L'avoit déjà conduit à cette fausse porte;
L'ambassadeur de Rome étoit déjà passé,

Quand dans le sein d'Araspe un poignard enfoncé
Le jette aux pieds du prince. Il s'écrie; et sa suite,
De peur d'un pareil sort, prend aussitôt la fuite.

ARSINOÉ.

Et qui dans cette porte a pu le poignarder?

ATTALE.

Dix ou douze soldats qui sembloient la garder.
Et ce prince....

ARSINOÉ.

Ah! mon fils! qu'il est partout de traîtres!
Qu'il est peu de sujets fidèles à leurs maîtres!
Mais de qui savez-vous un désastre si grand?

ATTALE.

Des compagnons d'Araspe, et d'Araspe mourant.
Mais écoutez encor ce qui me désespère.
J'ai couru me ranger auprès du roi mon père;
Il n'en étoit plus temps : ce monarque étonné
A ses frayeurs déjà s'étoit abandonné,
Avoit pris un esquif pour tâcher de rejoindre
Ce Romain dont l'effroi peut-être n'est pas moindre.

SCÈNE VIII. — PRUSIAS, FLAMINIUS, ARSINOÉ, LAODICE, ATTALE, CLÉONE.

PRUSIAS.

Non, non, nous revenons l'un et l'autre en ces lieux
Défendre votre gloire, ou mourir à vos yeux.

ARSINOÉ.

Mourons, mourons, seigneur, et dérobons nos vies
A l'absolu pouvoir des fureurs ennemies;
N'attendons pas leur ordre, et montrons-nous jaloux
De l'honneur qu'ils auroient à disposer de nous.

LAODICE.

Ce désespoir, madame, offense un si grand homme
Plus que vous n'avez fait en l'envoyant à Rome :
Vous devez le connoître; et, puisqu'il a ma foi,
Vous devez présumer qu'il est digne de moi.
Je le désavouerois s'il n'étoit magnanime,
S'il manquoit à remplir l'effort de mon estime,
S'il ne faisoit paroître un cœur toujours égal.
Mais le voici; voyez si je le connois mal.

SCÈNE IX. — PRUSIAS, NICOMÈDE, ARSINOÉ, LAODICE, FLAMINIUS, ATTALE, CLÉONE.

NICOMÈDE.

Tout est calme, seigneur; un moment de ma vue
A soudain apaisé la populace émue.

PRUSIAS.
Quoi! me viens-tu braver jusque dans mon palais,
Rebelle?
NICOMÈDE.
C'est un nom que je n'aurai jamais
Je ne viens point ici montrer à votre haine
Un captif insolent d'avoir brisé sa chaîne;
Je viens en bon sujet vous rendre le repos
Que d'autres intérêts troubloient mal à propos.
Non que je veuille à Rome imputer quelque crime
Du grand art de régner elle suit la maxime;
Et son ambassadeur ne fait que son devoir,
Quand il veut entre nous partager le pouvoir.
Mais ne permettez pas qu'elle vous y contraigne;
Rendez-moi votre amour, afin qu'elle vous craigne;
Pardonnez à ce peuple un peu trop de chaleur
Qu'à sa compassion a donné mon malheur;
Pardonnez un forfait qu'il a cru nécessaire,
Et qui ne produira qu'un effet salutaire.
Faites-lui grâce aussi, madame, et permettez
Que jusques au tombeau j'adore vos bontés.
Je sais par quel motif vous m'êtes si contraire :
Votre amour maternel veut voir régner mon frère;
Et je contribuerai moi-même à ce dessein,
Si vous pouvez souffrir qu'il soit roi de ma main.
Oui, l'Asie à mon bras offre encor des conquêtes;
Et pour l'en couronner mes mains sont toutes prêtes :
Commandez seulement, choisissez en quels lieux;
Et j'en apporterai la couronne à vos yeux.
ARSINOÉ.
Seigneur, faut-il si loin pousser votre victoire,
Et qu'ayant en vos mains et mes jours et ma gloire,
La haute ambition d'un si puissant vainqueur
Veuille encor triompher jusque dedans mon cœur?
Contre tant de vertu je ne puis le défendre;
Il est impatient lui-même de se rendre.
Joignez cette conquête à trois sceptres conquis,
Et je croirai gagner en vous un second fils.
PRUSIAS.
Je me rends donc aussi, madame; et je veux croire
Qu'avoir un fils si grand est ma plus grande gloire.
Mais, parmi les douceurs qu'enfin nous recevons,
Faites-nous savoir, prince, à qui nous vous devons.
NICOMÈDE.
L'auteur d'un si grand coup m'a caché son visage;
Mais il m'a demandé mon diamant pour gage,
Et me le doit ici rapporter dès demain.

ATTALE.
Le voulez-vous, seigneur, reprendre de ma main?
NICOMÈDE.
Ah! laissez-moi toujours à cette digne marque
Reconnoître en mon sang un vrai sang de monarque.
Ce n'est plus des Romains l'esclave ambitieux,
C'est le libérateur d'un sang si précieux.
Mon frère, avec mes fers vous en brisez bien d'autres;
Ceux du roi, de la reine, et les siens et les vôtres.
Mais pourquoi vous cacher en sauvant tout l'État?
ATTALE.
Pour voir votre vertu dans son plus haut éclat;
Pour la voir seule agir contre notre injustice,
Sans la préoccuper par ce foible service;
Et me venger enfin ou sur vous ou sur moi,
Si j'eusse mal jugé de tout ce que je voi.
Mais, madame....
ARSINOÉ.
Il suffit; voilà le stratagème
Que vous m'aviez promis pour moi contre moi-même.
(*A Nicomède.*)
Et j'ai l'esprit, seigneur, d'autant plus satisfait,
Que mon sang rompt le cours du mal que j'avois fait.
NICOMÈDE, *à Flaminius.*
Seigneur, à découvert, toute âme généreuse
D'avoir votre amitié doit se tenir heureuse;
Mais nous n'en voulons plus avec ces dures lois
Qu'elle jette toujours sur la tête des rois :
Nous vous la demandons hors de la servitude:
Ou le nom d'ennemi nous semblera moins rude.
FLAMINIUS, *à Nicomède.*
C'est de quoi le sénat pourra délibérer :
Mais cependant pour lui j'ose vous assurer,
Prince, qu'à ce défaut vous aurez son estime,
Telle que doit l'attendre un cœur si magnanime;
Et qu'il croira se faire un illustre ennemi,
S'il ne vous reçoit pas pour généreux ami.
PRUSIAS.
Nous autres, réunis sous de meilleurs auspices,
Préparons à demain de justes sacrifices;
Et demandons aux dieux, nos dignes souverains,
Pour comble de bonheur l'amitié des Romains.

EXAMEN DE NICOMÈDE.

Voici une pièce d'une constitution assez extraordinaire : aussi est-ce la vingt et unième que j'ai mise sur le théâtre; et après y avoir fait réciter quarante mille vers, il est bien malaisé de trouver quelque chose de nouveau, sans s'écarter un peu du grand chemin, et se mettre au hasard de s'égarer. La tendresse et les passions, qui doivent être l'âme des tragédies, n'ont aucune part en celle-ci; la grandeur de courage y règne seule, et regarde son malheur d'un œil si dédaigneux, qu'il n'en sauroit arracher une plainte. Elle y est combattue par la politique, et n'oppose à ses artifices qu'une prudence généreuse, qui marche à visage découvert, qui prévoit le péril sans s'émouvoir, et qui ne veut point d'autre appui que celui de sa vertu et de l'amour qu'elle imprime dans les cœurs de tous les peuples.

L'histoire qui m'a prêté de quoi la faire paroître en ce haut degré est tirée du trente-quatrième livre de Justin. J'ai ôté de ma scène l'horreur de sa catastrophe, où le fils fait assassiner son père qui lui en avoit voulu faire autant, et n'ai donné ni à Prusias ni à Nicomède aucun dessein de parricide. J'ai fait ce dernier amoureux de Laodice, reine d'Arménie, afin que l'union d'une couronne voisine à la sienne donnât plus d'ombrage aux Romains, et leur fît prendre plus de soin d'y mettre un obstacle de leur part. J'ai approché de cette histoire celle de la mort d'Annibal, qui arriva un peu auparavant chez ce même roi, et dont le nom n'est pas un petit ornement à mon ouvrage. J'en ai fait Nicomède disciple, pour lui prêter plus de valeur et plus de fierté contre les Romains: et, prenant l'occasion de l'ambassade où Flaminius fut envoyé par eux vers ce roi leur allié pour demander qu'on remît entre leurs mains ce vieil ennemi de leur grandeur, je l'ai chargé d'une commission secrète de traverser ce mariage, qui leur devoit donner de la jalousie. J'ai fait que pour gagner l'esprit de la reine, qui, suivant l'ordinaire des secondes femmes, avoit tout pouvoir sur celui de son vieux mari, il lui ramène un de ses fils, que mon auteur m'apprend avoir été nourri à Rome. Cela fait deux effets: car, d'un côté, il obtient la perte d'Annibal par le moyen de cette mère ambitieuse, et, de l'autre, il oppose à Nicomède un rival appuyé de toute la faveur des Romains, jaloux de sa gloire et de sa grandeur naissante.

Les assassins qui découvrirent à ce prince les sanglans desseins de son père m'ont donné jour à d'autres artifices pour le faire tomber dans les embûches que sa belle-mère lui avoit préparées; et pour la fin, je l'ai réduite en sorte que tous mes personnages y agissent avec générosité, et que les uns rendant ce qu'ils doivent à la vertu, et les autres demeurant dans la fermeté de leur devoir, laissent un exemple assez illustre et une conclusion assez agréable.

La représentation n'en a point déplu, et ce ne sont pas les moindres vers qui soient partis de ma main. Mon principal but a été de peindre la politique des Romains au dehors, et comme ils agissoient impérieusement avec les rois leurs alliés; leurs maximes pour les empêcher de s'accroître, et les soins qu'ils prenoient de traverser leur grandeur quand elle commençoit à leur devenir suspecte à force de s'augmenter et de se rendre considérable par de nouvelles conquêtes. C'est le caractère que j'ai donné à leur république en la personne de son ambassadeur Flaminius à qui j'oppose un prince intrépide, qui voit sa perte assurée sans s'ébranler, et qui brave l'orgueilleuse masse de leur puissance, lors même qu'il en est accablé. Ce héros de ma façon sort un peu des règles de la tragédie, en ce qu'il ne cherche point à faire pitié par l'excès de ses infortunes : mais le succès a montré que la fermeté des grands cœurs, qui n'excite que de l'admiration dans l'âme du spectateur, est quelquefois aussi agréable que la compassion que notre art nous ordonne d'y produire par la représentation de leurs malheurs. Il en fait naître toutefois quelqu'une, mais elle ne va pas jusqu'à tirer des larmes. Son effet se borne à mettre les auditeurs dans les intérêts de ce prince, et à leur faire former des souhaits pour ses prospérités.

Dans l'admiration qu'on a pour sa vertu, je trouve une manière de purger les passions, dont n'a point parlé Aristote, et qui est peut-être plus sûre que celle qu'il prescrit à la tragédie par le moyen de la pitié et de la crainte. L'amour qu'elle nous donne pour cette vertu que nous admirons, nous imprime de la haine pour le vice contraire. La grandeur de courage de Nicomède nous laisse une aversion de la pusillanimité ; et la généreuse reconnoissance d'Héraclius qui expose sa vie pour Martian, à qui il est redevable de la sienne, nous jette dans l'horreur de l'ingratitude.

Je ne veux point dissimuler que cette pièce est une de celles pour qui j'ai le plus d'amitié. Aussi n'y remarquerai-je que ce défaut de la fin qui va trop vite, comme je l'ai dit ailleurs, et où l'on peut même trouver quelque inégalité de mœurs en Prusias et Flaminius, qui, après avoir pris la fuite sur la mer, s'avisent tout d'un coup de rappeler leur courage, et viennent se ranger auprès de la reine Arsinoé, pour mourir avec elle en la défendant. Flaminius y demeure en assez méchante posture, voyant réunir toute la famille royale, malgré les soins qu'il avoit pris de la diviser, et les instructions qu'il en avoit apportées de Rome. Il s'y voit enlever par Nicomède les affections de cette reine et du prince Attale, qu'il avoit choisis pour instrumens à traverser sa grandeur, et semble n'être revenu que pour être témoin du triomphe qu'il remporte sur lui. D'abord j'avois fini la pièce sans les faire revenir, et m'étois contenté de faire témoigner par Nicomède à sa belle-mère grand déplaisir de ce que la fuite du roi ne lui permettoit pas de lui rendre ses obéissances.

Cela ne démentoit point l'effet historique, puisqu'il laissoit sa mort en incertitude ; mais le goût des spectateurs, que nous avons accoutumés à voir rassembler tous nos personnages à la conclusion de cette sorte de poëmes, fut cause de ce changement, où je me résolus pour leur donner plus de satisfaction, bien qu'avec moins de régularité.

FIN DE NICOMÈDE.

PERTHARITE,
ROI DES LOMBARDS.
TRAGÉDIE.
1653.

AU LECTEUR.

La mauvaise réception que le public a faite à cet ouvrage m'avertit qu'il est temps que je sonne la retraite, et que des préceptes de mon Horace je ne songe plus à pratiquer que celui-ci :

> Solve senescentem mature sanus equum, ne
> Peccet ad extremum ridendus et ilia ducat.

Il vaut mieux que je prenne congé de moi-même que d'attendre qu'on me le donne tout à fait ; et il est juste qu'après vingt années de travail je commence à m'apercevoir que je deviens trop vieux pour être encore à la mode. J'en rapporte cette satisfaction, que je laisse le théâtre françois en meilleur état que je ne l'ai trouvé, et du côté de l'art et du côté des mœurs : les grands génies qui lui ont prêté leurs veilles, de mon temps, y ont beaucoup contribué ; et je me flatte jusqu'à penser que mes soins n'y ont pas nui : il en viendra de plus heureux après nous qui le mettront à sa perfection, et achèveront de l'épurer ; je le souhaite de tout mon cœur. Cependant agréez que je joigne ce malheureux poëme aux vingt et un qui l'ont précédé avec plus d'éclat ; ce sera la dernière importunité que je vous ferai de cette nature : non que j'en fasse une résolution si forte qu'elle ne se puisse rompre ; mais il y a grande apparence que j'en demeurerai là. Je ne vous dirai rien pour la justification de *Pertharite* ; ce n'est pas ma coutume de m'opposer au jugement du public : mais vous ne serez pas fâché que je vous fasse voir à mon ordinaire les originaux dont j'ai tiré cet événement, afin que vous puissiez séparer le faux d'avec le vrai, et les embellissemens de nos feintes d'avec la pureté de l'histoire. Celui qui l'a écrite le premier a été Paul, diacre, à la fin de son quatrième livre, et au commencement du cinquième, des *Gestes des Lombards* ; et, pour n'y mêler rien du mien, je vous en donne la traduction fidèle qu'en a faite Antoine du Verdier dans ses *Diverses leçons* : j'y ajoute un mot d'Erycius Puteanus, pour quelques circonstances en quoi ils diffèrent, et je le laisse en latin de peur de corrompre la beauté de son langage par la foiblesse de mes expressions. Flavius Blondus, dans son *Histoire de la décadence de l'empire romain*, parle encore de Pertharite ; mais comme il le fait chasser de son royaume étant encore enfant, sans nommer Rodelinde qu'à la fin de sa vie, je n'ai pas cru qu'il fût à propos de vous produire un témoin qui ne dit rien de ce que je traite.

ANTOINE DU VERDIER,

Livre IV de ses *Diverses leçons*, chap. XII.

Pertharite fut fils d'Aripert, roi des Lombards, lequel, après la mort du père, régna à Milan; et Gondebert, son frère, à Pavie : et étant survenue quelque noise et querelle entre les deux frères, Gondebert envoya Garibalde, duc de Turin, pardevers Grimoald, comte de Bénévent, capitaine généreux, le priant de le vouloir secourir contre Pertharite, avec promesse de lui donner une sienne sœur en mariage. Mais Garibalde, usant de trahison envers son seigneur, persuada à Grimoald d'y venir pour occuper le royaume, qui, par la discorde des frères, étoit en fort mauvais état, et prochain de sa ruine. Ce qu'entendant, Grimoald se dépouilla de sa comté de Bénévent, de laquelle il fit comte son fils, et, avec le plus de forces qu'il put assembler, se mit en chemin pour aller à Pavie, et par toutes les cités où il passa s'acquit plusieurs amis pour s'en aider à prendre le royaume. Etant arrivé à Pavie, et parlé qu'il eut à Gondebert, il le tua par l'intelligence et moyen de Garibalde, et occupa le royaume. Pertharite, entendant ces nouvelles, abandonna Rodelinde sa femme et un sien petit-fils, lesquels Grimoald confina à Bénévent, et s'enfuit et retira vers Cacan, roi des Avarriens ou Huns. Grimoald ayant confirmé et établi son royaume à Pavie, entendant que Pertharite s'étoit sauvé vers Cacan, lui envoya ambassadeurs pour lui faire entendre que s'il gardoit Pertharite en son royaume, il ne jouiroit plus de la paix qu'il avoit eue avec les Lombards, et qu'il auroit un roi pour ennemi. Suivant laquelle ambassade, le roi des Avarriens appela en secret Pertharite, lui disant qu'il allât la part où il voudroit, afin que par lui les Avarriens ne tombassent en l'inimitié des Lombards : ce qu'ayant entendu, Pertharite, s'en retournant en Italie, vint trouver Grimoald, soy fiant en sa clémence, et, comme il fut près de la ville de Lodi, il envoya devant un sien gentilhomme nommé Unulphe, auquel il se fioit grandement, pour advertir Grimoald de sa venue. Unulphe, se présentant au nouveau roi, lui donna avis comme Pertharite avoit recours à sa bonté, à laquelle il se venoit librement soumettre, s'il lui plaisoit l'accepter. Quoi entendant, Grimoald lui promit et jura de ne faire aucun déplaisir à son maître, lequel pouvoit venir sûrement, quand il voudroit, sur sa foi. Unulphe ayant rapporté telle réponse à son seigneur Pertharite, iceluy vint se présenter devant Grimoald, et se prosterner à ses pieds, lequel le reçut gracieusement et le baisa. Quoi fait, Pertharite lui dit : « Je vous suis serviteur; et, sachant que vous êtes très-chrétien et ami de piété, bien que je pusse vivre entre les païens, néanmoins, me confiant en votre douceur et débonnaireté, me suis venu rendre à vos pieds. » Lors Grimoald, usant de ses sermens accoutumés, lui promit, disant : « Par celui qui m'a fait naître, puisque vous avez recours à ma foi, vous ne souffrirez mal aucun en chose qui soit, et donnerai ordre que vous pourrez honnêtement vivre. » Ce dit, lui ayant fait donner un bon

logis, commanda qu'il fût entretenu selon sa qualité, et que
toutes choses à lui nécessaires lui fussent abondamment baillées
Or, comme Pertharite eut prins congé du roi, et se fut retiré en
son logis, advint que soudain les citoyens de Pavie à grandes
troupes accoururent pour le voir et saluer, comme l'ayant auparavant connu et honoré. Mais voici de combien peut nuire une
mauvaise langue. Quelques flatteurs et malins, ayant pris garde
aux caresses faites par le peuple à Pertharite, vinrent trouver
Grimoald, et lui firent entendre que si bientôt il ne faisoit tuer
Pertharite, il étoit en branle de perdre le royaume et la vie, lui
assurant qu'à cette fin tous ceux de la ville lui faisoient la cour.
Grimoald, homme facile à croire, et bien souvent trop de léger,
s'étonna aucunement, et, atteint de défiance, ayant mis en oubli
sa promesse, s'enflamma subitement de colère, et dès lors jura
la mort de l'innocent Pertharite, commençant à prendre avis en
soi par quel moyen et en quelle sorte il lui pourroit le lendemain ôter la vie, pour ce que lors étoit trop tard : et à ce soir lui
envoya diverses sortes de viandes, et vins des plus friands en
grande abondance pour le faire enivrer ; afin que par trop boire
et manger, et étant enseveli en vin et à dormir, il ne pût penser aucunement à son salut : mais un gentilhomme qui avoit
jadis été serviteur du père de Pertharite, qui lui portoit de la
viande de la part du roi, baissant la tête sous la table, comme
s'il lui eût voulu faire la révérence et embrasser le genouil, lui
fit savoir secrètement que Grimoald avoit délibéré de le faire
mourir ; dont Pertharite commanda à l'instant à son échanson
qu'il ne lui versât autre breuvage durant le repas qu'un peu
d'eau dans sa coupe d'argent. Tellement qu'étant Pertharite in-
vité par les courtisans, qui lui présentoient les viandes de diverses sortes, de faire brindes, et ne laisser rien dans sa coupe
pour l'amour du roi ; lui, pour l'honneur et révérence de Grimoald, promettoit de la vider du tout, et toutefois ce n'étoit
qu'eau qu'il buvoit. Les gentilshommes et serviteurs rapportèrent à Grimoald comme Pertharite haussoit le gobelet, et buvoit
à sa bonne grâce démesurément : de quoi se réjouissant, Grimoald dit en riant : « Cet yvrongne boive son saoul seulement,
car demain il rendra le vin mêlé avec son sang. » Le soir même
il envoya ses gardes entourer la maison de Pertharite, afin qu'il
ne s'en pût fuir ; lequel, après qu'il eut soupé, et que tous furent
sortis de la chambre, lui demeuré seul avec Unulphe, et le page
qui avoit accoutumé le vêtir, lesquels étoient les deux plus
fidèles serviteurs qu'il eût, leur découvrit comme Grimoald avoit
entrepris de le faire mourir : pour à quoi obvier, Unulphe lui
chargea sur les épaules les couvertes d'un lit, une coutre, et
une peau d'ours qui lui couvroit le dos et le visage, et comme si
c'eût été quelque rustique ou faquin, commença de grande affection à le chasser à grands coups de bâton hors de la chambre, et
à lui faire plusieurs outrages et vilainies, tellement que chassé,
et ainsi battu, il se laissoit choir souvent en terre : ce que voyant
les gardes de Grimoald qui étoient en sentinelle à l'entour de
la maison, demandèrent à Unulphe que c'étoit : « C'est, répon-
dit-il, un maraud de valet que j'ai, qui, outre mon commandement, m'avoit dressé mon lit en la chambre de cet yvrongne
Pertharite, lequel est tellement rempli de vin qu'il dort comme

mort; et partant, je le frappe. » Eux entendant ces paroles, les croyant véritables, se réjouirent tous, et ne pensant que Pertharite fût ce valet, lui firent place et à Unulphe, et les laissèrent aller. La même nuit Pertharite arriva en la ville d'Ast, et de là passa les monts, et vint en France. Or, comme il fut sorti, et Unulphe après, le fidèle page avoit diligemment fermé la porte après lui, et demeura seul dedans le chambre, là où le lendemain les messagers du roi vinrent pour mener Pertharite au palais, et, ayant frappé à l'huis, le page prioit d'attendre, disant : « Pour Dieu, ayez pitié de lui, et laissez-le achever de dormir; car, étant encore lassé du chemin, il dort de profond sommeil. » Ce que lui ayant accordé le rapportèrent à Grimoald, lequel dit que tant mieux, et commanda que, quoi que ce fût, on y retournât, et qu'ils l'amenassent; auquel commandement les soldats revinrent heurter de plus fort à l'huis de la chambre; et le page les pria de permettre qu'il reposât encore un peu : mais ils crioient et tempêtoient de tant plus, disant : « N'aura meshuy dormi assez cet yvrongne? » Et en un même temps rompirent à coups de pied la porte, et entrés dedans cherchèrent Pertharite dans le lit; mais, ne le trouvant point, demandèrent au page où il étoit, lequel leur dit qu'il s'en étoit fui. Lors ils prindrent le page par les cheveux, et le menèrent en grande furie au palais; et comme ils furent devant le roi, dirent que Pertharite avoit fait vie, à quoi le page avoit tenu la main, dont il méritoit la mort. Grimoald demanda par ordre par quel moyen Pertharite s'étoit sauvé; et le page lui conta le fait de la sorte qu'il étoit advenu. Grimoald, connoissant la fidélité de ce jeune homme, voulut qu'il fût un de ses pages, l'exhortant à lui garder cette foi qu'il avoit à Pertharite, lui promettant en outre de lui faire beaucoup de bien. Il fit venir en après Unulphe devant lui, auquel il pardonna de même, lui recommandant sa foi et sa prudence : quelques jours après, il lui demanda s'il ne vouloit pas être bientôt avec Pertharite ; à quoi Unulphe, avec serment, répondit que plutôt il auroit voulu mourir avec Pertharite que vivre en tout autre lieu en tout plaisir et délices. Le roi fit pareille demande au page, à savoir-mon[1] s'il trouvoit meilleur de demeurer avec soi au palais que de vivre avec Pertharite en exil; mais le page lui ayant répondu comme Unulphe avoit fait, le roi, prenant en bonne part leurs paroles, et louant la foi de tous deux, commanda à Unulphe demander tout ce qu'il voudroit de sa maison, et qu'il s'en allât en toute sûreté trouver Pertharite. Il licencia et donna congé de même au page, lequel avec Unulphe, portant avec eux, par la courtoisie et libéralité du roi, ce qui leur étoit de besoin pour leur voyage, s'en allèrent en France trouver leur désiré seigneur Pertharite.

ERYCIUS PUTEANUS,

Historiæ barbaricæ, lib. II, n° 15.

Tam tragico nuntio obstupefactus Pertharitus, ampliusque tyrannum quam fratrem timens, fugam ad Cacanum Hunnorum

---

1. « Pour savoir. »

regem arripuit, Rodelinda uxore et filio Cuniperto Mediolani relictis : sed jam magna sui parte miser, et in carissimis pignoribus captus, quum a rege hospite rejiceretur, ad hostem redire statuit, et cujus sævitiam timuerat, clementiam experiri. Quid votis obesset? non regnum, sed incolumitas quærebatur. Etenim Pertharitus, quasi pati jam fortunæ contumeliam posset, fratre occiso, supplex esse sustinuit : et quia amplius putavit Grimoaldus reddere vitam quam regnum eripere, facilis fuit. Longe tamen aliud fata ordiebantur : ut nec securus esset, qui parcere voluit; nec liber a discrimine, qui salutem duntaxat pactus erat. Atque interea rex novus, destinatis nuptiis potentiam firmaturus, desponsam sibi virginem tori sceptrique sociam assumit. Et sic in familia Ariperti regium permanere nomen videbatur; quippe post filios gener diadema sumpserat. Venit igitur Ticinum Pertharitus, et, suæ oblitus appellationis, sororem reginam salutavit. Plenus mutuæ benevolentiæ hic congressus fuit, ac plane redire ad felicitatem profugus videbatur, nisi quod non imperaret. Domus et familia quasi proximam nupero splendori vitam acturo datur. Quid fit? Visendi et salutandi causa quum frequentes confluerent, partim Longobardi, partim Insubres, humanitatis regem pœnituit. Sic officia nocuere : et quia in exemplum benignitas miserantis valuit, exstincta est. A populo coli, et regnum moliri, juxta habitum. Itaque, ut rex metu solveretur, secundum parricidium non exhorruit. Nuper manu, nunc imperio cruentus, morti Pertharitum destinat. Sed nihil insidiæ, nihil percussores immissi potuere : elapsus est. Amica et ingeniosa Unulphi fraude beneficium salutis stetit, qui inclusum et obsessum ursina pelle circumtegens, et tanquam pro mancipio pellens, cubiculo ejecit. Dolum ingesta quoque verbera vestiebant : et quia nox erat, falli satellites potuere. Facinus quemadmodum regi displicuit, ita fidei exemplum laudatum est.

PERSONNAGES.

PERTHARITE, roi des Lombards.
GRIMOALD, comte de Bénévent, ayant conquis le royaume des Lombards sur Pertharite.
GARIBALDE, duc de Turin.
UNULPHE, seigneur lombard.
RODELINDE, femme de Pertharite.
ÉDUIGE, sœur de Pertharite.
SOLDATS.

La scène est à Milan.

ACTE PREMIER.

SCÈNE I. — RODELINDE, UNULPHE.

RODELINDE.

Oui, l'honneur qu'il me rend ne fait que m'outrager;
Je vous le dis encor, rien ne peut me changer;

Ses conquêtes pour moi sont des objets de haine;
L'hommage qu'il m'en fait renouvelle ma peine,
Et, comme son amour redouble mon tourment,
Si je le hais vainqueur, je le déteste amant.
Voilà quelle je suis, et quelle je veux être,
Et ce que vous direz au comte votre maître.
                    UNULPHE.
Dites au roi, madame.
                    RODELINDE.
                            Ah! je ne pense pas
Que de moi Grimoald exige un cœur si bas;
S'il m'aime, il doit aimer cette digne arrogance
Qui brave ma fortune et remplit ma naissance.
Si d'un roi malheureux et la fuite et la mort
L'assurent dans son trône à titre du plus fort,
Ce n'est point à sa veuve à traiter de monarque
Un prince qui ne l'est qu'à cette triste marque.
Qu'il ne se flatte point d'un espoir décevant :
Il est toujours pour moi comte de Bénévent,
Toujours l'usurpateur du sceptre de nos pères,
Et toujours, en un mot, l'auteur de mes misères.
                    UNULPHE.
C'est ne connoître pas la source de vos maux,
Que de les imputer à ses nobles travaux;
Laissez à sa vertu le prix qu'elle mérite,
Et n'en accusez plus que votre Pertharite.
Son ambition seule....
                    RODELINDE.
                        Unulphe, oubliez-vous
Que vous parlez à moi, qu'il étoit mon époux?
                    UNULPHE.
Non : mais vous oubliez que, bien que la naissance
Donnât à son aîné la suprême puissance,
Il osa toutefois partager avec lui
Un sceptre dont son bras devoit être l'appui;
Qu'on vit alors deux rois en votre Lombardie,
Pertharite à Milan, Gundebert à Pavie,
Dont ce dernier, piqué par un tel attentat,
Voulut entre ses mains réunir son État,
Et ne put voir longtemps en celles de son frère....
                    RODELINDE.
Dites qu'il fut rebelle aux ordres de son père.
Le roi, qui connoissoit ce qu'ils valoient tous deux,
Mourant entre leurs bras, fit ce partage entre eux :
Il vit en Pertharite une âme trop royale
Pour ne lui pas laisser une fortune égale;
Et vit en Gundebert un cœur assez abject

Pour ne mériter pas son frère pour sujet.
Ce n'est pas attenter aux droits d'une couronne
Qu'en conserver la part qu'un père nous en donne;
De son dernier vouloir c'est se faire des lois,
Honorer sa mémoire, et défendre son choix.

UNULPHE.

Puisque vous le voulez, j'excuse son courage;
Mais condamnez du moins l'auteur de ce partage,
Dont l'amour indiscret pour des fils généreux,
Les faisant tous deux rois, les a perdus tous deux.
Ce mauvais politique avoit dû reconnoître
Que le plus grand État ne peut souffrir qu'un maître,
Que les rois n'ont qu'un trône et qu'une majesté,
Que leurs enfans entre eux n'ont point d'égalité,
Et qu'enfin la naissance a son ordre infaillible,
Qui fait de leur couronne un point indivisible.

RODELINDE.

Et toutefois le ciel par les événemens
Fit voir qu'il approuvoit ses justes sentimens.
Du jaloux Gundebert l'ambitieuse haine
Fondant sur Pertharite y trouva tôt sa peine.
Une bataille entre eux vidoit leur différend;
Il en sortit défait, il en sortit mourant :
Son trépas nous laissoit toute la Lombardie,
Dont il nous envioit une foible partie;
Et j'ai versé des pleurs qui n'auroient pas coulé,
Si votre Grimoald ne s'en fût point mêlé.
Il lui promit vengeance, et sa main plus vaillante
Rendit après sa mort sa haine triomphante :
Quand nous croyions le sceptre en la nôtre affermi,
Nous changeâmes de sort en changeant d'ennemi;
Et, le voyant régner où régnoient les deux frères,
Jugez à qui je puis imputer nos misères.

UNULPHE.

Excusez un amour que vos yeux ont éteint :
Son cœur pour Éduige en étoit lors atteint;
Et, pour gagner la sœur à ses désirs trop chère,
Il fallut épouser les passions du frère.
Il arma ses sujets, plus pour la conquérir,
Qu'à dessein de vous nuire ou de le secourir.
  Alors qu'il arriva, Gundebert rendoit l'âme,
Et sut en ce moment abuser de sa flamme.
« Bien, dit-il, que je touche à la fin de mes jours,
Vous n'avez pas en vain amené du secours;
Ma mort vous va laisser ma sœur et ma querelle;
Si vous l'osez aimer, vous combattrez pour elle. »
Il la proclame reine; et sans retardement

Les chefs et les soldats ayant prêté serment,
Il en prend d'elle un autre, et de mon prince même :
« Pour montrer à tous deux à quel point je vous aime,
Je vous donne, dit-il, Grimoald pour époux,
Mais à condition qu'il soit digne de vous :
Et vous ne croirez point, ma sœur, qu'il vous mérite,
Qu'il n'ait vengé ma mort, et détruit Pertharite,
Qu'il n'ait conquis Milan, qu'il n'y donne la loi.
A la main d'une reine il faut celle d'un roi. »
Voilà ce qu'il voulut, voilà ce qu'ils jurèrent,
Voilà sur quoi tous deux contre vous s'animèrent.
Non que souvent mon prince, impatient amant,
N'ait voulu prévenir l'effet de son serment :
Mais contre son amour la princesse obstinée
A toujours opposé la parole donnée ;
Si bien que, ne voyant autre espoir de guérir,
Il a fallu sans cesse et vaincre et conquérir.

Enfin, après deux ans, Milan par sa conquête
Lui donnoit Éduige en couronnant sa tête,
Si ce même Milan dont elle étoit le prix
N'eût fait perdre à ses yeux ce qu'ils avoient conquis.
Avec un autre sort il prit un cœur tout autre ;
Vous fûtes sa captive, et le fîtes le vôtre ;
Et la princesse alors par un bizarre effet,
Pour l'avoir voulu roi, le perdit tout à fait.
Nous le vîmes quitter ses premières pensées,
N'avoir plus pour l'hymen ces ardeurs empressées,
Éviter Éduige, à peine lui parler,
Et sous divers prétexte à son tour reculer.
Ce n'est pas que longtemps il n'ait tâché d'éteindre
Un feu dont vos vertus avoient lieu de se plaindre ;
Et tant que dans sa fuite a vécu votre époux,
N'étant plus à sa sœur, il n'osoit être à vous :
Mais sitôt que sa mort eut rendu légitime
Cette ardeur qui n'étoit jusque-là qu'un doux crime...

SCÈNE II. — RODELINDE, ÉDUIGE, UNULPHE.

ÉDUIGE.

Madame, si j'étois d'un naturel jaloux,
Je m'inquiéterois de le voir avec vous,
Je m'imaginerois, ce qui pourroit bien être,
Que ce fidèle agent vous parle pour son maître :
Mais comme mon esprit n'est pas si peu discret
Qu'il vous veuille envier la douceur du secret,
De cette opinion j'aime mieux me défendre,
Pour mettre en votre choix celle que je dois prendre.

La régler par votre ordre, et croire avec respect
Tout ce qu'il vous plaira d'un entretien suspect.
            RODELINDE.
Le secret n'est pas grand qu'aisément on devine,
Et l'on peut croire alors tout ce qu'on s'imagine.
Oui, madame, son maître a de fort mauvais yeux;
Et, s'il m'en pouvoit croire, il en useroit mieux.
            ÉDUIGE.
Il a beau s'éblouir alors qu'il vous regarde,
Il vous échappera si vous n'y prenez garde.
Il lui faut obéir, tout amoureux qu'il est,
Et vouloir ce qu'il veut, quand et comme il lui plaît.
            RODELINDE.
Avez-vous reconnu par votre expérience
Qu'il faille déférer à son impatience?
            ÉDUIGE.
Vous ne savez que trop ce que c'est que sa foi.
            RODELINDE.
Autre est celle d'un comte, autre celle d'un roi;
Et, comme un nouveau rang forme une âme nouvelle,
D'un comte déloyal il fait un roi fidèle.
            ÉDUIGE.
Mais quelquefois, madame, avec facilité
On croit des maris morts qui sont pleins de santé;
Et, lorsqu'on se prépare aux seconds hyménées,
On voit par leur retour des veuves étonnées.
            RODELINDE.
Qu'avez-vous vu, madame, ou que vous a-t-on dit?
            ÉDUIGE.
Ce mot un peu trop tôt vous alarme l'esprit.
Je ne vous parle pas de votre Pertharite:
Mais il se pourra faire enfin qu'il ressuscite,
Qu'il rende à vos désirs leur juste possesseur;
Et c'est dont je vous donne avis en bonne sœur.
            RODELINDE.
N'abusez point d'un nom que votre orgueil rejette.
Si vous étiez ma sœur, vous seriez ma sujette;
Mais un sceptre vaut mieux que les titres du sang,
Et la nature cède à la splendeur du rang.
            ÉDUIGE.
La nouvelle vous fâche, et du moins importune
L'espoir déjà formé d'une bonne fortune.
Consolez-vous, madame, il peut n'en être rien;
Et souvent on nous dit ce qu'on ne sait pas bien.
            RODELINDE.
Il sait mal ce qu'il dit, quiconque vous fait croire
Qu'aux feux de Grimoald je trouve quelque gloire.

Il est vaillant, il règne, et comme il faut régner;
Mais toutes ses vertus me le font dédaigner.
Je hais dans sa valeur l'effort qui le couronne;
Je hais dans sa bonté les cœurs qu'elle lui donne;
Je hais dans sa prudence un grand peuple charmé;
Je hais dans sa justice un tyran trop aimé;
Je hais ce grand secret d'assurer sa conquête,
D'attacher fortement ma couronne à sa tête;
Et le hais d'autant plus que je vois moins de jour
A détruire un vainqueur qui règne avec amour.

ÉDUIGE.

Cette haine qu'en vous sa vertu même excite
Est fort ingénieuse à voir tout son mérite;
Et qui nous parle ainsi d'un objet odieux
En diroit bien du mal s'il plaisoit à ses yeux.

RODELINDE.

Qui hait brutalement permet tout à sa haine;
Il s'emporte, il se jette où sa fureur l'entraîne;
Il ne veut avoir d'yeux que pour ses faux portraits:
Mais qui hait par devoir ne s'aveugle jamais;
C'est sa raison qui hait, qui, toujours équitable,
Voit en l'objet haï ce qu'il a d'estimable,
Et verroit en l'aimé ce qu'il y faut blâmer,
Si ce même devoir lui commandoit d'aimer.

ÉDUIGE.

Vous en savez beaucoup.

RODELINDE.

Je sais comme il faut vivre.

ÉDUIGE.

Vous êtes donc, madame, un grand exemple à suivre.

RODELINDE.

Pour vivre l'âme saine on n'a qu'à m'imiter.

ÉDUIGE.

Et qui veut vivre aimé n'a qu'à vous en conter?

RODELINDE.

J'aime en vous un soupçon qui vous sert de supplice;
S'il me fait quelque outrage, il m'en fait bien justice.

ÉDUIGE.

Quoi! vous refuseriez Grimoald pour époux?

RODELINDE.

Si je veux l'accepter, m'en empêcherez-vous?
Ce qui jusqu'à présent vous donne tant d'alarmes,
Sitôt qu'il me plaira, vous coûtera des larmes;
Et, quelque grand pouvoir que vous preniez sur moi,
Je n'ai qu'à dire un mot pour vous faire la loi.
N'aspirez point, madame, où je voudrai prétendre;
Tout son cœur est à moi, si je daigne le prendre:

Consolez-vous pourtant, il m'en fait l'offre en vain ;
Je veux bien sa couronne, et ne veux point sa main.
 Faites, si vous pouvez, revivre Pertharite,
Pour l'opposer aux feux dont votre amour s'irrite.
Produisez un fantôme, ou semez un faux bruit,
Pour remettre en vos fers un prince qui vous fuit ;
J'aiderai votre feinte, et ferai mon possible
Pour tromper avec vous ce monarque invincible,
Pour renvoyer chez vous les vœux qu'on vient m'offrir,
Et n'avoir plus chez moi d'importuns à souffrir.

ÉDUIGE.

Qui croit déjà ce bruit un tour de mon adresse,
De son effet sans doute auroit peu d'allégresse,
Et, loin d'aider la feinte avec sincérité,
Pourroit fermer les yeux même à la vérité.

RODELINDE.

Après m'avoir fait perdre époux et diadème,
C'est trop que d'attenter jusqu'à ma gloire même,
Qu'ajouter l'infamie à de si rudes coups.
Connoissez-moi, madame, et désabusez-vous.
 Je ne vous cèle point qu'ayant l'âme royale,
L'amour du sceptre encor me fait votre rivale,
Et que je ne puis voir d'un cœur lâche et soumis
La sœur de mon époux déshériter mon fils.
Mais que dans mes malheurs jamais je me dispose
A les vouloir finir m'unissant à leur cause,
A remonter au trône où vont tous mes désirs,
En épousant l'auteur de tous mes déplaisirs !
Non, non, vous présumez en vain que je m'apprête
A faire de ma main sa dernière conquête ;
Unulphe peut vous dire en fidèle témoin
Combien à me gagner il perd d'art et de soin.
Si, malgré la parole et donnée et reçue,
Il cessa d'être à vous au moment qu'il m'eut vue,
Aux cendres d'un mari tous mes feux réservés
Lui rendent les mépris que vous en recevez.

SCÈNE III. — GRIMOALD, RODELINDE, ÉDUIGE,
GARIBALDE, UNULPHE.

RODELINDE.

Approche, Grimoald, et dis à ta jalouse,
A qui du moins ta foi doit le titre d'épouse,
Si, depuis que pour moi je t'ai vu soupirer,
Jamais d'un seul coup d'œil je t'ai fait espérer ;
Ou, si tu veux laisser pour éternelle gêne
A cette ambitieuse une frayeur si vaine,

Dis-moi de mon époux le déplorable sort :
Il vit, il vit encor, si j'en crois son rapport;
De ses derniers honneurs les magnifiques pompes
Ne sont qu'illusions avec quoi tu me trompes;
Et ce riche tombeau que lui fait son vainqueur
N'est qu'un appât superbe à surprendre mon cœur.

GRIMOALD.

Madame, vous savez ce qu'on m'est venu dire,
Qu'allant de ville en ville et d'empire en empire
Contre Éduige et moi mendier du secours,
Auprès du roi des Huns il a fini ses jours :
Et si depuis sa mort j'ai tâché de vous rendre....

RODELINDE.

Qu'elle soit vraie ou non, tu n'en dois rien attendre.
Je dois à sa mémoire, à moi-même, à son fils,
Ce que je dus aux nœuds qui nous avoient unis;
Ce n'est qu'à le venger que tout mon cœur s'applique
Et, puisqu'il faut enfin que tout ce cœur s'explique,
Si je puis une fois échapper de tes mains,
J'irai porter partout de si justes desseins;
J'irai dessus ses pas aux deux bouts de la terre
Chercher des ennemis à te faire la guerre :
Ou, s'il me faut languir prisonnière en ces lieux,
Mes vœux demanderont cette vengeance aux cieux,
Et ne cesseront point jusqu'à ce que leur foudre
Sur mon trône usurpé brise ta tête en poudre.
Madame, vous voyez avec quels sentimens
Je mets ce grand obstacle à vos contentemens.
Adieu. Si vous pouvez, conservez ma couronne,
Et regagnez un cœur que je vous abandonne.

SCÈNE IV. — GRIMOALD, ÉDUIGE, GARIBALDE,
UNULPHE.

GRIMOALD.

Qu'avez-vous dit, madame, et que supposez-vous
Pour la faire douter du sort de son époux?
Depuis quand et de qui savez-vous qu'il respire?

ÉDUIGE.

Ce confident si cher pourra vous le redire.

GRIMOALD.

M'auriez-vous accusé d'avoir feint son trépas?

ÉDUIGE.

Ne vous alarmez point, elle ne m'en croit pas;
Son destin est plus doux veuve que mariée,
Et de croire sa mort vous l'avez trop priée.

ACTE I, SCÈNE IV.

GRIMOALD.

Mais enfin ?

ÉDUIGE.

Mais enfin, chacun sait ce qu'il sait ;
Et quand il sera temps nous en verrons l'effet.
Épouse-la, parjure, et fais-en une infâme :
Qui ravit un État peut ravir une femme ;
L'adultère et le rapt sont du droit des tyrans.

GRIMOALD.

Vous me donniez jadis des titres différens.
Quand pour vous acquérir je gagnois des batailles,
Que mon bras de Milan foudroyoit les murailles,
Que je semois partout la terreur et l'effroi,
J'étois un grand héros, j'étois un digne roi ;
Mais depuis que je règne en prince magnanime,
Qui chérit la vertu, qui sait punir le crime,
Que le peuple sous moi voit ses destins meilleurs,
Je ne suis qu'un tyran, parce que j'aime ailleurs.
Ce n'est plus la valeur, ce n'est plus la naissance
Qui donne quelque droit à la toute-puissance ;
C'est votre amour lui seul qui fait des conquérans,
Suivant qu'ils sont à vous, des rois ou des tyrans.
Si ce titre odieux s'acquiert à vous déplaire,
Je n'ai qu'à vous aimer si je veux m'en défaire ;
Et ce même moment, de lâche usurpateur,
Me fera vrai monarque en vous rendant mon cœur.

ÉDUIGE.

Ne prétends plus au mien après ta perfidie.
J'ai mis entre tes mains toute la Lombardie :
Mais ne t'aveugle point dans ton nouveau souci ;
Ce n'est que sous mon nom que tu règnes ici ;
Et le peuple bientôt montrera par sa haine
Qu'il n'adoroit en toi que l'amant de sa reine,
Qu'il ne respectoit qu'elle, et ne veut point d'un roi
Qui commence par elle à violer sa foi.

GRIMOALD.

Si vous étiez, madame, au milieu de Pavie,
Dont vous fit reine un frère en sortant de la vie,
Ce discours, quoique même un peu hors de saison,
Pourroit avoir du moins quelque ombre de raison.
Mais ici, dans Milan, dont j'ai fait ma conquête,
Où ma seule valeur a couronné ma tête,
Au milieu d'un État où tout le peuple à moi
Ne sauroit craindre en vous que l'amour de son roi,
La menace impuissante est de mauvaise grâce ;
Avec tant de foiblesse il faut la voix plus basse
J'y règne, et régnerai malgré votre courroux ;

J'y fais à tous justice, et commence par vous.
               ÉDUIGE.
Par moi ?
               GRIMOALD.
   Par vous, madame.
               ÉDUIGE.
                    Après la foi reçue !
Après deux ans d'amour si lâchement déçue !
               GRIMOALD.
Dites après deux ans de haine et de mépris,
Qui de toute ma flamme ont été le seul prix.
               ÉDUIGE.
Appelles-tu mépris une amitié sincère ?
               GRIMOALD.
Une amitié fidèle à la haine d'un frère,
Un long orgueil armé d'un frivole serment,
Pour s'opposer sans cesse au bonheur d'un amant.
   Si vous m'aviez aimé, vous n'auriez pas eu honte
D'attacher votre sort à la valeur d'un comte :
Jusqu'à ce qu'il fût roi vous plaire à le gêner,
C'étoit vouloir vous vendre, et non pas vous donner.
Je me suis donc fait roi pour plaire à votre envie ;
J'ai conquis votre cœur au péril de ma vie :
Mais alors qu'il m'est dû, je suis en liberté
De vous laisser un bien que j'ai trop acheté,
Et votre ambition est justement punie
Quand j'affranchis un roi de votre tyrannie.
   Un roi doit pouvoir tout ; et je ne suis pas roi,
S'il ne m'est pas permis de disposer de moi.
C'est quitter, c'est trahir les droits du diadème,
Que sur le haut d'un trône être esclave moi-même ;
Et, dans ce même trône où vous m'avez voulu,
Sur moi comme sur tous je dois être absolu :
C'est le prix de mon sang ; souffrez que j'en dispose,
Et n'accusez que vous du mal que je vous cause.
               ÉDUIGE.
Pour un grand conquérant que tu te défends mal !
Et quel étrange roi tu fais de Grimoald !
   Ne dis plus que ce rang veut que tu m'abandonnes,
Et que la trahison est un droit des couronnes ;
Mais, si tu veux trahir, trouve du moins, ingrat,
De plus belles couleurs dans les raisons d'État.
Dis qu'un usurpateur doit amuser la haine
Des peuples mal domptés en épousant leur reine,
Leur faire présumer qu'il veut rendre à son fils
Un sceptre sur le père injustement conquis,
Qu'il ne veut gouverner que durant son enfance,

ACTE I, SCÈNE IV.

Qu'il ne veut qu'en dépôt la suprême puissance,
Qu'il ne veut autre titre en leur donnant la loi,
Que d'époux de la reine et de tuteur du roi :
Dis que sans cet hymen ta puissance t'échappe,
Qu'un vieil amour des rois la détruit et la sape;
Dis qu'un tyran qui règne en pays ennemi
N'y sauroit voir son trône autrement affermi.
De cette illusion l'apparence plausible
Rendroit ta lâcheté peut-être moins visible;
Et l'on pourroit donner à la nécessité
Ce qui n'est qu'un effet de ta légèreté.

GRIMOALD.

J'embrasse un bon avis, de quelque part qu'il vienne
Unulphe, allez trouver la reine, de la mienne,
Et tâchez par cette offre à vaincre sa rigueur.
  Madame, c'est à vous que je devrai son cœur;
Et, pour m'en revancher, je prendrai soin moi-même
De faire choix pour vous d'un mari qui vous aime,
Qui soit digne de vous, et puisse mériter
L'amour que, malgré moi, vous voulez me porter.

ÉDUIGE.

Traître ! je n'en veux point que ta mort ne me donr
Point qui n'ait par ton sang affermi ma couronne.

GRIMOALD.

Vous pourrez à ce prix en trouver aisément.
Remettez la princesse à son appartement,
Duc; et tâchez à rompre un dessein sur ma vie
Qui me feroit trembler si j'étois à Pavie.

ÉDUIGE.

Crains-moi, crains-moi partout : et Pavie, et Milan,
Tout lieu, tout bras est propre à punir un tyran;
Et tu n'as point de forts où vivre en assurance,
Si de ton sang versé je suis la récompense.

GRIMOALD.

Dissimulez du moins ce violent courroux :
Je deviendrois tyran, mais ce seroit pour vous.

ÉDUIGE.

Va, je n'ai point le cœur assez lâche pour feindre.

GRIMOALD.

Allez donc; et craignez, si vous me faites craindre.

ACTE SECOND.

SCÈNE I. — ÉDUIGE, GARIBALDE.

ÉDUIGE.

Je l'ai dit à mon traître, et je vous le redis,
Je me dois cette joie après de tels mépris;
Et mes ardens souhaits de voir punir son change
Assurent ma conquête à quiconque me venge.
Suivez le mouvement d'un si juste courroux,
Et sans perdre de vœux obtenez-moi de vous.
Pour gagner mon amour il faut servir ma haine;
A ce prix est le sceptre, à ce prix une reine;
Et Grimoald puni rendra digne de moi
Quiconque ose m'aimer, ou se veut faire roi.

GARIBALDE.

Mettre à ce prix vos feux et votre diadème,
C'est ne connoître pas votre haine et vous-même,
Et qui, sous cet espoir, voudroit vous obéir,
Chercheroit les moyens de se faire haïr.
Grimoald inconstant n'a plus pour vous de charmes,
Mais Grimoald puni vous coûteroit des larmes.
A cet objet sanglant, l'effort de la pitié
Reprendroit tous les droits d'une vieille amitié;
Et son crime en son sang éteint avec sa vie
Passeroit en celui qui vous auroit servie.
Quels que soient ses mépris, peignez-vous bien sa mort,
Madame, et votre cœur n'en sera pas d'accord.
Quoi qu'un amant volage excite de colère,
Son change est odieux, mais sa personne est chère;
Et ce qu'a joint l'amour a beau se désunir,
Pour le rejoindre mieux il ne faut qu'un soupir.
Ainsi n'espérez pas que jamais on s'assure
Sur les bouillans transports qu'arrache son parjure.
Si le ressentiment de sa légèreté
Aspire à la vengeance avec sincérité,
En quelques dignes mains qu'il veuille la remettre,
Il vous faut vous donner, et non pas vous promettre.
Attacher votre sort, avec le nom d'époux,
A la valeur du bras qui s'armera pour vous.
Tant qu'on verra ce prix en quelque incertitude,
L'oseroit-on punir de son ingratitude?
Votre haine tremblante est un mauvais appui
A quiconque pour vous entreprendroit sur lui;
Et, quelque doux espoir qu'offre cette colère,

Une plus forte haine en seroit le salaire.
Donnez-vous donc, madame, et faites qu'un vengeur
N'ait plus à redouter le désaveu du cœur.

ÉDUIGE.

Que vous m'êtes cruel en faveur d'un infâme,
De vouloir, malgré moi, lire au fond de mon âme,
Où mon amour trahi, que j'éteins à regret,
Lui fait contre ma haine un partisan secret!
Quelques justes arrêts que ma bouche prononce,
Ce sont de vains efforts où tout mon cœur renonce.
Ce lâche malgré moi l'ose encor protéger,
Et veut mourir du coup qui m'en pourroit venger.
Vengez-moi toutefois, mais d'une autre manière :
Pour conserver mes jours, laissez-lui la lumière.
Quelque mort que je doive à son manque de foi,
Otez-lui Rodelinde, et c'est assez pour moi ;
Faites qu'elle aime ailleurs, et punissez son crime
Par ce désespoir même où son change m'abîme.
Faites plus : s'il est vrai que je puis tout sur vous,
Ramenez cet ingrat tremblant à mes genoux,
Le repentir au cœur, les pleurs sur le visage,
De tant de lâchetés me faire un plein hommage,
Implorer le pardon qu'il ne mérite pas,
Et remettre en mes mains sa vie et son trépas.

GARIBALDE.

Ajoutez-y, madame, encor qu'à vos yeux même
Cette odieuse main perce un cœur qui vous aime,
Et que l'amant fidèle au volage immolé
Expie au lieu de lui ce qu'il a violé.
L'ordre en sera moins rude, et moindre le supplice,
Que celui qu'à mes feux prescrit votre injustice :
Et le trépas en soi n'a rien de rigoureux
A l'égal de vous rendre un rival plus heureux.

ÉDUIGE.

Duc, vous vous alarmez faute de me connoître;
Mon cœur n'est pas si bas qu'il puisse aimer un traître.
Je veux qu'il se repente, et se repente en vain,
Rendre haine pour haine, et dédain pour dédain.
Je veux qu'en vain son âme, esclave de la mienne,
Me demande sa grâce, et jamais ne l'obtienne,
Qu'il soupire sans fruit ; et, pour le punir mieux,
Je veux même à mon tour vous aimer à ses yeux.

GARIBALDE.

Le pourrez-vous, madame, et savez-vous vos forces?
Savez-vous de l'amour quelles sont les amorces?
Savez-vous ce qu'il peut, et qu'un visage aimé
Est toujours trop aimable à ce qu'il a charmé?

Si vous ne m'abusez, votre cœur vous abuse.
L'inconstance jamais n'a de mauvaise excuse;
Et, comme l'amour seul fait le ressentiment,
Le moindre repentir obtient grâce à l'amant.

ÉDUIGE.

Quoi qu'il puisse arriver, donnez-vous cette gloire
D'avoir sur cet ingrat rétabli ma victoire;
Sans songer qu'à me plaire exécutez mes lois,
Et pour l'événement laissez tout à mon choix :
Souffrez qu'en liberté je l'aime ou le néglige.
L'amant est trop payé quand son service oblige;
Et quiconque en aimant aspire à d'autres prix
N'a qu'un amour servile et digne de mépris.
Le véritable amour jamais n'est mercenaire,
Il n'est jamais souillé de l'espoir du salaire,
Il ne veut que servir, et n'a point d'intérêt
Qu'il n'immole à celui de l'objet qui lui plaît
   Voyez donc Grimoald, tâchez à le réduire;
Faites-moi triompher au hasard de vous nuire :
Et, si je prends pour lui des sentimens plus doux,
Vous m'aurez faite heureuse, et c'est assez pour vous.
Je verrai par l'effort de votre obéissance
Où doit aller celui de ma reconnoissance.
Cependant, s'il est vrai que j'ai pu vous charmer,
Aimez-moi plus que vous, ou cessez de m'aimer :
C'est par là seulement qu'on mérite Éduige.
Je veux bien qu'on espère, et non pas qu'on exige.
Je ne veux rien devoir; mais, lorsqu'on me sert bien,
On peut attendre tout de qui ne promet rien.

SCÈNE II. — GARIBALDE.

Quelle confusion! et quelle tyrannie
M'ordonne d'espérer ce qu'elle me dénie !
Et de quelle façon est-ce écouter des vœux,
Qu'obliger un amant à travailler contre eux ?
Simple! ne prétends pas, sur cet espoir frivole,
Que je tâche à te rendre un cœur que je te vole.
Je t'aime, mais enfin je m'aime plus que toi.
C'est moi seul qui le porte à ce manque de foi;
Auprès d'un autre objet c'est moi seul qui l'engage :
Je ne détruirai pas moi-même mon ouvrage.
Il m'a choisi pour toi, de peur qu'un autre époux
Avec trop de chaleur n'embrasse ton courroux;
Mais lui-même il se trompe en l'amant qu'il te donne.
Je t'aime, et puissamment, mais moins que la couronne;
Et mon ambition, qui tâche à te gagner,

Ne cherche en ton hymen que le droit de régner.
De tes ressentimens s'il faut que je l'obtienne,
Je saurai joindre encor cent haines à la tienne,
L'ériger en tyran par mes propres conseils,
De sa perte par lui dresser les appareils,
Mêler si bien l'adresse avec un peu d'audace,
Qu'il ne faille qu'oser pour me mettre en sa place;
Et, comme en t'épousant j'en aurai droit de toi,
Je t'épouserai lors, mais pour me faire roi.
Mais voici Grimoald.

SCÈNE III. — GRIMOALD, GARIBALDE.

GRIMOALD.
Eh bien! quelle espérance,
Duc? et qu'obtiendrons-nous de ta persévérance?
GARIBALDE.
Ne me commandez plus, seigneur, de l'adorer,
Ou ne lui laissez plus aucun lieu d'espérer.
GRIMOALD.
Quoi! de tout mon pouvoir je l'avois irritée
Pour faire que ta flamme en fût mieux écoutée,
Qu'un dépit redoublé la pressant contre moi
La rendît plus facile à recevoir ta foi,
Et fît tomber ainsi par ses ardeurs nouvelles
Le dépôt de sa haine en des mains si fidèles:
Cependant son espoir à mon trône attaché
Par aucun de nos soins n'en peut être arraché!
Mais as-tu bien promis ma tête à sa vengeance?
Ne l'as-tu point offerte avecque négligence,
Avec quelque froideur qui l'ait fait soupçonner
Que tu la promettois sans la vouloir donner?
GARIBALDE.
Je n'ai rien oublié de ce qui peut séduire
Un vrai ressentiment qui voudroit vous détruire;
Mais son feu mal éteint ne se peut déguiser:
Son plus ardent courroux brûle de s'apaiser;
Et je n'obtiendrai point, seigneur, qu'elle m'écoute,
Jusqu'à ce qu'elle ait vu votre hymen hors de doute,
Et que, de Rodelinde étant l'illustre époux,
Vous chassiez de son cœur tout espoir d'être à vous.
GRIMOALD.
Hélas! je mets en vain toute chose en usage;
Ni prières ni vœux n'ébranlent son courage,
Malgré tous mes respects je vois de jour en jour
Croître sa résistance autant que mon amour;
Et si l'offre d'Unulphe à présent ne la touche,

Si l'intérêt d'un fils ne la rend moins farouche,
Désormais je renonce à l'espoir d'amollir
Un cœur que tant d'efforts ne font qu'enorgueillir.
####### GARIBALDE.
Non, non, seigneur, il faut que cet orgueil vous cède;
Mais un mal violent veut un pareil remède.
Montrez-vous tout ensemble amant et souverain,
Et sachez commander, si vous priez en vain.
Que sert ce grand pouvoir qui suit le diadème,
Si l'amant couronné n'en use pour soi-même?
Un roi n'est pas moins roi pour se laisser charmer,
Et doit faire obéir qui ne veut pas aimer.
####### GRIMOALD.
Porte, porte aux tyrans tes damnables maximes;
Je hais l'art de régner qui se permet des crimes.
De quel front donnerois-je un exemple aujourd'hui
Que mes lois dès demain puniroient en autrui?
Le pouvoir absolu n'a rien de redoutable
Dont à sa conscience un roi ne soit comptable.
L'amour l'excuse mal, s'il règne injustement,
Et l'amant couronné doit n'agir qu'en amant.
####### GARIBALDE.
Si vous n'osez forcer, du moins faites-vous craindre :
Daignez, pour être heureux, un moment vous contraindre;
Et si l'offre d'Unulphe en reçoit des mépris,
Menacez hautement de la mort de son fils.
####### GRIMOALD.
Que par ces lâchetés j'ose me satisfaire!
####### GARIBALDE.
Si vous n'osez parler, du moins laissez-nous faire :
Nous saurons vous servir, seigneur, et malgré vous.
Prêtez-nous seulement un moment de courroux,
Et permettez après qu'on l'explique et qu'on feigne
Ce que vous n'osez dire, et qu'il faut qu'elle craigne.
Vous désavouerez tout. Après de tels projets,
Les rois impunément dédisent leurs sujets.
####### GRIMOALD.
Sachons ce qu'il a fait avant que de résoudre
Si je dois en tes mains laisser gronder ce foudre.

SCÈNE IV. — GRIMOALD, GARIBALDE, UNULPHE.

####### GRIMOALD.
Que faut-il faire, Unulphe? est-il temps de mourir?
N'as-tu vu pour ton roi nul espoir de guérir?
####### UNULPHE.
Rodelinde, seigneur, enfin plus raisonnable,

ACTE II, SCÈNE IV.

Semble avoir dépouillé cet orgueil indomptable;
Elle a reçu votre offre avec tant de douceur....
                    GRIMOALD.
Mais l'a-t-elle acceptée? as-tu touché son cœur?
A-t-elle montré joie? en paroît-elle émue?
Peut-elle s'abaisser jusqu'à souffrir ma vue?
Qu'a-t-elle dit enfin?
                    UNULPHE.
            Beaucoup, sans dire rien.
Elle a paisiblement souffert mon entretien.
Son âme à mes discours surprise, mais tranquille....
                    GRIMOALD.
Ah! c'est m'assassiner d'un discours inutile:
Je ne veux rien savoir de sa tranquillité;
Dis seulement un mot de sa facilité.
Quand veut-elle à son fils donner mon diadème?
                    UNULPHE.
Elle en veut apporter la réponse elle-même.
                    GRIMOALD.
Quoi! tu n'as su pour moi plus avant l'engager?
                    UNULPHE.
Seigneur, c'est assez dire à qui veut bien juger;
Vous n'en sauriez avoir une preuve plus claire.
Qui demande à vous voir ne veut pas vous déplaire;
Ses refus se seroient expliqués avec moi,
Sans chercher la présence et le courroux d'un roi.
                    GRIMOALD.
Mais touchant cet époux qu'Éduige ranime?...
                    UNULPHE.
De ce discours en l'air elle fait peu d'estime;
L'artifice est si lourd, qu'il ne peut l'émouvoir,
Et d'une main suspecte il n'a point de pouvoir.
                    GARIBALDE.
Éduige elle-même est mal persuadée
D'un retour dont elle aime à vous donner l'idée;
Et ce n'est qu'un faux jour qu'elle a voulu jeter
Pour lui troubler la vue, et vous inquiéter.
Mais déjà Rodelinde apporte sa réponse.
                    GRIMOALD.
Ah! j'entends mon arrêt sans qu'on me le prononce.
Je vais mourir, Unulphe, et ton zèle pour moi
T'abuse le premier, et m'abuse après toi.
                    UNULPHE.
Espérez mieux, seigneur.
                    GRIMOALD.
            Tu le veux, et j'espère.
Mais que cette douceur va devenir amère!

Et que ce peu d'espoir où tu me viens forcer
Rendra rudes les coups dont on va me percer!

SCÈNE V. — GRIMOALD, RODELINDE, GARIBALDE, UNULPHE.

GRIMOALD.

Madame, il est donc vrai que votre âme sensible
A la compassion s'est rendue accessible;
Qu'elle fait succéder dans ce cœur plus humain
La douceur à la haine et l'estime au dédain,
Et que, laissant agir une bonté cachée,
A de si longs mépris elle s'est arrachée?

RODELINDE.

Ce cœur dont tu te plains, de ta plainte est surpris:
Comte, je n'eus pour toi jamais aucun mépris;
Et ma haine elle-même auroit cru faire un crime
De t'avoir dérobé ce qu'on te doit d'estime.
　Quand je vois ta conduite en mes propres États
Achever sur les cœurs l'ouvrage de ton bras,
Avec ces mêmes cœurs qu'un si grand art te donne
Je dis que la vertu règne dans ta personne;
Avec eux je te loue, et je doute avec eux
Si sous leur vrai monarque ils seroient plus heureux:
Tant ces hautes vertus qui fondent ta puissance
Réparent ce qui manque à l'heur de ta naissance!
Mais, quoi qu'on en ait vu d'admirable et de grand,
Ce que m'en dit Unulphe aujourd'hui me surprend.
　Un vainqueur dans le trône, un conquérant qu'on aime,
Faisant justice à tous, se la fait à soi-même!
Se croit usurpateur sur ce trône conquis!
Et ce qu'il ôte au père, il veut le rendre au fils!
Comte, c'est un effort à dissiper la gloire
Des noms les plus fameux dont se pare l'histoire,
Et que le grand Auguste ayant osé tenter,
N'osa prendre du cœur jusqu'à l'exécuter.
Je viens donc y répondre, et de toute mon âme
Te rendre pour mon fils....

GRIMOALD.

　　　　　Ah! c'en est trop, madame;
Ne vous abaissez point à des remercîmens:
C'est moi qui vous dois tout; et si mes sentimens....

RODELINDE.

Souffre les miens, de grâce, et permets que je mette
Cet effort merveilleux en sa gloire parfaite,
Et que ma propre main tâche d'en arracher
Tout ce mélange impur dont tu le veux tacher.

ACTE II, SCÈNE V.

Car enfin cet effort est de telle nature,
Que la source en doit être à nos yeux toute pure :
La vertu doit régner dans un si grand projet,
En être seule cause, et l'honneur seul objet ;
Et depuis qu'on le souille ou d'espoir de salaire,
Ou de chagrin d'amour, ou de souci de plaire,
Il part indignement d'un courage abattu
Où la passion règne, et non pas la vertu.
 Comte, penses-y bien, et, pour m'avoir aimée,
N'imprime point de tache à tant de renommée ;
Ne crois que ta vertu, laisse-la seule agir,
De peur qu'un tel effort ne te donne à rougir.
On publieroit de toi que les yeux d'une femme,
Plus que ta propre gloire, auroient touché ton âme ;
On diroit qu'un héros si grand, si renommé,
Ne seroit qu'un tyran s'il n'avoit point aimé.

GRIMOALD.

Donnez-moi cette honte, et je la tiens à gloire ;
Faites de vos mépris ma dernière victoire,
Et souffrez qu'on impute à ce bras trop heureux
Que votre seul amour l'a rendu généreux.
Souffrez que cet amour, par un effort si juste,
Ternisse le grand nom et les hauts faits d'Auguste,
Qu'il ait plus de pouvoir que ces vertus n'ont eu.
Qui n'adore que vous n'aime que la vertu.
Cet effort merveilleux est de telle nature,
Qu'il ne sauroit partir d'une source plus pure ;
Et la plus noble enfin des belles passions
Ne peut faire de tache aux grandes actions.

RODELINDE.

Comte, ce qu'elle jette à tes yeux de poussière
Pour voir ce que tu fais les laisse sans lumière.
A ces conditions rendre un sceptre conquis,
C'est asservir la mère en couronnant le fils ;
Et, pour en bien parler, ce n'est pas tant le rendre,
Qu'au prix de mon honneur indignement le vendre.
Ta gloire en pourroit croître, et tu le veux ainsi ;
Mais l'éclat de la mienne en seroit obscurci.
 Quel que soit ton amour, quel que soit ton mérite,
La défaite et la mort de mon cher Pertharite,
D'un sanglant caractère ébauchant tes hauts faits,
Les peignent à mes yeux comme autant de forfaits ;
Et, ne pouvant les voir que d'un œil d'ennemie,
Je n'y puis prendre part sans entière infamie.
Ce sont des sentimens que je ne puis trahir.
Je te dois estimer, mais je te dois haïr :
Je dois agir en veuve autant qu'en magnanime,

Et porter cette haine aussi loin que l'estime.
                    GRIMOALD.
Ah! forcez-vous, de grâce, à des termes plus doux
Pour des crimes qui seuls m'ont fait digne de vous;
Par eux seuls ma valeur en tête d'une armée
A des plus grands héros atteint la renommée;
Par eux seuls j'ai vaincu, par eux seuls j'ai régné,
Par eux seuls ma justice a tant de cœurs gagné,
Par eux seuls j'ai paru digne du diadème,
Par eux seuls je vous vois, par eux seuls je vous aime,
Et par eux seuls enfin mon amour tout parfait
Ose faire pour vous ce qu'on n'a jamais fait.
                    RODELINDE.
Tu ne fais que pour toi, s'il t'en faut récompense;
Et je te dis encor que toute ta vaillance,
T'ayant fait vers moi seule à jamais criminel,
A mis entre nous deux un obstacle éternel.
Garde donc ta conquête, et me laisse ma gloire;
Respecte d'un époux et l'ombre et la mémoire :
Tu l'as chassé du trône et non pas de mon cœur.
                    GRIMOALD.
Unulphe, c'est donc là toute cette douceur!
C'est là comme son âme, enfin plus raisonnable,
Semble avoir dépouillé cet orgueil indomptable!
                    GARIBALDE.
Seigneur, souvenez-vous qu'il est temps de parler.
                    GRIMOALD.
Oui, l'affront est trop grand pour le dissimuler :
Elle en sera punie, et, puisqu'on me méprise,
Je deviendrai tyran de qui me tyrannise,
Et ne souffrirai plus qu'une indigne fierté
Se joue impunément de mon trop de bonté.
                    RODELINDE.
Eh bien! deviens tyran : renonce à ton estime;
Renonce au nom de juste, au nom de magnanime....
                    GRIMOALD.
La vengeance est plus douce enfin que ces vains noms;
S'ils me font malheureux, à quoi me sont-ils bons?
Je me ferai justice en domptant qui me brave.
Qui ne veut point régner mérite d'être esclave.
Allez, sans irriter plus longtemps mon courroux,
Attendre ce qu'un maître ordonnera de vous.
                    RODELINDE.
Qui ne craint point la mort craint peu quoi qu'il ordonne.
                    GRIMOALD.
Vous la craindrez peut-être en quelque autre personne.

ACTE II, SCÈNE V.

RODELINDE.
Quoi! tu voudrois....
GRIMOALD.
Allez, et ne me pressez point;
On vous pourra trop tôt éclaircir sur ce point.
(*Rodelinde rentre.*)
Voilà tous les efforts qu'enfin j'ai pu me faire.
Toute ingrate qu'elle est, je tremble à lui déplaire;
Et ce peu que j'ai fait, suivi d'un désaveu,
Gène autant ma vertu comme il trahit mon feu.
Acheve, Garibalde; Unulphe est trop crédule,
Il prend trop aisément un espoir ridicule :
Menace, puisque enfin c'est perdre temps qu'offrir.
Toi qui m'as trop flatté, viens m'aider à souffrir.

ACTE TROISIÈME.

SCÈNE I. — GARIBALDE, RODELINDE.

GARIBALDE.
Ce n'est plus seulement l'offre d'un diadème
Que vous fait pour un fils un prince qui vous aime,
Et de qui le refus ne puisse être imputé
Qu'à fermeté de haine ou magnanimité :
Il y va de sa vie, et la juste colère
Où jettent cet amant les mépris de la mère,
Veut punir sur le sang de ce fils innocent
La dureté d'un cœur si peu reconnoissant.
C'est à vous d'y penser; tout le choix qu'on vous donne,
C'est d'accepter pour lui la mort ou la couronne.
Son sort est en vos mains; aimer ou dédaigner
Le va faire périr ou le faire régner.
RODELINDE.
S'il me faut faire un choix d'une telle importance,
On me donnera bien le loisir que j'y pense.
GARIBALDE.
Pour en délibérer vous n'avez qu'un moment,
J'en ai l'ordre pressant; et sans retardement,
Madame, il faut résoudre, et s'expliquer sur l'heure;
Un mot est bientôt dit. Si vous voulez qu'il meure,
Prononcez-en l'arrêt, et j'en prendrai la loi
Pour faire exécuter les volontés du roi.
RODELINDE.
Un mot est bientôt dit; mais dans un tel martyre
On n'a pas bientôt vu quel mot c'est qu'il faut dire;

Et le choix qu'on m'ordonne est pour moi si fatal,
Qu'à mes yeux des deux parts le supplice est égal.
Puisqu'il faut obéir, fais-moi venir ton maître.

GARIBALDE.

Quel choix avez-vous fait?

RODELINDE.

Je lui ferai connoître
Que si....

GARIBALDE.

C'est avec moi qu'il vous faut achever :
Il est las désormais de s'entendre braver;
Et si je ne lui porte une entière assurance
Que vos désirs enfin suivent son espérance,
Sa vue est un honneur qui vous est défendu.

RODELINDE.

Que me dis-tu, perfide? ai-je bien entendu?
Tu crains donc qu'une femme, à force de se plaindre,
Ne sauve une vertu que tu tâches d'éteindre,
Ne remette un héros au rang de ses pareils,
Dont tu veux l'arracher par tes lâches conseils?
Oui, je l'épouserai, ce trop aveugle maître,
Tout cruel, tout tyran que tu le forces d'être :
Va, cours l'en assurer; mais penses-y deux fois.
Crains-moi, crains son amour, s'il accepte mon choix.
Je puis beaucoup sur lui; j'y pourrai davantage,
Et régnerai peut-être après cet esclavage.

GARIBALDE.

Vous régnerez, madame, et je serai ravi
De mourir glorieux pour l'avoir bien servi.

RODELINDE.

Va, je lui ferai voir que de pareils services
Sont dignes seulement des plus cruels supplices,
Et que de tous les maux dont les rois sont auteurs
Ils s'en doivent venger sur de tels serviteurs.
Tu peux en attendant lui donner cette joie,
Que pour gagner mon cœur il a trouvé la voie,
Que ton zèle insolent et ton mauvais destin
A son amour barbare en ouvrent le chemin.
Dis-lui, puisqu'il le faut, qu'à l'hymen je m'apprête;
Mais fuis-nous, s'il s'achève, et tremble pour ta tête.

GARIBALDE.

Je veux bien à ce prix vous donner un grand roi.

RODELINDE.

Qu'à ce prix donc il vienne, et m'apporte sa foi.

SCÈNE II. — RODELINDE, ÉDUIGE.

ÉDUIGE.
Votre félicité sera mal assurée
Dessus un fondement de si peu de durée.
Vous avez toutefois de si puissans appas....

RODELINDE.
Je sais quelques secrets que vous ne savez pas;
Et si j'ai moins que vous d'attraits et de mérite,
J'ai des moyens plus sûrs d'empêcher qu'on me quitte.

ÉDUIGE.
Mon exemple....

RODELINDE.
Souffrez que je n'en craigne rien;
Et par votre malheur ne jugez pas du mien.
Chacun à ses périls peut suivre sa fortune,
Et j'ai quelques soucis que l'exemple importune.

ÉDUIGE.
Ce n'est pas mon dessein de vous importuner.

RODELINDE.
Ce n'est pas mon dessein aussi de vous gêner;
Mais votre jalousie un peu trop inquiète
Se donne malgré moi cette gêne secrète.

ÉDUIGE.
Je ne suis point jalouse, et l'infidélité....

RODELINDE.
Eh bien! soit jalousie ou curiosité,
Depuis quand sommes-nous en telle intelligence
Que tout mon cœur vous doive entière confidence?

ÉDUIGE.
Je n'en prétends aucune, et c'est assez pour moi
D'avoir bien entendu comme il accepte un roi.

RODELINDE.
On n'entend pas toujours ce qu'on croit bien entendre.

ÉDUIGE.
De vrai, dans un discours difficile à comprendre,
Je ne devine point, et n'en ai pas l'esprit:
Mais l'esprit n'a que faire où l'oreille suffit.

RODELINDE.
Il faudroit que l'oreille entendît la pensée.

ÉDUIGE.
J'entends assez la vôtre : on vous aura forcée:
On vous aura fait peur, ou de la mort d'un fils,
Ou de ce qu'un tyran se croit être permis,
Et l'on fera courir quelque mauvaise excuse
Dont la cour s'éblouisse et le peuple s'abuse.
Mais cependant ce cœur que vous m'abandonniez....

RODELINDE.
Il n'est pas temps encor que vous vous en plaigniez :
Comme il m'a fait des lois, j'ai des lois à lui faire.
ÉDUIGE.
Il les acceptera pour ne vous pas déplaire ;
Prenez-en sa parole, il sait bien la garder.
RODELINDE.
Pour remonter au trône on peut tout hasarder.
Laissez-m'en, quoi qu'il fasse, ou la gloire ou la honte,
Puisque ce n'est qu'à moi que j'en dois rendre compte.
Si votre cœur souffroit ce que souffre le mien,
Vous ne vous plairiez pas en un tel entretien ;
Et votre âme à ce prix voyant un diadème
Voudroit en liberté se consulter soi-même.
ÉDUIGE.
Je demande pardon si je vous fais souffrir,
Et vais me retirer pour ne vous plus aigrir.
RODELINDE.
Allez, et demeurez dans cette erreur confuse ;
Vous ne méritez pas que je vous désabuse.
ÉDUIGE.
Ce cher amant sans moi vous entretiendra mieux,
Et je n'ai plus besoin du rapport de mes yeux.

SCÈNE III. — GRIMOALD, RODELINDE, GARIBALDE.

RODELINDE.
Je me rends, Grimoald, mais non pas à la force :
Le titre que tu prends m'est une douce amorce,
Et s'empare si bien de mon affection,
Qu'elle ne veut de toi qu'une condition.
Si je n'ai pu t'aimer et juste et magnanime,
Quand tu deviens tyran je t'aime dans le crime ;
Et pour moi ton hymen est un souverain bien,
S'il rend ton nom infâme aussi bien que le mien.
GRIMOALD.
Que j'aimerai, madame, une telle infamie
Qui vous fera cesser d'être mon ennemie !
Achevez, achevez, et sachons à quel prix
Je puis mettre une borne à de si longs mépris :
Je ne veux qu'une grâce, et disposez du reste.
Je crains pour Garibalde une haine funeste,
Je la crains pour Unulphe : à cela près parlez.
RODELINDE.
Va, porte cette crainte à des cœurs ravalés ;
Je ne m'abaisse point aux foiblesses des femmes
Jusques à me venger de ces petites âmes.

Si leurs mauvais conseils me forcent de régner,
Je les en dois haïr, et sais les dédaigner.
Le ciel, qui punit tout, choisira pour leur peine
Quelque moyen plus bas que cette illustre haine.
Qu'ils vivent cependant, et que leur lâcheté
A l'ombre d'un tyran trouve sa sûreté.
Ce que je veux de toi porte le caractère
D'une vertu plus haute et digne de te plaire.
Tes offres n'ont point eu d'exemple jusqu'ici
Et ce que je demande est sans exemple aussi :
Mais je veux qu'il te donne une marque infaillible
Que l'intérêt d'un fils ne me rend point sensible,
Que je veux être à toi sans le considérer,
Sans regarder en lui que craindre ou qu'espérer.

GRIMOALD.

Madame, achevez donc de m'accabler de joie.
Par quels heureux moyens faut-il que je vous croie?
Expliquez-vous, de grâce, et j'atteste les cieux
Que tout suivra sur l'heure un bien si précieux.

RODELINDE.

Après un tel serment j'obéis et m'explique.
Je veux donc d'un tyran un acte tyrannique:
Puisqu'il en veut le nom, qu'il le soit tout à fait;
Que toute sa vertu meure en un grand forfait,
Qu'il renonce à jamais aux glorieuses marques
Qui le mettoient au rang des plus dignes monarques;
Et pour le voir méchant, lâche, impie, inhumain,
Je veux voir ce fils même immolé de sa main.

GRIMOALD.

Juste ciel!

RODELINDE.

Que veux-tu pour marque plus certaine
Que l'intérêt d'un fils n'amollit point ma haine,
Que je me donne à toi sans le considérer,
Sans regarder en lui que craindre ou qu'espérer?
Tu trembles! tu pâlis! il semble que tu n'oses
Toi-même exécuter ce que tu me proposes!
S'il te faut du secours, je n'y recule pas,
Et veux bien te prêter l'exemple de mon bras.
Fais, fais venir ce fils, qu'avec toi je l'immole.
Dégage ton serment, je tiendrai ma parole.
Il faut bien que le crime unisse à l'avenir
Ce que trop de vertus empêchoit de s'unir.
Qui tranche du tyran doit se résoudre à l'être.
Pour remplir ce grand nom as-tu besoin d'un maître,
Et faut-il qu'une mère, aux dépens de son sang,
T'apprenne à mériter cet effroyable rang?

N'en souffre pas la honte, et prends toute la gloire
Que cet illustre effort attache à ta mémoire.
Fais voir à tes flatteurs, qui te font trop oser,
Que tu sais mieux que moi l'art de tyranniser;
Et, par une action aux seuls tyrans permise,
Deviens le vrai tyran de qui te tyrannise.
A ce prix je me donne, à ce prix je me rends;
Ou, si tu l'aimes mieux, à ce prix je me vends,
Et consens à ce prix que ton amour m'obtienne,
Puisqu'il souille ta gloire aussi bien que la mienne.

GRIMOALD.

Garibalde, est-ce là ce que tu m'avois dit?

GARIBALDE.

Avec votre jalouse elle a changé d'esprit;
Et je l'avois laissée à l'hymen toute prête,
Sans que son déplaisir menaçât que ma tête.
Mais ces fureurs enfin ne sont qu'illusion,
Pour vous donner, seigneur, quelque confusion;
Ne vous étonnez point, vous l'en verrez dédire.

GRIMOALD.

Vous l'ordonnez, madame, et je dois y souscrire:
J'en ferai ma victime, et ne suis point jaloux
De vous voir sur ce fils porter les premiers coups.
Quelque honneur qui par là s'attache à ma mémoire,
Je veux bien avec vous en partager la gloire,
Et que tout l'avenir ait de quoi m'accuser
D'avoir appris de vous l'art de tyranniser.
  Vous devriez pourtant régler mieux ce courage,
N'en pousser point l'effort jusqu'aux bords de la rage,
Ne lui permettre rien qui sentît la fureur,
Et le faire admirer sans en donner d'horreur.
Faire la furieuse et la désespérée,
Paroître avec éclat mère dénaturée,
Sortir hors de vous-même, et montrer à grand bruit
A quelle extrémité mon amour vous réduit,
C'est mettre avec trop d'art la douleur en parade;
Qui fait le plus de bruit n'est pas le plus malade:
Les plus grands déplaisirs sont les moins éclatans;
Et l'on sait qu'un grand cœur se possède en tout temps.
Vous le savez, madame, et que les grandes âmes
Ne s'abaissent jamais aux foiblesses des femmes,
Ne s'aveuglent jamais ainsi hors de saison;
Que leur désespoir même agit avec raison,
Et que....

RODELINDE.

C'en est assez : sois-moi juge équitable,
Et dis-moi si le mien agit en raisonnable,

ACTE III, SCÈNE III.

Si je parle en aveugle, ou si j'ai de bons yeux.
  Tu veux rendre à mon fils le bien de ses aïeux,
Et toute ta vertu jusque-là t'abandonne,
Que tu mets en mon choix sa mort ou ta couronne!
Quand j'aurai satisfait tes vœux désespérés,
Dois-je croire ses jours beaucoup plus assurés?
Cet[1] offre, ou, si tu veux, ce don du diadème
N'est, à le bien nommer, qu'un foible stratagème.
Faire un roi d'un enfant pour être son tuteur,
C'est quitter pour ce nom celui d'usurpateur;
C'est choisir pour régner un favorable titre;
C'est du sceptre et de lui te faire seul arbitre,
Et mettre sur le trône un fantôme pour roi
Jusques au premier fils qui te naîtra de moi,
Jusqu'à ce qu'on nous craigne, et que le temps arrive
De remettre en ses mains la puissance effective.
Qui veut bien l'immoler à son affection
L'immoleroit sans peine à son ambition.
On se lasse bientôt de l'amour d'une femme;
Mais la soif de régner règne toujours sur l'âme;
Et, comme la grandeur a d'éternels appas,
L'Italie est sujette à de soudains trépas.
Il est des moyens sourds pour lever un obstacle,
Et faire un nouveau roi sans bruit et sans miracle:
Quitte pour te forcer à deux ou trois soupirs,
Et peindre alors ton front d'un peu de déplaisirs.
La porte à ma vengeance en seroit moins ouverte:
Je perdrois avec lui tout le fruit de sa perte.
Puisqu'il faut qu'il périsse, il vaut mieux tôt que tard;
Que sa mort soit un crime, et non pas un hasard;
Que cette ombre innocente à toute heure m'anime,
Me demande à toute heure une grande victime;
Que ce jeune monarque, immolé de ta main,
Te rende abominable à tout le genre humain;
Qu'il t'excite partout des haines immortelles;
Que de tous tes sujets il fasse des rebelles.
Je t'épouserai lors, et m'y viens d'obliger,
Pour mieux servir ma haine, et pour mieux me venger,
Pour moins perdre de vœux contre ta barbarie,
Pour être à tous momens maîtresse de ta vie,
Pour avoir l'accès libre à pousser ma fureur,
Et mieux choisir la place à te percer le cœur.
  Voilà mon désespoir, voilà ses justes causes :
A ces conditions prends ma main, si tu l'oses.

---

1. Le genre du mot *offre* était encore incertain.

GRIMOALD.
Oui, je la prends, madame, et veux auparavant....

SCÈNE IV. — PERTHARITE, GRIMOALD, RODELINDE,
GARIBALDE, UNULPHE.

UNULPHE.
Que faites-vous, seigneur? Pertharite est vivant;
Ce n'est plus un bruit sourd, le voilà qu'on amène:
Des chasseurs l'ont surpris dans la forêt prochaine,
Où, caché dans un fort, il attendoit la nuit.
GRIMOALD.
Je vois trop clairement quelle main le produit.
RODELINDE.
Est-ce donc vous, seigneur? et les bruits infidèles
N'ont-ils semé de vous que de fausses nouvelles?
PERTHARITE.
Oui, cet époux si cher à vos chastes désirs,
Qui vous a tant coûté de pleurs et de soupirs....
GRIMOALD.
Va, fantôme insolent, retrouver qui t'envoie,
Et ne te mêle point d'attenter à ma joie.
Il est encore ici des supplices pour toi,
Si tu viens y montrer la vaine ombre d'un roi.
Pertharite n'est plus.
PERTHARITE.
Pertharite respire,
Il te parle, il te voit régner dans son empire.
Que ton ambition ne s'effarouche pas
Jusqu'à me supposer toi-même un faux trépas:
Il est honteux de feindre où l'on peut toutes choses.
Je suis mort, si tu veux : je suis mort, si tu l'oses,
Si toute ta vertu peut demeurer d'accord
Que le droit de régner me rend digne de mort.

Je ne viens point ici par de noirs artifices
De mon cruel destin forcer les injustices,
Pousser des assassins contre tant de valeur,
Et t'immoler en lâche à mon trop de malheur.
Puisque le sort trahit ce droit de ma naissance
Jusqu'à te faire un don de ma toute-puissance,
Règne sur mes États que le ciel t'a soumis;
Peut-être un autre temps me rendra des amis
Use mieux cependant de la faveur céleste;
Ne me dérobe pas le seul bien qui me reste,
Un bien où je te suis un obstacle éternel,
Et dont le seul désir est pour toi criminel.
Rodelinde n'est pas du droit de ta conquête :

Il faut pour être à toi qu'il m'en coûte la tête;
Puisqu'on m'a découvert, elle dépend de toi;
Prends-la comme tyran, ou l'attaque en vrai roi.
J'en garde hors du trône encor les caractères,
Et ton bras t'a saisi de celui de mes pères.
Je veux bien qu'il supplée au défaut de ton sang,
Pour mettre entre nous deux égalité de rang.
Si Rodelinde enfin tient ton âme charmée,
Pour voir qui la mérite il ne faut point d'armée.
Je suis roi, je suis seul, j'en suis maître, et tu peux
Par un illustre effort faire place à tes vœux.

GRIMOALD.
L'artifice grossier n'a rien qui m'épouvante.
Éduige à fourber n'est pas assez savante;
Quelque adresse qu'elle ait, elle t'a mal instruit,
Et d'un si haut dessein elle a fait trop de bruit.
Elle en fait avorter l'effet par la menace,
Et ne te produit plus que de mauvaise grâce.

PERTHARITE.
Quoi! je passe à tes yeux pour un homme attitré?

GRIMOALD.
Tu l'avoueras toi-même ou de force ou de gré.
Il faut plus de secret alors qu'on veut surprendre;
Et l'on ne surprend point quand on se fait attendre.

PERTHARITE.
Parlez, parlez, madame; et faites voir à tous
Que vous avez des yeux pour connoître un époux.

GRIMOALD.
Tu veux qu'en ta faveur j'écoute ta complice!
Eh bien! parlez, madame; achevez l'artifice.
Est-ce là votre époux?

RODELINDE.
  Toi qui veux en douter,
Par quelle illusion m'oses-tu consulter?
Si tu démens tes yeux, croiras-tu mon suffrage?
Et ne peux-tu sans moi connoître son visage?
Tu l'as vu tant de fois, au milieu des combats,
Montrer, à tes périls, ce que pesoit son bras,
Et, l'épée à la main, disputer en personne,
Contre tout ton bonheur, sa vie et sa couronne!
Si tu cherches un aide à traiter d'imposteur
Un roi qui t'a fermé la porte de mon cœur,
Consulte Garibalde, il tremble à voir son maître:
Qui l'osa bien trahir l'osera méconnoître;
Et tu peux recevoir de son mortel effroi
L'assurance qu'enfin tu n'attends pas de moi.

Un service si haut veut une âme plus basse;
Et tu sais....
                    GRIMOALD.
            Oui, je sais jusqu'où va votre audace.
Sous l'espoir de jouir de ma perplexité,
Vous cherchez à me voir l'esprit inquiété;
Et ces discours en l'air que l'orgueil vous inspire
Veulent persuader ce que vous n'osez dire,
Brouiller la populace, et lui faire après vous
En un fourbe impudent respecter votre époux.
Poussez donc jusqu'au bout, devenez plus hardie;
Dites-nous hautement....
                    RODELINDE.
                Que veux-tu que je die?
Il ne peut être ici que ce que tu voudras;
Tes flatteurs en croiront ce que tu résoudras.
Je n'ai pas pour t'instruire assez de complaisance;
Et, puisque son malheur l'a mis en ta puissance,
Je sais ce que je dois, si tu ne me le rends.
Achève de te mettre au rang des vrais tyrans.

SCÈNE V. — GRIMOALD, PERTHARITE, GARIBALDE
         UNULPHE.

                    GRIMOALD.
Que cet événement de nouveau m'embarrasse!
                    GARIBALDE.
Pour un fourbe chez vous la pitié trouve place!
                    GRIMOALD.
Non, l'échafaud bientôt m'en fera la raison.
Que ton appartement lui serve de prison;
Je te le donne en garde, Unulphe.
                    PERTHARITE.
                    Prince, écoute :
Mille et mille témoins te mettront hors de doute;
Tout Milan, tout Pavie....
                    GRIMOALD.
                Allez, sans contester,
Vous aurez tout loisir de vous faire écouter.
        (*A Garibalde.*)
Toi, va voir Eduige, et jette dans son âme
Un si flatteur espoir du retour de ma flamme,
Qu'elle-même, déjà s'assurant de ma foi,
Te nomme l'imposteur qu'elle déguise en roi.

SCÈNE VI. — GARIBALDE.

Quel revers imprévu ! quel éclat de tonnerre
Jette en moins d'un moment tout mon espoir par terr !
Ce funeste retour, malgré tout mon projet,
Va rendre Grimoald à son premier objet ;
Et, s'il traite ce prince en héros magnanime,
N'ayant plus de tyran, je n'ai plus de victime ;
Je n'ai rien à venger, et ne puis le trahir
S'il m'ôte les moyens de le faire haïr.
  N'importe toutefois, ne perdons pas courage ;
Forçons notre fortune à changer de visage ;
Obstinons Grimoald, par maxime d'État,
A le croire imposteur, ou craindre un attentat ;
Accablons son esprit de terreurs chimériques
Pour lui faire embrasser des conseils tyranniques ;
De son trop de vertu sachons le dégager,
Et perdons Pertharite afin de le venger.
Peut-être qu'Éduige, à regret plus sévère,
N'osera l'accepter teint du sang de son frère,
Et que l'effet suivra notre prétention
Du côté de l'amour et de l'ambition.
Tâchons, quoi qu'il en soit, d'en achever l'ouvrage ;
Et pour régner un jour mettons tout en usage.

ACTE QUATRIÈME.

SCÈNE I. — GRIMOALD, GARIBALDE.

GARIBALDE.

Je ne m'en dédis point, seigneur ; ce prompt retour
N'est qu'une illusion qu'on fait à votre amour.
Je ne l'ai vu que trop aux discours d'Éduige ;
Comme sensiblement votre change l'afflige,
Et qu'avec le feu roi ce fourbe a du rapport,
Sa flamme au désespoir fait ce dernier effort.
Rodelinde, comme elle, aime à vous mettre en peine :
L'une sert son amour et l'autre sert sa haine ;
Ce que l'une produit, l'autre ose l'avouer :
Et leur inimitié s'accorde à vous jouer.
L'imposteur cependant, quoi qu'on lui donne à feindre,
Le soutient d'autant mieux qu'il ne voit rien à craindre ;
Car, soit que ses discours puissent vous émouvoir
Jusqu'à rendre Eduige à son premier pouvoir,
Soit que, malgré sa fourbe et vaine et languissante,

Rodelinde sur vous reste toute-puissante,
A l'une ou l'autre enfin votre âme à l'abandon
Ne lui pourra jamais refuser ce pardon.

GRIMOALD.

Tu dis vrai, Garibalde : et déjà je le donne
A qui voudra des deux partager ma couronne.
Non que j'espère encore amollir ce rocher,
Que ni respects ni vœux n'ont jamais su toucher :
Si j'aimai Rodelinde, et si pour n'aimer qu'elle
Mon âme à qui m'aimoit s'est rendue infidèle ;
Si d'éternels dédains, si d'éternels ennuis,
Les bravades, la haine, et le trouble où je suis,
Ont été jusqu'ici toute la récompense
De cet amour parjure où mon cœur se dispense,
Il est temps désormais que, par un juste effort,
J'affranchisse mon cœur de cet indigne sort.
Prenons l'occasion que nous fait Éduige ;
Aimons cette imposture où son amour l'oblige.
Elle plaint un ingrat de tant de maux soufferts,
Et lui prête la main pour le tirer des fers.
Aimons, encore un coup, aimons son artifice,
Aimons-en le secours, et rendons-lui justice.
Soit qu'elle en veuille au trône ou n'en veuille qu'à moi,
Qu'elle aime Grimoald ou qu'elle aime le roi,
Qu'elle ait beaucoup d'amour ou beaucoup de courage,
Je dois tout à la main qui rompt mon esclavage.
Toi qui ne la servois qu'afin de m'obéir,
Qui tâchois par mon ordre à m'en faire haïr,
Duc, ne t'y force plus, et rends-moi ma parole ;
Que je rende à ses feux tout ce que je leur vole,
Et que je puisse ainsi d'une même action
Récompenser sa flamme ou son ambition

GARIBALDE.

Je vous la rends, seigneur ; mais enfin prenez garde
A quels nouveaux périls cet effort vous hasarde,
Et si ce n'est point croire un peu trop promptement
L'impétueux transport d'un premier mouvement.
L'imposteur impuni passera pour monarque ;
Tout le peuple en prendra votre bonté pour marque ;
Et, comme il est ardent après la nouveauté,
Il s'imaginera son rang seul respecté.
Je sais bien qu'aussitôt votre haute vaillance
De ce peuple mutin domptera l'insolence :
Mais tenez-vous fort sûr ce que vous prétendez
Du côté d'Éduige, à qui vous vous rendez ?
J'ai pénétré, seigneur, jusqu'au fond de son âme,
Où je n'ai vu pour vous aucun reste de flamme ;

Sa haine seule agit, et cherche à vous ôter
Ce que tous vos désirs s'efforcent d'emporter.
Elle veut, il est vrai, vous rappeler vers elle;
Mais pour faire à son tour l'ingrate et la cruelle,
Pour vous traiter de lâche, et vous rendre soudain
Parjure pour parjure, et dédain pour dédain.
Elle veut que votre âme, esclave de la sienne,
Lui demande sa grâce, et jamais ne l'obtienne.
Ce sont ses mots exprès; et, pour vous punir mieux,
Elle me veut aimer, et m'aimer à vos yeux :
Elle me l'a promis.

SCÈNE II. — GRIMOALD, GARIBALDE, ÉDUIGE.

ÉDUIGE.

Je te l'ai promis, traître!
Oui, je te l'ai promis, et l'aurois fait peut-être,
Si ton âme, attachée à mes commandemens,
Eût pu dans ton amour suivre mes sentimens.
J'avois mis mes secrets en bonne confidence!
Vois par là, Grimoald, quelle est ton imprudence;
Et juge, par les miens lâchement déclarés,
Comme les tiens sur lui peuvent être assurés.
Qui trahit sa maîtresse aisément fait connoître
Que sans aucun scrupule il trahiroit son maître,
Et que, des deux côtés laissant flotter sa foi,
Son cœur n'aime en effet ni son maître ni moi.
Il a son but à part, Grimoald, prends-y garde;
Quelque dessein qu'il ait, c'est toi seul qu'il regarde.
Examine ce cœur, juges-en comme il faut.
Qui m'aime et me trahit aspire encor plus haut.

GARIBALDE.

Vous le voyez, seigneur, avec quelle injustice
On me fait criminel quand je vous rends service.
Mais de quoi n'est capable un malheureux amant
Que la peur de vous perdre agite incessamment,
Madame? Vous voulez que le roi vous adore,
Et pour l'en empêcher je ferois plus encore;
Je ne m'en défends point, et mon esprit jaloux
Cherche tous les moyens de l'éloigner de vous.
Je ne vous saurois voir entre les bras d'un autre;
Mon amour, si c'est crime, a l'exemple du vôtre.
Que ne faites-vous point pour obliger le roi
A quitter Rodelinde, et vous rendre sa foi?
Est-il rien en ces lieux que n'ait mis en usage
L'excès de votre ardeur ou de votre courage?
Pour être tout à vous, j'ai fait tous mes efforts;

Mais je n'ai point encor fait revivre les morts :
J'ai dit des vérités dont votre cœur murmure;
Mais je n'ai point été jusques à l'imposture,
Et je n'ai point poussé des sentimens si beaux
Jusqu'à faire sortir les ombres des tombeaux.
Ce n'est point mon amour qui produit Pertharite;
Ma flamme ignore encor cet art qui ressuscite;
Et je ne vois en elle enfin rien à blâmer,
Sinon que je trahis, si c'est trahir qu'aimer.
             ÉDUIGE.
De quel front et de quoi cet insolent m'accuse?
             GRIMOALD.
D'un mauvais artifice et d'une foible ruse.
Votre dessein, madame, étoit mal concerté.
On ne m'a point surpris quand on s'est présenté.
Vous m'aviez préparé vous-même à m'en défendre,
Et, me l'ayant promis, j'avois lieu de l'attendre.
Consolez-vous pourtant, il a fait son effet :
Je suis à vous, madame, et j'y suis tout à fait.
  Si je vous ai trahie, et si mon cœur volage
Vous a volé longtemps un légitime hommage,
Si pour un autre objet le vôtre en fut banni,
Les maux que j'ai soufferts m'en ont assez puni.
Je recouvre la vue, et reconnois mon crime :
A mes feux rallumés ce cœur s'offre en victime;
Oui, princesse, et, pour être à vous jusqu'au trépas,
Il demande un pardon qu'il ne mérite pas.
Votre propre bonté qui vous en sollicite
Obtient déjà celui de ce faux Pertharite.
Un si grand attentat blesse la majesté;
Mais s'il est criminel, je l'ai moi-même été.
Faites grâce, et j'en fais; oubliez, et j'oublie.
Il reste seulement que lui-même il publie,
Par un aveu sincère, et sans rien déguiser,
Que pour me rendre à vous il vouloit m'abuser,
Qu'il n'empruntoit ce nom que par votre ordre même
Madame, assurez-vous par là mon diadème,
Et ne permettez pas que cette illusion
Aux mutins contre nous prête d'occasion.
Faites donc qu'il l'avoue, et que ma grâce offerte,
Tout imposteur qu'il est, le dérobe à sa perte;
Et délivrez par là de ces troubles soudains
Le sceptre qu'avec moi je remets en vos mains.
             ÉDUIGE.
J'avois eu jusqu'ici ce respect pour ta gloire,
Qu'en te nommant tyran, j'avois peine à me croire;
Je me tenois suspecte, et sentois que mon feu

Faisoit de ce reproche un secret désaveu :
Mais tu lèves le masque, et m'ôtes de scrupule;
Je ne puis plus garder ce respect ridicule;
Et je vois clairement, le masque étant levé,
Que jamais on n'a vu tyran plus achevé.
Tu fais adroitement le doux et le sévère,
Afin que la sœur t'aide à massacrer le frère :
Tu fais plus, et tu veux qu'en trahissant son sort
Lui-même il se condamne et se livre à la mort :
Comme s'il pouvoit être amoureux de la vie
Jusqu'à la racheter par une ignominie,
Ou qu'un frivole espoir de te revoir à moi
Me pût rendre perfide et lâche comme toi.
    Aime-moi, si tu veux, déloyal; mais n'espère
Aucun secours de moi pour t'immoler mon frère.
Si je te menaçois tantôt de son retour,
Si j'en donnois l'alarme à ton nouvel amour,
C'étoient discours en l'air inventés par ma flamme
Pour brouiller ton esprit et celui de sa femme.
J'avois peine à te perdre, et parlois au hasard
Pour te perdre du moins quelques momens plus tard;
Et, quand par ce retour il a su nous surprendre,
Le ciel m'a plus rendu que je n'osois attendre.

GRIMOALD.
Madame....

ÉDUIGE.
            Tu perds temps; je n'écoute plus rien,
Et j'attends ton arrêt pour résoudre le mien.
Agis, si tu le veux, en vainqueur magnanime;
Agis comme tyran, et prends cette victime :
Je suivrai ton exemple, et sur tes actions
Je réglerai ma haine ou mes affections.
Il suffit à présent que je te désabuse,
Pour payer ton amour ou pour punir ta ruse.
Adieu.

SCÈNE III. — GRIMOALD, GARIBALDE, UNULPHE

GRIMOALD.
Que veut Unulphe?

UNULPHE.
            Il est de mon devoir
De vous dire, seigneur, que chacun le vient voir.
J'ai permis à fort peu de lui rendre visite;
Mais tous l'ont reconnu pour le vrai Pertharite :
Le peuple même parle, et déjà sourdement
On entend des discours semés confusément....

GARIBALDE.

Voyez en quels périls vous jette l'imposture!
Le peuple déjà parle, et sourdement murmure :
Le feu va s'allumer si vous ne l'éteignez.
Pour perdre un imposteur qu'est-ce que vous craignez?
La haine d'Éduige, elle qui ne prépare
A vos submissions qu'une fierté barbare,
Elle que vos mépris ayant mise en fureur
Rendent opiniâtre à vous mettre en erreur,
Elle qui n'a plus soif que de votre ruine,
Elle dont la main seule en conduit la machine?
De semblables malheurs se doivent dédaigner,
Et la vertu timide est mal propre à régner.
Épousez Rodelinde, et, malgré son fantôme,
Assurez-vous l'État, et calmez le royaume;
Et, livrant l'imposteur à ses mauvais destins,
Otez dès aujourd'hui tout prétexte aux mutins.

GRIMOALD.

Oui, je te croirai, duc; et dès demain sa tête
Abattue à mes pieds calmera la tempête.
Qu'on le fasse venir, et qu'on mande avec lui
Celle qui de sa fourbe est le second appui,
La reine qui me brave, et qui par grandeur d'âme
Semble avoir quelque gêne à se nommer sa femme.

GARIBALDE.

Ses pleurs vous toucheront.

GRIMOALD.

Je suis armé contre eux

GARIBALDE.

L'amour vous séduira.

GRIMOALD.

Je n'en crains point les feux;
Ils ont peu de pouvoir quand l'âme est résolue.

GARIBALDE.

Agissez donc, seigneur, de puissance absolue;
Soutenez votre sceptre avec l'autorité
Qu'imprime au front des rois leur propre majesté.
Un roi doit pouvoir tout, et ne sait pas bien l'être
Quand au fond de son cœur il souffre un autre maître.

SCÈNE IV. — GRIMOALD, PERTHARITE, RODELINDE,
GARIBALDE, UNULPHE.

GRIMOALD.

Viens, fourbe, viens, méchant, éprouver ma bonté;
Et ne la réduis pas à la sévérité.
Je veux te faire grâce : avoue et me confesse
D'un si hardi dessein qui t'a fourni l'adresse,

Qui des deux l'a formé, qui t'a le mieux instruit ;
Tu m'entends : et surtout fais cesser ce faux bruit :
Détrompe mes sujets, ta prison est ouverte ;
Sinon, prépare-toi dès demain à ta perte :
N'y force pas ton prince ; et, sans plus t'obstiner,
Mérite le pardon qu'il cherche à te donner.

PERTHARITE.

Que tu perds lâchement de ruse et d'artifice
Pour trouver à me perdre une ombre de justice,
Et sauver les dehors d'une adroite vertu
Dont aux yeux éblouis tu parois revêtu !
Le ciel te livre exprès une grande victime,
Pour voir si tu peux être et juste et magnanime ;
Mais il ne t'abandonne après tout que son sang ;
Tu ne lui peux ôter ni son nom ni son rang.
Je mourrai comme roi né pour le diadème ;
Et bientôt mes sujets, détrompés par toi-même,
Connoîtront par ma mort qu'ils n'adorent en toi
Que de fausses couleurs qui te peignent en roi.
Hâte donc cette mort, elle t'est nécessaire ;
Car puisque enfin tu veux la vérité sincère,
Tout ce qu'entre tes mains je forme de souhaits,
C'est d'affranchir bientôt ces malheureux sujets.
Crains-moi si je t'échappe ; et sois sûr de ta perte
Si par ton mauvais sort la prison m'est ouverte.
Mon peuple aura des yeux pour connoître son roi,
Et mettra différence entre un tyran et moi :
Il n'a point de fureur que soudain je n'excite.
Voilà dedans tes fers l'espoir de Pertharite ;
Voilà des vérités qu'il ne peut déguiser,
Et l'aveu qu'il te faut pour te désabuser.

RODELINDE.

Veux-tu pour t'éclaircir de plus illustres marques ?
Veux-tu mieux voir le sang de nos premiers monarques ?
Ce grand cœur....

GRIMOALD.

Oui, madame, il est fort bien instruit
A montrer de l'orgueil et fourber à grand bruit.
Mais si par son aveu la fourbe reconnue
Ne détrompe aujourd'hui la populace émue,
Qu'il prépare sa tête, et vous-même en ce lieu
Ne pensez qu'à lui dire un éternel adieu.
Laissons-les seuls, Unulphe, et demeure à la porte ;
Qu'avant que je l'ordonne aucun n'entre ni sorte.

SCÈNE V. — PERTHARITE, RODELINDE.

PERTHARITE.

Madame, vous voyez où l'amour m'a conduit.
J'ai su que de ma mort il couroit un faux bruit,
Des désirs d'un tyran j'ai su la violence;
J'en ai craint sur ce bruit la dernière insolence,
Et n'ai pu faire moins que de tout exposer
Pour vous revoir encore et vous désabuser.
J'ai laissé hasarder à cette digne envie
Les restes languissans d'une importune vie,
A qui l'ennui mortel d'être éloigné de vous
Sembloit à tous momens porter les derniers coups.
Car, je vous l'avouerai, dans l'état déplorable
Où m'abîme du sort la haine impitoyable,
Où tous mes alliés me refusent leurs bras,
Mon plus cuisant chagrin est de ne vous voir pas.
Je bénis mon destin, quelques maux qu'il m'envoie,
Puisqu'il peut consentir à ce moment de joie;
Et, bien qu'il ose encor de nouveau me trahir,
En un moment si doux je ne le puis haïr.

RODELINDE.

C'étoit donc peu, seigneur, pour mon âme affligée,
De toute la misère où je me vois plongée;
C'étoit peu des rigueurs de ma captivité,
Sans celle où votre amour vous a précipité :
Et, pour dernier outrage où son excès m'expose,
Il faut vous voir mourir et m'en savoir la cause!
  Je ne vous dirai point que ce moment m'est doux,
Il met à trop haut prix ce qu'il me rend de vous;
Et votre souvenir m'auroit bien su défendre
De tout ce qu'un tyran auroit osé prétendre.
N'attendez point de moi de soupirs ni de pleurs;
Ce sont amusemens de légères douleurs.
L'amour que j'ai pour vous hait ces molles bassesses
Où d'un sexe craintif descendent les foiblesses;
Et contre vos malheurs j'ai trop su m'affermir,
Pour ne dédaigner pas l'usage de gémir.
D'un déplaisir si grand la noble violence
Se résout tout entière en ardeur de vengeance,
Et, méprisant l'éclat, porte tout son effort
A sauver votre vie, ou venger votre mort.
Je ferai l'un ou l'autre, ou périrai moi-même.

PERTHARITE.

Aimez plutôt, madame, un vainqueur qui vous aime.
Vous avez assez fait pour moi, pour votre honneur·
Il est temps de tourner du côté du bonheur,

De ne plus embrasser des destins trop sévères,
Et de laisser finir mes jours et vos misères.
Le ciel, qui vous destine à régner en ces lieux,
M'accorde au moins le bien de mourir à vos yeux.
J'aime à lui voir briser une importune chaîne
De qui les nœuds rompus vous font heureuse reine;
Et sous votre destin je veux bien succomber,
Pour remettre en vos mains ce que j'en fis tomber.

RODELINDE.

Est-ce là donc, seigneur, la digne récompense
De ce que pour votre ombre on m'a vu de constance?
Quand je vous ai cru mort, et qu'un si grand vainqueur,
Sa conquête à mes pieds, m'a demandé mon cœur,
Quand toute autre en ma place eût peut-être fait gloire
De cet hommage entier de toute sa victoire....

PERTHARITE.

Je sais que vous avez dignement combattu :
Le ciel va couronner aussi votre vertu;
Il va vous affranchir de cette inquiétude
Que pouvoit de ma mort former l'incertitude,
Et vous mettre sans trouble en pleine liberté
De monter au plus haut de la félicité.

RODELINDE.

Que dis-tu, cher époux?

PERTHARITE.

Que je vois sans murmure
Naître votre bonheur de ma triste aventure.
L'amour me ramenoit sans pouvoir rien pour vous
Que vous envelopper dans l'exil d'un époux,
Vous dérober sans bruit à cette ardeur infâme
Où s'opposent ma vie et le nom de ma femme.
Pour changer avec gloire il vous faut mon trépas;
Et s'il vous fait régner, je ne le perdrai pas.
Après tant de malheurs que mon amour vous cause,
Il est temps que ma mort vous serve à quelque chose,
Et qu'un victorieux à vos pieds abattu
Cesse de renoncer à toute sa vertu.
D'un conquérant si grand et d'un héros si rare
Vous faites trop longtemps un tyran, un barbare;
Il l'est, mais seulement pour vaincre vos refus.
Soyez à lui, madame, il ne le sera plus;
Et je tiendrai ma vie heureusement perdue,
Puisque....

RODELINDE.

N'achève point un discours qui me tue,
Et ne me force point à mourir de douleur,
Avant qu'avoir pu rompre ou venger ton malheur.

Moi qui l'ai dédaigné dans son char de victoire,
Couronné de vertus encor plus que de gloire,
Magnanime, vaillant, juste, bon, généreux,
Pour m'attacher à l'ombre, au nom d'un malheureux;
Je pourrois à ta vue, aux dépens de ta vie,
Épouser d'un tyran l'horreur et l'infamie,
Et trahir mon honneur, ma naissance, mon rang,
Pour baiser une main fumante de ton sang!
Ah! tu me connois mieux, cher époux.

PERTHARITE.

Non, madame,
Il ne faut point souffrir ce scrupule en votre âme.
Quand ces devoirs communs ont d'importunes lois,
La majesté du trône en dispense les rois;
Leur gloire est au-dessus des règles ordinaires,
Et cet honneur n'est beau que pour les cœurs vulgaires.
Sitôt qu'un roi vaincu tombe aux mains du vainqueur,
Il a trop mérité la dernière rigueur.
Ma mort pour Grimoald ne peut avoir de crime :
Le soin de s'affermir lui rend tout légitime.
Quand j'aurai dans ses fers cessé de respirer,
Donnez-lui votre main sans rien considérer;
Épargnez les efforts d'une impuissante haine,
Et permettez au ciel de vous faire encor reine.

RODELINDE.

Épargnez-moi, seigneur. ce cruel sentiment.
Vous qui savez....

SCÈNE VI. — PERTHARITE, RODELINDE, UNULPHE

UNULPHE.

Madame, achevez promptement :
Le roi, de plus en plus se rendant intraitable,
Mande vers lui ce prince, ou faux, ou véritable.

PERTHARITE.

Adieu, puisqu'il le faut; et croyez qu'un époux
A tous les sentimens qu'il doit avoir de vous.
Il voit tout votre amour et tout votre mérite;
Et, mourant sans regret, à regret il vous quitte.

RODELINDE.

Adieu, puisqu'on m'y force; et recevez ma foi
Que l'on me verra digne et de vous et de moi.

PERTHARITE.

Ne vous exposez point au même précipice.

RODELINDE.

Le ciel hait les tyrans, et nous fera justice.

PERTHARITE.
Hélas! s'il étoit juste, il vous auroit donné
Un plus puissant monarque, ou moins infortuné.

ACTE CINQUIÈME.

SCÈNE I. — ÉDUIGE, UNULPHE.

ÉDUIGE.
Quoi! Grimoald s'obstine à perdre ainsi mon frère!
D'imposture et de fourbe il traite sa misère!
Et, feignant de me rendre et son cœur et sa foi,
Il n'a point d'yeux pour lui ni d'oreilles pour moi!
UNULPHE.
Madame, n'accusez que le duc qui l'obsède :
Le mal, s'il en est cru, deviendra sans remède;
Et si le roi suivoit ses conseils violens,
Vous n'en verriez déjà que des effets sanglans.
ÉDUIGE.
Jadis pour Grimoald il quitta Pertharite;
Et, s'il le laisse vivre, il craint ce qu'il mérite.
UNULPHE.
Ajoutez qu'il vous aime, et veut par tous moyens
Rattacher ce vainqueur à ses derniers liens;
Que Rodelinde à lui, par amour ou par force,
Assure entre vous deux un éternel divorce;
Et s'il peut une fois jusque-là l'irriter,
Par force ou par amour il croit vous emporter.
Mais vous n'avez, madame, aucun sujet de crainte;
Ce héros est à vous sans réserve et sans feinte,
Et....
ÉDUIGE.
S'il quitte sans feinte un objet si chéri,
Sans doute au fond de l'âme il connoît son mari.
Mais s'il le connoissoit, en dépit de ce traître,
Qui pourroit l'empêcher de le faire paroître?
UNULPHE.
Sur le trône conquis il craint quelque attentat,
Et ne le méconnoît que par raison d'État.
C'est un aveuglement qu'il a cru nécessaire;
Et comme Garibalde animoit sa colère,
De ses mauvais conseils sans cesse combattu,
Il donnoit lieu de craindre enfin pour sa vertu.
Mais, madame, il n'est plus en état de le croire.
Je n'ai pu voir longtemps ce péril pour sa gloire.

Quelque fruit que le duc espère en recueillir,
Je viens d'ôter au roi les moyens de faillir.
Pertharite, en un mot, n'est plus en sa puissance.
Mais ne présumez pas que j'aie eu l'imprudence
De laisser à sa fuite un libre et plein pouvoir
De se montrer au peuple et d'oser l'émouvoir.
Pour fuir en sûreté je lui prête main-forte,
Ou plutôt je lui donne une fidèle escorte,
Qui, sous cette couleur de lui servir d'appui,
Le met hors du royaume, et me répond de lui.
J'empêche ainsi le duc d'achever son ouvrage,
Et j'en donne à mon roi ma tête pour otage.
Votre bonté, madame, en prendra quelque soin.
ÉDUIGE.
Oui, je serai pour toi criminelle au besoin;
Je prendrai, s'il le faut, sur moi toute la faute.
UNULPHE.
Ou je connois fort mal une vertu si haute,
Ou s'il revient à soi, lui-même tout ravi
M'avouera le premier que je l'ai bien servi.

SCÈNE II. — GRIMOALD, ÉDUIGE, UNULPHE

GRIMOALD.
Que voulez-vous enfin, madame, que j'espère?
Qu'ordonnez-vous de moi?
ÉDUIGE.
     Que fais-tu de mon frère?
Qu'ordonnes-tu de lui? prononce ton arrêt.
GRIMOALD.
Toujours d'un imposteur prendrez-vous l'intérêt?
ÉDUIGE.
Veux-tu suivre toujours le conseil tyrannique
D'un traître qui te livre à la haine publique?
GRIMOALD.
Qu'en faveur de ce fourbe à tort vous m'accusez!
Je vous offre sa grâce, et vous la refusez!
ÉDUIGE.
Cette offre est un supplice aux princes qu'on opprime
Il ne faut point de grâce à qui se voit sans crime;
Et tes yeux, malgré toi, ne te font que trop voir
Que c'est à lui d'en faire, et non d'en recevoir.
 Ne t'obstine donc plus à t'aveugler toi-même :
Sois tel que je t'aimois, si tu veux que je t'aime;
Sois tel que tu parus quand tu conquis Milan :
J'aime encor son vainqueur, mais non pas son tyran.
Rends-toi cette vertu pleine, haute, sincère.

ACTE V, SCÈNE II.

Qui t'affermit si bien au trône de mon frère;
Rends-lui du moins son nom, si tu me rends ton cœur.
Qui peut feindre pour lui peut feindre pour la sœur;
Et tu ne vois en moi qu'une amante incrédule,
Quand je vois qu'avec lui ton âme dissimule.
Quitte, quitte en vrai roi les vertus des tyrans,
Et ne me cache plus un cœur que tu me rends.

GRIMOALD.

Lisez-y donc vous-même; il est à vous, madame;
Vous en voyez le trouble aussi bien que la flamme.
Sans plus me demander ce que vous connoissez,
De grâce, croyez-en tout ce que vous pensez.
C'est redoubler ensemble et mes maux et ma honte,
Que de forcer ma bouche à vous en rendre compte.
Quand je n'aurois point d'yeux, chacun en a pour moi
Garibalde lui seul a méconnu son roi;
Et, par un intérêt qu'aisément je devine,
Ce lâche, tant qu'il peut, par ma main l'assassine.
Mais que plutôt le ciel me foudroie à vos yeux,
Que je songe à répandre un sang si précieux!
  Madame, cependant mettez-vous en ma place:
Si je le reconnois, que faut-il que j'en fasse?
Le tenir dans les fers avec le nom de roi,
C'est soulever pour lui ses peuples contre moi.
Le mettre en liberté, c'est le mettre à leur tête,
Et moi-même hâter l'orage qui s'apprête.
Puis-je m'assurer d'eux et souffrir son retour?
Puis-je occuper son trône et le voir dans ma cour?
Un roi, quoique vaincu, garde son caractère;
Aux fidèles sujets sa vue est toujours chère;
Au moment qu'il paroît, les plus grands conquérans,
Pour vertueux qu'ils soient, ne sont que des tyrans;
Et dans le fond des cœurs sa présence fait naître
Un mouvement secret qui les rend à leur maître.
  Ainsi mon mauvais sort a de quoi me punir
Et de le délivrer et de le retenir.
Je vois dans mes prisons sa personne enfermée
Plus à craindre pour moi qu'en tête d'une armée.
Là, mon bras animé de toute ma valeur
Chercheroit avec gloire à lui percer le cœur;
Mais ici, sans défense, hélas! qu'en puis-je faire?
Si je pense régner, sa mort m'est nécessaire:
Mais soudain ma vertu s'arme si bien pour lui,
Qu'en mille bataillons il auroit moins d'appui.
Pour conserver sa vie et m'assurer l'empire,
Je fais ce que je puis à le faire dédire;
Des plus cruels tyrans j'emprunte le courroux

Pour tirer cet aveu de la reine ou de vous :
Mais partout je perds temps, partout même constance
Rend à tous mes efforts pareille résistance.
Encor s'il ne falloit qu'éteindre ou dédaigner
En des troubles si grands la douceur de régner,
Et que, pour vous aimer et ne vous point déplaire,
Ce grand titre de roi ne fût pas nécessaire,
Je me vaincrois moi-même ; et, lui rendant l'État,
Je mettrois ma vertu dans son plus haut éclat.
Mais je vous perds, madame, en quittant la couronne ;
Puisqu'il vous faut un roi, c'est vous que j'abandonne ;
Et dans ce cœur à vous par vos yeux combattu
Tout mon amour s'oppose à toute ma vertu.
Vous pour qui je m'aveugle avec tant de lumières,
Si vous êtes sensible encore à mes prières,
Daignez servir de guide à mon aveuglement,
Et faites le destin d'un frère et d'un amant.
Mon amour de tous deux vous fait la souveraine :
Ordonnez-en vous-même, et prononcez en reine.
Je périrai content, et tout me sera doux,
Pourvu que vous croyiez que je suis tout à vous.

ÉDUIGE.

Que tu me connois mal, si tu connois mon frère !
Tu crois donc qu'à ce point la couronne m'est chère,
Que j'ose mépriser un comte généreux
Pour m'attacher au sort d'un tyran trop heureux ?
Aime-moi si tu veux, mais crois-moi magnanime ;
Avec tout cet amour garde-moi ton estime,
Crois-moi quelque tendresse encor pour mon vrai sang,
Qu'une haute vertu me plaît mieux qu'un haut rang,
Et que vers Gundebert je crois ton serment quitte,
Quand tu n'aurois qu'un jour régné pour Pertharite.
Milan qui l'a vu fuir, et t'a nommé son roi,
De la haine d'un mort a dégagé ma foi.
A présent je suis libre, et comme vraie amante
Je secours malgré toi ta vertu chancelante,
Et dérobe mon frère à ta soif de régner,
Avant que tout ton cœur s'en soit laissé gagner.
Oui, j'ai brisé ses fers, j'ai corrompu ses gardes,
J'ai mis en sûreté tout ce que tu hasardes.
Il fuit, et tu n'as plus à traiter d'imposteur
De tes troubles secrets le redoutable auteur.
Il fuit, et tu n'as plus à craindre de tempête.
Secourant ta vertu, j'assure ta conquête ;
Et les soins que j'ai pris... Mais la reine survient.

SCÈNE III. — GRIMOALD, RODELINDE, ÉDUIGE, UNULPHE

GRIMOALD, *à Rodelinde.*

Que tardez-vous, madame? et quel soin vous retient?
Suivez de votre époux le nom, l'image, ou l'ombre;
De ceux qui m'ont trahi croissez l'indigne nombre,
Et délivrez mes yeux, trop aisés à charmer,
Du péril de vous voir et de vous trop aimer.
Suivez; votre captif ne vous tient plus captive.

RODELINDE.

Rends-le-moi donc, tyran, afin que je le suive.
A quelle indigne feinte oses-tu recourir,
De m'ouvrir sa prison quand tu l'as fait mourir!
Lâche! présumes-tu qu'un faux bruit de sa fuite
Cache de tes fureurs la barbare conduite?
Crois-tu qu'on n'ait point d'yeux pour voir ce que tu fais,
Et jusque dans ton cœur découvrir tes forfaits?

ÉDUIGE.

Madame....

RODELINDE.

Eh bien! madame, êtes-vous sa complice?
Vous chargez-vous pour lui de toute l'injustice?
Et sa main qu'il vous tend vous plaît-elle à ce prix?

ÉDUIGE.

Vous la vouliez tantôt teinte du sang d'un fils,
Et je puis l'accepter teinte du sang d'un frère,
Si je veux être sœur comme vous étiez mère.

RODELINDE.

Ne me reprochez point une juste fureur,
Où des feux d'un tyran me réduisoit l'horreur;
Et puisque de sa foi vous êtes ressaisie,
Faites cesser l'aigreur de votre jalousie.

ÉDUIGE.

Ne me reprochez point des sentimens jaloux,
Quand je hais les tyrans autant ou plus que vous.

RODELINDE.

Vous pouvez les haïr quand Grimoald vous aime!

ÉDUIGE.

J'aime en lui sa vertu plus que son diadème;
Et, voyant quels motifs le font encore agir,
Je ne vois rien en lui qui me fasse rougir.

RODELINDE, *à Grimoald.*

Rougis-en donc toi seul, toi qui caches ton crime,
Qui, t'immolant un roi, dérobes ta victime,
Et, d'un grand ennemi déguisant tout le sort,
Le fais fourbe en sa vie et fuir après sa mort.
De tes fausses vertus les brillantes pratiques

N'élevoient que pour toi ces tombeaux magnifiques;
C'étoient de vains éclats de générosité
Pour rehausser ta gloire avec impunité.
Tu n'accablois son nom de tant d'honneurs funèbres
Que pour ensevelir sa mort dans les ténèbres,
Et lui tendre avec pompe un piége illustre et beau,
Pour le priver un jour des honneurs du tombeau.
Soûle-toi de son sang; mais rends-moi ce qui reste,
Attendant ma vengeance, ou le courroux céleste,
Que je puisse....

GRIMOALD, *à Éduige.*

Ah! madame, où me réduisez-vous
Pour un fourbe qu'elle aime à nommer son époux?
Votre pitié ne sert qu'à me couvrir de honte,
Si, quand vous me l'ôtez, il m'en faut rendre compte;
Et si la cruauté de mon triste destin
De ce que vous sauvez me nomme l'assassin.

UNULPHE.

Seigneur, je crois savoir la route qu'il a prise;
Et si Sa Majesté veut que je l'y conduise,
Au péril de ma tête, en moins d'une heure ou deux,
Je m'offre de la rendre à l'objet de ses vœux.
Allons, allons, madame; et souffrez que je tâche....

RODELINDE, *à Unulphe.*

O d'un lâche tyran ministre encor plus lâche,
Qui, sous un faux semblant d'un peu d'humanité,
Penses contre mes pleurs faire sa sûreté!
Que ne dis-tu plutôt que ses justes alarmes
Aux yeux des bons sujets veulent cacher mes larmes,
Qu'il lui faut me bannir, de crainte que mes cris
Du peuple et de la cour n'émeuvent les esprits?
Traître! si tu n'étois de son intelligence,
Pourroit-il refuser ta tête à sa vengeance?

Que devient, Grimoald, que devient ton courroux?
Tes ordres en sa garde avoient mis mon époux;
Il a brisé ses fers, il sait où va sa fuite;
Si je le veux rejoindre, il s'offre à ma conduite:
Et quand son sang devroit te répondre du sien,
Il te voit, il te parle, et n'appréhende rien!

GRIMOALD, *à Rodelinde.*

Quand ce qu'il fait pour vous hasarderoit ma vie,
Je ne puis le punir de vous avoir servie.
Si j'avois cependant quelque peur que vos cris
De la cour et du peuple émussent les esprits,
Sans vous prier de fuir pour finir mes alarmes,
J'aurois trop de moyens de leur cacher vos larmes.
Mais vous êtes, madame, en pleine liberté;

ACTE V, SCÈNE III.

Vous pouvez faire agir toute votre fierté,
Porter dans tous les cœurs ce qui règne en votre âme :
Le vainqueur du mari ne peut craindre la femme.
Mais que veut ce soldat?

SCÈNE IV. — GRIMOALD, RODELINDE, ÉDUIGE, UNULPHE, UN SOLDAT.

LE SOLDAT.
Vous avertir, seigneur,
D'un grand malheur ensemble et d'un rare bonheur.
Garibalde n'est plus, et l'imposteur infâme
Qui tranche ici du roi lui vient d'arracher l'âme ;
Mais ce même imposteur est en votre pouvoir.

GRIMOALD.
Que dis-tu, malheureux?

LE SOLDAT.
Ce que vous allez voir.

GRIMOALD.
O ciel! en quel état ma fortune est réduite,
S'il ne m'est pas permis de jouir de sa fuite!
Faut-il que de nouveau mon cœur embarrassé
Ne puisse.... Mais dis-nous comment tout s'est passé.

LE SOLDAT.
Le duc, ayant appris quelles intelligences
Déroboient un tel fourbe à vos justes vengeances,
L'attendoit à main-forte, et, lui fermant le pas :
« A lui seul, nous dit-il ; mais ne le blessons pas.
Réservons tout son sang aux rigueurs des supplices,
Et laissons par pitié fuir ses lâches complices. »
Ceux qui le conduisoient, du grand nombre étonnés,
Et par mes compagnons soudain environnés,
Acceptent la plupart ce qu'on leur facilite,
Et s'écartent sans bruit de ce faux Pertharite.
Lui, que l'ordre reçu nous forçoit d'épargner
Jusqu'à baisser l'épée et le trop dédaigner,
S'ouvre en son désespoir parmi nous un passage,
Jusque sur notre chef pousse toute sa rage,
Et lui plonge trois fois un poignard dans le sein
Avant qu'aucun de nous ait pu voir son dessein.
Nos bras étoient levés pour l'en punir sur l'heure,
Mais le duc par nos mains ne consent pas qu'il meure,
Et son dernier soupir est un ordre nouveau
De garder tout son sang à celle d'un bourreau.
Ainsi ce fugitif retombe dans sa chaîne,
Et vous pouvez, seigneur, ordonner de sa peine :
La voici.

GRIMOALD.
Quel combat pour la seconde fois!

SCÈNE V. — PERTHARITE, GRIMOALD, RODELINDE,
ÉDUIGE, UNULPHE, SOLDATS.

PERTHARITE.
Tu me revois, tyran qui méconnois les rois;
Et j'ai payé pour toi d'un si rare service
Celui qui rend ma tête à ta fausse justice.
Pleure, pleure ce bras qui t'a si bien servi;
Pleure ce bon sujet que le mien t'a ravi.
Hâte-toi de venger ce ministre fidèle;
C'est toi qu'à sa vengeance en mourant il appelle.
Signale ton amour, et parois aujourd'hui,
S'il fut digne de toi, plus digne encor de lui.
Mais cesse désormais de traiter d'imposture
Les traits que sur mon front imprime la nature.
Milan m'a vu passer, et partout en passant
J'ai vu couler ses pleurs pour son prince impuissant;
Tu lui déguiserois en vain ta tyrannie :
Pousses-en jusqu'au bout l'insolente manie;
Et, quoi que ta fureur te prescrive pour moi,
Ordonne de mes jours comme de ceux d'un roi.

GRIMOALD.
Oui, tu l'es en effet, et j'ai su te connoître
Dès le premier moment que je t'ai vu paroître.
Si j'ai fermé les yeux, si j'ai voulu gauchir,
Des maximes d'État j'ai voulu t'affranchir,
Et ne voir pas ma gloire indignement trahie
Par la nécessité de m'immoler ta vie.
De cet aveuglement les soins mystérieux
Empruntoient les dehors d'un tyran furieux,
Et forçoient ma vertu d'en souffrir l'artifice,
Pour t'arracher ton nom par l'effroi du supplice.
Mais mon dessein n'étoit que de t'intimider,
Ou d'obliger quelqu'un à te faire évader.
Unulphe a bien compris, en serviteur fidèle,
Ce que ma violence attendoit de son zèle;
Mais un traître pressé par d'autres intérêts
A rompu tout l'effet de mes désirs secrets.
Ta main, grâces au ciel, nous en a fait justice.
Cependant ton retour m'est un nouveau supplice.
Car enfin que veux-tu que je fasse de toi?
Puis-je porter ton sceptre et te traiter de roi?
Ton peuple qui t'aimoit pourra-t-il te connoître,
Et souffrir à tes yeux les lois d'un autre maître?

ACTE V, SCÈNE V.

Toi-même pourras-tu, sans entreprendre rien,
Me voir jusqu'au trépas possesseur de ton bien?
Pourras-tu négliger l'occasion offerte,
Et refuser ta main ou ton ordre à ma perte?
　Si tu n'étois qu'un lâche, on auroit quelque espoir
Qu'enfin tu pourrois vivre, et ne rien émouvoir;
Mais qui me croit tyran, et hautement me brave,
Quelque foible qu'il soit, n'a point le cœur d'esclave,
Et montre une grande âme au-dessus du malheur,
Qui manque de fortune, et non pas de valeur.
Je vois donc malgré moi ma victoire asservie
A te rendre le sceptre, ou prendre encor ta vie :
Et plus l'ambition trouble ce grand effort,
Plus ceux de ma vertu me refusent ta mort.
Mais c'est trop retenir ma vertu prisonnière;
Je lui dois comme à toi liberté tout entière :
Et mon ambition a beau s'en indigner,
Cette vertu triomphe, et tu t'en vas régner.
　Milan, revois ton prince, et reprends ton vrai maître
Qu'en vain pour t'aveugler j'ai voulu méconnoître;
Et vous que d'imposteur à regret j'ai traité....

PERTHARITE.

Ah! c'est porter trop loin la générosité.
Rendez-moi Rodelinde, et gardez ma couronne,
Que pour sa liberté sans regret j'abandonne.
Avec ce cher objet tout destin m'est trop doux.

GRIMOALD.

Rodelinde, et Milan, et mon cœur, sont à vous;
Et je vous remettrois toute la Lombardie,
Si comme dans Milan je régnois dans Pavie.
Mais vous n'ignorez pas, seigneur, que le feu roi
En fit reine Éduige; et, lui donnant ma foi,
Je promis....

ÉDUIGE, *à Grimoald.*

　Si ta foi t'oblige à la défendre,
Ton exemple m'oblige encor plus à la rendre;
Et je mériterois un nouveau changement,
Si mon cœur n'égaloit celui de son amant.

PERTHARITE, *à Éduige.*

Son exemple, ma sœur, en vain vous y convie.
Avec ce grand héros je vous laisse Pavie,
Et me croirois moi-même aujourd'hui malheureux,
Si je voyois sans sceptre un bras si généreux.

RODELINDE, *à Grimoald.*

Pardonnez si ma haine a trop cru l'apparence.
Je présumois beaucoup de votre violence;
Mais je n'aurois osé, seigneur, en présumer

Que vous m'eussiez forcée enfin à vous aimer.
GRIMOALD, à Rodelinde.
Vous m'avez outragé sans me faire injustice.
RODELINDE.
Qu'une amitié si ferme aujourd'hui nous unisse,
Que l'un et l'autre État en admire les nœuds,
Et doute avec raison qui règne de vous deux.
PERTHARITE.
Pour en faire admirer la chaîne fortunée,
Allons mettre en éclat cette grande journée,
Et montrer à ce peuple, heureusement surpris,
Que des hautes vertus la gloire est le seul prix.

EXAMEN DE PERTHARITE.

Le succès de cette tragédie a été si malheureux, que, pour m'épargner le chagrin de m'en souvenir, je n'en dirai presque rien. Le sujet est écrit par Paul Diacre, aux quatrième et cinquième livres des *Gestes des Lombards;* et depuis lui, par Érycius Puteanus, au second livre de son *Histoire des invasions de l'Italie par les barbares.* Ce qui l'a fait avorter au théâtre a été l'événement extraordinaire qui me l'avoit fait choisir : on n'y a pu supporter qu'un roi dépouillé de son royaume, après avoir fait tout son possible pour y rentrer, se voyant sans forces et sans amis, en cède à son vainqueur les droits inutiles, afin de retirer sa femme prisonnière de ses mains; tant les vertus de bon mari sont peu à la mode ! On n'y a pas aimé la surprise avec laquelle Pertharite se présente au troisième acte, quoique le bruit de son retour soit épandu dès le premier, ni que Grimoald reporte toutes ses affections à Éduige, sitôt qu'il a reconnu que la vie de Pertharite, qu'il avoit cru mort jusque-là, le mettoit dans l'impossibilité de réussir auprès de Rodelinde. J'ai parlé ailleurs de l'inégalité de l'emploi des personnages, qui donne à Rodelinde le premier rang dans les trois premiers actes, et la réduit au second ou au troisième dans les deux derniers. J'ajoute ici, malgré sa disgrâce, que les sentimens en sont assez vifs et nobles, les vers assez bien tournés, et que la façon dont le sujet s'explique dans la première scène ne manque pas d'ar-

OEDIPE.

TRAGÉDIE.

1659.

VERS

PRÉSENTÉS A MONSEIGNEUR LE PROCUREUR GÉNÉRAL FOUQUET,
SURINTENDANT DES FINANCES [1].

Laisse aller ton essor jusqu'à ce grand génie
Qui te rappelle au jour dont les ans t'ont bannie,
Muse, et n'oppose plus un silence obstiné
A l'ordre surprenant que sa main t'a donné.
De ton âge importun la timide foiblesse [2]
A trop et trop longtemps déguisé ta paresse,
Et fourni de couleurs à la raison d'État
Qui mutine ton cœur contre le siècle ingrat.
L'ennui de voir toujours ses louanges frivoles
Rendre à tes longs travaux paroles pour paroles [3],
Et le stérile honneur d'un éloge impuissant
Terminer son accueil le plus reconnoissant;
Ce légitime ennui qu'au fond de l'âme excite
L'excusable fierté d'un peu de vrai mérite,
Par un juste dégoût ou par ressentiment,
Lui pouvoit de tes vers envier l'agrément :
Mais aujourd'hui qu'on voit un héros magnanime
Témoigner pour ton nom une tout autre estime,
Et répandre l'éclat de sa propre bonté
Sur l'endurcissement de ton oisiveté,
Il te seroit honteux d'affermir ton silence
Contre une si pressante et douce violence;
Et tu ferois un crime à lui dissimuler
Que ce qu'il fait pour toi te condamne à parler.
 Oui, généreux appui de tout notre Parnasse,
Tu me rends ma vigueur lorsque tu me fais grâce;
Et je veux bien apprendre à tout notre avenir
Que tes regards bénins ont su me rajeunir.
Je m'élève sans crainte avec de si bons guides :
Depuis que je t'ai vu, je ne vois plus mes rides;
Et, plein d'une plus claire et noble vision,

---

1. Imprimés à la tête de l'*OEdipe;* Paris 1657, in-12. Ce fut M. Fouquet qui engagea Corneille à faire cette tragédie. « Si le public, dit ce grand poëte, dans un *Avis au lecteur* placé en tête de la première édition d'*OEdipe*, a reçu quelque satisfaction de ce poëme, et s'il en reçoit encore de ceux de cette nature et de ma façon qui pourront le suivre, c'est à lui qu'il en doit imputer le tout, puisque sans ses commandemens je n'aurois jamais fait l'*OEdipe*. » (*Voltaire.*)

2. Il avait cinquante-six ans. (*Ibid.*) — 3. Il se plaint qu'ayant trafiqué de la parole, on ne lui a donné que des louanges. (*Ibid.*)

Je prends mes cheveux gris pour cette illusion.
Je sens le même feu, je sens la même audace,
Qui fit plaindre le Cid, qui fit combattre Horace;
Et je me trouve encor la main qui crayonna
L'âme du grand Pompée et l'esprit de Cinna.
Choisis-moi seulement quelque nom dans l'histoire
Pour qui tu veuilles place au temple de la Gloire,
Quelque nom favori qu'il te plaise arracher
A la nuit de la tombe, aux cendres du bûcher.
Soit qu'il faille ternir ceux d'Énée et d'Achille
Par un noble attentat sur Homère et Virgile,
Soit qu'il faille obscurcir par un dernier effort
Ceux que j'ai sur la scène affranchis de la mort;
Tu me verras le même, et je te ferai dire,
Si jamais pleinement ta grande âme m'inspire,
Que dix lustres et plus n'ont pas tout emporté
Cet assemblage heureux de force et de clarté,
Ces prestiges secrets de l'aimable imposture
Qu'à l'envi m'ont prêtée et l'art et la nature.
    N'attends pas toutefois que j'ose m'enhardir
Ou jusqu'à te dépeindre, ou jusqu'à t'applaudir :
Ce seroit présumer que d'une seule vue
J'aurois vu de ton cœur la plus vaste étendue;
Qu'un moment suffiroit à mes débiles yeux
Pour démêler en toi ces dons brillans des cieux
De qui l'inépuisable et perçante lumière,
Sitôt que tu parois, fait baisser la paupière.
J'ai déjà vu beaucoup en ce moment heureux :
Je t'ai vu magnanime, affable, généreux;
Et, ce qu'on voit à peine après dix ans d'excuses,
Je t'ai vu tout d'un coup libéral pour les muses.
Mais, pour te voir entier, il faudroit un loisir
Que tes délassemens daignassent me choisir;
C'est lors que je verrois la saine politique
Soutenir par tes soins la fortune publique,
Ton zèle infatigable à servir ton grand roi,
Ta force et ta prudence à régir ton emploi;
C'est lors que je verrois ton courage intrépide
Unir la vigilance à la vertu solide;
Je verrois cet illustre et haut discernement
Qui te met au-dessus de tant d'accablement;
Et tout ce dont l'aspect d'un astre salutaire
Pour le bonheur des lis t'a fait dépositaire.
Jusque-là ne crains pas que je gâte un portrait
Dont je ne puis encor tracer qu'un premier trait;
Je dois être témoin de toutes ces merveilles
Avant que d'en permettre une ébauche à mes veilles;
Et ce flatteur espoir fera tous mes plaisirs,
Jusqu'à ce que l'effet succède à mes désirs.
Hâte-toi cependant de rendre un vol sublime
Au génie amorti que ta bonté ranime,
Et dont l'impatience attend pour se borner
Tout ce que tes faveurs lui voudront ordonner.

AU LECTEUR.

Ce n'est pas sans raison que je fais marcher ces vers à la tête de l'*OEdipe*, puisqu'ils sont cause que je vous donne l'*OEdipe*. Ce fut par eux que je tâchai de témoigner à M. le procureur général quelque sentiment de reconnoissance pour une faveur signalée que j'en venois de recevoir : et, bien qu'ils fussent remplis de cette présomption si naturelle à ceux de notre métier, qui manquent rarement d'amour-propre, il me fit cette nouvelle grâce d'accepter les offres qu'ils lui faisoient de ma part, et de me proposer trois sujets pour le théâtre, dont il me laissa le choix. Chacun sait que ce grand ministre n'est pas moins le surintendant des belles-lettres que des finances; que sa maison est aussi ouverte aux gens d'esprit qu'aux gens d'affaires; et que, soit à Paris, soit à la campagne, c'est dans les bibliothèques qu'on attend ces précieux momens qu'il dérobe aux occupations qui l'accablent, pour en gratifier ceux qui ont quelque talent d'écrire avec succès. Ces vérités sont connues de tout le monde; mais tout le monde ne sait pas que sa bonté s'est étendue jusqu'à ressusciter les muses ensevelies dans un long silence, et qui étoient comme mortes au monde, puisque le monde les avoit oubliées. C'est donc à moi à le publier après qu'il a daigné m'y faire revivre si avantageusement. Non que de là j'ose prendre l'occasion de faire ses éloges : nos dernières années ont produit peu de livres considérables, ou pour la profondeur de la doctrine, ou pour la pompe et la netteté de l'expression, ou pour les agrémens et la justesse de l'art, dont les auteurs ne se soient mis sous une protection si glorieuse, et ne lui aient rendu les hommages que nous devons tous à ce concert éclatant et merveilleux de rares qualités et de vertus extraordinaires qui laissent une admiration continuelle à ceux qui ont le bonheur de l'approcher. Les téméraires efforts que j'y pourrois faire après eux ne serviroient qu'à montrer combien je suis au-dessous d'eux : la matière est inépuisable, mais nos esprits sont bornés; et, au lieu de travailler à la gloire de mon protecteur, je ne travaillerois qu'à ma honte. Je me contenterai de vous dire simplement que si le public a reçu quelque satisfaction de ce poëme, et s'il en reçoit encore de ceux de cette nature et de ma façon qui pourront le suivre, c'est à lui qu'il en doit imputer le tout puisque sans ses commandemens je n'aurois jamais fait l'*OEdipe*, et que cette tragédie a plu assez au roi pour me faire recevoir de véritables et solides marques de son approbation; je veux dire ses libéralités, que j'ose nommer des ordres tacites, mais pressans, de consacrer aux divertissemens de Sa Majesté ce que l'âge et les vieux travaux m'ont laissé d'esprit et de vigueur.

Au reste, je ne vous dissimulerai point qu'après avoir arrêté mon choix sur ce sujet, dans la confiance que j'aurois pour moi les suffrages de tous les savans, qui l'ont regardé comme le chef-d'œuvre de l'antiquité, et que les pensées de ces grands génies qui l'ont traité en grec et en latin me faciliteroient les moyens d'en venir à bout assez tôt pour le faire représenter dans le carnaval, je n'ai pas laissé de trembler quand je l'ai envisagé de près et un peu plus à loisir que je n'avois fait en le choisissant. J'ai reconnu que ce qui avoit passé pour miraculeux dans ces siècles éloignés pourroit sembler horrible au nôtre, et que cette éloquente et curieuse description de la manière dont ce malheureux prince se crève les yeux, et le spectacle de ces mêmes yeux crevés dont le sang lui distille sur le visage, qui occupe tout le cinquième acte chez ces incomparables originaux, feroit soulever la délicatesse de nos dames, qui composent la plus belle partie de notre auditoire, et dont le dégoût attire aisément la censure de ceux qui les accompagnent; et qu'enfin l'amour n'ayant point de part dans ce sujet, ni les femmes d'emploi, il étoit dénué des principaux ornemens qui nous gagnent d'ordinaire la voix publique. J'ai tâché de remédier à ces désordres au moins mal que j'ai pu, en épargnant d'un côté à mes auditeurs ce dangereux spectacle, et y ajoutant de l'autre l'heureux épisode des amours de Thésée et de Dircé, que je fais fille de Laïus, et seule héritière de sa couronne, supposé que son frère, qu'on avoit exposé aux bêtes sauvages, en eût été dévoré comme on le croyoit; j'ai retranché le nombre des oracles, qui pouvoit être importun, et donner trop de jour à Œdipe pour se connoître; j'ai rendu la réponse de Laïus, évoqué par Tirésie, assez obscure dans sa clarté pour faire un nouveau nœud, et qui peut-être n'est pas moins beau que celui de nos anciens; j'ai cherché même des raisons pour justifier ce qu'Aristote y trouve sans raison, et qu'il excuse en ce qu'il arrive au commencement de la fable; et j'ai fait en sorte qu'Œdipe, encore qu'il se souvienne d'avoir combattu trois hommes au lieu même où fut tué Laïus, et dans le même temps de sa mort, bien loin de s'en croire l'auteur, la croit avoir vengée sur trois brigands à qui le bruit commun l'attribue. Cela m'a fait perdre l'avantage que je m'étois promis de n'être souvent que le traducteur de ces grands hommes qui m'ont précédé. Comme j'ai pris une autre route que la leur, il m'a été impossible de me rencontrer avec eux; mais, en récompense, j'ai eu le bonheur de faire avouer à la plupart de mes auditeurs que je n'ai fait aucune pièce de théâtre où il se trouve tant d'art qu'en celle-ci, bien que ce ne soit qu'un ouvrage de deux mois, que l'impatience françoise m'a fait précipiter, par un juste empressement d'exécuter les ordres favorables que j'avois reçus.

PERSONNAGES.

OEDIPE, roi de Thèbes, fils et mari de Jocaste.
THÉSÉE, prince d'Athènes, et amant de Dircé.
JOCASTE, reine de Thèbes, femme et mère d'OEdipe.
DIRCÉ, princesse de Thèbes, fille de Laïus et de Jocaste, sœur d'OEdipe et amante de Thésée.
CLÉANTE, } confidens d'OEdipe.
DYMAS,
PHORBAS, vieillard thébain.
IPHICRATE, vieillard de Corinthe.
NÉRINE, dame d'honneur de la reine.
MÉGARE, fille d'honneur de Dircé.
PAGE.

La scène est à Thèbes.

ACTE PREMIER.

SCÈNE I. — THÉSÉE, DIRCÉ.

THÉSÉE.
N'écoutez plus, madame, une pitié cruelle,
Qui d'un fidèle amant vous feroit un rebelle :
La gloire d'obéir n'a rien qui me soit doux.
Lorsque vous m'ordonnez de m'éloigner de vous.
Quelque ravage affreux qu'étale ici la peste,
L'absence aux vrais amans est encor plus funeste;
Et d'un si grand péril l'image s'offre en vain,
Quand ce péril douteux épargne un mal certain.

DIRCÉ.
Le trouvez-vous douteux quand toute votre suite
Par cet affreux ravage à Phædime est réduite,
De qui même le front déjà pâle et glacé
Porte empreint le trépas dont il est menacé?
Seigneur, toutes ces morts dont il vous environne
Sont des avis pressans que de grâce il vous donne;
Et tant lever le bras avant que de frapper,
C'est vous dire assez haut qu'il est temps d'échapper.

THÉSÉE.
Je le vois comme vous; mais, alors qu'il m'assiége,
Vous laisse-t-il, madame, un plus grand privilége?
Ce palais par la peste est-il plus respecté?
Et l'air auprès du trône est-il moins infecté?

DIRCÉ.
Ah! seigneur, quand l'amour tient une âme alarmée,
Il l'attache aux périls de la personne aimée.
Je vois aux pieds du roi chaque jour des mourans;
J'y vois tomber du ciel les oiseaux expirans;
Je me vois exposée à ces vastes misères;
J'y vois mes sœurs, la reine, et les princes mes frères
Je sais qu'en ce moment je puis les perdre tous :
Et mon cœur toutefois ne tremble que pour vous,
Tant de cette frayeur les profondes atteintes
Repoussent fortement toutes les autres craintes!

THÉSÉE.
Souffrez donc que l'amour me fasse même loi,
Que je tremble pour vous quand vous tremblez pour moi,
Et ne m'imposez pas cette indigne foiblesse
De craindre autres périls que ceux de ma princesse :
J'aurois en ma faveur le courage bien bas,
Si je fuyois des maux que vous ne fuyez pas.
Votre exemple est pour moi la seule règle à suivre :

Éviter vos périls, c'est vouloir vous survivre;
Je n'ai que cette honte à craindre sous les cieux.
Ici je puis mourir, mais mourir à vos yeux;
Et si, malgré la mort de tous côtés errante,
Le destin me réserve à vous y voir mourante,
Mon bras sur moi du moins enfoncera les coups
Qu'aura son insolence élevés jusqu'à vous,
Et saura me soustraire à cette ignominie
De souffrir après vous quelques momens de vie,
Qui, dans le triste état où le ciel nous réduit,
Seroient de mon départ l'infâme et le seul fruit.

DIRCÉ.

Quoi! Dircé par sa mort deviendroit criminelle
Jusqu'à forcer Thésée à mourir après elle,
Et ce cœur intrépide au milieu du danger
Se défendroit si mal d'un malheur si léger !
M'immoler une vie à tous si précieuse,
Ce seroit rendre à tous ma mémoire odieuse,
Et par toute la Grèce animer trop d'horreur
Contre une ombre chérie avec tant de fureur.
Ces infâmes brigands dont vous l'avez purgée,
Ces ennemis publics dont vous l'avez vengée,
Après votre trépas à l'envi renaissans,
Pilleroient sans frayeur les peuples impuissans;
Et chacun maudiroit, en les voyant paroître,
La cause d'une mort qui les feroit renaître.
Oserai-je, seigneur, vous dire hautement
Qu'un tel excès d'amour n'est pas d'un tel amant?
S'il est vertu pour nous, que le ciel n'a formées
Que pour le doux emploi d'aimer et d'être aimées,
Il faut qu'en vos pareils les belles passions
Ne soient que l'ornement des grandes actions.
Ces hauts emportemens qu'un beau feu leur inspire
Doivent les élever, et non pas les détruire;
Et, quelque désespoir que leur cause un trépas,
Leur vertu seule a droit de faire agir leurs bras.
Ces bras, que craint le crime à l'égal du tonnerre,
Sont des dons que le ciel fait à toute la terre;
Et l'univers en eux perd un trop grand secours,
Pour souffrir que l'amour soit maître de leurs jours.
Faites voir, si je meurs, une entière tendresse;
Mais vivez après moi pour toute notre Grèce,
Et laissez à l'amour conserver par pitié
De ce tout désuni la plus digne moitié;
Vivez pour faire vivre en tous lieux ma mémoire,
Pour porter en tous lieux vos soupirs et ma gloire,
Et faire partout dire : « Un si vaillant héros

Au malheur de Dircé donne encor des sanglots;
Il en garde en son âme encor toute l'image,
Et rend à sa chère ombre encor ce triste hommage. »
Cet espoir est le seul dont j'aime à me flatter,
Et l'unique douceur que je veux emporter.

THÉSÉE.

Ah! madame, vos yeux combattent vos maximes;
Si j'en crois leur pouvoir, vos conseils sont des crimes.
Je ne vous ferai point ce reproche odieux,
Que, si vous aimiez bien, vous conseilleriez mieux :
Je dirai seulement qu'auprès de ma princesse
Aux seuls devoirs d'amant un héros s'intéresse,
Et que, de l'univers fût-il le seul appui,
Aimant un tel objet, il ne doit rien qu'à lui.
Mais ne contestons point et sauvons l'un et l'autre;
L'hymen justifiera ma retraite et la vôtre.
Le roi me pourroit-il en refuser l'aveu,
Si vous en avouez l'audace de mon feu?
Pourroit-il s'opposer à cette illustre envie
D'assurer sur un trône une si belle vie,
Et ne point consentir que des destins meilleurs
Vous exilent d'ici pour commander ailleurs?

DIRCÉ.

Le roi, tout roi qu'il est, seigneur, n'est pas mon maître;
Et le sang de Laïus, dont j'eus l'honneur de naître,
Dispense trop mon cœur de recevoir la loi
D'un trône que sa mort n'a dû laisser qu'à moi.
Mais comme enfin le peuple, et l'hymen de ma mère,
Ont mis entre ses mains le sceptre de mon père,
Et qu'en ayant ici toute l'autorité
Je ne puis rien pour vous contre sa volonté,
Pourra-t-il trouver bon qu'on parle d'hyménée
Au milieu d'une ville à périr condamnée,
Où le courroux du ciel, changeant l'air en poison,
Donne lieu de trembler pour toute sa maison?

MÉGARE.

(*Elle lui parle à l'oreille.*)
Madame

DIRCÉ.

Adieu, seigneur : la reine, qui m'appelle,
M'oblige à vous quitter pour me rendre auprès d'elle;
Et d'ailleurs le roi vient.

THÉSÉE.

Que ferai-je?

DIRCÉ.

Parlez.
Je ne puis plus vouloir que ce que vous voulez.

SCÈNE II. — ŒDIPE, THÉSÉE, CLÉANTE.

ŒDIPE.

Au milieu des malheurs que le ciel nous envoie,
Prince, nous croiriez-vous capables d'une joie,
Et que, nous voyant tous sur les bords du tombeau,
Nous puissions d'un hymen allumer le flambeau?
C'est choquer la raison peut-être et la nature :
Mais mon âme en secret s'en forme un doux augure
Que Delphes, dont j'attends réponse en ce moment,
M'envoiera de nos maux le plein soulagement.

THÉSÉE.

Seigneur, si j'avois cru que parmi tant de larmes
La douceur d'un hymen pût avoir quelques charmes,
Que vous en eussiez pu supporter le dessein,
Je vous aurois fait voir un beau feu dans mon sein,
Et tâché d'obtenir cet aveu favorable
Qui peut faire un heureux d'un amant misérable.

ŒDIPE.

Je l'avois bien jugé, qu'un intérêt d'amour
Fermoit ici vos yeux aux périls de ma cour :
Mais je croirois me faire à moi-même un outrage,
Si je vous obligeois d'y tarder davantage,
Et si trop de lenteur à seconder vos feux
Hasardoit plus longtemps un cœur si généreux.
Le mien sera ravi que de si nobles chaînes
Unissent les États de Thèbes et d'Athènes.
Vous n'avez qu'à parler, vos vœux sont exaucés :
Nommez ce cher objet, grand prince, et c'est assez.
Un gendre tel que vous m'est plus qu'un nouveau trône,
Et vous pouvez choisir d'Ismène ou d'Antigone ;
Car je n'ose penser que le fils d'un grand roi,
Un si fameux héros, aime ailleurs que chez moi,
Et qu'il veuille en ma cour, au mépris de mes filles,
Honorer de sa main de communes familles.

THÉSÉE.

Seigneur, il est tout vrai, j'aime en votre palais ;
Chez vous est la beauté qui fait tous mes souhaits
Vous l'aimez à l'égal d'Antigone et d'Ismène :
Elle tient même rang chez vous et chez la reine :
En un mot, c'est leur sœur, la princesse Dircé,
Dont les yeux....

ŒDIPE.

Quoi! ses yeux, prince, vous ont blessé?
Je suis fâché pour vous que la reine sa mère
Ait su vous prévenir pour un fils de son frère.
Ma parole est donnée, et je n'y puis plus rien ;

Mais je crois qu'après tout ses sœurs la valent bien.
THÉSÉE.
Antigone est parfaite, Ismène est admirable;
Dircé, si vous voulez, n'a rien de comparable;
Elles sont l'une et l'autre un chef-d'œuvre des cieux :
Mais où le cœur est pris on charme en vain les yeux.
Si vous avez aimé, vous avez su connoître
Que l'amour de son choix veut être le seul maître;
Que, s'il ne choisit pas toujours le plus parfait,
Il attache du moins les cœurs au choix qu'il fait;
Et qu'entre cent beautés dignes de notre hommage
Celle qu'il nous choisit plaît toujours davantage.
Ce n'est pas offenser deux si charmantes sœurs,
Que voir en leur aînée aussi quelques douceurs.
J'avouerai, s'il le faut, que c'est un pur caprice,
Un pur aveuglement qui leur fait injustice;
Mais ce seroit trahir tout ce que je leur doi,
Que leur promettre un cœur quand il n'est plus à moi.
ŒDIPE.
Mais c'est m'offenser moi, prince, que de prétendre
A des honneurs plus hauts que le nom de mon gendre.
Je veux toutefois être encor de vos amis;
Mais ne demandez plus un bien que j'ai promis.
Je vous l'ai déjà dit que, pour cet hyménée,
Aux vœux du prince Æmon ma parole est donnée;
Vous avez attendu trop tard à m'en parler,
Et je vous offre assez de quoi vous consoler.
La parole des rois doit être inviolable.
THÉSÉE.
Elle est toujours sacrée et toujours adorable;
Mais ils ne sont jamais esclaves de leur voix,
Et le plus puissant roi doit quelque chose aux rois.
Retirer sa parole à leur juste prière,
C'est honorer en eux son propre caractère;
Et si le prince Æmon ose encor vous parler,
Vous lui pouvez offrir de quoi se consoler.
ŒDIPE.
Quoi! prince, quand les dieux tiennent en main leur foudre,
Qu'ils ont le bras levé pour nous réduire en poudre,
J'oserai violer un serment solennel,
Dont j'ai pris à témoin leur pouvoir éternel?
THÉSÉE.
C'est pour un grand monarque un peu bien de scrupule.
ŒDIPE.
C'est en votre faveur être un peu bien crédule
De présumer qu'un roi, pour contenter vos yeux,
Veuille pour ennemis les hommes et les dieux.

THÉSÉE.

Je n'ai qu'un mot à dire après un si grand zèle :
Quand vous donnez Dircé, Dircé se donne-t-elle?

ŒDIPE.

Elle sait son devoir.

THÉSÉE.

Savez-vous quel il est?

ŒDIPE.

L'auroit-elle réglé suivant votre intérêt?
A me désobéir l'auriez-vous résolue?

THÉSÉE.

Non, je respecte trop la puissance absolue;
Mais lorsque vous voudrez sans elle en disposer,
N'aura-t-elle aucun droit, seigneur, de s'excuser?

ŒDIPE.

Le temps vous fera voir ce que c'est qu'une excuse

THÉSÉE.

Le temps me fera voir jusques où je m'abuse;
Et ce sera lui seul qui saura m'éclaircir
De ce que pour Æmon vous ferez réussir.
Je porte peu d'envie à sa bonne fortune;
Mais je commence à voir que je vous importune.
Adieu. Faites, seigneur, de grâce un juste choix;
Et, si vous êtes roi, considérez les rois.

SCÈNE III. — ŒDIPE, CLÉANTE.

ŒDIPE.

Si je suis roi, Cléante! et que me croit-il être?
Cet amant de Dircé déjà me parle en maître!
Vois, vois ce qu'il feroit s'il étoit son époux.

CLÉANTE.

Seigneur, vous avez lieu d'en être un peu jaloux.
Cette princesse est fière; et, comme sa naissance
Croit avoir quelque droit à la toute-puissance,
Tout est au-dessous d'elle à moins que de régner
Et sans doute qu'Æmon s'en verra dédaigner.

ŒDIPE.

Le sang a peu de droits dans le sexe imbécile[1];
Mais c'est un grand prétexte à troubler une ville;
Et lorsqu'un tel orgueil se fait un fort appui,
Le roi le plus puissant doit tout craindre de lui.
Toi qui, né dans Argos et nourri dans Mycènes,
Peux être mal instruit de nos secrètes haines,
Vois-les jusqu'en leur source, et juge entre elle et moi

1. *Imbécile*, dans le sens latin, pour dire faible.

Si je règne sans titre, et si j'agis en roi.
 On t'a parlé du sphinx, dont l'énigme funeste
Ouvrit plus de tombeaux que n'en ouvre la peste.
Ce monstre à voix humaine, aigle, femme et lion,
Se campoit fièrement sur le mont Cythéron,
D'où chaque jour ici devoit fondre sa rage,
A moins qu'on éclaircît un si sombre nuage.
Ne porter qu'un faux jour dans son obscurité,
C'étoit de ce prodige enfler la cruauté;
Et les membres épars des mauvais interprètes
Ne laissoient dans ces murs que des bouches muettes.
Mais, comme aux grands périls le salaire enhardit,
Le peuple offre le sceptre, et la reine son lit;
De cent cruelles morts cette offre est tôt suivie :
J'arrive, je l'apprends, j'y hasarde ma vie.
Au pied du roc affreux semé d'os blanchissans,
Je demande l'énigme et j'en cherche le sens;
Et, ce qu'aucun mortel n'avoit encor pu faire,
J'en dévoile l'image et perce le mystère.
Le monstre, furieux de se voir entendu,
Venge aussitôt sur lui tant de sang répandu,
Du roc s'élance en bas, et s'écrase lui-même.
La reine tint parole, et j'eus le diadème.
Dircé fournissoit lors à peine un lustre entier,
Et me vit sur le trône avec un œil altier.
J'en vis frémir son cœur, j'en vis couler ses larmes;
J'en pris pour l'avenir dès lors quelques alarmes:
Et, si l'âge en secret a pu la révolter,
Vois ce que mon départ n'en doit point redouter.
La mort du roi mon père à Corinthe m'appelle;
J'en attends aujourd'hui la funeste nouvelle,
Et je hasarde tout à quitter les Thébains,
Sans mettre ce dépôt en de fidèles mains.
Æmon seroit pour moi digne de la princesse;
S'il a de la naissance, il a quelque foiblesse;
Et le peuple du moins pourroit se partager,
Si dans quelque attentat il osoit l'engager :
Mais un prince voisin, tel que tu vois Thésée,
Feroit de ma couronne une conquête aisée.
Si d'un pareil hymen le dangereux lien
Armoit pour lui son peuple et soulevoit le mien.
Athènes est trop proche, et, durant une absence,
L'occasion qui flatte anime l'espérance;
Et, quand tous mes sujets me garderoient leur foi,
Désolés comme ils sont, que pourroient-ils pour moi?
La reine a pris le soin d'en parler à sa fille.
Æmon est de son sang, et chef de sa famille;

Et l'amour d'une mère a souvent plus d'effet
Que n'ont…. Mais la voici ; sachons ce qu'elle a fait.

SCÈNE IV. — ŒDIPE, JOCASTE, CLÉANTE, NÉRINE.

JOCASTE.

J'ai perdu temps, seigneur ; et cette âme embrasée
Met trop de différence entre Æmon et Thésée.
Aussi je l'avouerai, bien que l'un soit mon sang,
Leur mérite diffère encor plus que leur rang ;
Et l'on a peu d'éclat auprès d'une personne
Qui joint à de hauts faits celui d'une couronne

ŒDIPE.

Thésée est donc, madame, un dangereux rival?

JOCASTE.

Æmon est fort à plaindre, ou je devine mal.
J'ai tout mis en usage auprès de la princesse,
Conseil, autorité, reproche, amour, tendresse ;
J'en ai tiré des pleurs, arraché des soupirs,
Et n'ai pu de son cœur ébranler les désirs.
J'ai poussé le dépit de m'en voir séparée
Jusques à la nommer fille dénaturée.
« Le sang royal n'a point ces bas attachemens
Qui font les déplaisirs de ces éloignemens,
Et les âmes, dit-elle, au trône destinées
Ne doivent aux parens que les jeunes années. »

ŒDIPE.

Et ces mots ont soudain calmé votre courroux?

JOCASTE.

Pour les justifier elle ne veut que vous.
Votre exemple lui prête une preuve assez claire
Que le trône est plus doux que le sein d'une mère.
Pour régner en ces lieux vous avez tout quitté.

ŒDIPE.

Mon exemple et sa faute ont peu d'égalité.
C'est loin de ses parens qu'un homme apprend à vivre
Hercule m'a donné ce grand exemple à suivre,
Et c'est pour l'imiter que par tous nos climats
J'ai cherché comme lui la gloire et les combats.
Mais, bien que la pudeur par des ordres contraires
Attache de plus près les filles à leurs mères,
La vôtre aime une audace où vous la soutenez.

JOCASTE.

Je la condamnerai, si vous la condamnez ;
Mais, à parler sans fard, si j'étois en sa place,
J'en userois comme elle et j'aurois même audace
Et vous-même, seigneur, après tout, dites-moi.

La condamneriez-vous si vous n'étiez son roi?
ŒDIPE.
Si je condamne en roi son amour ou sa haine,
Vous devez comme moi les condamner en reine.
JOCASTE.
Je suis reine, seigneur, mais je suis mère aussi :
Aux miens, comme à l'État, je dois quelque souci
Je sépare Dircé de la cause publique;
Je vois qu'ainsi que vous elle a sa politique :
Comme vous agissez en monarque prudent,
Elle agit de sa part en cœur indépendant,
En amante à bon titre, en princesse avisée,
Qui mérite ce trône où l'appelle Thésée.
Je ne puis vous flatter, et croirois vous trahir,
Si je vous promettois qu'elle pût obéir.
ŒDIPE.
Pourroit-on mieux défendre un esprit si rebelle?
JOCASTE.
Parlons-en comme il faut; nous nous aimons plus qu'elle;
Et c'est trop nous aimer que voir d'un œil jaloux
Qu'elle nous rend le change, et s'aime plus que nous.
Un peu trop de lumière à nos désirs s'oppose.
Peut-être avec le temps nous pourrions quelque chose :
Mais n'espérons jamais qu'on change en moins d'un jour,
Quand la raison soutient le parti de l'amour.
ŒDIPE.
Souscrivons donc, madame, à tout ce qu'elle ordonne;
Couronnons cet amour de ma propre couronne;
Cédons de bonne grâce, et d'un esprit content
Remettons à Dircé tout ce qu'elle prétend.
A mon ambition Corinthe peut suffire,
Et pour les plus grands cœurs c'est assez d'un empire.
Mais vous souvenez-vous que vous avez deux fils
Que le courroux du ciel a fait naître ennemis,
Et qu'il vous en faut craindre un exemple barbare,
A moins que pour régner leur destin les sépare?
JOCASTE.
Je ne vois rien encor fort à craindre pour eux :
Dircé les aime en sœur, Thésée est généreux;
Et, si pour un grand cœur c'est assez d'un empire,
A son ambition Athènes doit suffire.
ŒDIPE.
Vous mettez une borne à cette ambition!
JOCASTE.
J'en prends, quoi qu'il en soit, peu d'appréhension;
Et Thèbes et Corinthe ont des bras comme Athènes.
Mais nous touchons peut-être à la fin de nos peines:

Dymas est de retour, et Delphes a parlé.
œdipe.
Que son visage montre un esprit désolé!

SCÈNE V. — ŒDIPE, JOCASTE, DYMAS, CLÉANTE, NÉRINE.

œdipe.
Eh bien! quand verrons-nous finir notre infortune?
Qu'apportez-vous, Dymas? quelle réponse?
dymas.
                                    Aucune.
œdipe.
Quoi! les dieux sont muets?
dymas.
                        Ils sont muets et sourds.
Nous avons par trois fois imploré leur secours,
Par trois fois redoublé nos vœux et nos offrandes;
Ils n'ont pas daigné même écouter nos demandes.
A peine parlions-nous, qu'un murmure confus
Sortant du fond de l'antre expliquoit leur refus;
Et cent voix tout à coup, sans être articulées,
Dans une nuit subite à nos soupirs mêlées,
Faisoient avec horreur soudain connoître à tous
Qu'ils n'avoient plus ni d'yeux ni d'oreilles pour nous.
œdipe.
Ah! madame!
jocaste.
        Ah! seigneur, que marque un tel silence?
œdipe.
Que pourroit-il marquer qu'une juste vengeance?
Les dieux, qui tôt ou tard savent se ressentir,
Dédaignent de répondre à qui les fait mentir.
Ce fils dont ils avoient prédit les aventures,
Exposé par votre ordre, a trompé leurs augures;
Et ce sang innocent, et ces dieux irrités,
Se vengent maintenant de vos impiétés.
jocaste.
Devions-nous l'exposer à son destin funeste,
Pour le voir parricide et pour le voir inceste?
Et des crimes si noirs, étouffés au berceau,
Auroient-ils su pour moi faire un crime nouveau?
Non, non, de tant de maux Thèbes n'est assiégée
Que pour la mort du roi que l'on n'a pas vengée;
Son ombre incessamment me frappe encor les yeux;
Je l'entends murmurer à toute heure, en tous lieux,
Et se plaindre en mon cœur de cette ignominie
Qu'imprime à son grand nom cette mort impunie.

ŒDIPE.
Pourrions-nous en punir des brigands inconnus,
Que peut-être jamais en ces lieux on n'a vus?
Si vous m'avez dit vrai, peut-être ai-je moi-même
Sur trois de ces brigands vengé le diadème;
Au lieu même, au temps même, attaqué seul par trois,
J'en laissai deux sans vie, et mis l'autre aux abois.
Mais ne négligeons rien, et du royaume sombre
Faisons par Tirésie évoquer sa grande ombre.
Puisque le ciel se tait, consultons les enfers :
Sachons à qui de nous sont dus les maux soufferts;
Sachons-en, s'il se peut, la cause et le remède.
Allons tout de ce pas réclamer tout son aide.
J'irai revoir Corinthe avec moins de souci,
Si je laisse plein calme et pleine joie ici.

ACTE SECOND.

SCÈNE I. — ŒDIPE, DIRCÉ, CLÉANTE, MÉGARE.

ŒDIPE.
Je ne le cèle point, cette hauteur m'étonne.
Æmon a du mérite, on chérit sa personne;
Il est prince; et de plus étant offert par moi....

DIRCÉ.
Je vous ai déjà dit, seigneur, qu'il n'est pas roi.

ŒDIPE.
Son hymen toutefois ne vous fait point descendre :
S'il n'est pas dans le trône, il a droit d'y prétendre;
Et, comme il est sorti de même sang que vous,
Je crois vous faire honneur d'en faire votre époux.

DIRCÉ.
Vous pouvez donc sans honte en faire votre gendre;
Mes sœurs en l'épousant n'auront point à descendre;
Mais pour moi, vous savez qu'il est ailleurs des rois,
Et même en votre cour, dont je puis faire choix.

ŒDIPE.
Vous le pouvez, madame, et n'en voudrez pas faire
Sans en prendre mon ordre et celui d'une mère.

DIRCÉ.
Pour la reine, il est vrai qu'en cette qualité
Le sang peut lui devoir quelque civilité;
Je m'en suis acquittée, et ne puis bien comprendre,
Etant ce que je suis, quel ordre je dois prendre.

ŒDIPE.
Celui qu'un vrai devoir prend des fronts couronnés,

Lorqu'on tient auprès d'eux le rang que vous tenez.
Je pense être ici roi.

DIRCÉ.

Je sais ce que vous êtes :
Mais, si vous me comptez au rang de vos sujettes,
Je ne sais si celui qu'on vous a pu donner
Vous asservit un front qu'on a dû couronner.
Seigneur, quoi qu'il en soit, j'ai fait choix de Thésée;
Je me suis à ce choix moi-même autorisée.
J'ai pris l'occasion que m'ont faite les dieux
De fuir l'aspect d'un trône où vous blessez mes yeux,
Et de vous épargner cet importun ombrage
Qu'à des rois comme vous peut donner mon visage.

ŒDIPE.

Le choix d'un si grand prince est bien digne de vous,
Et je l'estime trop pour en être jaloux;
Mais le peuple au milieu des colères célestes
Aime encor de Laïus les adorables restes,
Et ne pourra souffrir qu'on lui vienne arracher
Ces gages d'un grand roi qu'il tint jadis si cher.

DIRCÉ.

De l'air dont jusqu'ici ce peuple m'a traitée,
Je dois craindre fort peu de m'en voir regrettée.
S'il eût eu pour son roi quelque ombre d'amitié,
Si mon sexe ou mon âge eût ému sa pitié,
Il n'auroit jamais eu cette lâche foiblesse
De livrer en vos mains l'État et sa princesse,
Et me verra toujours éloigner sans regret,
Puisque c'est l'affranchir d'un reproche secret.

ŒDIPE.

Quel reproche secret lui fait votre présence?
Et quel crime a commis cette reconnoissance
Qui, par un sentiment et juste et relevé,
L'a consacré lui-même à qui l'a conservé?
Si vous aviez du sphinx vu le sanglant ravage....

DIRCÉ.

Je puis dire, seigneur, que j'ai vu davantage :
J'ai vu ce peuple ingrat que l'énigme surprit
Vous payer assez bien d'avoir eu de l'esprit.
Il pouvoit toutefois avec quelque justice
Prendre sur lui le prix d'un si rare service :
Mais, quoiqu'il ait osé vous payer de mon bien,
En vous faisant son roi, vous a-t-il fait le mien?
En se donnant à vous, eut-il droit de me vendre?

ŒDIPE.

Ah! c'est trop me forcer, madame, à vous entendre
La jalouse fierté qui vous enfle le cœur

Me regarde toujours comme un usurpateur;
Vous voulez ignorer cette juste maxime,
Que le dernier besoin peut faire un roi sans crime,
Qu'un peuple sans défense, et réduit aux abois....
DIRCÉ.
Le peuple est trop heureux quand il meurt pour ses rois.
Mais, seigneur, la matière est un peu délicate.
Vous pouvez vous flatter, peut-être je me flatte.
Sans rien approfondir, parlons à cœur ouvert.
  Vous régnez en ma place, et les dieux l'ont souffert:
Je dis plus, ils vous ont saisi de ma couronne.
Je n'en murmure point, comme eux je vous la donne;
J'oublierai qu'à moi seule ils devoient la garder:
Mais, si vous attentez jusqu'à me commander,
Jusqu'à prendre sur moi quelque pouvoir de maître,
Je me souviendrai lors de ce que je dois être;
Et, si je ne le suis pour vous faire la loi,
Je le serai du moins pour me choisir un roi.
Après cela, seigneur, je n'ai rien à vous dire;
J'ai fait choix de Thésée, et ce mot doit suffire.
ŒDIPE.
Et je veux à mon tour, madame, à cœur ouvert,
Vous apprendre en deux mots que ce grand choix vous perd,
Qu'il vous remplit le cœur d'une attente frivole,
Qu'au prince Æmon pour vous j'ai donné ma parole,
Que je perdrai le sceptre, ou saurai la tenir.
Puissent, si je la romps, tous les dieux m'en punir!
Puisse de plus de maux m'accabler leur colère
Qu'Apollon n'en prédit jadis pour votre frère!
DIRCÉ.
N'insultez point au sort d'un enfant malheureux,
Et faites des sermens qui soient plus généreux.
On ne sait pas toujours ce qu'un serment hasarde;
Et vous ne voyez pas ce que le ciel vous garde.
ŒDIPE.
On se hasarde à tout quand un serment est fait.
DIRCÉ.
Ce n'est pas de vous seul que dépend son effet.
ŒDIPE.
Je suis roi, je puis tout.
DIRCÉ.
                    Je puis fort peu de chose;
Mais enfin de mon cœur moi seule je dispose,
Et jamais sur ce cœur on n'avancera rien
Qu'en me donnant un sceptre, ou me rendant le mien.
ŒDIPE.
Il est quelques moyens de vous faire dédire.

DIRCÉ.
Il en est de braver le plus injuste empire ;
Et, de quoi qu'on menace en de tels différends,
Qui ne craint point la mort ne craint point les tyrans
Ce mot m'est échappé, je n'en fais point d'excuse ;
J'en ferai, si le temps m'apprend que je m'abuse.
Rendez-vous cependant maître de tout mon sort ;
Mais n'offrez à mon choix que Thésée ou la mort.

ŒDIPE.
On pourra vous guérir de cette frénésie.
Mais il faut aller voir ce qu'a fait Tirésie :
Nous saurons au retour encor vos volontés.

DIRCÉ.
Allez savoir de lui ce que vous méritez.

SCÈNE II. — DIRCÉ, MÉGARE.

DIRCÉ.
Mégare, que dis-tu de cette violence ?
Après s'être emparé des droits de ma naissance,
Sa haine opiniâtre à croître mes malheurs
M'ose encore envier ce qui me vient d'ailleurs.
Elle empêche le ciel de m'être enfin propice,
De réparer vers moi ce qu'il eut d'injustice,
Et veut lier les mains au destin adouci
Qui m'offre en d'autres lieux ce qu'on me vole ici.

MÉGARE.
Madame, je ne sais ce que je dois vous dire.
La raison vous anime, et l'amour vous inspire :
Mais je crains qu'il n'éclate un peu plus qu'il ne faut,
Et que cette raison ne parle un peu trop haut.
Je crains qu'elle n'irrite un peu trop la colère
D'un roi qui jusqu'ici vous a traitée en père,
Et qui vous a rendu tant de preuves d'amour,
Qu'il espère de vous quelque chose à son tour.

DIRCÉ.
S'il a cru m'éblouir par de fausses caresses,
J'ai vu sa politique en former les tendresses ;
Et ces amusemens de ma captivité
Ne me font rien devoir à qui m'a tout ôté.

MÉGARE.
Vous voyez que d'Æmon il a pris la querelle,
Qu'il l'estime, chérit.

DIRCÉ.
Politique nouvelle.

MÉGARE.
Mais comment pour Thésée en viendrez-vous à bout ?

Il le méprise, hait.
DIRCÉ.
Politique partout.
Si la flamme d'Æmon en est favorisée,
Ce n'est pas qu'il l'estime, ou méprise Thésée;
C'est qu'il craint dans son cœur que le droit souverain
(Car enfin il m'est dû) ne tombe en bonne main.
Comme il connoît le mien, sa peur de me voir reine
Dispense à mes amans sa faveur ou sa haine,
Et traiteroit ce prince ainsi que ce héros,
S'il portoit la couronne ou de Sparte ou d'Argos.
MÉGARE.
Si vous en jugez bien, que vous êtes à plaindre!
DIRCÉ.
Il fera de l'éclat, il voudra me contraindre;
Mais, quoi qu'il me prépare à souffrir dans sa cour,
Il éteindra ma vie avant que mon amour.
MÉGARE.
Espérons que le ciel vous rendra plus heureuse
Cependant je vous trouve assez peu curieuse :
Tout le peuple, accablé de mortelles douleurs,
Court voir ce que Laïus dira de nos malheurs;
Et vous ne suivez point le roi chez Tirésie
Pour savoir ce qu'en juge une ombre si chérie?
DIRCÉ.
J'ai tant d'autres sujets de me plaindre de lui,
Que je fermois les yeux à ce nouvel ennui.
Il auroit fait trop peu de menacer la fille,
Il faut qu'il soit tyran de toute la famille,
Qu'il porte sa fureur jusqu'aux âmes sans corps,
Et trouble insolemment jusqu'aux cendres des morts.
Mais ces mânes sacrés qu'il arrache au silence
Se vengeront sur lui de cette violence;
Et les dieux des enfers, justement irrités,
Puniront l'attentat de ses impiétés.
MÉGARE.
Nous ne savons pas bien comme agit l'autre monde;
Il n'est point d'œil perçant dans cette nuit profonde;
Et, quand les dieux vengeurs laissent tomber leur bras,
Il tombe assez souvent sur qui n'y pense pas.
DIRCÉ.
Dût leur décret fatal me choisir pour victime,
Si j'ai part au courroux, je n'en veux point au crime.
Je veux m'offrir sans tache à leur bras tout-puissant,
Et n'avoir à verser que du sang innocent.

SCÈNE III. — DIRCÉ, NÉRINE, MÉGARE.

NÉRINE.

Ah, madame! il en faut de la même innocence
Pour apaiser du ciel l'implacable vengeance;
Il faut une victime et pure et d'un tel rang,
Que chacun la voudroit racheter de son sang.

DIRCÉ.

Nérine, que dis-tu? seroit-ce bien la reine?
Le ciel feroit-il choix d'Antigone, ou d'Ismène?
Voudroit-il Étéocle, ou Polynice, ou moi?
Car tu me dis assez que ce n'est pas le roi;
Et, si le ciel demande une victime pure,
Appréhender pour lui, c'est lui faire une injure.
Seroit-ce enfin Thésée? Hélas! si c'étoit lui....
Mais nomme, et dis quel sang le ciel veut aujourd'hui.

NÉRINE.

L'ombre du grand Laïus, qui lui sert d'interprète,
De honte ou de dépit sur ce nom est muette;
Je n'ose vous nommer ce qu'elle nous a tu:
Mais préparez, madame, une haute vertu;
Prêtez à ce récit une âme généreuse,
Et vous-même jugez si la chose est douteuse.

DIRCÉ.

Ah! ce sera Thésée, ou la reine.

NÉRINE.

Écoutez,
Et tâchez d'y trouver quelques obscurités.
Tirésie a longtemps perdu ses sacrifices
Sans trouver ni les dieux ni les ombres propices;
Et celle de Laïus évoqué par son nom
S'obstinoit au silence aussi bien qu'Apollon.
Mais la reine en la place à peine est arrivée,
Qu'une épaisse vapeur s'est du temple élevée,
D'où cette ombre aussitôt sortant jusqu'en plein jour
A surpris tous les yeux du peuple et de la cour.
L'impérieux orgueil de son regard sévère
Sur son visage pâle avoit peint la colère;
Tout menaçoit en elle; et des restes de sang
Par un prodige affreux lui dégouttoient du flanc.
A ce terrible aspect la reine s'est troublée,
La frayeur a couru dans toute l'assemblée;
Et de vos deux amans j'ai vu les cœurs glacés
A ces funestes mots que l'ombre a prononcés:
« Un grand crime impuni cause votre misère;
Par le sang de ma race il se doit effacer;
Mais, à moins que de le verser,

Le ciel ne se peut satisfaire;
Et la fin de vos maux ne se fera point voir
　　Que mon sang n'ait fait son devoir. »
Ces mots dans tous les cœurs redoublent les alarmes;
L'ombre, qui disparoît, laisse la reine en larmes,
Thésée au désespoir, Æmon tout hors de lui;
Le roi même arrivant partage leur ennui;
Et d'une voix commune ils refusent une aide
Qui fait trouver le mal plus doux que le remède.

DIRCÉ.

Peut-être craignent-ils que mon cœur révolté
Ne leur refuse un sang qu'ils n'ont pas mérité;
Mais ma flamme à la mort m'avoit trop résolue,
Pour ne pas y courir quand les dieux l'ont voulue.
Tu m'as fait sans raison concevoir de l'effroi;
Je n'ai point dû trembler, s'ils ne veulent que moi.
Ils m'ouvrent une porte à sortir d'esclavage,
Que tient trop précieuse un généreux courage;
Mourir pour sa patrie est un sort plein d'appas
Pour quiconque à des fers préfère le trépas.
　Admire, peuple ingrat, qui m'as déshéritée,
Quelle vengeance en prend ta princesse irritée,
Et connois dans la fin de tes longs déplaisirs
Ta véritable reine à ses derniers soupirs.
Vois comme à tes malheurs je suis toute asservie.
L'un m'a coûté mon trône, et l'autre veut ma vie.
Tu t'es sauvé du sphinx aux dépens de mon rang,
Sauve-toi de la peste aux dépens de mon sang:
Mais, après avoir vu dans la fin de ta peine
Que pour toi le trépas semble doux à ta reine,
Fais-toi de son exemple une adorable loi:
Il est encor plus doux de mourir pour son roi.

MÉGARE.

Madame, auroit-on cru que cette ombre d'un père,
D'un roi dont vous tenez la mémoire si chère,
Dans votre injuste perte eût pris tant d'intérêt
Qu'elle vînt elle-même en prononcer l'arrêt?

DIRCÉ.

N'appelle point injuste un trépas légitime:
Si j'ai causé sa mort, puis-je vivre sans crime?

NÉRINE.

Vous, madame?

DIRCÉ.

　　　Oui, Nérine; et tu l'as pu savoir
L'amour qu'il me portoit eut sur lui tel pouvoir,
Qu'il voulut sur mon sort faire parler l'oracle;
Mais, comme à ce dessein la reine mit obstacle,

De peur que cette voix des destins ennemis
Ne fût aussi funeste à la fille qu'au fils,
Il se déroba d'elle, ou plutôt prit la fuite,
Sans vouloir que Phorbas et Nicandre pour suite.
Hélas! sur le chemin il fut assassiné.
Ainsi se vit pour moi son destin terminé;
Ainsi j'en fus la cause.

MÉGARE.

Oui, mais trop innocente
Pour vous faire un supplice où la raison consente;
Et jamais des tyrans les plus barbares lois....

DIRCÉ.

Mégare, tu sais mal ce que l'on doit aux rois.
Un sang si précieux ne sauroit se répandre
Qu'à l'innocente cause on n'ait droit de s'en prendre;
Et, de quelque façon que finisse leur sort,
On n'est point innocent quand on cause leur mort.
C'est ce crime impuni qui demande un supplice,
C'est par là que mon père a part au sacrifice;
C'est ainsi qu'un trépas qui me comble d'honneur
Assure sa vengeance et fait votre bonheur,
Et que tout l'avenir chérira la mémoire
D'un châtiment si juste où brille tant de gloire.

SCÈNE IV. — THÉSÉE, DIRCÉ, MÉGARE, NÉRINE.

DIRCÉ.

Mais que vois-je? Ah! seigneur! quels que soient vos ennuis,
Que venez-vous me dire en l'état où je suis?

THÉSÉE.

Je viens prendre de vous l'ordre qu'il me faut suivre;
Mourir, s'il faut mourir, et vivre, s'il faut vivre.

DIRCÉ.

Ne perdez point d'efforts à m'arrêter au jour;
Laissez faire l'honneur.

THÉSÉE.

Laissez agir l'amour.

DIRCÉ.

Vivez, prince; vivez.

THÉSÉE.

Vivez donc, ma princesse.

DIRCÉ.

Ne me ravalez point jusqu'à cette bassesse.
Retarder mon trépas, c'est faire tout périr:
Tout meurt si je ne meurs.

THÉSÉE.

Laissez-moi donc mourir.

ACTE II, SCÈNE IV.

DIRCÉ.

Hélas! qu'osez-vous dire?

THÉSÉE.

Hélas! qu'allez-vous faire?

DIRCÉ.

Finir les maux publics, obéir à mon père,
Sauver tous mes sujets.

THÉSÉE.

Par quelle injuste loi
Faut-il les sauver tous pour ne perdre que moi?
Eux dont le cœur ingrat porte les justes peines
D'un rebelle mépris qu'ils ont fait de vos chaînes,
Qui dans les mains d'un autre ont mis tout votre bien!

DIRCÉ.

Leur devoir violé doit-il rompre le mien?
Les exemples abjects de ces petites âmes
Règlent-ils de leurs rois les glorieuses trames?
Et quel fruit un grand cœur pourroit-il recueillir
A recevoir du peuple un exemple à faillir?
Non, non; s'il m'en faut un, je ne veux que le vôtre;
L'amour que j'ai pour vous n'en reçoit aucun autre.
Pour le bonheur public n'avez-vous pas toujours
Prodigué votre sang et hasardé vos jours?
Quand vous avez défait le Minotaure en Crète,
Quand vous avez puni Damaste et Périphète,
Sinnis, Phæa, Scirron, que faisiez-vous, seigneur,
Que chercher à périr pour le commun bonheur?
Souffrez que pour la gloire une chaleur égale
D'une amante aujourd'hui vous fasse une rivale.
Le ciel offre à mon bras par où me signaler;
S'il ne sait pas combattre, il saura m'immoler;
Et, si cette chaleur ne m'a point abusée,
Je deviendrai par là digne du grand Thésée.
Mon sort en ce point seul du vôtre est différent,
Que je ne puis sauver mon peuple qu'en mourant,
Et qu'au salut du vôtre un bras si nécessaire
A chaque jour pour lui d'autres combats à faire.

THÉSÉE.

J'en ai fait et beaucoup, et d'assez généreux :
Mais celui-ci, madame, est le plus dangereux.
J'ai fait trembler partout, et devant vous je tremble.
L'amant et le héros s'accordent mal ensemble :
Mais enfin après vous tous deux veulent courir :
Le héros ne peut vivre où l'amant doit mourir;
La fermeté de l'un par l'autre est épuisée;
Et, si Dircé n'est plus, il n'est plus de Thésée.

DIRCÉ.

Hélas! c'est maintenant, c'est lorsque je vous voi,
Que ce même combat est dangereux pour moi.
Ma vertu la plus forte à votre aspect chancelle;
Tout mon cœur applaudit à sa flamme rebelle;
Et l'honneur, qui charmoit ses plus noirs déplaisirs,
N'est plus que le tyran de mes plus chers désirs.
Allez, prince; et du moins par pitié de ma gloire
Gardez-vous d'achever une indigne victoire;
Et si jamais l'honneur a su vous animer....

THÉSÉE.

Hélas! à votre aspect je ne sais plus qu'aimer.

DIRCÉ.

Par un pressentiment j'ai déjà su vous dire
Ce que ma mort sur vous se réserve d'empire :
Votre bras de la Grèce est le plus ferme appui :
Vivez pour le public, comme je meurs pour lui.

THÉSÉE.

Périsse l'univers, pourvu que Dircé vive!
Périsse le jour même avant qu'elle s'en prive!
Que m'importe la perte ou le salut de tous?
Ai-je rien à sauver, rien à perdre que vous?
Si votre amour, madame, étoit encor le même
Si vous saviez encore aimer comme on vous aime....

DIRCÉ.

Ah! faites moins d'outrage à ce cœur affligé
Que pressent les douleurs où vous l'avez plongé.
Laissez vivre du peuple un pitoyable reste
Aux dépens d'un moment que m'a laissé la peste,
Qui peut-être à vos yeux viendra trancher mes jours,
Si mon sang répandu ne lui tranche le cours.
Laissez-moi me flatter de cette triste joie
Que si je ne mourois vous en seriez la proie,
Et que ce sang aimé, que répandront mes mains,
Sera versé pour vous plus que pour les Thébains.
Des dieux mal obéis la majesté suprême
Pourroit en ce moment s'en venger sur vous-même;
Et j'aurois cette honte, en ce funeste sort,
D'avoir prêté mon crime à faire votre mort.

THÉSÉE.

Et ce cœur généreux me condamne à la honte
De voir que ma princesse en amour me surmonte,
Et de n'obéir pas à cette aimable loi
De mourir avec vous quand vous mourez pour moi!
Pour moi, comme pour vous, soyez plus magnanime :
Voyez mieux qu'il y va même de votre estime,
Que le choix d'un amant si peu digne de vous

Souilleroit cet honneur qui vous semble si doux,
Et que de ma princesse on diroit d'âge en âge
Qu'elle eut de mauvais yeux pour un si grand courage.
DIRCÉ.
Mais, seigneur, je vous sauve en courant au trépas;
Et mourant avec moi vous ne me sauvez pas.
THÉSÉE.
La gloire de ma mort n'en deviendra pas moindre;
Si ce n'est vous sauver, ce sera vous rejoindre :
Séparer deux amans, c'est tous deux les punir;
Et dans le tombeau même il est doux de s'unir.
DIRCÉ.
Que vous m'êtes cruel de jeter dans mon âme
Un si honteux désordre avec des traits de flamme!
Adieu, prince; vivez, je vous l'ordonne ainsi :
La gloire de ma mort est trop douteuse ici;
Et je hasarde trop une si noble envie
A voir l'unique objet pour qui j'aime la vie.
THÉSÉE.
Vous fuyez, ma princesse! et votre adieu fatal....
DIRCÉ.
Prince, il est temps de fuir quand on se défend mal.
Vivez, encore un coup; c'est moi qui vous l'ordonne.
THÉSÉE.
Le véritable amour ne prend loi de personne;
Et, si ce fier honneur s'obstine à nous trahir,
Je renonce, madame, à vous plus obéir.

ACTE TROISIÈME.

SCÈNE I. — DIRCÉ.

Impitoyable soif de gloire,
Dont l'aveugle et noble transport
Me fait précipiter ma mort
Pour faire vivre ma mémoire,
Arrête pour quelques momens
Les impétueux sentimens
De cette inexorable envie,
Et souffre qu'en ce triste et favorable jour,
Avant que te donner ma vie,
Je donne un soupir à l'amour.

Ne crains pas qu'une ardeur si belle
Ose te disputer un cœur
Qui de ton illustre rigueur

Est l'esclave le plus fidèle.
Ce regard tremblant et confus,
Qu'attire un bien qu'il n'attend plus,
N'empêche pas qu'il ne se dompte.
Il est vrai qu'il murmure, et se dompte à regret;
Mais, s'il m'en faut rougir de honte,
Je n'en rougirai qu'en secret.

L'éclat de cette renommée
Qu'assure un si brillant trépas
Perd la moitié de ses appas
Quand on aime et qu'on est aimée.
L'honneur, en monarque absolu,
Soutient ce qu'il a résolu
Contre les assauts qu'on te livre.
Il est beau de mourir pour en suivre les lois;
Mais il est assez doux de vivre
Quand l'amour a fait un beau choix.

Toi qui faisois toute la joie
Dont sa flamme osoit me flatter,
Prince que j'ai peine à quitter,
A quelques honneurs qu'on m'envoie,
Accepte ce foible retour
Que vers toi d'un si juste amour
Fait la douloureuse tendresse.
Sur les bords de la tombe où tu me vois courir,
Je crains les maux que je te laisse,
Quand je fais gloire de mourir.

J'en fais gloire, mais je me cache
Un comble affreux de déplaisirs;
Je fais taire tous mes désirs,
Mon cœur à soi-même s'arrache.
Cher prince, dans un tel aveu,
Si tu peux voir quel est mon feu,
Vois combien il se violente.
Je meurs l'esprit content, l'honneur m'en fait la loi;
Mais j'aurois vécu plus contente,
Si j'avois pu vivre pour toi.

SCÈNE II. — JOCASTE, DIRCÉ.

DIRCÉ.
Tout est-il prêt, madame, et votre Tirésie
Attend-il aux autels la victime choisie?

JOCASTE.
Non, ma fille; et du moins nous aurons quelques jours
A demander au ciel un plus heureux secours.

ACTE III, SCÈNE II.

On prépare à demain exprès d'autres victimes.
Le peuple ne vaut pas que vous payiez ses crimes,
Il aime mieux périr qu'être ainsi conservé :
Et le roi même, encor que vous l'ayez bravé,
Sensible à vos malheurs autant qu'à ma prière,
Vous offre sur ce point liberté tout entière.

DIRCÉ.

C'est assez vainement qu'il m'offre un si grand bien,
Quand le ciel ne veut pas que je lui doive rien;
Et ce n'est pas à lui de mettre des obstacles
Aux ordres souverains que donnent ses oracles.

JOCASTE.

L'oracle n'a rien dit.

DIRCÉ.

Mais mon père a parlé;
L'ordre de nos destins par lui s'est révélé :
Et des morts de son rang les ombres immortelles
Servent souvent aux dieux de truchemens fidèles.

JOCASTE.

Laissez la chose en doute, et du moins hésitez
Tant qu'on ait par leur bouche appris leurs volontés.

DIRCÉ.

Exiger qu'avec nous ils s'expliquent eux-mêmes,
C'est trop nous asservir ces majestés suprêmes.

JOCASTE.

Ma fille, il est toujours assez tôt de mourir.

DIRCÉ.

Madame, il n'est jamais trop tôt de secourir;
Et, pour un mal si grand qui réclame notre aide,
Il n'est point de trop sûr ni de trop prompt remède.
Plus nous le différons, plus ce mal devient grand.
J'assassine tous ceux que la peste surprend;
Aucun n'en peut mourir qui ne me laisse un crime :
Je viens d'étouffer seule et Sostrate et Phædime;
Et, durant ce refus des remèdes offerts,
La Parque se prévaut des momens que je perds.
Hélas! si sa fureur dans ces pertes publiques
Enveloppoit Thésée après ses domestiques!
Si nos retardemens....

JOCASTE.

Vivez pour lui, Dircé;
Ne lui dérobez point un cœur si bien placé.
Avec tant de courage ayez quelque tendresse;
Agissez en amante aussi bien qu'en princesse.
Vous avez liberté tout entière en ces lieux:
Le roi n'y prend pas garde, et je ferme les yeux.
C'est vous en dire assez: l'amour est un doux maître;

Et quand son choix est beau, son ardeur doit paroître.
DIRCÉ.
Je n'ose demander si de pareils avis
Portent des sentimens que vous ayez suivis.
Votre second hymen put avoir d'autres causes :
Mais j'oserai vous dire, à bien juger des choses,
Que pour avoir reçu la vie en votre flanc
J'y dois avoir sucé fort peu de votre sang.
Celui du grand Laïus, dont je me suis formée,
Trouve bien qu'il est doux d'aimer et d'être aimée;
Mais il ne peut trouver qu'on soit digne du jour
Quand aux soins de sa gloire on préfère l'amour.
Je sais sur les grands cœurs ce qu'il se fait d'empire;
J'avoue, et hautement, que le mien en soupire :
Mais, quoi qu'un si beau choix puisse avoir de douceurs,
Je garde un autre exemple aux princesses mes sœurs.
JOCASTE.
Je souffre tout de vous en l'état où vous êtes.
Si vous ne savez pas même ce que vous faites,
Le chagrin inquiet du trouble où je vous voi
Vous peut faire oublier que vous parlez à moi.
Mais quittez ces dehors d'une vertu sévère,
Et souvenez-vous mieux que je suis votre mère.
DIRCÉ.
Ce chagrin inquiet, pour se justifier,
N'a qu'à prendre chez vous l'exemple d'oublier.
Quand vous mîtes le sceptre en une autre famille,
Vous souvint-il assez que j'étois votre fille?
JOCASTE.
Vous n'étiez qu'un enfant.
DIRCÉ.
J'avois déjà des yeux,
Et sentois dans mon cœur le sang de mes aïeux;
C'étoit ce même sang dont vous m'avez fait naître
Qui s'indignoit dès lors qu'on lui donnât un maître,
Et que vers soi Laïus aime mieux rappeler
Que de voir qu'à vos yeux on l'ose ravaler.
Il oppose ma mort à l'indigne hyménée
Où, par raison d'État, il me voit destinée;
Il la fait glorieuse, et je meurs plus pour moi
Que pour ces malheureux qui se sont fait un roi.
Le ciel en ma faveur prend ce cher interprète,
Pour m'épargner l'affront de vivre encor sujette;
Et s'il a quelque foudre, il saura le garder
Pour qui m'a fait des lois où j'ai dû commander.
JOCASTE.
Souffrez qu'à ses éclairs votre orgueil se dissipe.

ACTE III, SCÈNE II.

Ce foudre vous menace un peu plus tôt qu'Œdipe ;
Et le roi n'a pas lieu d'en redouter les coups,
Quand parmi tout son peuple ils n'ont choisi que vous.
DIRCÉ.
Madame, il se peut faire encor qu'il me prévienne.
S'il sait ma destinée, il ignore la sienne.
Le ciel pourra venger ses ordres retardés.
Craignez ce changement que vous lui demandez.
Souvent on l'entend mal quand on le croit entendre ;
L'oracle le plus clair se fait le moins comprendre.
Moi-même je le dis sans comprendre pourquoi ;
Et ce discours en l'air m'échappe malgré moi.
 Pardonnez cependant à cette humeur hautaine :
Je veux parler en fille, et je m'explique en reine.
Vous qui l'êtes encor, vous savez ce que c'est,
Et jusqu'où nous emporte un si haut intérêt.
Si je n'en ai le rang, j'en garde la teinture.
Le trône a d'autres droits que ceux de la nature.
J'en parle trop peut-être alors qu'il faut mourir.
Hâtons-nous d'empêcher ce peuple de périr ;
Et sans considérer quel fut vers moi son crime,
Puisque le ciel le veut, donnons-lui sa victime.
JOCASTE.
Demain ce juste ciel pourra s'expliquer mieux.
Cependant vous laissez bien du trouble en ces lieux ;
Et, si votre vertu pouvoit croire mes larmes,
Vous vous épargneriez cent mortelles alarmes.
DIRCÉ.
Dussent avec vos pleurs tous vos Thébains s'unir,
Ce que n'a pu l'amour, rien ne doit l'obtenir.

SCÈNE III. — ŒDIPE, JOCASTE, DIRCÉ.
DIRCÉ.
A quel propos, seigneur, voulez-vous qu'on diffère,
Qu'on dédaigne un remède à tous si salutaire ?
Chaque instant que je vis vous enlève un sujet,
Et l'État s'affoiblit par l'affront qu'on me fait.
Cette ombre de pitié n'est qu'un comble d'envie.
Vous m'avez envié le bonheur de ma vie ;
Et je vous vois par là jaloux de tout mon sort,
Jusques à m'envier la gloire de ma mort.
ŒDIPE.
Qu'on perd de temps, madame, alors qu'on vous fait grâce !
DIRCÉ.
Le ciel m'en a trop fait pour souffrir qu'on m'en fasse.
JOCASTE.
Faut-il voir votre esprit obstinément aigri,

Quand ce qu'on fait pour vous doit l'avoir attendri ?
DIRCÉ.
Faut-il voir son envie à mes vœux opposée,
Quand il ne s'agit plus d'Æmon ni de Thésée ?
ŒDIPE.
Il s'agit de répandre un sang si précieux,
Qu'il faut un second ordre et plus exprès des dieux.
DIRCÉ.
Doutez-vous qu'à mourir je ne sois toute prête,
Quand les dieux par mon père ont demandé ma tête ?
ŒDIPE.
Je vous connois, madame, et je n'ai point douté
De cet illustre excès de générosité;
Mais la chose, après tout, n'est pas encor si claire,
Que cet ordre nouveau ne nous soit nécessaire.
DIRCÉ.
Quoi ! mon père tantôt parloit obscurément ?
ŒDIPE.
Je n'en ai rien connu que depuis un moment.
C'est un autre que vous peut-être qu'il menace.
DIRCÉ.
Si l'on ne m'a trompée, il n'en veut qu'à sa race.
ŒDIPE.
Je sais qu'on vous a fait un fidèle rapport :
Mais vous pourriez mourir et perdre votre mort;
Et la reine sans doute étoit bien inspirée,
Alors que par ses pleurs elle l'a différée.
JOCASTE.
Je ne reçois qu'en trouble un si confus espoir.
ŒDIPE.
Ce trouble augmentera peut-être avant ce soir.
JOCASTE.
Vous avancez des mots que je ne puis comprendre.
ŒDIPE.
Vous vous plaindrez fort peu de ne les point entendre;
Nous devons bientôt voir le mystère éclairci.
Madame, cependant vous êtes libre ici;
La reine vous l'a dit, ou vous a dû le dire;
Et, si vous m'entendez, ce mot vous doit suffire.
DIRCÉ.
Quelque secret motif qui vous ait excité
A ce tardif excès de générosité,
Je n'emporterai point de Thèbes dans Athènes
La colère des dieux et l'amas de leurs haines,
Qui pour premier objet pourroient choisir l'époux
Pour qui j'aurois osé mériter leur courroux.
Vous leur faites demain offrir un sacrifice ?

ŒDIPE.
J'en espère pour vous un destin plus propice.
DIRCÉ.
J'y trouverai ma place, et ferai mon devoir.
Quant au reste, seigneur, je n'en veux rien savoir :
J'y prends si peu de part, que, sans m'en mettre en peine,
Je vous laisse expliquer votre énigme à la reine.
Mon cœur doit être las d'avoir tant combattu,
Et fuit un piége adroit qu'on tend à sa vertu.

SCÈNE IV[1]. — JOCASTE, ŒDIPE, SUITE

ŒDIPE.
Madame, quand des dieux la réponse funeste,
De peur d'un parricide et de peur d'un inceste,
Sur le mont Cythéron fit exposer ce fils
Pour qui tant de forfaits avoient été prédits,
Sûtes-vous faire choix d'un ministre fidèle?
JOCASTE.
Aucun pour le feu roi n'a montré plus de zèle,
Et, quand par des voleurs il fut assassiné,
Ce digne favori l'avoit accompagné.
Par lui seul on a su cette noire aventure;
On le trouva percé d'une large blessure,
Si baigné dans son sang, et si près de mourir,
Qu'il fallut une année et plus pour l'en guérir.
ŒDIPE.
Est-il mort?
JOCASTE.
Non, seigneur; la perte de son maître
Fut cause qu'en la cour il cessa de paroître :
Mais il respire encore, assez vieil et cassé;
Et Mégare, sa fille, est auprès de Dircé.
ŒDIPE.
Où fait-il sa demeure?
JOCASTE.
Au pied de cette roche
Que de ces tristes murs nous voyons la plus proche.
ŒDIPE.
Tâchez de lui parler.
JOCASTE.
J'y vais tout de ce pas.
Qu'on me prépare un char pour aller chez Phorbas
Son dégoût de la cour pourroit sur un message
S'excuser par caprice, et prétexter son âge.

[1] C'est ici que commence la pièce. Le spectateur est remué dès les premiers vers que dit OEdipe. (*Voltaire.*)

Dans une heure au plus tard je saurai vous revoir.
Mais que dois-je lui dire, et qu'en faut-il savoir?
ŒDIPE.
Un bruit court depuis peu qu'il vous a mal servie,
Que ce fils qu'on croit mort est encor plein de vie.
L'oracle de Laïus par là devient douteux,
Et tout ce qu'il a dit peut s'étendre sur deux.
JOCASTE.
Seigneur, ou sur ce bruit je suis fort abusée,
Ou ce n'est qu'un effet de l'amour de Thésée.
Pour sauver ce qu'il aime et vous embarrasser,
Jusques à votre oreille il l'aura fait passer :
Mais Phorbas aisément convaincra d'imposture
Quiconque ose à sa foi faire une telle injure.
ŒDIPE.
L'innocence de l'âge aura pu l'émouvoir.
JOCASTE.
Je l'ai toujours connu ferme dans son devoir;
Mais, si déjà ce bruit vous met en jalousie,
Vous pouvez consulter le devin Tirésie,
Publier sa réponse, et traiter d'imposteur
De cette illusion le téméraire auteur.
ŒDIPE.
Je viens de le quitter, et de là vient ce trouble
Qu'en mon cœur alarmé chaque moment redouble.
« Ce prince, m'a-t-il dit, respire en votre cour;
Vous pourrez le connoître avant la fin du jour;
Mais il pourra vous perdre en se faisant connoître.
Puisse-t-il ignorer quel sang lui donna l'être ! »
Voilà ce qu'il m'a dit d'un ton si plein d'effroi,
Qu'il l'a fait rejaillir jusqu'en l'âme d'un roi.
Ce fils, qui devoit être inceste et parricide,
Doit avoir un cœur lâche, un courage perfide;
Et, par un sentiment facile à deviner,
Il ne se cache ici que pour m'assassiner :
C'est par là qu'il aspire à devenir monarque,
Et vous le connoîtrez bientôt à cette marque.
  Quoi qu'il en soit, madame, allez trouver Phorbas·
Tirez-en, s'il se peut, les clartés qu'on n'a pas.
Tâchez en même temps de voir aussi Thésée;
Dites-lui qu'il peut faire une conquête aisée,
Qu'il ose pour Dircé, que je n'en verrai rien.
J'admire un changement si confus que le mien :
Tantôt dans leur hymen je croyois voir ma perte,
J'allois pour l'empêcher jusqu'à la force ouverte;
Et, sans savoir pourquoi, je voudrois que tous deux
Fussent, loin de ma vue, au comble de leurs vœux,

Que les emportemens d'une ardeur mutuelle
M'eussent débarrassé de son amant et d'elle.
Bien que de leur vertu rien ne me soit suspect,
Je ne sais quelle horreur me trouble à leur aspect ;
Ma raison la repousse, et ne m'en peut défendre ;
Moi-même en cet état je ne puis me comprendre ;
Et l'énigme du sphinx fut moins obscur[1] pour moi
Que le fond de mon cœur ne l'est dans cet effroi :
Plus je le considère, et plus je m'en irrite.
Mais ce prince paroît, souffrez que je l'évite ;
Et, si vous vous sentez l'esprit moins interdit,
Agissez avec lui comme je vous ai dit.

SCÈNE V. — JOCASTE, THÉSÉE.

JOCASTE.

Prince, que faites-vous ? quelle pitié craintive,
Quel faux respect des dieux tient votre flamme oisive ?
Avez-vous oublié comme il faut secourir ?

THÉSÉE.

Dircé n'est plus, madame, en état de périr ;
Le ciel vous rend un fils, et ce n'est qu'à ce prince
Qu'est dû le triste honneur de sauver sa province.

JOCASTE.

C'est trop vous assurer sur l'éclat d'un faux bruit.

THÉSÉE.

C'est une vérité dont je suis mieux instruit.

JOCASTE.

Vous le connoissez donc ?

THÉSÉE.

A l'égal de moi-même.

JOCASTE.

De quand ?

THÉSÉE.

De ce moment.

JOCASTE.

Et vous l'aimez ?

THÉSÉE.

Je l'aime
Jusqu'à mourir du coup dont il sera percé.

JOCASTE.

Mais cette amitié cède à l'amour de Dircé ?

THÉSÉE.

Hélas ! cette princesse à mes désirs si chère
En un fidèle amant trouve un malheureux frère,
Qui mourroit de douleur d'avoir changé de sort,

---

[1] « Obscure. »

N'étoit le prompt secours d'une plus digne mort,
Et qu'assez tôt connu pour mourir au lieu d'elle
Ce frère malheureux meurt en amant fidèle.

JOCASTE.

Quoi! vous seriez mon fils?

THÉSÉE.

Et celui de Laïus.

JOCASTE.

Qui vous a pu le dire?

THÉSÉE.

Un témoin qui n'est plus,
Phædime, qu'à mes yeux vient de ravir la peste :
Non qu'il m'en ait donné la preuve manifeste ;
Mais Phorbas, ce vieillard qui m'exposa jadis,
Répondra mieux que lui de ce que je vous dis,
Et vous éclaircira touchant une aventure
Dont je n'ai pu tirer qu'une lumière obscure.
Ce peu qu'en ont pour moi les soupirs d'un mourant
Du grand droit de régner seroit mauvais garant.
Mais ne permettez pas que le roi me soupçonne,
Comme si ma naissance ébranloit sa couronne ;
Quelque honneur, quelques droits qu'elle ait pu m'acquérir,
Je ne viens disputer que celui de mourir.

JOCASTE.

Je ne sais si Phorbas avouera votre histoire ;
Mais, qu'il l'avoue ou non, j'aurai peine à vous croire.
Avec votre mourant Tirésie est d'accord,
A ce que dit le roi, que mon fils n'est point mort
C'est déjà quelque chose ; et toutefois mon âme
Aime à tenir suspecte une si belle flamme.
Je ne sens point pour vous l'émotion du sang,
Je vous trouve en mon cœur toujours en même rang ;
J'ai peine à voir un fils où j'ai cru voir un gendre ;
La nature avec vous refuse de s'entendre,
Et me dit en secret, sur votre emportement,
Qu'il a bien peu d'un frère, et beaucoup d'un amant ;
Qu'un frère a pour des sœurs une ardeur plus remise,
A moins que sous ce titre un amant se déguise,
Et qu'il cherche en mourant la gloire et la douceur
D'arracher à la mort ce qu'il nomme sa sœur.

THÉSÉE.

Que vous connoissez mal ce que peut la nature !
Quand d'un parfait amour elle a pris la teinture,
Et que le désespoir d'un illustre projet
Se joint aux déplaisirs d'en voir périr l'objet,
Il est doux de mourir pour une sœur si chère.
Je l'aimois en amant, je l'aime encore en frère :

ACTE III, SCÈNE V.

C'est sous un autre nom le même empressement ;
Je ne l'aime pas moins, mais je l'aime autrement.
L'ardeur sur la vertu fortement établie
Par ces retours du sang ne peut être affoiblie ;
Et ce sang qui prêtoit sa tendresse à l'amour
A droit d'en emprunter les forces à son tour.

JOCASTE.

Eh bien ! soyez mon fils, puisque vous voulez l'être ;
Mais donnez-moi la marque où je le dois connoître.
Vous n'êtes point ce fils, si vous n'êtes méchant ;
Le ciel sur sa naissance imprima ce penchant :
J'en vois quelque partie en ce désir inceste ;
Mais, pour ne plus douter, vous chargez-vous du reste ?
Êtes-vous l'assassin et d'un père et d'un roi ?

THÉSÉE.

Ah ! madame, ce mot me fait pâlir d'effroi.

JOCASTE.

C'étoit là de mon fils la noire destinée ;
Sa vie à ces forfaits par le ciel condamnée
N'a pu se dégager de cet astre ennemi,
Ni de son ascendant s'échapper à demi.
Si ce fils vit encore, il a tué son père ;
C'en est l'indubitable et le seul caractère ;
Et le ciel, qui prit soin de nous en avertir,
L'a dit trop hautement pour se voir démentir.
Sa mort seule pouvoit le dérober au crime.
Prince, renoncez donc à toute votre estime ;
Dites que vos vertus sont crimes déguisés ;
Recevez tout le sort que vous vous imposez ;
Et, pour remplir un nom dont vous êtes avide,
Acceptez ceux d'inceste et de fils parricide.
J'en croirai ces témoins que le ciel m'a prescrits,
Et ne vous puis donner mon aveu qu'à ce prix.

THÉSÉE.

Quoi ! la nécessité des vertus et des vices [1]
D'un astre impérieux doit suivre les caprices,
Et Delphes, malgré nous, conduit nos actions
Au plus bizarre effet de ses prédictions !
L'âme est donc toute esclave : une loi souveraine
Vers le bien ou le mal incessamment l'entraîne ;
Et nous ne recevons ni crainte ni désir
De cette liberté qui n'a rien à choisir,
Attachés sans relâche à cet ordre sublime,
Vertueux sans mérite, et vicieux sans crime.

---

1. Ce morceau contribua beaucoup au succès de la pièce. Les disputes sur le libre arbitre agitaient alors les esprits. (*Voltaire.*)

Qu'on massacre les rois, qu'on brise les autels,
C'est la faute des dieux, et non pas des mortels :
De toute la vertu sur la terre épandue,
Tout le prix à ces dieux, toute la gloire est due;
Ils agissent en nous quand nous pensons agir;
Alors qu'on délibère on ne fait qu'obéir;
Et notre volonté n'aime, hait, cherche, évite.
Que suivant que d'en haut leur bras la précipite.
  D'un tel aveuglement daignez me dispenser.
Le ciel, juste à punir, juste à récompenser,
Pour rendre aux actions leur peine ou leur salaire,
Doit nous offrir son aide, et puis nous laisser faire.
N'enfonçons toutefois ni votre œil ni le mien
Dans ce profond abîme où nous ne voyons rien :
Delphes a pu vous faire une fausse réponse;
L'argent put inspirer la voix qui les prononce;
Cet organe des dieux put se laisser gagner
A ceux que ma naissance éloignoit de régner;
Et par tous les climats on n'a que trop d'exemples
Qu'il est ainsi qu'ailleurs des méchans dans les temples.
  Du moins puis-je assurer que dans tous mes combats
Je n'ai jamais souffert de seconds que mon bras;
Que je n'ai jamais vu ces lieux de la Phocide
Où fut par des brigands commis ce parricide;
Que la fatalité des plus pressans malheurs
Ne m'auroit pu réduire à suivre des voleurs;
Que j'en ai trop puni pour en croître le nombre....
                    JOCASTE.
Mais Laïus a parlé, vous en avez vu l'ombre :
De l'oracle avec elle on voit tant de rapport,
Qu'on ne peut qu'à ce fils en imputer la mort;
Et c'est le dire assez qu'ordonner qu'on efface
Un grand crime impuni par le sang de sa race.
Attendons toutefois ce qu'en dira Phorbas;
Autre que lui n'a vu ce malheureux trépas;
Et de ce témoin seul dépend la connoissance
Et de ce parricide et de votre naissance.
Si vous êtes coupable, évitez-en les yeux;
Et, de peur d'en rougir, prenez d'autres aïeux.
                    THÉSÉE.
Je le verrai, madame, et sans inquiétude.
Ma naissance confuse a quelque incertitude;
Mais, pour ce parricide, il est plus que certain
Que ce ne fut jamais un crime de ma main.

ACTE QUATRIÈME.

SCÈNE I. — THÉSÉE, DIRCÉ, MÉGARE.

DIRCÉ.

Oui, déjà sur ce bruit l'amour m'avoit flattée;
Mon âme avec plaisir s'étoit inquiétée;
Et ce jaloux honneur qui ne consentoit pas
Qu'un frère me ravît un glorieux trépas,
Après cette douceur fièrement refusée,
Ne me refusoit point de vivre pour Thésée,
Et laissoit doucement corrompre sa fierté
A l'espoir renaissant de ma perplexité.
Mais si je vois en vous ce déplorable frère,
Quelle faveur du ciel voulez-vous que j'espère,
S'il n'est pas en sa main de m'arrêter au jour
Sans faire soulever et l'honneur et l'amour?
S'il dédaigne mon sang, il accepte le vôtre;
Et si quelque miracle épargne l'un et l'autre,
Pourra-t-il détacher de mon sort le plus doux
L'amertume de vivre, et n'être point à vous?

THÉSÉE.

Le ciel choisit souvent de secrètes conduites
Qu'on ne peut démêler qu'après de longues suites;
Et de mon sort douteux l'obscur événement
Ne défend pas l'espoir d'un second changement.
Je chéris ce premier qui vous est salutaire.
Je ne puis en amant ce que je puis en frère;
J'en garderai le nom tant qu'il faudra mourir :
Mais, si jamais d'ailleurs on peut vous secourir,
Peut-être que le ciel me faisant mieux connoître,
Sitôt que vous vivrez, je cesserai de l'être;
Car je n'aspire point à calmer son courroux,
Et ne veux ni mourir ni vivre que pour vous.

DIRCÉ.

Cet amour mal éteint sied mal au cœur d'un frère :
Où le sang doit parler, c'est à lui de se taire;
Et sitôt que sans crime il ne peut plus durer,
Pour ses feux les plus vifs il est temps d'expirer.

THÉSÉE.

Laissez-lui conserver ces ardeurs empressées
Qui vous faisoient l'objet de toutes mes pensées.
J'ai mêmes yeux encore, et vous mêmes appas :
Si mon sort est douteux, mon souhait ne l'est pas.
Mon cœur n'écoute point ce que le sang veut dire;

C'est d'amour qu'il gémit, c'est d'amour qu'il soupire;
Et, pour pouvoir sans crime en goûter la douceur,
Il se révolte exprès contre le nom de sœur.
De mes plus chers désirs ce partisan sincère
En faveur de l'amant tyrannise le frère,
Et partage à tous deux le digne empressement
De mourir comme frère et vivre comme amant.
        DIRCÉ.
O du sang de Laïus preuves trop manifestes !
Le ciel, vous destinant à des flammes incestes,
A su de votre esprit déraciner l'horreur
Que doit faire à l'amour le sacré nom de sœur :
Mais si sa flamme y garde une place usurpée,
Dircé dans votre erreur n'est point enveloppée;
Elle se défend mieux de ce trouble intestin,
Et, si c'est votre sort, ce n'est pas son destin.
Non qu'enfin sa vertu vous regarde en coupable;
Puisque le ciel vous force, il vous rend excusable;
Et l'amour pour les sens est un si doux poison,
Qu'on ne peut pas toujours écouter la raison.
Moi-même, en qui l'honneur n'accepte aucune grâce,
J'aime en ce douteux sort tout ce qui m'embarrasse,
Je ne sais quoi m'y plaît qui n'ose s'exprimer,
Et ce confus mélange a de quoi me charmer.
Je n'aime plus qu'en sœur, et malgré moi j'espère
Ah! prince, s'il se peut, ne soyez point mon frère,
Et laissez-moi mourir avec les sentimens
Que la gloire permet aux illustres amans.
        THÉSÉE.
Je vous ai déjà dit, princesse, que peut-être,
Sitôt que vous vivrez, je cesserai de l'être :
Faut-il que je m'explique? et toute votre ardeur
Ne peut-elle sans moi lire au fond de mon cœur?
Puisqu'il est tout à vous, pénétrez-y, madame,
Vous verrez que sans crime il conserve sa flamme.
Si je suis descendu jusqu'à vous abuser,
Un juste désespoir m'auroit fait plus oser;
Et l'amour, pour défendre une si chère vie,
Peut faire vanité d'un peu de tromperie.
J'en ai tiré ce fruit, que ce nom décevant
A fait connoître ici que ce prince est vivant.
Phorbas l'a confessé; Tirésie a lui-même
Appuyé de sa voix cet heureux stratagème;
C'est par lui qu'on a su qu'il respire en ces lieux.
Souffrez donc qu'un moment je trompe encor leurs yeux,
Et, puisque dans ce jour ce frère doit paroître,
Jusqu'à ce qu'on l'ait vu permettez-moi de l'être.

ACTE IV, SCÈNE I.

DIRCÉ.
Je pardonne un abus que l'amour a formé,
Et rien ne peut déplaire alors qu'on est aimé.
Mais hasardiez-vous tant sans aucune lumière?
THÉSÉE.
Mégare m'avoit dit le secret de son père;
Il m'a valu l'honneur de m'exposer pour tous;
Mais je n'en abusois que pour mourir pour vous.
Le succès a passé cette triste espérance;
Ma flamme en vos périls ne voit plus d'apparence.
Si l'on peut à l'oracle ajouter quelque foi,
Ce fils a de sa main versé le sang du roi;
Et son ombre, en parlant de punir un grand crime,
Dit assez que c'est lui qu'elle veut pour victime.
DIRCÉ.
Prince, quoi qu'il en soit, n'empêchez plus ma mort,
Si par le sacrifice on n'éclaircit mon sort.
La reine, qui paroît, fait que je me retire;
Sachant ce que je sais, j'aurois peur d'en trop dire;
Et, comme enfin ma gloire a d'autres intérêts,
Vous saurez mieux sans moi ménager vos secrets:
Mais, puisque vous voulez que mon espoir revive,
Ne tenez pas longtemps la vérité captive.

SCÈNE II. — JOCASTE, THÉSÉE, NÉRINE.

JOCASTE.
Prince, j'ai vu Phorbas; et tout ce qu'il m'a dit
A ce que vous croyez peut donner du crédit.
  Un passant inconnu, touché de cette enfance
Dont un astre envieux condamnoit la naissance,
Sur le mont Cythéron reçut de lui mon fils,
Sans qu'il lui demandât son nom ni son pays,
De crainte qu'à son tour il ne conçût l'envie
D'apprendre dans quel sang il conservoit la vie.
Il l'a revu depuis, et presque tous les ans,
Dans le temple d'Élide offrir quelques présens.
Ainsi chacun des deux connoît l'autre au visage,
Sans s'être l'un à l'autre expliqués davantage.
Il a bien su de lui que ce fils conservé
Respire encor le jour dans un rang élevé:
Mais je demande en vain qu'à mes yeux il le montre,
A moins que ce vieillard avec lui se rencontre.
  Si Phædime après lui vous eut en son pouvoir,
De cet inconnu même il put vous recevoir,
Et, voyant à Trézène une mère affligée
De la perte du fils qu'elle avoit eu d'Égée,

Vous offrir en sa place, elle vous accepter.
Tout ce qui sur ce point pourroit faire douter,
C'est qu'il vous a souffert dans une flamme inceste,
Et n'a parlé de rien qu'en mourant de la peste.
  Mais d'ailleurs Tirésie a dit que dans ce jour
Nous pourrons voir ce prince, et qu'il vit dans la cour.
Quelques momens après on vous a vu paroître ;
Ainsi vous pouvez l'être, et pouvez ne pas l'être.
Passons outre. A Phorbas ajouteriez-vous foi?
S'il n'a pas vu mon fils, il vit la mort du roi ;
Il connoît l'assassin, voulez-vous qu'il vous voie?

THÉSÉE.

Je le verrai, madame, et l'attends avec joie,
Sûr, comme je l'ai dit, qu'il n'est point de malheurs
Qui m'eussent pu réduire à suivre des voleurs.

JOCASTE.

Ne vous assurez point sur cette conjecture,
Et souffrez qu'elle cède à la vérité pure.
Honteux qu'un homme seul eût triomphé de trois,
Qu'il en eût tué deux et mis l'autre aux abois,
Phorbas nous supposa ce qu'il nous en fit croire,
Et parla de brigands pour sauver quelque gloire.
Il me vient d'avouer sa foiblesse à genoux.
« D'un bras seul, m'a-t-il dit, partirent tous les coups ;
Un bras seul à tous trois nous ferma le passage,
Et d'une seule main ce grand crime est l'ouvrage. »

THÉSÉE.

Le crime n'est pas grand s'il fut seul contre trois.
Mais jamais sans forfait on ne se prend aux rois ;
Et, fussent-ils cachés sous un habit champêtre,
Leur propre majesté les doit faire connoître.
L'assassin de Laïus est digne du trépas,
Bien que, seul contre trois, il ne le connût pas.
Pour moi, je l'avouerai, que jamais ma vaillance
A mon bras contre trois n'a commis ma défense.
L'œil de votre Phorbas aura beau me chercher,
Jamais dans la Phocide on ne m'a vu marcher :
Qu'il vienne ; à ses regards sans crainte je m'expose ;
Et c'est un imposteur s'il vous dit autre chose.

JOCASTE.

Faites entrer Phorbas. Prince, pensez-y bien.

THÉSÉE.

S'il est homme d'honneur, je n'en dois craindre rien.

JOCASTE.

Vous voudrez, mais trop tard, en éviter la vue.

THÉSÉE.

Qu'il vienne, il tarde trop, cette lenteur me tue ;

ACTE IV, SCÈNE II. 383

Et, si je le pouvois sans perdre le respect,
Je me plaindrois un peu de me voir trop suspect.

SCÈNE III. — JOCASTE, THÉSÉE, PHORBAS, NÉRINE.

JOCASTE.

Laissez-moi lui parler, et prêtez-nous silence.
Phorbas, envisagez ce prince en ma présence :
Le reconnoissez-vous?

PHORBAS.

    Je crois vous avoir dit
Que je ne l'ai point vu depuis qu'on le perdit,
Madame : un si long temps laisse mal reconnoître
Un prince qui pour lors ne faisoit que de naître ;
Et, si je vois en lui l'effet de mon secours,
Je n'y puis voir les traits d'un enfant de deux jours.

JOCASTE.

Je sais, ainsi que vous, que les traits de l'enfance
N'ont avec ceux d'un homme aucune ressemblance;
Mais comme ce héros, s'il est sorti de moi,
Doit avoir de sa main versé le sang du roi,
Seize ans n'ont pas changé tellement son visage,
Que vous n'en conserviez quelque imparfaite image.

PHORBAS.

Hélas! j'en garde encor si bien le souvenir,
Que je l'aurai présent durant tout l'avenir.
Si pour connoître un fils il vous faut cette marque,
Ce prince n'est point né de notre grand monarque.
Mais désabusez-vous, et sachez que sa mort
Ne fut jamais d'un fils le parricide effort.

JOCASTE.

Et de qui donc, Phorbas? Avez-vous connoissance
Du nom du meurtrier? Savez-vous sa naissance?

PHORBAS.

Et, de plus, sa demeure et son rang. Est-ce assez?

JOCASTE.

Je saurai le punir si vous le connoissez.
Pourrez-vous le convaincre?

PHORBAS.

    Et par sa propre bouche.

JOCASTE.

A nos yeux?

PHORBAS.

   A vos yeux. Mais peut-être il vous touche,
Peut-être y prendrez-vous un peu trop d'intérêt
Pour m'en croire aisément quand j'aurai dit qui c'est.

THÉSÉE.

Ne nous déguisez rien, parlez en assurance

Que le fils de Laïus en hâte la vengeance.
JOCASTE.
Il n'est pas assuré, prince, que ce soit vous,
Comme il l'est que Laïus fut jadis mon époux ;
Et d'ailleurs, si le ciel vous choisit pour victime,
Vous me devez laisser à punir ce grand crime.
THÉSÉE.
Avant que de mourir, un fils peut le venger.
PHORBAS.
Si vous l'êtes ou non, je ne le puis juger ;
Mais je sais que Thésée est si digne de l'être,
Qu'au seul nom qu'il en prend je l'accepte pour maître
Seigneur, vengez un père, ou ne soutenez plus
Que nous voyons en vous le vrai sang de Laïus.
JOCASTE.
Phorbas, nommez ce traître, et nous tirez de doute ;
Et j'atteste à vos yeux le ciel, qui nous écoute,
Que pour cet assassin il n'est point de tourmens
Qui puissent satisfaire à mes ressentimens.
PHORBAS.
Mais, si je vous nommois quelque personne chère,
Æmon votre neveu, Créon votre seul frère,
Ou le prince Lycus, ou le roi votre époux,
Me pourriez-vous en croire, ou garder ce courroux ?
JOCASTE.
De ceux que vous nommez je sais trop l'innocence.
PHORBAS.
Peut-être qu'un des quatre a fait plus qu'il ne pense ;
Et j'ai lieu de juger qu'un trop cuisant ennui....
JOCASTE.
Voici le roi qui vient ; dites tout devant lui.

SCÈNE IV. — ŒDIPE, JOCASTE, THÉSÉE, PHORBAS, SUITE.

ŒDIPE.
Si vous trouvez un fils dans le prince Thésée,
Mon âme en son effroi s'étoit bien abusée :
Il ne choisira point de chemin criminel
Quand il voudra rentrer au trône paternel,
Madame ; et ce sera du moins à force ouverte
Qu'un si vaillant guerrier entreprendra ma perte.
 Mais dessus ce vieillard plus je porte les yeux,
Plus je crois l'avoir vu jadis en d'autres lieux :
Ses rides me font peine à le bien reconnoître.
Ne m'as-tu jamais vu ?
PHORBAS.
    Seigneur, cela peut être.

ACTE IV, SCÈNE IV.

ŒDIPE.
Il y pourroit avoir entre quinze et vingt ans.
PHORBAS.
J'ai de confus rapports d'environ même temps.
ŒDIPE.
Environ ce temps-là fis-tu quelque voyage?
PHORBAS.
Oui, seigneur, en Phocide; et là, dans un passage...
ŒDIPE.
Ah! je te reconnois, ou je suis fort trompé.
C'est un de mes brigands à la mort échappé,
Madame, et vous pouvez lui choisir des supplices;
S'il n'a tué Laïus, il fut un des complices.
JOCASTE.
C'est un de vos brigands! Ah! que me dites-vous?
ŒDIPE.
Je le laissai pour mort, et tout percé de coups.
PHORBAS.
Quoi! vous m'auriez blessé? moi, seigneur?
ŒDIPE.
Oui, perfide.
Tu fis, pour ton malheur, ma rencontre en Phocide,
Et tu fus un des trois que je sus arrêter
Dans ce passage étroit qu'il fallut disputer:
Tu marchois le troisième; en faut-il davantage?
PHORBAS.
Si de mes compagnons vous peignez le visage,
Je n'aurois rien à dire, et ne pourrois nier.
ŒDIPE.
Seize ans, à ton avis, m'ont fait les oublier!
Ne le présume pas: une action si belle
En laisse au fond de l'âme une idée immortelle;
Et si dans un combat on ne perd point de temps
A bien examiner les traits des combattans,
Après que celui-ci m'eut tout couvert de gloire,
Je sus tout à loisir contempler ma victoire.
Mais tu nieras encore, et n'y connoîtras rien.
PHORBAS.
Je serai convaincu, si vous les peignez bien:
Les deux que je suivis sont connus de la reine.
ŒDIPE.
Madame, jugez donc si sa défense est vaine.
Le premier de ces trois que mon bras sut punir
A peine méritoit un léger souvenir:
Petit de taille, noir, le regard un peu louche,
Le front cicatrisé, la mine assez farouche;
Mais homme, à dire vrai, de si peu de vertu

Que dès le premier coup je le vis abattu.
Le second, je l'avoue, avoit un grand courage,
Bien qu'il parût déjà dans le penchant de l'âge.
Le front assez ouvert, l'œil perçant, le teint frais;
On en peut voir en moi la taille et quelques traits;
Chauve sur le devant, mêlé sur le derrière,
Le port majestueux, et la démarche fière.
Il se défendit bien, et me blessa deux fois;
Et tout mon cœur s'émut de le voir aux abois.
Vous pâlissez, madame!

JOCASTE.

Ah! seigneur, puis-je apprendre
Que vous ayez tué Laïus après Nicandre,
Que vous ayez blessé Phorbas de votre main,
Sans en frémir d'horreur, sans en pâlir soudain?

ŒDIPE.

Quoi! c'est là ce Phorbas qui vit tuer son maître?

JOCASTE.

Vos yeux, après seize ans, l'ont trop su reconnoître;
Et ses deux compagnons, que vous avez dépeints,
De Nicandre et du roi portent les traits empreints.

ŒDIPE.

Mais ce furent brigands, dont le bras....

JOCASTE.

C'est un conte
Dont Phorbas au retour voulut cacher sa honte.
Une main seule, hélas! fit ces funestes coups,
Et, par votre rapport, ils partirent de vous.

PHORBAS.

J'en fus presque sans vie un peu plus d'une année.
Avant ma guérison on vit votre hyménée.
Je guéris; et mon cœur, en secret mutiné
De connoître quel roi vous nous aviez donné,
S'imposa cet exil dans un séjour champêtre,
Attendant que le ciel me fît un autre maître.

THÉSÉE.

Seigneur, je suis le frère ou l'amant de Dircé;
Et son père ou le mien, de votre main percé....

ŒDIPE.

Prince, je vous entends, il faut venger ce père,
Et ma perte à l'État semble être nécessaire,
Puisque de nos malheurs la fin ne se peut voir,
Si le sang de Laïus ne remplit son devoir.
C'est ce que Tirésie avoit voulu me dire.
Mais ce reste du jour souffrez que je respire.
Le plus sévère honneur ne sauroit murmurer
De ce peu de momens que j'ose différer;
Et ce coup surprenant permet à votre haine

De faire cette grâce aux larmes de la reine.
THÉSÉE.
Nous nous verrons demain, seigneur, et résoudrons...
ŒDIPE.
Quand il en sera temps, prince, nous répondrons ;
Et s'il faut, après tout, qu'un grand crime s'efface
Par le sang que Laïus a transmis à sa race,
Peut-être aurez-vous peine à reprendre son rang,
Qu'il ne vous ait coûté quelque peu de ce sang.
THÉSÉE.
Demain chacun de nous fera sa destinée.

SCÈNE V. — ŒDIPE, JOCASTE, SUITE.
JOCASTE.
Que de maux nous promet cette triste journée !
J'y dois voir ou ma fille ou mon fils s'immoler,
Tout le sang de ce fils de votre main couler,
Ou de la sienne enfin le vôtre se répandre ;
Et, ce qu'oracle aucun n'a fait encore attendre,
Rien ne m'affranchira de voir sans cesse en vous,
Sans cesse en un mari, l'assassin d'un époux.
Puis-je plaindre à ce mort la lumière ravie,
Sans haïr le vivant, sans détester ma vie ?
Puis-je de ce vivant plaindre l'aveugle sort,
Sans détester ma vie et sans trahir le mort ?
ŒDIPE.
Madame, votre haine est pour moi légitime ;
Et cet aveugle sort m'a fait vers vous un crime,
Dont ce prince demain me punira pour vous,
Ou mon bras vengera ce fils et cet époux ;
Et, m'offrant pour victime à votre inquiétude,
Il vous affranchira de toute ingratitude.
Alors sans balancer vous plaindrez tous les deux,
Vous verrez sans rougir alors vos derniers feux,
Et permettrez sans honte à vos douleurs pressantes
Pour Laïus et pour moi des larmes innocentes.
JOCASTE.
Ah ! seigneur, quelque bras qui puisse vous punir,
Il n'effacera rien dedans mon souvenir :
Je vous verrai toujours, sa couronne à la tête,
De sa place en mon lit faire votre conquête ;
Je me verrai toujours vous placer en son rang,
Et baiser votre main fumante de son sang.
Mon ombre même un jour dans les royaumes sombres
Ne recevra des dieux pour bourreaux que vos ombres ;
Et, sa confusion l'offrant à toutes deux,
Elle aura pour tourment tout ce qui fit mes feux.

Oracles décevans, qu'osiez-vous me prédire?
Si sur notre avenir vos dieux ont quelque empire,
Quelle indigne pitié divise leur courroux!
Ce qu'elle épargne au fils retombe sur l'époux;
Et, comme si leur haine, impuissante ou timide,
N'osoit le faire ensemble inceste et parricide,
Elle partage à deux un sort si peu commun,
Afin de me donner deux coupables pour un.

ŒDIPE.

O partage inégal de ce courroux céleste!
Je suis le parricide, et ce fils est l'inceste.
Mais mon crime est entier, et le sien imparfait;
Le sien n'est qu'en désir, et le mien en effet.
Ainsi, quelques raisons qui puissent me défendre,
La veuve de Laïus ne sauroit les entendre;
Et les plus beaux exploits passent pour trahisons,
Alors qu'il faut du sang, et non pas des raisons.

JOCASTE.

Ah! je n'en vois que trop qui me déchirent l'âme.
La veuve de Laïus est toujours votre femme,
Et n'oppose que trop, pour vous justifier,
A la moitié du mort celle du meurtrier.
Pour toute autre que moi votre erreur est sans crime,
Toute autre admireroit votre bras magnanime;
Et toute autre, réduite à punir votre erreur,
La puniroit du moins sans trouble et sans horreur.
Mais, hélas! mon devoir aux deux partis m'attache;
Nul espoir d'aucun d'eux, nul effort ne m'arrache;
Et je trouve toujours dans mon esprit confus
Et tout ce que je suis et tout ce que je fus.
Je vous dois de l'amour, je vous dois de la haine
L'un et l'autre me plaît, l'un et l'autre me gêne;
Et mon cœur, qui doit tout, et ne voit rien permis,
Souffre tout à la fois deux tyrans ennemis.
  La haine auroit l'appui d'un serment qui me lie;
Mais je le romps exprès pour en être punie;
Et, pour finir des maux qu'on ne peut soulager,
J'aime à donner aux dieux un parjure à venger.
C'est votre foudre, ô ciel! qu'à mon secours j'appelle:
Œdipe est innocent, je me fais criminelle;
Par un juste supplice osez me désunir
De la nécessité d'aimer et de punir.

ŒDIPE.

Quoi! vous ne voyez pas que sa fausse justice
Ne sait plus ce que c'est que d'un juste supplice.
Et que, par un désordre à confondre nos sens,
Son injuste rigueur n'en veut qu'aux innocens?

Après avoir choisi ma main pour ce grand crime,
C'est le sang de Laïus qu'il choisit pour victime;
Et le bizarre éclat de son discernement
Sépare le forfait d'avec le châtiment.
C'est un sujet nouveau d'une haine implacable,
De voir sur votre sang la peine du coupable;
Et les dieux vous en font une éternelle loi,
S'ils punissent en lui ce qu'ils ont fait par moi.
Voyez comme les fils de Jocaste et d'Œdipe
D'une si juste haine ont tous deux le principe :
A voir leurs actions, à voir leur entretien,
L'un n'est que votre sang, l'autre n'est que le mien,
Et leur antipathie inspire à leur colère
Des préludes secrets de ce qu'il vous faut faire.
JOCASTE.
Pourrez-vous me haïr jusqu'à cette rigueur
De souhaiter pour vous même haine en mon cœur?
ŒDIPE.
Toujours de vos vertus j'adorerai les charmes,
Pour ne haïr qu'en moi la source de vos larmes.
JOCASTE.
Et je me forcerai toujours à vous blâmer,
Pour ne haïr qu'en moi ce qui vous fit m'aimer.
Mais finissons, de grâce, un discours qui me tue :
L'assassin de Laïus doit me blesser la vue;
Et, malgré ce courroux par sa mort allumé,
Je sens qu'Œdipe enfin sera toujours aimé.
ŒDIPE.
Que fera cet amour?
JOCASTE.
Ce qu'il doit à la haine.
ŒDIPE.
Qu'osera ce devoir?
JOCASTE.
Croître toujours ma peine.
ŒDIPE.
Faudra-t-il pour jamais me bannir de vos yeux?
JOCASTE.
Peut-être que demain nous le saurons des dieux.

ACTE CINQUIÈME.

SCÈNE I. — ŒDIPE, DYMAS.

DYMAS.
Seigneur, il est trop vrai que le peuple murmure;
Qu'il rejette sur vous sa funeste aventure,

Et que de tous côtés on n'entend que mutins
Qui vous nomment l'auteur de leurs mauvais destins.
D'un devin suborné les infâmes prestiges
De l'ombre, disent-ils, ont fait tous les prodiges.
L'or mouvoit ce fantôme ; et, pour perdre Dircé,
Vos présens lui dictoient ce qu'il a prononcé.
Tant ils conçoivent mal qu'un si grand roi consente
A venger son trépas sur sa race innocente,
Qu'il assure son sceptre, aux dépens de son sang,
A ce bras impuni qui lui perça le flanc,
Et que, par cet injuste et cruel sacrifice,
Lui-même de sa mort il se fasse justice!

ŒDIPE.

Ils ont quelque raison de tenir pour suspect
Tout ce qui s'est montré tantôt à leur aspect ;
Et je n'ose blâmer cette horreur que leur donne
L'assassin de leur roi qui porte sa couronne.
Moi-même, au fond du cœur, de même horreur frappé,
Je veux fuir le remords de son trône occupé ;
Et je dois cette grâce à l'amour de la reine,
D'épargner ma présence aux devoirs de sa haine,
Puisque de notre hymen les liens mal tissus
Par ces mêmes devoirs semblent être rompus.
Je vais donc à Corinthe achever mon supplice.
Mais ce n'est pas au peuple à se faire justice :
L'ordre que tient le ciel à lui choisir des rois
Ne lui permet jamais d'examiner son choix,
Et le devoir aveugle y doit toujours souscrire
Jusqu'à ce que d'en haut on veuille s'en dédire.
Pour chercher mon repos, je veux bien me bannir ;
Mais, s'il me bannissoit, je saurois l'en punir ;
Ou, si je succombois sous sa troupe mutine,
Je saurois l'accabler du moins sous ma ruine.

DYMAS.

Seigneur, jusques ici ses plus grands déplaisirs
Pour armes contre vous n'ont pris que des soupirs ;
Et cet abattement que lui cause la peste
Ne souffre à son murmure aucun dessein funeste.
Mais il faut redouter que Thésée et Dircé
N'osent pousser plus loin ce qu'il a commencé.
Phorbas même est à craindre, et pourroit le réduire
Jusqu'à se vouloir mettre en état de vous nuire.

ŒDIPE.

Thésée a trop de cœur pour une trahison ;
Et d'ailleurs j'ai promis de lui faire raison.
Pour Dircé, son orgueil dédaignera sans doute
L'appui tumultueux que ton zèle redoute.

Phorbas est plus à craindre, étant moins généreux;
Mais il nous est aisé de nous assurer d'eux.
Fais-les venir tous trois, que je lise en leur âme
S'ils prêteroient la main à quelque sourde trame.
Commence par Phorbas : je saurai démêler
Quels desseins....

SCÈNE II. — ŒDIPE, DYMAS, UN PAGE.

LE PAGE.
    Un vieillard demande à vous parler.
Il se dit de Corinthe, et presse.

ŒDIPE.
       Il vient me faire
Le funeste rapport du trépas de mon père;
Préparons nos soupirs à ce triste récit.
Qu'il entre.... Cependant fais ce que je t'ai dit.

SCÈNE III. — ŒDIPE, IPHICRATE, SUITE.

ŒDIPE.
Eh bien ! Polybe est mort?

IPHICRATE.
    Oui, seigneur.

ŒDIPE.
        Mais vous-même
Venir me consoler de ce malheur suprême !
Vous qui, chef du conseil, devriez maintenant,
Attendant mon retour, être mon lieutenant !
Vous, à qui tant de soins d'élever mon enfance
Ont acquis justement toute ma confiance !
Ce voyage me trouble autant qu'il me surprend.

IPHICRATE.
Le roi Polybe est mort; ce malheur est bien grand :
Mais comme enfin, seigneur, il est suivi d'un pire,
Pour l'apprendre de moi faites qu'on se retire.

 (OEdipe fait un signe de tête à sa suite, qui l'oblige à se
     retirer.)

ŒDIPE.
Ce jour est donc pour moi le grand jour des malheurs,
Puisque vous apportez un comble à mes douleurs.
J'ai tué le feu roi jadis sans le connoître;
Son fils, qu'on croyoit mort, vient ici de renaître;
Son peuple mutiné me voit avec horreur;
Sa veuve mon épouse en est dans la fureur.
Le chagrin accablant qui me dévore l'âme
Me fait abandonner et peuple, et sceptre, et femme,
Pour remettre à Corinthe un esprit éperdu.

Et par d'autres malheurs je m'y vois attendu!
IPHICRATE.
Seigneur, il faut ici faire tête à l'orage;
Il faut faire ici ferme, et montrer du courage.
Le repos à Corinthe en effet seroit doux;
Mais il n'est plus de sceptre à Corinthe pour vous.
ŒDIPE.
Quoi! l'on s'est emparé de celui de mon père?
IPHICRATE.
Seigneur, on n'a rien fait que ce qu'on a dû faire;
Et votre amour en moi ne voit plus qu'un banni,
De son amour pour vous trop doucement puni.
ŒDIPE.
Quelle énigme!
IPHICRATE.
Apprenez avec quelle justice
Ce roi vous a dû rendre un si mauvais office.
Vous n'étiez point son fils.
ŒDIPE.
Dieux! Qu'entends-je?
IPHICRATE.
A regret
Ses remords en mourant ont rompu le secret.
Il vous gardoit encore une amitié fort tendre :
Mais le compte qu'aux dieux la mort force de rendre
A porté dans son cœur un si pressant effroi,
Qu'il a remis Corinthe aux mains de son vrai roi.
ŒDIPE.
Je ne suis point son fils! et que suis-je, Iphicrate?
IPHICRATE.
Un enfant exposé, dont le mérite éclate,
Et de qui par pitié j'ai dérobé les jours
Aux ongles des lions, aux griffes des vautours.
ŒDIPE.
Et qui m'a fait passer pour le fils de ce prince?
IPHICRATE.
Le manque d'héritiers ébranloit sa province.
Les trois que lui donna le conjugal amour
Perdirent en naissant la lumière du jour;
Et la mort du dernier me fit prendre l'audace
De vous offrir au roi, qui vous mit en sa place.
Ce que l'on se promit de ce fils supposé
Réunit sous ses lois son État divisé;
Mais, comme cet abus finit avec sa vie,
Sa mort de mon supplice auroit été suivie,
S'il n'eût donné cet ordre à son dernier moment,
Qu'un juste et prompt exil fût mon seul châtiment.

ACTE V, SCÈNE III.

ŒDIPE
Ce revers seroit dur pour quelque âme commune;
Mais je me fis toujours maître de ma fortune;
Et, puisqu'elle a repris l'avantage du sang,
Je ne dois plus qu'à moi tout ce que j'eus de rang.
Mais n'as-tu point appris de qui j'ai reçu l'être?

IPHICRATE.
Seigneur, je ne puis seul vous le faire connoître.
Vous fûtes exposé jadis par un Thébain
Dont la compassion vous remit en ma main,
Et qui, sans m'éclaircir touchant votre naissance,
Me chargea seulement d'éloigner votre enfance.
J'en connois le visage, et l'ai revu souvent,
Sans nous être tous deux expliqués plus avant:
Je lui dis qu'en éclat j'avois mis votre vie,
Et lui cachai toujours mon nom et ma patrie,
De crainte, en les sachant, que son zèle indiscret
Ne vînt mal à propos troubler notre secret.
Mais, comme de sa part il connoît mon visage,
Si je le trouve ici, nous saurons davantage.

ŒDIPE.
Je serois donc Thébain à ce compte?

IPHICRATE.
      Oui, seigneur.

ŒDIPE.
Je ne sais si je dois le tenir à bonheur;
Mon cœur, qui se soulève, en forme un noir augure
Sur l'éclaircissement de ma triste aventure.
Où me reçûtes-vous?

IPHICRATE.
  Sur le mont Cythéron.

ŒDIPE.
Ah! que vous me frappez par ce funeste nom!
Le temps, le lieu, l'oracle, et l'âge de la reine,
Tout semble concerté pour me mettre à la gêne.
Dieu! seroit-il possible? Approchez-vous, Phorbas.

SCÈNE IV. — ŒDIPE, IPHICRATE, PHORBAS.

IPHICRATE.
Seigneur, voilà celui qui vous mit en mes bras;
Permettez qu'à vos yeux je montre un peu de joie.
(*A Phorbas.*)
Se peut-il faire, ami, qu'encor je te revoie!

PHORBAS.
Que j'ai lieu de bénir ton retour fortuné!
Qu'as-tu fait de l'enfant que je t'avois donné?

Le généreux Thésée a fait gloire de l'être ;
Mais sa preuve est obscure, et tu dois le connoître :
Parle.
IPHICRATE.
Ce n'est point lui, mais il vit en ces lieux.
PHORBAS.
Nomme-le donc, de grâce.
IPHICRATE.
Il est devant tes yeux.
PHORBAS.
Je ne vois que le roi.
IPHICRATE.
C'est lui-même.
PHORBAS.
Lui-même !
IPHICRATE.
Oui : le secret n'est plus d'une importance extrême ;
Tout Corinthe le sait. Nomme-lui ses parens.
PHORBAS.
En fussions-nous tous trois à jamais ignorans !
IPHICRATE.
Seigneur, lui seul enfin peut dire qui vous êtes.
ŒDIPE.
Hélas ! je le vois trop ; et vos craintes secrètes,
Qui vous ont empêchés de vous entr'éclaircir,
Loin de tromper l'oracle, ont fait tout réussir.
　Voyez où m'a plongé votre fausse prudence :
Vous cachiez ma retraite, il cachoit ma naissance ;
Vos dangereux secrets, par un commun accord,
M'ont livré tout entier aux rigueurs de mon sort.
Ce sont eux qui m'ont fait l'assassin de mon père ;
Ce sont eux qui m'ont fait le mari de ma mère.
D'une indigne pitié le fatal contre-temps
Confond dans mes vertus ces forfaits éclatans :
Elle fait voir en moi, par un mélange infâme,
Le frère de mes fils et le fils de ma femme.
Le ciel l'avoit prédit, vous avez achevé ;
Et vous avez tout fait quand vous m'avez sauvé.
PHORBAS.
Oui, seigneur, j'ai tout fait, sauvant votre personne ;
M'en punissent les dieux si je me le pardonne !

SCÈNE V. — ŒDIPE, IPHICRATE.

ŒDIPE.
Que n'obéissois-tu, perfide, à mes parens,
Qui se faisoient pour moi d'équitables tyrans ?
Que ne lui disois-tu ma naissance et l'oracle.

ACTE V, SCÈNE V.

Afin qu'à mes destins il pût mettre un obstacle?
Car, Iphicrate, en vain j'accuserois ta foi;
Tu fus dans ces destins aveugle comme moi;
Et tu ne m'abusois que pour ceindre ma tête
D'un bandeau dont par là tu faisois ma conquête.

IPHICRATE.

Seigneur, comme Phorbas avoit mal obéi,
Que l'ordre de son roi par là se vit trahi,
Il avoit lieu de craindre, en me disant le reste,
Que son crime par moi devenu manifeste....

ŒDIPE.

Cesse de l'excuser : que m'importe en effet
S'il est coupable ou non de tout ce que j'ai fait?
En ai-je moins de trouble, ou moins d'horreur en l'âme?

SCÈNE VI. — ŒDIPE, DIRCÉ, IPHICRATE.

ŒDIPE.

Votre frère est connu; le savez-vous, madame?

DIRCÉ.

Oui, seigneur, et Phorbas m'a tout dit en deux mots.

ŒDIPE.

Votre amour pour Thésée est dans un plein repos.
Vous n'appréhendez plus que le titre de frère
S'oppose à cette ardeur qui vous étoit si chère :
Cette assurance entière a de quoi vous ravir,
Ou plutôt votre haine a de quoi s'assouvir.
Quand le ciel de mon sort l'auroit faite l'arbitre,
Elle ne m'eût choisi rien de pis que ce titre.

DIRCÉ.

Ah! seigneur, pour Æmon j'ai su mal obéir;
Mais je n'ai point été jusques à vous haïr.
La fierté de mon cœur, qui me traitoit de reine,
Vous cédoit en ces lieux la couronne sans peine;
Et cette ambition que me prêtoit l'amour
Ne cherchoit qu'à régner dans un autre séjour.
 Cent fois de mon orgueil l'éclat le plus farouche
Aux termes odieux a refusé ma bouche :
Pour vous nommer tyran il falloit cent efforts;
Ce mot ne m'a jamais échappé sans remords.
D'un sang respectueux la puissance inconnue
A mes soulèvemens mêloit la retenue;
Et cet usurpateur dont j'abhorrois la loi,
S'il m'eût donné Thésée, eût eu le nom de roi.

ŒDIPE.

C'étoit ce même sang dont la pitié secrète
De l'ombre de Laïus me faisoit l'interprète.

Il ne pouvoit souffrir qu'un mot mal entendu
Détournât sur ma sœur un sort qui m'étoit dû
Et que votre innocence immolée à mon crime
Se fît de nos malheurs l'inutile victime.
DIRCÉ.
Quel crime avez-vous fait que d'être malheureux ?
ŒDIPE.
Mon souvenir n'est plein que d'exploits généreux ;
Cependant je me trouve inceste et parricide,
Sans avoir fait un pas que sur les pas d'Alcide,
Ni recherché partout que lois à maintenir,
Que monstres à détruire, et méchans à punir.
Aux crimes malgré moi l'ordre du ciel m'attache ;
Pour m'y faire tomber à moi-même il me cache ;
Il offre, en m'aveuglant sur ce qu'il a prédit,
Mon père à mon épée, et ma mère à mon lit.
Hélas ! qu'il est bien vrai qu'en vain on s'imagine
Dérober notre vie à ce qu'il nous destine !
Les soins de l'éviter font courir au-devant,
Et l'adresse à le fuir y plonge plus avant.
Mais si les dieux m'ont fait la vie abominable
Ils m'en font par pitié la sortie honorable,
Puisque enfin leur faveur mêlée à leur courroux
Me condamne à mourir pour le salut de tous,
Et qu'en ce même temps qu'il faudroit que ma vie
Des crimes qu'ils m'ont fait traînât l'ignominie,
L'éclat de ces vertus que je ne tiens pas d'eux
Reçoit pour récompense un trépas glorieux.
DIRCÉ.
Ce trépas glorieux comme vous me regarde ;
Le juste choix du ciel peut-être me le garde :
Il fit tout votre crime ; et le malheur du roi
Ne vous rend pas, seigneur, plus coupable que moi.
D'un voyage fatal qui seul causa sa perte
Je fus l'occasion ; elle vous fut offerte :
Votre bras contre trois disputa le chemin ;
Mais ce n'étoit qu'un bras qu'empruntoit le destin,
Puisque votre vertu qui servit sa colère
Ne put voir en Laïus ni de roi ni de père.
Ainsi j'espère encor que demain, par son choix,
Le ciel épargnera le plus grand de nos rois.
L'intérêt des Thébains et de votre famille
Tournera son courroux sur l'orgueil d'une fille
Qui n'a rien que l'État doive considérer,
Et qui contre son roi n'a fait que murmurer.
ŒDIPE.
Vous voulez que le ciel, pour montrer à la terre

Qu'on peut innocemment mériter le tonnerre,
Me laisse de sa haine étaler en ces lieux
L'exemple le plus noir et le plus odieux!
Non, non; vous le verrez demain au sacrifice
Par le choix que j'attends couvrir son injustice,
Et, par la peine due à son propre forfait,
Désavouer ma main de tout ce qu'elle a fait.

SCÈNE VII. — ŒDIPE, THÉSÉE, DIRCÉ, IPHICRATE

ŒDIPE.

Est-ce encor votre bras qui doit venger son père?
Son amant en a-t-il plus de droit que son frère,
Prince?

THÉSÉE.

 Je vous en plains, et ne puis concevoir,
Seigneur....

ŒDIPE.

  La vérité ne se fait que trop voir.
Mais nous pourrons demain être tous deux à plaindre,
Si le ciel fait le choix qu'il nous faut tous deux craindre
 S'il me choisit, ma sœur, donnez-lui votre foi :
Je vous en prie en frère, et vous l'ordonne en roi.
Vous, seigneur, si Dircé garde encor sur votre âme
L'empire que lui fit une si belle flamme,
Prenez soin d'apaiser les discords de mes fils,
Qui par les nœuds du sang vous deviendront unis.
Vous voyez où des dieux nous a réduits la haine.
Adieu : laissez-moi seul en consoler la reine;
Et ne m'enviez pas un secret entretien,
Pour affermir son cœur sur l'exemple du mien.

SCÈNE VIII. — THÉSÉE, DIRCÉ.

DIRCÉ.

Parmi de tels malheurs que sa constance est rare!
Il ne s'emporte point contre un sort si barbare;
La surprenante horreur de cet accablement
Ne coûte à sa grande âme aucun égarement;
Et sa haute vertu, toujours inébranlable.
Le soutient au-dessus de tout ce qui l'accable.

THÉSÉE.

Souvent, avant le coup qui doit nous accabler,
La nuit qui l'enveloppe a de quoi nous troubler;
L'obscur pressentiment d'une injuste disgrâce
Combat avec effroi sa confuse menace :
Mais, quand ce coup tombé vient d'épuiser le sort
Jusqu'à n'en pouvoir craindre un plus barbare effort,

Ce trouble se dissipe, et cette âme innocente,
Qui brave impunément la fortune impuissante,
Regarde avec dédain ce qu'elle a combattu,
Et se rend tout entière à toute sa vertu.

SCÈNE IX. — THÉSÉE, DIRCÉ, NÉRINE.

NÉRINE.

Madame....

DIRCÉ.

Que veux-tu, Nérine?

NÉRINE.

Hélas! la reine....

DIRCÉ.

Que fait-elle?

NÉRINE.

Elle est morte; et l'excès de sa peine,
Par un prompt désespoir....

DIRCÉ.

Jusques où portez-vous,
Impitoyables dieux, votre injuste courroux!

THÉSÉE.

Quoi! même aux yeux du roi son désespoir la tue?
Ce monarque n'a pu....

NÉRINE.

Le roi ne l'a point vue,
Et quant à son trépas, ses pressantes douleurs
L'ont cru devoir sur l'heure à de si grands malheurs.
Phorbas l'a commencé, sa main a fait le reste.

DIRCÉ.

Quoi! Phorbas....

NÉRINE.

Oui, Phorbas, par son récit funeste,
Et par son propre exemple, a su l'assassiner.
Ce malheureux vieillard n'a pu se pardonner;
Il s'est jeté d'abord aux genoux de la reine,
Où, détestant l'effet de sa prudence vaine :
« Si j'ai sauvé ce fils pour être votre époux,
Et voir le roi son père expirer sous ses coups,
A-t-il dit, la pitié qui me fit le ministre
De tout ce que le ciel eut pour vous de sinistre,
Fait place au désespoir d'avoir si mal servi,
Pour venger sur mon sang votre ordre mal suivi.
L'inceste où malgré vous tous deux je vous abîme
Recevra de ma main sa première victime :
J'en dois le sacrifice à l'innocente erreur
Qui vous rend l'un pour l'autre un objet plein d'horreur. »
Cet arrêt qu'à nos yeux lui-même il se prononce

ACTE V, SCÈNE IX.

Est suivi d'un poignard qu'en ses flancs il enfonce.
La reine, à ce malheur si peu prémédité,
Semble le recevoir avec stupidité.
L'excès de sa douleur la fait croire insensible:
Rien n'échappe au dehors qui la rende visible;
Et tous ses sentimens enfermés dans son cœur
Ramassent en secret leur dernière vigueur.
Nous autres cependant, autour d'elle rangées,
Stupides ainsi qu'elle, ainsi qu'elle affligées,
Nous n'osons rien permettre à nos fiers déplaisirs
Et nos pleurs par respect attendent ses soupirs.
Mais enfin tout à coup, sans changer de visage.
Du mort qu'elle contemple elle imite la rage,
Se saisit du poignard, et de sa propre main
A nos yeux comme lui s'en traverse le sein.
On diroit que du ciel l'implacable colère
Nous arrête les bras pour lui laisser tout faire.
Elle tombe, elle expire avec ces derniers mots :
« Allez dire à Dircé qu'elle vive en repos,
Que de ces lieux maudits en hâte elle s'exile;
Athènes a pour elle un glorieux asile,
Si toutefois Thésée est assez généreux
Pour n'avoir point d'horreur d'un sang si malheureux. »

THÉSÉE.
Ah! ce doute m'outrage; et si jamais vos charmes....

DIRCÉ.
Seigneur, il n'est saison que de verser des larmes.
La reine, en expirant, a donc pris soin de moi!
Mais tu ne me dis point ce qu'elle a dit du roi?

NÉRINE.
Son âme en s'envolant, jalouse de sa gloire,
Craignoit d'en emporter la honteuse mémoire;
Et, n'osant le nommer son fils ni son époux,
Sa dernière tendresse a toute été pour vous.

DIRCÉ.
Et je puis vivre encore après l'avoir perdue!

SCÈNE X. — THÉSÉE, DIRCÉ, CLÉANTE, DYMAS, NÉRINE.

(*Cléante sort d'un côté, et Dymas de l'autre, environ
quatre vers après Cléante.*)

CLÉANTE.
La santé dans ces murs tout d'un coup répandue
Fait crier au miracle et bénir hautement
La bonté de nos dieux d'un si prompt changement.
Tous ces mourans, madame, à qui déjà la peste
Ne laissoit qu'un soupir, qu'un seul moment de reste,

En cet heureux moment rappelés des abois,
Rendent grâces au ciel d'une commune voix;
Et l'on ne comprend point quel remède il applique
A rétablir sitôt l'allégresse publique.
DIRCÉ.
Que m'importe qu'il montre un visage plus doux,
Quand il fait des malheurs qui ne sont que pour nous?
Avez-vous vu le roi, Dymas?
DYMAS.
Hélas! princesse,
On ne doit qu'à son sang la publique allégresse.
Ce n'est plus que pour lui qu'il faut verser des pleurs :
Ses crimes inconnus avoient fait nos malheurs;
Et sa vertu souillée à peine s'est punie,
Qu'aussitôt de ces lieux la peste s'est bannie.
THÉSÉE.
L'effort de son courage a su nous éblouir :
D'un si grand désespoir il cherchoit à jouir,
Et de sa fermeté n'empruntoit les miracles
Que pour mieux éviter toutes sortes d'obstacles.
DIRCÉ.
Il s'est rendu par là maître de tout son sort.
Mais achève, Dymas, le récit de sa mort;
Achève d'accabler une âme désolée.
DYMAS.
Il n'est point mort, madame; et la sienne, ébranlée
Par les confus remords d'un innocent forfait,
Attend l'ordre des dieux pour sortir tout à fait.
DIRCÉ.
Que nous disois-tu donc?
DYMAS.
Ce que j'ose encor dire,
Qu'il vit et ne vit plus, qu'il est mort et respire;
Et que son sort douteux, qui seul reste à pleurer,
Des morts et des vivans semble le séparer.
J'étois auprès de lui sans aucunes alarmes;
Son cœur sembloit calmé, je le voyois sans armes,
Quand soudain, attachant ses deux mains sur ses yeux
« Prévenons, a-t-il dit, l'injustice des dieux;
Commençons à mourir avant qu'ils nous l'ordonnent;
Qu'ainsi que mes forfaits mes supplices étonnent.
Ne voyons plus le ciel après sa cruauté :
Pour nous venger de lui dédaignons sa clarté;
Refusons-lui nos yeux, et gardons quelque vie
Qui montre encore à tous quelle est sa tyrannie. »
Là, ses yeux arrachés par ses barbares mains
Font distiller un sang qui rend l'âme aux Thébains.

ACTE V, SCÈNE X.

Ce sang si précieux touche à peine la terre,
Que le courroux du ciel ne leur fait plus la guerre;
Et trois mourans guéris au milieu du palais
De sa part tout d'un coup nous annoncent la paix.
Cléante vous a dit que par toute la ville....

THÉSÉE.

Cessons de nous gêner d'une crainte inutile.
A force de malheurs le ciel fait assez voir
Que le sang de Laïus a rempli son devoir :
Son ombre est satisfaite; et ce malheureux crime
Ne laisse plus douter du choix de sa victime.

DIRCÉ.

Un autre ordre demain peut nous être donné.
Allons voir cependant ce prince infortuné,
Pleurer auprès de lui notre destin funeste,
Et remettons aux dieux à disposer du reste.

EXAMEN D'ŒDIPE.

La mauvaise fortune de *Pertharite* m'avoit assez dégoûté du théâtre pour m'obliger à faire retraite, et à m'imposer un silence que je garderois encore, si M. le procureur général Fouquet me l'eût permis. Comme il n'étoit pas moins surintendant des belles-lettres que des finances, je ne pus me défendre des ordres qu'il daigna me donner de mettre sur notre scène un des trois sujets qu'il me proposa. Il m'en laissa le choix, et je m'arrêtai à celui-ci, dont le bonheur me vengea bien de la déroute de l'autre, puisque le roi s'en satisfit assez pour me faire recevoir des marques solides de son approbation par ses libéralités, que je pris pour des commandemens tacites de consacrer aux divertissemens de Sa Majesté ce que l'âge et les vieux travaux m'avoient laissé d'esprit et de vigueur.

Je ne déguiserai point qu'après avoir fait le choix de ce sujet, sur cette confiance que j'aurois pour moi les suffrages de tous les savans, qui le regardent encore comme le chef-d'œuvre de l'antiquité, et que les pensées de Sophocle et de Sénèque, qui l'ont traité en leurs langues, me faciliteroient les moyens d'en venir à bout, je tremblai quand je l'envisageai de près : je reconnus que ce qui avoit passé pour merveilleux en leurs siècles pourroit sembler horrible au nôtre; que cette éloquente et sérieuse description de la manière dont ce malheureux prince se crève les yeux, qui occupe tout leur cinquième acte, feroit soulever la délicatesse de nos dames, dont le dégoût attire aisément celui du reste de l'auditoire; et qu'enfin l'amour n'ayant point de part en cette tragédie, elle étoit dénuée des principaux agrémens qui sont en possession de gagner la voix publique.

Ces considérations m'ont fait cacher aux yeux un si dangereux spectacle, et introduire l'heureux épisode de Thésée et de Dircé. J'ai retranché le nombre des oracles qui pouvoit être importun, et donner à Œdipe trop de soupçon de sa naissance. J'ai rendu la réponse de Laïus, évoquée par Tirésie, assez obscure dans sa clarté apparente pour en faire une fausse application à cette princesse; j'ai rectifié ce qu'Aristote y trouve sans raison, et qu'il n'excuse que parce qu'il arrive avant le commencement de la pièce; et j'ai fait en sorte qu'Œdipe, loin de se croire l'auteur de la mort du roi son prédécesseur, s'imagine l'avoir vengée sur trois brigands, à qui le bruit commun l'attribue; et ce n'est pas un petit artifice qu'il s'en convainque lui-même lorsqu'il en veut convaincre Phorbas.

Ces changemens m'ont fait perdre l'avantage que je m'étois promis, de n'être souvent que le traducteur de ces grands génies qui m'ont précédé. La différente route que j'ai prise m'a empêché de me rencontrer avec eux, et de me parer de leur travail; mais, en récompense, j'ai eu le bonheur de faire avouer qu'il n'est point sorti de pièce de ma main où il se trouve tant d'art qu'en celle-ci. On m'y a fait deux objections : l'une, que Dircé, au troisième acte, manque de respect envers sa mère, ce qui ne peut être une faute de théâtre, puisque nous ne sommes pas obligés de rendre parfaits ceux que nous y faisons voir; outre que cette princesse considère encore tellement ces devoirs de la nature, que, bien qu'elle ait lieu de regarder cette mère comme une personne qui s'est emparée d'un trône qui lui appartient, elle lui demande pardon de cette échappée, et la condamne aussi bien que les plus rigoureux de mes juges. L'autre objection regarde la guérison publique, sitôt qu'Œdipe s'est puni. La narration s'en fait par Cléante et par Dymas; et l'on veut qu'il eût pu suffire de l'un des deux pour la faire : à quoi je réponds que ce miracle s'étant fait tout d'un coup, un seul homme n'en pouvoit savoir assez tôt tout l'effet, et qu'il a fallu donner à l'un le récit de ce qui s'étoit passé dans la ville, et à l'autre, de ce qu'il avoit vu dans le palais. Je trouve plus à dire à Dircé qui les écoute, et devroit avoir couru auprès de sa mère sitôt qu'on lui en a dit la mort : mais on peut répondre que si les devoirs de la nature nous appellent auprès de nos parens quand ils meurent, nous nous retirons d'ordinaire d'auprès d'eux quand ils sont morts, afin de nous épargner ce funeste spectacle, et qu'ainsi Dircé a pu n'avoir aucun empressement de voir sa mère, à qui son secours ne pouvoit plus être utile, puisqu'elle étoit morte; outre que, si elle y eût couru, Thésée l'auroit suivie, et il ne me seroit demeuré personne pour entendre ces récits. C'est une incommodité de la représentation qui doit faire souffrir quelque manquement à l'exacte vraisemblance. Les anciens avoient leurs chœurs qui ne sortoient point du théâtre, et étoient toujours prêts d'écouter tout ce qu'on leur vouloit apprendre; mais cette facilité étoit compensée par tant d'autres importunités de leur part, que nous ne devons point nous repentir du retranchement que nous en avons fait.

FIN D'OEDIPE ET DU TROISIÈME VOLUME.

TABLE.

	Pages
RODOGUNE, PRINCESSE DES PARTHES, tragédie...............	1
HÉRACLIUS, tragédie..................................	58
ANDROMÈDE, tragédie.................................	116
DON SANCHE D'ARAGON, comédie héroïque...............	179
NICOMÈDE, tragédie.................................	234
PERTHARITE, ROI DES LOMBARDS, tragédie	269
ŒDIPE, tragédie.....................................	343

FIN DE LA TABLE DU TROISIÈME VOLUME.

Coulommiers. — Typ. P. BRODARD et GALLOIS.

A LA MÊME LIBRAIRIE

ŒUVRES
DES PRINCIPAUX ÉCRIVAINS FRANÇ

VOLUMES IN-18 JÉSUS.

On peut se procurer chaque volume de cette série relié en percaline gaufré sans être rogné, moyennant 50 cent.; en demi-reliure, dos en chagrin, tranch jaspées, moyennant 1 fr. 50 cent., et avec tranches dorées, moyennant 2 fr. en sus du prix marqué.

1re Série à 1 franc 25 c. le volume.

Barthélemy : *Voyage du jeune Anacharsis en Grèce dans le milieu du IVe siècle avant l'ère chrétienne.* 8 volumes.

Atlas pour le Voyage du jeune Anacharsis, dressé par J. D. Barbé du Bocage, revu par A. D. Barbé du Bocage. In-8, 1 fr. 50 c.

Boileau : *Œuvres complètes.* 2 vol.

Bossuet : *Œuvres choisies.* 5 vol.

Corneille : *Œuvres complètes.* 7 vol.

Fénelon : *Œuvres choisies.* 4 vol.

La Fontaine : *Œuvres complètes.* 3 volumes.

Marivaux *Œuvres choisies.* 2 vol.

Molière : *Œuvres complètes.* 3 vol.

Montaigne : *Essais,* précédés d'une

lettre à M. Villemain sur l'él Montaigne, par P. Christian

Montesquieu : *Œuvres com* 3 volumes.

Pascal : *Œuvres complètes.* 3

Racine : *Œuvres complètes.* 3

Rousseau (J.-J.) : *Œuvres com* 13 volumes.

Saint-Simon (le duc de) : *Mé complets et authentiques sur le de Louis XIV et la Régence tionnés sur le manuscrit o par M. Chéruel, et précédés notice de M. Sainte-Beuve, cadémie française.* 13 vol.

Sédaine : *Œuvres choisies.* 1

Voltaire : *Œuvres complètes.*

2e Série à 3 francs 50 cent. le volume.

Chateaubriand : *Le génie du Christianisme.* 1 vol.
— *Les Martyrs;* — *le Dernier des Abencerrages.* 1 vol.
— *Atala;* — *René;* — *les Natchez.* 1 vol.

Fléchier : *Mémoires sur les Grands-Jours d'Auvergne en 1665,* annotés par M. Chéruel et précédés d'une notice par M. Sainte-Beuve. 1 vol.

Malherbe : *Œuvres poétiques,* réimprimées pour le texte sur la nou-

velle édition des *Œuvres co* de Malherbe, publiées par M Lalanne dans la Collecti GRANDS ÉCRIVAINS DE LA FRAN

Sévigné (Mme de) · *Lettres de Sévigné, de sa famille et amis,* réimprimées pour l sur la nouvelle édition pub M. Monmerqué dans la Co des GRANDS ÉCRIVAINS DE LA 8 vol

COULOMMIERS. — Imprimerie PAUL BRODARD